Freiheit oder Schutz?

Internationalrechtliche Studien

Beiträge zum Internationalen Privatrecht, zum Einheitsrecht und zur Rechtsvergleichung

Herausgegeben von Ulrich Magnus

Band 28

PETER LANG
Frankfurt am Main · Berlin · Bern · Bruxelles · New York · Oxford · Wien

Julia Kaiser

Freiheit oder Schutz?

Die Scheidungsfolgenvereinbarung im deutschen und im englischen Recht

PETER LANG
Europäischer Verlag der Wissenschaften

Bibliografische Information Der Deutschen Bibliothek
Die Deutsche Bibliothek verzeichnet diese Publikation in der Deutschen Nationalbibliografie; detaillierte bibliografische Daten sind im Internet über <http://dnb.ddb.de> abrufbar.

Zugl.: Hamburg, Univ., Diss., 2003

D 18
ISSN 0947-0395
ISBN 3-631-51394-1

www.peterlang.de

Vorwort

Die vorliegende Arbeit wurde im Juli 2002 abgeschlossen und im Wintersemester 2002/2003 vom Fachbereich Rechtswissenschaften der Universität Hamburg als Dissertation angenommen. Sie entstand überwiegend während meiner Tätigkeit als wissenschaftliche Mitarbeiterin bei Herrn Professor Dr. Reinhard Bork am Seminar für Zivilprozess- und Allgemeines Prozessrecht.

Meinem Doktorvater, Herrn Professor Dr. Ulrich Magnus, danke ich für seine Unterstützung und die Anregungen während des Entstehens dieser Arbeit. Mein Dank gilt außerdem Herrn Professor Dr. Reinhard Bork für die Erstellung des Zweitgutachtens.

Zu danken habe ich ferner dem Max-Planck-Institut für ausländisches und internationales Privatrecht in Hamburg, dessen umfangreiche Bibliothek die Bearbeitung dieses Themas erst ermöglicht hat.

Berlin, Juni 2003 Julia Kaiser

Inhaltsverzeichnis

Einleitung 15

1. Teil: Die Scheidungsfolgenvereinbarung – eine Einführung 19
A. Der Regelungsgegenstand einer Scheidungsfolgenvereinbarung 19
I. Im deutschen Recht 19
1.Das Güterrecht 19
a) Modifizierungen des gesetzlichen Güterstandes 19
b) Vereinbarung der Gütertrennung 20
c) Vereinbarung der Gütergemeinschaft 20
2. Der nacheheliche Ehegattenunterhalt 21
3. Der Versorgungsausgleich 22
4. Die Verteilung von Hausrat und Ehewohnung 23
5. Die elterliche Sorge 23
6. Abreden über den Kindesunterhalt 25
7. Zusammenfassung 25
II. Im englischen Recht 26
1. Das englische Scheidungsfolgenrecht 26
2. Die Inhalte einer Scheidungsfolgenvereinbarung 27
a) Family Property 27
b) Maintenance 28
c) Pensions 28
d) Children 29
aa) Parental rcsponsibility 30
bb) Finanzielle Absicherung des Kindes 30
3. Zusammenfassung 31
B. Der Zeitpunkt des Vertragsschlusses 32
C. Die Motive für den Abschluss einer Scheidungsfolgenvereinbarung 33

2. Teil: Der Umfang der Vertragsfreiheit 39
A. Die Situation im deutschen Recht 39
I. Grenzen der Gestaltungsfreiheit 39
1. Formvorschriften 39
2. Gesetzliche Inhaltsverbote 40
a) Im Güterrecht 41
b) Beim Versorgungsausgleich 41
c) Im Unterhaltsrecht 42
3. Die Sperrfrist des § 1408 Abs.2 S.2 BGB 43
4. Das Genehmigungserfordernis des § 1587o Abs.2 S.3 BGB 43
5. § 138 Abs.1 BGB: Sittenwidrigkeit als allgemeine Schranke 45
a) Zeitpunkt der Beurteilung 46

b) Fallgruppen 46
aa) Kommerzialisierung der elterlichen Sorge bzw. des Umgangsrechts 46
bb) Sittenwidrige Freistellungsvereinbarungen 47
cc) Verzicht zu Lasten Dritter 48
(1) Im Unterhaltsrecht 48
(2) Beim Versorgungsausgleich 51
dd) Unerfahrenheit eines Vertragsteils 52
ee) Ausnutzen einer Zwangslage 53
(1) Die Voraussetzungen 53
(2) Die Haltung der Rechtsprechung 53
(3) Kritische Stimmen in der Literatur 55
(4) Zustimmung zur Rechtsprechung des Bundesgerichtshofs 57
(5) Die Entscheidung des Bundesverfassungsgerichts vom 6.2.2001 57
ff) Gesamtverzichtsvereinbarungen 58
6. Rechtsfolgen der Nichtigkeit - § 139 BGB 60
7. Zusammenfassung 61
II. Lösung von der Abrede 62
1. Anfechtung 63
2. Rücktritt / Aufhebungsvertrag 64
3. Wegfall oder Störung der Geschäftsgrundlage 64
a) Von der Rechtsprechung entschiedene Fälle 65
b) Besonderheiten bei Unterhaltsvereinbarungen 66
4. Unzulässige Rechtsausübung 67
a) Bei einem Verzicht auf den Betreuungsunterhalt nach § 1570 BGB 68
aa) Die Haltung der Rechtsprechung 68
bb) Stimmen in der Literatur 70
b) Bei sonstigen Unterhaltsabreden 71
c) Bei einem Verzicht auf sonstige nacheheliche Rechte 73
5. Zusammenfassung 74
B. Die Situation im englischen Recht 75
I. Die Grenzen der Gestaltungsfreiheit 75
1. Formvorschriften 75
2. Inhaltsverbote 75
3. Vorsorgende Verträge 76
a) Die Haltung der Rechtsprechung 76
b) Der Reformvorschlag der Regierung 78
c) Die Reaktion auf den Reformvorschlag 79
4. Verzichte 81
a) Die Entscheidung *Hyman* v *Hyman* 81
b) Gesetzliche Normierung des *Hyman*-Prinzips 82

5. Das „consent order“ 82
a) Die Vorteile eines „consent order“ 83
b) Die Rolle des Gerichts 83
c) Pflicht zur Offenlegung aller relevanten Umstände („full and frank disclosure“) 84
6. Zusammenfassung 85
II. Die Rolle der Gerichte 86
1. Antrag auf gerichtliche Festsetzung der Scheidungsfolgen („ancillary relief“) 86
a) Die Entscheidung *Edgar* v *Edgar* 86
b) Die Rechtsprechung nach *Edgar* v *Edgar* 88
c) Die Kritik 89
2. Aufhebung einer Vereinbarung („setting aside“) 90
a) „Mistake“ 91
b) „Fraudulent misrepresentation“ 91
c) „Undue influence“ 92
d) „Unconscionable bargain“ 92
e) „Inequality of bargaining power“ 93
f) „Duress“ 94
g) „New facts“ 94
3. Abänderung einer Vereinbarung nach ss. 34-36 MCA 1973 („Variation“) 95
a) Voraussetzungen der section 35 (2) MCA 1973 95
b) Umfang der richterlichen Befugnisse 96
4. Besonderheiten bei „consent orders“ 97
a) Aufhebung eines „consent order“ („setting aside“) 97
aa) „Fraudulent misrepresentation“ 98
bb) „Mistake“ 98
cc) „Unconscionable bargain“ 99
dd) „Undue influence“ 99
ee) „Full and frank disclosure“ 99
ff) „New Facts“ 100
b) Abänderung eines „consent order“ („variation“) 102
5. Zusammenfassung 104

3. Teil: Kritische Würdigung der gegenwärtigen Situation 107
A. Die Reichweite der Vertragsfreiheit im Scheidungsfolgenrecht - eine Analyse 107
I. Die Haltung im deutschen und im englischen Recht 107
1. Unterschiede zwischen deutschem und englischem Recht 107
2. Uneinheitlichkeit innerhalb der jeweiligen Rechtsordnung 109
3. Fazit 110
II. Die Steuerung der Vertragsfreiheit 110

1. Das Institut der Vertragsfreiheit im deutschen Recht 110
2. Gründe für eine Beschränkung der Vertragsfreiheit 112
a) Die Übervorteilung eines Vertragsteils 112
b) Die Beeinträchtigung von Interessen Dritter 113
3. Die insbesondere mit einer Scheidungsfolgenvereinbarung verbundenen Schwierigkeiten 113
a) Häufigster Vereinbarungstyp in Deutschland: Der Verzicht 113
b) Die Übervorteilung eines Ehegatten 115
c) Die Beeinträchtigung gemeinsamer Kinder 116
d) Die Belastung der Allgemeinheit 117
4. Fazit 117
B. Freiheit oder Schutz? – Orientierung an den betroffenen Interessen 117
I. Der Konflikt: Freiheit oder Schutz? 118
II. Konkretisierung anhand der betroffenen Interessen 118

4. Teil: Der Schutz gemeinsamer Kinder 121
A. Konkretisierung des Schutzinteresses 121
I. Eindeutigkeit der Schutzbedürftigkeit 121
II. Begründung der Schutzbedürftigkeit 121
III. Umfang der Schutzbedürftigkeit 123
B. Verwirklichung des Schutzes im Recht 124
I. Die finanzielle Absicherung des Kindes 124
1. Die Regelung des § 1614 Abs.1 BGB 124
2. Die Problematik der Freistellungsvereinbarungen 125
a) Die Rechtslage vor der Entscheidung des Bundesverfassungsgerichts 126
b) Die Entscheidung des Bundesverfassungsgerichts vom 6.2.2001 127
c) Bewertung dieser Entscheidung 128
d) Die Umsetzung der Entscheidung 130
aa) Die dogmatische Einordnung 130
(1) Sittenwidrigkeit der Vereinbarung - § 138 Abs.1 BGB 131
(2) Unzulässige Rechtsausübung - § 242 BGB 132
(3) Umgehung eines Verbotsgesetzes 133
(4) Ergebnis 134
bb) Die Voraussetzungen einer Beanstandung 134
II. Die Sicherung der erforderlichen Betreuung – Verzicht auf den Unterhalt nach § 1570 BGB 135
1. Die Rechtslage im deutschen Recht 136
a) Verstoß gegen die guten Sitten (§ 138 Abs.1 BGB) 136
b) Lösung über den Einwand der unzulässigen Rechtsausübung (§ 242 BGB) 137
aa) Die Position der herrschenden Meinung 137
bb) Die Kritik 137

c) Der abweichende Vorschlag: Die teleologische Reduktion des § 1585c BGB 139
d) Vorschläge für eine Lösung de lege ferenda 140
aa) Die Formbedürftigkeit von Unterhaltsvereinbarungen 140
bb) Die Einführung eines gerichtlichen Genehmigungsvorbehalts 140
cc) Die Änderung des § 1585c BGB 140
dd) Die Änderung des § 1570 BGB 141
2. Die Berücksichtigung der Kindesbetreuung im englischen Recht 141
3. Stellungnahme 142
a) Der Bedarf an persönlicher elterlicher Betreuung 142
b) Die Anwendung des § 138 Abs.1 BGB 143
c) Die Anwendung des § 242 BGB 144
d) Die Einschränkung des § 1585c BGB 146
aa) Die Unverzichtbarkeit des Betreuungsunterhalts 146
bb) Die teleologische Reduktion des § 1585c BGB 149
cc) Vorschlag de lege ferenda 151
e) Ergebnis 151
III. Die weitere Sicherung des Kindeswohls 152

5. Teil: Der Schutz der Allgemeinheit 153
A. Konkretisierung des Schutzinteresses 153
I. Der Meinungsstand im deutschen Recht 153
1. Anerkennung eines Schutzinteresses 153
a) Die Haltung der Gerichte 153
b) Die Position im Schrifttum 153
2. Zweifelnde Stimmen 153
II. Die Haltung im englischen Recht 155
III. Stellungnahme 156
B. Die Verwirklichung des Schutzes im Recht 159
I. Die Sittenwidrigkeit drittbelastender Verzichte 159
1. Die Voraussetzungen der Sittenwidrigkeit 160
a) Der Streitpunkt: das subjektive Element 160
b) Stellungnahme 161
2. Die Problematik bei vorsorgenden Verträgen 163
a) Der Beurteilungszeitpunkt als Schwierigkeit 163
b) Stellungnahme 164
II. Inhaltskontrolle über § 242 BGB 166
1. Der Vorschlag von *Hess* 166
2. Stellungnahme 167
III. Ausübungskontrolle über § 242 BGB 168
IV. Der familiengerichtliche Genehmigungsvorbehalt 169
1. Die Regelung des § 1587o Abs.2 S.3 BGB 169

2. Kritik an der Regelung des § 1587o Abs.2 S.3 BGB 170
3. Die Ausdehnung des Genehmigungsvorbehalts 171
4. Stellungnahme 171
V. Der Ansatz im englischen Recht 172
1. Die Unverzichtbarkeit nachehelicher Ansprüche 173
2. Stellungnahme 173
VI. Ergebnis 173

6. Teil: Der Schutz im Verhältnis zwischen den Vertragsparteien 175
A. Konkretisierung des Schutzinteresses 175
I. Das Verhältnis zwischen den Vertragsparteien 175
II. Besonderheiten bei Scheidungsfolgenvereinbarungen 178
1. Der Vertragsgegenstand 178
2. Die Situation bei Vertragsschluss 179
III. Ergebnis 180
B. Die Verwirklichung des Schutzes im Recht 180
I. Anfechtung gemäß § 123 BGB 181
II. Sittenwidrigkeit - § 138 Abs.1 BGB 182
1. Der Schutz vor unangemessener Vertragsgestaltung 182
a) Der nachteilige Vertragsinhalt als einzige Voraussetzung der Sittenwidrigkeit 182
b) Kritik an dieser Position 184
c) Stellungnahme 185
2. Der Schutz vor Fremdbestimmung 187
a) Der benachteiligende Vertragsinhalt 187
aa) Das „grobe Missverhältnis" 188
bb) Die Benachteiligung durch den Vertragsinhalt 188
(1) Die Gestaltung der Scheidungsfolgen nach Ehetyp 189
(2) Die nicht interessengerechte Vertragsgestaltung 189
(3) Der beiderseitige Verzicht 190
(4) Die Kompensation 190
(5) Der Globalverzicht 190
cc) Der Beurteilungszeitpunkt 191
(1) Die Scheidungsvereinbarung 191
(2) Die vorsorgende Vereinbarung 191
b) Die unterlegene Position des Benachteiligten 192
aa) Die strukturelle Unterlegenheit der Ehefrau 193
(1) Die Position von *Schwenzer* 193
(2) Kritik an dieser Position 193
(3) Stellungnahme 194
bb) Die Unterlegenheit der nichtehelich schwangeren Frau 195
(1) Der bisherige Streitstand 196

(2) Die Entscheidung des Bundesverfassungsgerichts vom 6.2.2001 197
(3) Stellungnahme 199
cc) Sonstige erhebliche Ungleichgewichtslagen 202
(1) Kriterien für eine erhebliche Störung des Verhandlungsgleichgewichts 203
(2) Beispiele 204
α) Angst vor einem Eklat bei Absage der Trauung 204
β) Eheliches Fehlverhalten 204
χ) Vermeidung einer Scheidung 205
δ) Emotionale Verstrickung 205
ε) Wissensüberlegenheit 206
c) Das Ausnutzen der Unterlegenheit des Benachteiligten durch den Begünstigten 206
aa) Das Erfordernis eines zusätzlichen Kriteriums 206
bb) Kriterien für ein vorwerfbares Verhalten 208
cc) Anwendung in einigen Beispielsfällen 208
(1) Bei einer auf nichtehelicher Mutterschaft beruhenden Zwangslage 208
(2) Bei der Aussicht auf die Absage der Trauung 210
(3) Bei einem ehelichen Fehlverhalten 211
(4) Vermeidung einer Scheidung 211
(5) Wissensüberlegenheit 212
dd) Die Vermutung eines vorwerfbaren Verhaltens 212
3. Ergebnis 213
III. Inhaltskontrolle über § 242 BGB 214
1. Der Vorschlag von *Schwenzer* 214
2. Stellungnahme 214
IV. Ausübungskontrolle über § 242 217
1. Der Vorschlag von *Dauner-Lieb* 217
2. Stellungnahme 217
V. Der familiengerichtliche Genehmigungsvorbehalt 218
1. Die Regelung des § 1587o Abs.2 S.3 BGB 218
2. Überlegungen de lege ferenda 219
3. Stellungnahme 219
VI. Die Sperrfristregelung 221
1. Die Regelung des § 1408 Abs.2 S.2 BGB 221
2. Stellungnahme 221
VII. Formbedürftigkeit von Unterhaltsvereinbarungen 222
1. Formvorschriften im Scheidungsfolgenrecht 222
2. Überlegungen de lege ferenda 222
3. Stellungnahme 223
VIII. Der Ansatz im englischen Recht 225

1. Die Unzulässigkeit von Verzichten 225
2. Der Antrag auf gerichtliche Festsetzung der Scheidungsfolgen („ancillary relief“) 225
3. Die Aufhebung einer Vereinbarung („setting aside“) 227
4. Das „consent order“ 227
5. Zusammenfassung 228
IX. Ergebnis 229

7. Teil: Die besondere Problematik der vorsorgenden Verträge 231
A. Das Erfordernis einer nachträglichen Korrektur 231
I. Die Besonderheit bei vorsorgenden Verträgen 231
1. Leichtfertig abgeschlossene Verträge 231
2. Veränderung der Lebensverhältnisse 232
II. Die Unzulänglichkeit der Inhaltskontrolle 233
B. Die Lösung der Problematik 233
I. Die Ausübung eines Rücktrittsvorbehalts 233
II. Der Aufhebungsvertrag 234
III. Der Wegfall oder die Störung der Geschäftsgrundlage 234
1. Der Beweis der Geschäftsgrundlage 234
a) Die Haltung der Rechtsprechung 234
b) Stellungnahme 235
2. Der Unterhaltsverzicht 237
IV. Die Einrede der unzulässigen Rechtsausübung 238
1. Der Verzicht auf den Unterhalt nach § 1570 BGB 238
2. Die Anwendung in Einzelfällen 238
3. Ausübungskontrolle bei der Einverdienerehe – der Vorschlag von *Dauner-Lieb* 239
V. Der Ansatz im englischen Recht- Fehlende Bindungswirkung vorsorgender Verträge 240
VI. Ergebnis 242

8. Teil: Zusammenfassung der Ergebnisse 243
A. Die Beeinträchtigung gemeinsamer Kinder 243
B. Die Belastung der Allgemeinheit 244
C. Der Schutz im Verhältnis der Vertragsparteien 245
D. Die Problematik der vorsorgenden Verträge 246

Einleitung

„A family dispute is not a contest in which there is one winner and one loser, but rather a search for fair solutions.“[1]

Das Scheidungsverfahren ist in aller Regel eine Zeit emotionaler Belastung für die Eheleute. Dabei ist insbesondere der Bereich der Scheidungsfolgen Schauplatz oftmals erbitterter gerichtlicher Auseinandersetzungen. Während intakter Ehe ist es den Ehegatten häufig gleichgültig, welche rechtlichen Verpflichtungen sie mit der Eheschließung übernommen haben. Scheitert die Ehe jedoch, kommt der Frage nach den Scheidungsfolgen plötzlich entscheidende Bedeutung zu. Nicht selten hängt von der Beantwortung dieser Frage der weitere Lebensstandard der früheren Eheleute sowie die Gestaltung ihres weiteren (getrennten) Lebenswegs ab.

Schon deshalb ist die individuelle Regelung der Scheidungsfolgen durch vertragliche Vereinbarungen von Interesse. Vorwiegend geht es dabei um die Gestaltung der infolge einer Scheidung bestehenden finanziellen Verpflichtungen. Im Regelfall weist das gesetzliche Scheidungsfolgenrecht dem einen (ärmeren) Ehegatten Ansprüche gegen den anderen (reicheren) Ehegatten zu, die dem Ausgleich des ehebedingten Vermögens- und Einkommensgefälles dienen sollen. Mit Hilfe eines Vertrages können die Eheleute ihre nachehelichen Beziehungen abweichend von diesen Vorschriften gestalten, sei es durch eine vertragliche Ausweitung oder (weitaus häufiger) in Form einer Einschränkung bis hin zum vollständigen Verzicht. Neben den zwischen den Eheleuten bestehenden finanziellen Verpflichtungen ist häufig auch die Klärung des Verhältnisses zu gemeinsamen Kindern Gegenstand einer Scheidungsfolgenvereinbarung. Über die gemeinsamen Kinder bleiben auch die geschiedenen Eheleute als Eltern miteinander verbunden, wenn auch mitunter versucht wird, die gegenüber den Kindern bestehenden Pflichten vertraglich zu begrenzen.

Die Idee, dass zwei (ehemalige) Partner selbständig je nach eigenem Ehekonzept und eigenen Vorstellungen die für sie passende Lösung der Scheidungsauseinandersetzung entwickeln, wirkt zunächst bestechend. Damit würde der persönliche Bereich der Ehe auch nach dem Scheitern ihrer persönlichen Beziehung der autonomen Gestaltung der Ehegatten anheim gegeben und der Gedanke der Selbstbestimmung betont.

Die autonome Regelung der Scheidungsfolgen ist jedoch insofern problematisch, als durch einen solchen Vertrag sowohl Drittinteressen als auch die Interessen einer Vertragspartei beeinträchtigt werden können. Eine Begrenzung

---

[1] *Salter/Bruce* S. 4

der den Eheleuten zustehenden Vertragsfreiheit ist deshalb erforderlich. Es ist hier eine ausgewogene Lösung zu entwickeln, die sowohl den nötigen Freiraum der Ehegatten als auch die erforderliche Kontrolle durch die Gerichte und die bereits durch den Gesetzgeber aufzustellenden Schranken berücksichtigt. Auch außerhalb des Scheidungsfolgenrechts ist schon seit längerer Zeit eine Auseinandersetzung mit den Grenzen der Privatautonomie zu beobachten.[2] Die Frage, wie weitgehend die Privatautonomie unter Eheleuten zugelassen werden kann, gibt immer wieder und auch gerade in jüngerer Zeit Anlass zur Diskussion, wobei keine Einigkeit hinsichtlich des notwendigen Umfangs der vorzunehmenden Beschränkung besteht. Vor allem zwei Entscheidungen des Bundesgerichtshofs haben Anlass zu einer aktuellen Auseinandersetzung mit der Frage der Vertragsfreiheit unter Ehegatten gegeben.[3] Gegenstand dieser Entscheidungen war die Frage, inwieweit eine Scheidungsfolgenvereinbarung aufgrund der Übervorteilung eines Ehegatten sittenwidrig und damit nichtig sein kann. Die im Hinblick auf die Anwendung des § 138 Abs.1 BGB sehr zurückhaltende Position des BGH hat zu einer äußerst kontroversen Auseinandersetzung in der Literatur geführt.[4] Schließlich hat sich auch das Bundesverfassungsgericht in einer Entscheidung vom 6.2.2001 zu den Grenzen der Vertragsfreiheit unter Eheleuten geäußert, wobei der bisherigen Rechtsprechung des Bundesgerichtshofs eine deutliche Absage erteilt wurde.[5] Das Bundesverfassungsgericht tendiert eindeutig zu einer stärkeren Berücksichtigung des Kindeswohls und des Schutzes vor einer Übervorteilung durch den Vertragspartner.

Die Problematik der Vertragsfreiheit im Scheidungsfolgenrecht soll im Folgenden für das deutsche Recht vertiefend und unter rechtsvergleichenden Aspekten behandelt werden. Die Heranziehung der Rechtsvergleichung als Mittel rechtswissenschaftlicher Forschung ergibt sich aus der Überlegung, dass in jeder Gesellschaft im Wesentlichen die gleichen Probleme auftreten, die einer (unterschiedlichen) Lösung durch das Recht zugeführt werden.[6] Die Betrachtung der Ansätze in einem anderen Recht erleichtert es, sich mit den Positionen des eigenen Rechtssystems auseinander zu setzen und neue Argumente zu entwickeln. So wird der Gesichtskreis erweitert, und es können Impulse hinsichtlich der Betrachtung der eigenen nationalen rechtlichen Regelung entstehen.

---

[2] Vergleiche nur *Larenz/Wolf* BGB AT § 34; *Hönn* Jura 1984, 57ff; *Raiser* FS zum 100jährigen Bestehen des Dt. Juristentages, S. 101ff; *Flume* FS zum 100jährigen Bestehen des Dt. Juristentages, S. 135ff; *Zöllner* AcP 196 (1996), 1ff.

[3] BGH FamRZ 1996, 1536 und BGH FamRZ 1997, 156.

[4] Vergleiche nur die kritischen Beiträge von *Schwenzer* AcP 196 (1996), 88ff; *Büttner* FamRZ 1998, 1ff und *Dethloff* JZ 1997, 414ff einerseits und die zustimmenden Äußerungen von Staudinger-*Rehme* § 1408 Rn 74-83; *Grziwotz* FamRZ 1997, 585; Erman-*Heckelmann* § 1408 Rn 15 andererseits.

[5] BVerfGE 103, 89.

[6] *Zweigert/Kötz* S. 33.

Das englische Recht bietet sich dabei aus verschiedenen Gründen für einen Vergleich mit dem deutschen Recht an. Dass England einem anderen Rechtskreis angehört, wirkt sich insbesondere in dem Gewicht des Richterrechts aus (sog. „case law"). Im Gegensatz zum deutschen Recht wird eine autonome Regelung der Scheidungsfolgen durch die Eheleute nur in sehr begrenztem Rahmen zugelassen und dem Gericht eine sehr weitgehende Überprüfungskompetenz zugestanden.

1. Teil: Die Scheidungsfolgenvereinbarung – eine Einführung

A. Der Regelungsgegenstand einer Scheidungsfolgenvereinbarung

Bevor der gegenwärtige Stand der Diskussion über die Vertragsfreiheit bei Scheidungsfolgenvereinbarungen untersucht wird, ist ein kurzer Blick auf die Inhalte einer solchen Vereinbarung angezeigt.
Gegenstand dieser Arbeit sind Vereinbarungen unter Eheleuten, die für den Scheidungsfall geschlossen werden und eine Einigung der Ehegatten über die gesetzlich vorgesehenen nachehelichen Rechte und Pflichten beinhalten.[7] Abreden dieser Art werden im Weiteren als Scheidungsfolgenvereinbarungen bezeichnet.

I. Im deutschen Recht

Die vielfältigen, überwiegend im Bürgerlichen Gesetzbuch geregelten Scheidungsfolgen stehen grundsätzlich einer vertraglichen Vereinbarung offen. Es handelt sich dabei um die Bereiche, die in einem Scheidungsverfahren als sog. Folgesachen gemäß § 623 ZPO im Verbund mit der eigentlichen Scheidung auf Antrag durch das Gericht entschieden werden.

1. Das Güterrecht

Dabei nimmt die Vermögensauseinandersetzung unter den Ehegatten einen wichtigen Platz ein. Im deutschen Recht ist sie im Güterrecht der §§ 1363-1563 BGB geregelt. Das Bürgerliche Gesetzbuch schreibt als gesetzlichen Güterstand in § 1363 BGB die Zugewinngemeinschaft vor. Daneben sind als Wahlgüterstand die Gütertrennung gem. § 1414 BGB sowie die Gütergemeinschaft nach § 1415 BGB anerkannt. Eine grundsätzliche Vertragsfreiheit im Bereich des ehelichen Güterrechts normiert § 1408 Abs.1 BGB, und zwar sowohl für Verlobte als auch für Eheleute.[8]

a) Modifizierungen des gesetzlichen Güterstandes

Leben die Eheleute gem. § 1363 BGB in Zugewinngemeinschaft bleibt ihr Vermögen während der Ehe getrennt, und im Fall der Scheidung steht demjenigen Ehegatten, der während der Ehe den geringeren Zugewinn erwirtschaftet hat,

---

[7] Daneben können bei der Scheidung weitere zwischen den Eheleuten geschlossene Verträge relevant werden, wie beispielsweise Arbeitsverträge, Gesellschaftsverträge oder Darlehensverträge. Vergleiche hierzu *Wever*, Vermögensauseinandersetzung unter Ehegatten außerhalb des Güterrechts.
[8] Palandt-*Brudermüller* § 1408 Rn 1; Soergel-*Gaul* § 1408 Rn 3.

gegen den anderen Ehegatten eine Ausgleichsforderung zu. Diese besteht gemäß § 1378 Abs.1 BGB in Höhe der Hälfte des Überschusses.
Den Eheleuten steht es nach § 1408 Abs.1 BGB offen, diesen gesetzlichen Güterstand durch einen Vertrag zu modifizieren. In Betracht kommen beispielsweise Vereinbarungen über den Zugewinnausgleich insgesamt (z.B. durch eine Bedingung oder den gänzlichen Ausschluss eines Ausgleichs),[9] Vereinbarungen über die Berechnung (z.B. Festsetzung des Anfangsvermögens),[10] sowie Vereinbarungen über den Ausgleichsanspruch selbst (z.B. Stundung oder Begrenzung der Höhe nach).[11] Vereinbarungen über den durch das Ende des Güterstandes entstandenen Ausgleichsanspruch, die von den Ehegatten während eines Scheidungsverfahrens geschlossen werden, sind nach § 1378 Abs.3 S.2 BGB zulässig.

Daneben eröffnet § 1408 Abs.1 BGB den Ehegatten die Möglichkeit, mittels eines Ehevertrags einen der beiden Wahlgüterstände zu vereinbaren.

b) Vereinbarung der Gütertrennung

Die Gütertrennung tritt (sofern sich nicht aus dem Ehevertrag etwas anderes ergibt) nach § 1414 S. 1 BGB ein, wenn die Eheleute den gesetzlichen Güterstand durch einen Vertrag nach § 1408 Abs.1 BGB aufheben oder ausschließen. In der notariellen Praxis wird allerdings der Güterstand der Gütertrennung immer gezielt vereinbart.[12] Gütertrennung tritt außerdem nach § 1414 S. 2 BGB regelmäßig dann ein, wenn der Ausgleich des Zugewinns oder der Versorgungsausgleich ausgeschlossen oder die Gütergemeinschaft aufgehoben wird.
Im Güterstand der Gütertrennung bestehen zwischen den Ehegatten keinerlei güterrechtliche Beziehungen,[13] die Eheleute stehen sich vielmehr in vermögensrechtlicher Hinsicht wie unverheiratete Personen gegenüber.[14] Dies bedeutet vor allem, dass es bei der Scheidung zu keinem güterrechtlichen Vermögensausgleich kommt.

c) Vereinbarung der Gütergemeinschaft

Durch einen Ehevertrag nach § 1408 Abs.1 BGB können sich die Eheleute auch für die Gütergemeinschaft als Güterstand entscheiden. In diesem Fall entsteht

---

[9] *Langenfeld* Handbuch Rn 342, Rn 363.
[10] Palandt-*Brudermüller* § 1408 Rn 18; *Langenfeld* Handbuch Rn 384; Schwab-*Schwab* Teil VII Rn 308.
[11] Göppinger/Börger-*Börger* § 6 Rn 80; *Langenfeld* Handbuch Rn 345, Rn 406; *Bergschneider* Rn 545.
[12] *Langenfeld* Handbuch Rn 409.
[13] *Langenfeld* Handbuch Rn 409; Johannsen/Henrich-*Jaeger* § 1414 Rn 3.
[14] Göppinger/Börger-*Börger* § 6 Rn 2; *v. Heintschel/Heinegg* § 3 Rn 36.

gemäß § 1416 Abs.1 BGB aus den Vermögen der Eheleute ein gemeinschaftliches Vermögen. Die Auseinandersetzung des Gesamtguts bei Scheidung richtet sich nach den §§ 1471 ff BGB und erfasst das gesamte Vermögen der Eheleute mit Ausnahme nur des Sonderguts nach § 1417 BGB und des Vorbehaltsguts nach § 1418 BGB.
Die Gütergemeinschaft bietet sich aufgrund ihrer komplizierten Regelung und der mit ihr verbundenen Nachteile nicht als Wahlgüterstand an.[15]

2. Der nacheheliche Ehegattenunterhalt

Der nacheheliche Unterhalt ist in Deutschland die am härtesten umkämpfte Scheidungsfolge.[16] Aus diesem Grund ist eine einverständliche Lösung unter den Ehegatten hier besonders interessant.
§ 1569 BGB normiert den Grundsatz der Eigenverantwortung im Recht des nachehelichen Unterhalts. Ein Anspruch besteht nur, wenn die Voraussetzungen eines der in §§ 1570 – 1576 BGB genannten Unterhaltstatbestände erfüllt ist. Der den Unterhalt begehrende Ehegatte muss ferner im Sinne des § 1577 BGB bedürftig und der unterhaltspflichtige Ehegatte muss nach § 1581 BGB leistungsfähig sein. Das Maß des ehelichen Unterhalts bestimmt sich dann gem. § 1578 BGB nach den ehelichen Lebensverhältnissen.
Vereinbarungen über den nachehelichen Unterhalt werden durch § 1585c BGB ausdrücklich zugelassen. Verträge nach § 1585c BGB können von Verlobten ebenso wie von Eheleuten geschlossen werden.[17] Dabei stellt der Unterhaltsverzicht den häufigsten Vereinbarungstyp dar.[18] Es besteht dabei die Möglichkeit, einen umfassenden Verzicht auf jeglichen nachehelichen Unterhalt zu vereinbaren. Die Eheleute können sich jedoch auch für einen Teilverzicht entscheiden, wie etwa einen Verzicht mit Ausnahme des Falles der Not oder mit Ausnahme des Unterhaltstatbestandes des § 1570 BGB.

---

[15] *Langenfeld* Handbuch Rn 493. Siehe auch *Bergschneider* Rn 585. Die Gütergemeinschaft tritt am ehesten in landwirtschaftlichen Kreisen auf und spielt insgesamt in der Praxis eine geringe Rolle.

[16] *v. Heintschel/Heinegg* § 2 Rn 246. Dies liegt vor allem daran, dass dem Unterhaltsberechtigten nach der Scheidung der soziale Abstieg drohen kann. Zudem führt die Einkommensaufteilung oft dazu, dass beide Partner nach der Scheidung am Existenzminimum leben. Auch trifft im Trennungsschmerz oftmals die seit dem 1.EheRG 1977 weitgehend fehlende Berücksichtigung des Verschuldens an dem Scheitern der Ehe auf Unverständnis.

[17] Palandt-*Brudermüller* § 1585c Rn 2; Erman-*Dieckmann* § 1585c Rn 2; ausführliche Begründung bei *Reichling* S. 19f.

[18] Nach *Müller-Alten* (S. 145) sind in 64,8% aller Scheidungsverfahren Unterhaltsverzichte vereinbart worden, während nur in 17,8% der Verfahren sonstige Unterhaltsabreden getroffen wurden. Siehe ferner *Langenfeld* Handbuch Rn 641; *Meder* FuR 1993, 12 (12); *Herb* S. 70. Vergleiche auch Göppinger/Börger-*Miesen* § 5 Rn 266.

Daneben können die Eheleute das gesetzliche Unterhaltsrecht durch einen Vertrag lediglich modifizieren. In Betracht kommen als das gesetzliche Unterhaltsrecht einschränkende Abreden etwa eine zeitliche Begrenzung des Unterhaltsanspruchs,[19] die Begrenzung des Unterhalts der Höhe nach[20] oder der Ausschluss einzelner Unterhaltstatbestände.[21] Die Eheleute können selbstverständlich auch das gesetzliche Unterhaltsrecht durch ihre Vereinbarung erweitern, beispielsweise durch die Einigung über einen Unterhaltsanspruch nach § 1570 BGB, obwohl dem kindesbetreuenden Ehegatten aufgrund des Alters des Kindes ein Anspruch eigentlich nicht mehr zusteht.[22] Schließlich können die Eheleute die Zahlung einer Abfindung anstelle der gesetzlich vorgesehenen Geldrente vereinbaren.[23]

3. Der Versorgungsausgleich

Die Altersversorgung der geschiedenen Eheleute ist ebenfalls von erheblicher Bedeutung, auch wenn diese häufig erst mit Erreichung des Rentenalters in den Blickwinkel der Eheleute rückt. Es kann davon ausgegangen werden, dass für den größten Teil der deutschen Bevölkerung die erlangten Versorgungsanwartschaften den höchsten Vermögenswert darstellen.[24]

Eine Sicherung der Altersversorgung geschiedener Ehegatten wird im deutschen Recht über den Versorgungsausgleich nach § 1587 BGB erreicht.[25] Der Ehegatte mit den werthöheren Anwartschaften auf eine der in § 1587a Abs.2 BGB genannten Altersversorgungen ist dem anderen Ehegatten gegenüber zum Ausgleich verpflichtet. Dieser Ausgleichsanspruch besteht nach § 1587b I 1 BGB in der Höhe der Hälfte des Wertunterschiedes zwischen den jeweils erlangten Anwartschaften. Dieser Ausgleich wird durch eine entsprechende Übertragung der Anwartschaften von Amts wegen durchgeführt.

Nach § 1408 Abs.2 S.1 BGB können die Eheleute in einem Ehevertrag durch eine ausdrückliche Vereinbarung den Versorgungsausgleich ganz oder teilweise[26] ausschließen. Diese Möglichkeit steht auch Verlobten offen.[27] Nach heute ganz allgemeiner Meinung ist von dieser Vorschrift auch die Befugnis zu

---

[19] Göppinger/Börger-*Miesen* § 5 Rn 241; *Langenfeld* Handbuch Rn 653, 832; *Bergschneider* Rn 306.
[20] *Langenfeld* Handbuch Rn 654; Göppinger/Börger-*Miesen* § 5 Rn 240.
[21] *Langenfeld* Handbuch Rn 656, 830.
[22] Göppinger/Börger-*Miesen* § 5 Rn 240; *Bergschneider* Rn 365.
[23] Göppinger/Börger-*Miesen* § 5 Rn 243, zu den Voraussetzungen eines Abfindungsvertrages siehe Rn 245ff; *Bergschneider* Rn 354; Soergel-*Häberle* § 1585c Rn 11.
[24] *Buschendorf* S. 94.
[25] Zu Sinn und Zweck des Versorgungsausgleichs Göppinger/Börger-*Wenz* § 3 Rn 1ff.
[26] Göppinger/Börger-*Wenz* § 3 Rn 112; Schwab-*Hahne* Teil VI Rn 287.
[27] Soergel-*Gaul* § 1408 Rn 27.

Modifizierungen des Versorgungsausgleichs umfasst.[28] Möglich ist beispielsweise die Festlegung einer geringeren Ausgleichsquote oder die Ausklammerung bestimmter Anwartschaften des Ausgleichspflichtigen.[29] Durch den Ausschluss des Versorgungsausgleichs (nicht jedoch durch einen Teilausschluss oder eine Modifizierung des Versorgungsausgleichs) wird nach § 1414 S. 2 BGB gleichzeitig Gütertrennung vereinbart, sofern sich aus der Vereinbarung nichts anderes ergibt.[30]
Wollen die Eheleute dagegen im Zusammenhang mit einer Scheidung eine Vereinbarung über den Versorgungsausgleich schließen, wird ihnen diese Möglichkeit nach § 1587o Abs.1 S.1 BGB zugestanden. Inhaltlich unterscheiden sich die Vereinbarungen nach § 1587o BGB nicht von den Verträgen nach § 1408 Abs.2 BGB.[31] Allerdings muss hier die von den Eheleuten gefundene Einigung dem Familiengericht zur Genehmigung vorgelegt werden (§ 1587o Abs.2 S.3 BGB).

4. Die Verteilung von Hausrat und Ehewohnung

Kommt es zur Scheidung, stellt sich für die Eheleute immer auch die Frage nach der Verteilung von Hausrat und Ehewohnung. § 1 HausratsVO sieht vor, dass eine gerichtliche Entscheidung nur dann auf Antrag erfolgt, wenn sich die Eheleute nicht darüber einigen können, wer von ihnen bei Scheidung die Ehewohnung künftig bewohnen und wer den Hausrat erhalten soll. Aus dieser Vorschrift geht hervor, dass das Gesetz grundsätzlich von einer Einigung der Eheleute ausgeht. Angesichts der übrigen Regelungsgegenstände ist dieser Bereich im Rahmen einer Scheidungsfolgenvereinbarung allerdings von untergeordneter Bedeutung.

5. Die elterliche Sorge

Sind in der Ehe gemeinsame minderjährige Kinder vorhanden, ist es für die Eltern anlässlich einer Scheidung von Interesse, hinsichtlich der Verteilung der

---

[28] BGH NJW 1986, 2316 (2317); *Langenfeld* Handbuch Rn 576; *Borth* Rn 772; Erman-*Heckelmann* § 1408 Rn 9; Soergel-*Gaul* § 1408 Rn 31; *Eichenhofer* DNotZ 1994, 213 (218).

[29] BGH NJW 1986, 2316 (2317); BGH FamRZ 1990, 273 (274). *Borth* Rn 774: Eine Erhöhung der Quote ist jedoch nicht zulässig, dies ergibt sich aus § 1587o I 2 BGB. *Bergschneider* Rn 702, 708: Diese teilweisen Ausschlüsse des Versorgungsausgleichs sind die in der Praxis am häufigsten vorkommenden Vereinbarungstypen.

[30] Dies gilt allerdings umgekehrt nicht: durch die Vereinbarung von Gütertrennung tritt nicht automatisch der Ausschluss des Versorgungsausgleichs ein. Vergleiche *Bergschneider* Rn 428.

[31] Vergleiche Palandt-*Brudermüller* § 1408 Rn 20; Göppinger/Börger-*Wenz* § 3 Rn 121. Siehe ferner *Eichenhofer* DNotZ 1994, 213 (215): Die Abgrenzung zwischen § 1408 Abs.2 BGB und § 1587o BGB richtet sich einzig nach der Jahresfrist.

elterlichen Sorge und der Regelung des Umgangs mit dem Kind zu einer Einigung zu kommen.

Das Recht der elterlichen Sorge ist durch das am 1.7.1998 in Kraft getretene Kindschaftsrechtsreformgesetz entscheidend verändert worden. Während nach § 1671 Abs.1 BGB a.F. eine gerichtliche Entscheidung über die Verteilung der elterlichen Sorge zwingend vorgeschrieben war,[32] sieht § 1671 Abs.1 BGB n.F. nunmehr die grundsätzliche Beibehaltung der gemeinsamen elterlichen Sorge auch nach Scheidung vor. Es steht allerdings jedem Ehegatten nach § 1671 Abs.1 BGB n.F. frei, die Übertragung der alleinigen elterlichen Sorge bei Gericht zu beantragen. Diesem Antrag ist nach § 1671 Abs.2 Nr.1 BGB n.F. stattzugeben, wenn der andere Ehegatte dem Antrag zustimmt, es sei denn, dass das Kind das vierzehnte Lebensjahr vollendet hat und der Übertragung widerspricht. Ansonsten kommt es nach § 1671 Abs.2 Nr. 2 BGB n.F. darauf an, ob die Aufhebung der gemeinsamen elterlichen Sorge und die Übertragung auf den Antragsteller dem Wohl des Kindes am besten entspricht.

Für Vereinbarungen unter Ehegatten im Bereich der elterlichen Sorge bedeutet diese gesetzliche Regelung Folgendes: Zum einen können sich die Eheleute darüber verständigen, die gemeinsame Sorge zu behalten und aus diesem Grund auf Anträge zur Übertragung des alleinigen Sorgerechts zu verzichten.[33] Die Ausübung der gemeinsamen Sorge ist für den Fall, dass die Eltern dauerhaft getrennt leben, in § 1687 Abs.1 BGB ausgestaltet worden. Es steht den Eltern frei, ergänzende Vereinbarungen zu treffen,[34] diese sind aber nicht einklagbar.[35]

Zum anderen können sich die Eheleute dahingehend einigen, dass ein Ehegatte dem Antrag auf alleinige elterliche Sorge des anderen Ehegatten zustimmen wird. Aus Gründen des Kindeswohls ist diese Zustimmung allerdings frei widerruflich.[36] Ein Widerruf ist formlos und ohne Begründung bis zur Entscheidung in der letzten Tatsacheninstanz möglich.[37] Das Gericht hat dann nach § 1671

---

[32] Dies galt sogar, falls kein Antrag auf Erteilung der alleinigen elterlichen Sorge gestellt worden war oder ein übereinstimmender Vorschlag zur Erteilung der gemeinsamen elterlichen Sorge vorgelegt wurde.

[33] Vergleiche *Bergschneider* Rn 196, wobei dieser Vereinbarung Bedeutung lediglich als „Merkposten" sowie zur Schaffung der Voraussetzungen einer einverständlichen Scheidung nach § 630 I ZPO zukommt.

[34] *Langenfeld* Handbuch Rn 847. Sie können z.B. den gewöhnlichen Aufenthalt des Kindes vertraglich bestimmen. Vergleiche ferner *Bergschneider* Rn 200: die gemeinsame Sorge hängt auf Dauer von einer bleibenden Übereinstimmung der Eltern ab, so dass sich aus diesem Grunde umfassende Vertragswerke nicht anbieten.

[35] *Bergschneider* Rn 202, gleichwohl werden diese Abreden als Richtlinie von den Eltern akzeptiert.

[36] Palandt-*Brudermüller* § 1671 Rn 14; Schwab-*Motzer* Teil III Rn 101; Johannsen/Henrich-*Jaeger* § 1671 Rn 25; Erman-*Michalski* § 1671 Rn 29.

[37] Johannsen/Henrich-*Jaeger* § 1671 Rn 26; Schwab-*Motzer* Teil III Rn 103. Nach einer rechtskräftigen Sorgerechtsentscheidung kommt eine Änderung der Verteilung der elterlichen Sorge nur unter den Voraussetzungen des § 1696 BGB in Betracht.

Abs.2 Nr. 2 BGB n.F. über den gestellten Antrag zu entscheiden. Kommt es aufgrund der Zustimmung des einen Ehegatten zur antragsgemäßen Übertragung der alleinigen Sorge, können dem nicht sorgeberechtigten Elternteil durch einen Vertrag Mitwirkungs- und Informationsrechte eingeräumt werden,[38] wobei es auch hier an der Einklagbarkeit fehlen dürfte.
Seit dem Inkrafttreten des Kindschaftsrechtsreformgesetzes hat nach § 1684 Abs.1 BGB n.F. das Kind außerdem Recht auf Umgang mit jedem Elternteil, und jeder Elternteil ist zum Umgang mit dem Kind verpflichtet und berechtigt. Auch über die Ausübung und Ausgestaltung des Umgangsrechts können sich die Eheleute einigen.[39]

6. Abreden über den Kindesunterhalt

Die Eheleute können sich über die Regelung der Unterhaltsverpflichtung gegenüber gemeinsamen Kindern einigen. Regelmäßig wird nach der Scheidung ein Ehegatte seiner Unterhaltspflicht durch die tatsächliche Betreuung der Kinder nachkommen, während der andere Ehegatte Barunterhalt leistet. Insbesondere über die Höhe dieses Barunterhalts können sich die Eheleute verständigen. Ein Verzicht auf den Kindesunterhalt ist jedoch nach § 1614 Abs.1 BGB nicht zulässig. Allerdings können die Eheleute eine sogenannnte Freistellungsvereinbarung treffen, wonach der betreuende Ehegatte den barunterhaltspflichtigen Ehegatten von dessen Verpflichtung im Innenverhältnis freistellt.[40]

7. Zusammenfassung

Den Eheleuten steht es im deutschen Recht grundsätzlich frei, über die vom Gesetz vorgesehenen Scheidungsfolgen selbständig eine Einigung zu finden. Zum einen werden durch einen solchen Vertrag die nachehelichen Verpflichtungen der Eheleute untereinander geregelt, wobei hier zwischen gänzlichen Verzichten auf nacheheliche Ansprüche und lediglich modifizierenden Abreden unterschieden werden kann. Mit einer Scheidungsfolgenvereinbarung wird eine Entscheidung über Vermögenspositionen getroffen, die je nach den Verhältnissen der Eheleute einen durchaus erheblichen Wert aufweisen. Zum anderen kann Gegenstand einer Scheidungsfolgenvereinbarung auch das Verhältnis zu den gemeinsamen Kindern sein. Angesichts dieser Auswirkungen zeigt die Frage nach

---

[38] *Bergschneider* Rn 213.
[39] *Bergschneider* Rn 223ff. Vergleiche auch *Langenfeld* Handbuch Rn 851ff: Es können Ort, Zeit und Dauer des Umgangs, seine Häufigkeit, die Auswirkungen von Ferien, Feiertagen und persönlichen Festen, die Nachholung ausgefallener Besuche, das Abholen und Bringen, die Fahrtkosten und die Anwesenheit Dritter festgelegt werden. Problematisch ist allerdings die Vollstreckung derartiger Vereinbarungen, siehe *Bergschneider* Rn 222.
[40] BGH FamRZ 1986, 444 (445).

notwendigen Einschränkungen der den Eheleuten zugestandenen Vertragsfreiheit bereits ihre Relevanz.

II. Im englischen Recht

Bevor auch für das englische Recht die Inhalte einer Scheidungsfolgenvereinbarung dargestellt werden können, muss zunächst auf die grundsätzliche Konzeption des englischen Scheidungsfolgenrechts eingegangen werden. Dies ist insofern erforderlich, als sich das Recht der Scheidungsfolgen in England in seiner Konzeption wesentlich von den Regelungen im deutschen Recht unterscheidet.

1. Das englische Scheidungsfolgenrecht

Während das deutsche Recht verschiedene Anspruchsgrundlagen für den Fall der Scheidung ausgestaltet hat, folgt das englische Recht einem System von Rechtsbehelfen.[41] Das Verfahren, das auf die Festlegung von Scheidungsfolgen durch ein Gericht zielt, wird als „ancillary relief" bezeichnet und ist im Matrimonial Causes Act 1973 in den sections 21-26 MCA 1973 geregelt. Der Matrimonial Causes Act 1973 unterscheidet zwischen sog. „financial provision orders" (section 22A MCA 1973) und „property adjustment orders" (section 23A MCA 1973).

Dem angerufenen Gericht steht bei seiner Entscheidung über die Regelung der Scheidungsfolgen ein sehr weiter Ermessensspielraum zu. Section 25 (1) MCA 1973 ordnet an, dass das Gericht alle relevanten Umstände des konkreten Falls und vor allem das Wohl minderjähriger Kinder bei seiner Entscheidung zu berücksichtigen hat. Neben diesem allgemeinen Grundsatz werden in section 25 (2) MCA 1973 bestimmte Faktoren aufgezählt, die von den Gerichten insbesondere zu beachten sind. Dies sind beispielsweise das Vermögen sowie die finanziellen Bedürfnisse der Eheleute, der eheliche Lebensstandard, das Alter der Ehegatten sowie die Dauer der Ehe. Auch das Verhalten der Eheleute zählt hierzu, sofern dies vom Gericht für relevant gehalten wird. Die Ausübung des Ermessens kann am treffendsten mit folgendem Zitat beschrieben werden: „The court takes the rights and obligations of the parties all together and puts the pieces into a mixed bag. Such pieces are the right to occupy the matrimonial home or have a share in it, the obligation to maintain the wife and children, and so forth. The court then takes out the pieces and hands them to the two parties – some to one party and some to the other – so that each can provide for the future with the pieces allotted to him or to her. The court hands them out without paying any too nice regard to their legal or equitable rights but simply accordingly to what is the fairest provision for the future, for mother and father

---

[41] *Lowe* in Eheliche Gemeinschaft, Partnerschaft und Vermögen im europäischen Vergleich, 47 (47).

and children."[42] Da nur die Gegebenheiten des Einzelfalls entscheidend sind, lassen vorangegangene Gerichtsurteile nur sehr begrenzt Rückschlüsse auf den Ausgang eines Scheidungsfolgenprozesses zu. Aus diesem System folgt eine gewisse Unsicherheit: „Advising a client on the likely outcome of his ancillary relief application is a matter of trial and error and imagination."[43]
Ein weiterer Gesichtspunkt ist der in section 25A MCA 1973 festgeschriebene Gedanke des sogenannten „clean break". Durch ein auf einen „clean break" gerichtetes Urteil soll eine endgültige Auseinandersetzung über die Scheidungsfolgen erreicht und damit den Eheleuten ermöglicht werden, ohne Bitterkeit die vergangene Ehe hinter sich zu lassen und ein neues, von der gescheiterten Beziehung unbelastetes Leben zu beginnen.[44] Durch section 25A (1) MCA 1973 wird das Gericht verpflichtet zu prüfen, ob ein „clean break order" im Einzelfall angezeigt ist. Dann kann es einen Antrag auf regelmäßige nacheheliche Unterhaltszahlungen ablehnen und mit seinem Urteil zugleich die Berechtigung der Eheleute, später nochmals Anträge auf Bewilligung von Unterhaltszahlungen zu stellen, ausschließen.[45] Favorisiert wird gegenüber der Verpflichtung zu langjährigem Unterhalt die Zahlung einer Abfindungssumme, die ebenfalls durch das Gericht im Rahmen eines „financial provision order" angeordnet werden kann.

2. Die Inhalte einer Scheidungsfolgenvereinbarung

Verträge über die Scheidungsfolgen sind nur vereinzelt im Gesetz geregelt. So haben sogenannte „maintenance agreements" in section 34 MCA 1973 eine gesetzliche Regelung erfahren. Diese Regelung wird zum einen bei der Frage nach der Verzichtbarkeit nachehelicher Ansprüche[46] und zum anderen bei dem Problem der Abänderbarkeit von Scheidungsfolgenvereinbarungen nach section 35 MCA 1973[47] relevant. Überwiegend wird der Bereich der Scheidungsfolgenvereinbarungen jedoch von der Rechtsprechung („case law") geprägt.

a) Family Property

Im englischen Recht gibt es keine dem deutschen Güterrecht vergleichbare Regelung der Eigentums- und Vermögensverhältnisse unter Eheleuten. Die rechtliche Beurteilung richtet sich daher nach dem allgemeinen „property law",[48] so-

---

[42] Lord Denning in *Hanlon* v *The Law Society* [1981] AC 124 (146).
[43] Ormrod LJ in *Martin* v *Martin* [1977] 3 All ER 762 (768).
[44] *Black/Bridge/Bond* S. 261.
[45] *Black/Bridge/Bond* S. 255, 261.
[46] Dazu siehe unten im 2.Teil B.I.4.
[47] Dazu siehe unten im 2.Teil B.II.3.
[48] Vergleiche die Entscheidungen des House of Lords *Pettitt* v *Pettitt* [1970] AC 777 und *Gissing* v *Gissing* [1971] AC 886.

lange die Ehe besteht. Im Fall der Scheidung regelt das Gericht auf Antrag die Verteilung in einem „property adjustment order" nach section 23A MCA 1973, wobei die während der Ehe bestehenden Eigentumsverhältnisse zwischen den Eheleuten für die Entscheidung irrelevant sind.[49] Das Gericht entscheidet über die Verteilung des Vermögens gemäß section 25 MCA 1973 nach freiem Ermessen.
Die Eheleute können sich vertraglich über die Verteilung des den Ehegatten jeweils zustehenden Eigentums einigen.[50] Insbesondere die Regelung des Eigentums am Familienheim und die Benutzung desselben ist hier von Bedeutung: Häufig verpflichtet sich der Ehemann, das in seinem Eigentum stehende Familienheim an seine Frau zu übertragen, damit diese dort mit den gemeinsamen Kindern leben kann.[51]

b) Maintenance

Im Rahmen eines „financial provision order" kann das Gericht nach sections 22A, 21 (1) (a) MCA 1973 die Zahlung von regelmäßigem Unterhalt („periodical payment order") anordnen. Das Gericht kann sich aber nach sections 22A, 21 (1) (c) MCA 1973 auch für die Zahlung einer Abfindungssumme („order for the payment of a lump sum") entscheiden. Die jeweilige Ausgestaltung steht wiederum gemäß section 25 MCA 1973 im Ermessen des Gerichts.
In einer Vereinbarung über die Scheidungsfolgen werden die Eheleute meist eine Regelung des nachehelichen Ehegattenunterhalts vornehmen.[52] Dabei können die Ehegatten ebenfalls regelmäßige Zahlungen oder eine Abfindungssumme vereinbaren.[53] Es wird allerdings darauf hingewiesen, dass die Dauer der Unterhaltszahlungen in der Vereinbarung begrenzt werden sollte, da ansonsten die Unterhaltsverpflichtung unbegrenzt gilt. Häufig wird deshalb beispielsweise eine sogenannte *dum sola*-Klausel vereinbart, durch die die Unterhaltspflicht endet, sobald der Unterhaltsbedürftige eine neue Ehe oder eine nichteheliche Lebensgemeinschaft eingeht.[54]

c) Pensions

Die Bedeutung der Altersversorgung für die geschiedenen Eheleute ist auch in England erkannt worden: „for many married people their two single assets of

---

[49] *Wolf* S.21; *Burrows* S. 88f; *Neville Turner/Davis-Ferid* S. 126.
[50] *Salter/Bruce* S. 25; *Burton* S. 372. Vergleiche auch *Black/Bridge/Bond* S. 563: diese Art Vereinbarung ist jedoch seltener als eine Vereinbarung über den nachehelichen Unterhalt.
[51] Vergleiche *Sutton* v *Sutton* [1984] 1 All ER 168; *Cross* v *Cross* [1983] 4 FLR 235.
[52] *Salter/Bruce* S. 23; *Black/Bridge/Bond* S. 562.
[53] Siehe *Bennett* v *Bennett* [1952] 1 All ER 413; *Edgar* v *Edgar* [1980] 3 All ER 887; *Parkes* v *Parkes* [1971] 3 All ER 870; *Simister* v *Simister No.2* [1987] 1 FLR 194.
[54] *Salter/Bruce* S. 24.

greatest value – often indeed the only substantial assets – are the house in which they live and their expectations under a pension scheme."[55] Dies hat durch section 166 Pensions Act 1995 zu einer Neuregelung dieses Bereichs geführt. Es wurden dabei die sections 25B – 25 D neu in den Matrimonial Causes Act eingefügt. Nach section 25B (1), (2) MCA 1973 hat das Gericht die Frage der Altersversorgung bei der Entscheidung über die finanzielle Auseinandersetzung der Eheleute ebenso wie die in section 25 (2) MCA 1973 genannten Faktoren zu berücksichtigen.[56] Das Gericht hat zudem nunmehr nach section 25B, section 25C (2) MCA 1973 die Befugnis, gegenüber den Trägern der Altersversorgung anzuordnen, dass bei Fälligkeit der Ansprüche ein Teil der erlangten Ansprüche des einen Ehegatten oder die gesamte Summe dem anderen Ehegatten ausgezahlt werden soll (sog. „earmarking of pension rights").[57] Dabei trifft das Gericht keine *Pflicht*, über die Ansprüche aus einer Altersversorgung zu entscheiden; das Gesetz stellt eine solche Entscheidung lediglich als weitere Möglichkeit eines „financial provision order" bereit.[58] Ergänzt wurde diese Regelung durch den Welfare and Pensions Act 1999. Nunmehr ist in section 21A (1) MCA 1973 den Gerichten die Befugnis übertragen worden, ein sog. „pension-sharing order" zu erlassen. Danach verliert der eine Ehegatte einen bestimmten Anteil an seinem sog. „pension scheme", über dessen Höhe das Gericht entscheidet, während der begünstigte Ehegatte einen eigenen Anteil in eben dieser Höhe an dem jeweiligen „pension scheme" erlangt.[59] „Earmarking orders" bleiben daneben als weitere Möglichkeit bestehen.
Die Berücksichtigung der Altersversorgung im englischen Scheidungsfolgenrecht befindet sich im Umbruch. Aus diesem Grund konnten keine Erkenntnisse über mögliche vertragliche Vereinbarungen in diesem Bereich gewonnen werden. Es finden sich hierzu weder gesetzliche Regelungen noch gibt es gerichtliche Entscheidungen zu dieser Frage. Auch in der familienrechtlichen Literatur wird lediglich auf das neuartige „pension-sharing order", nicht aber auf mögliche Verträge eingegangen. Es bleibt daher die weitere Entwicklung abzuwarten.

d) Children

Sind Kinder bei der Scheidungsauseinandersetzung vorhanden, so sind zwei Problembereiche zu unterscheiden.

---

[55] *Cretney/Masson* S. 490. So auch *Black/Bridge/Bond* S. 186.
[56] Zuvor hatte sich die Rechtsprechung bei der Berücksichtigung von Versorgungsansprüchen eher zurückgehalten: *H* v *H* [1993] 2 FLR 335; *Griffiths* v *Dawson & Co.* [1993] 2 FLR 315.
[57] *Lowe/Douglas* S. 795; *Black/Bridge/Bond* S. 186f.
[58] *T* v *T* [1998] 1 FLR 1072: Hier war ein „earmarking" abgelehnt worden, da der Ehefrau bereits eine Abfindungssumme sowie regelmäßige hohe Unterhaltszahlungen zugesprochen worden war.
[59] *Black/Bridge/Bond* S. 190.

aa) Parental responsibility

Die elterliche Verantwortung („parental responsibility"[60]) steht grundsätzlich der Mutter zu, gleichgültig ob sie verheiratet ist (section 2 (1) Children Act 1989). Dem Vater steht ebenfalls das Sorgerecht zu, wenn er bei Geburt des Kindes mit der Mutter verheiratet war (section 2 (3) Children Act 1989) oder sich mit ihr über die gemeinsame Verantwortung geeinigt hat[61] oder ein diesbezügliches Gerichtsurteil erlangt hat (section 4 Children Act 1989).[62] Eine Scheidung ändert an dem Bestehen der elterlichen Verantwortung nichts. Streiten sich die Eltern allerdings darüber, bei wem das Kind leben und in welchem Umfang dem anderen Elternteil der Umgang mit dem Kind zustehen soll, besteht die Möglichkeit über section 8 des Children Act 1989 ein klärendes Gerichtsurteil zu erlangen.[63]

Die Eheleute können sich auch eigenständig darüber einigen, wo und mit wem das gemeinsame Kind leben wird und in welcher Form der Umgang ausgestaltet wird.[64] Eine solche Abrede kann allerdings nur dann vollstreckt werden, wenn dies im Interesse des Kindes liegt.[65] Es wird sogar ausdrücklich dazu aufgerufen, zu einer Einigung über die Belange der Kinder zu gelangen, um weitere Belastungen der Kinder durch Prozesse zu vermeiden.[66]

bb) Finanzielle Absicherung des Kindes

Zum einen hat das Gericht gemäß der section 25 (1) MCA 1973 auch bei der Entscheidung über die Vermögensauseinandersetzung und Unterhaltszahlungen zwischen den Eheleuten das Wohl vorhandener Kinder zu berücksichtigen. Das Gericht wird die Betreuung von Kindern daher beispielsweise bei der Beurteilung eines Unterhaltsanspruchs der Ehefrau oder bei der Übertragung des Familienheims berücksichtigen und auch auf diese Weise die finanzielle und tatsächliche Versorgung der Kinder gewährleisten.[67] Zum anderen ist die Verpflichtung

---

[60] Definition der „parental responsibility" in section 3 (1) Children Act 1989: „all the rights, duties, powers, responsibilities and authority which by law a parent of a child has in relation to the child and his property."

[61] Dies muss in der in den Parental Responsibility Agreement Regulations 1991 vorgesehenen Form geschehen, vergleiche *Black/Bridge/Bond* S. 413.

[62] *Black/Bridge/Bond* S. 409.

[63] *Black/Bridge/Bond* S. 141.

[64] *Black/Bridge/Bond* S. 563.

[65] *Burton* S. 372.

[66] *Green* S. 154.

[67] *Burrows* S. 67. Vergleiche auch *Suter* v *Suter and Jones* [1987] Fam 111 (123): „So I construe the section as requiring the court to consider all the circumstances, including those set out in subsection (2) always bearing in mind the important consideration of the welfare of the children, and then try to attain a financial result which is just as between husband and wife."

des nicht mit dem Kind zusammenlebenden Elternteils zur Zahlung von Kindesunterhalt in section 1 (1) des Child Support Act 1991 festgelegt.[68] Für die Durchsetzung der dem Kind zustehenden Ansprüche ist die eigens hierfür gegründete Child Support Agency zuständig,[69] die auf Antrag des kindesbetreuenden Ehegatten tätig wird.[70]
Nach section 9 (2) CSA 1991 sind Vereinbarungen über die Zahlung von Kindesunterhalt ausdrücklich zulässig.[71] Die Bedeutung solcher Vereinbarungen ist allerdings beschränkt, da die Entscheidungsbefugnis der Child Support Agency über die Verpflichtung zur Zahlung von Kindesunterhalt in keinem Fall ausgeschlossen werden kann (section 9 (3), (4)).[72] Hat sich also ein Ehegatte verpflichtet, nicht bei der Child Support Agency die Festsetzung des Kindesunterhalts zu beantragen, ist dies nichtig und ein solcher Antrag selbstverständlich zulässig.
Die Regelungen des Child Support Act beziehen sich nur auf regelmäßige Unterhaltszahlungen. Wird hingegen eine Abfindungssumme („lump sum") oder eine Vermögensübertragung („property adjustment") zu Gunsten eines Kindes begehrt, ist ein Antrag nach den oben bereits angesprochenen Regeln der sections 22A, 21 (1) c) oder sections 23A, 21 (2) c) des Matrimonial Causes Act 1973 bei Gericht zu stellen.[73] In diesem Bereich sind selbstverständlich ebenfalls Vereinbarungen zwischen den Eltern zulässig.

3. Zusammenfassung

Auch im englischen Recht ist die Möglichkeit einer vertraglichen Regelung der Scheidungsfolgen anerkannt. Dabei ähneln sich die für den Fall der Scheidung im englischen und im deutschen Recht vorgesehenen Rechte und Pflichten. Gegenstand einer Scheidungsfolgenvereinbarung kann damit in beiden Rechtsordnungen die Vermögensauseinandersetzung, der nacheheliche Unterhalt sowie die elterliche Sorge und der Kindesunterhalt sein. Einzig ob auch im englischen

---

[68] *Black/Bridge/Bond* S. 278f.

[69] *Duckworth* S. 182, *Green* S. 38; *Black/Bridge/Bond* S. 279. Im Anwendungsbereich des CSA 1991 verlieren die Gerichte ihre grundsätzliche Zuständigkeit (section 8 CSA 1991). Siehe zu den Ausnahmen *Miller* S. 444f.

[70] *Green* S. 45.

[71] Definition eines solchen „maintenance agreement" in section 9 (1) CSA 1991: „...any agreement for the making, or for securing the making, of periodical payments by way of maintenance to or for the benefit of a child."

[72] *Salter/Bruce* S. 117ff. Kommt es zu einer Festsetzung des Kindesunterhalts durch die Child Support Agency (sog. „maintenance assessment"), ist die Unterhaltsabrede ab diesem Zeitpunkt gegenstandslos, vergleiche *Salter/Bruce* S. 123; *Duckworth* S. 191.

[73] *Black/Bridge/Bond* S. 277 (mit Darstellung der weiteren ausnahmsweisen Zuständigkeit der Gerichte im Bereich der finanziellen Absicherung von Kindern).

Recht Vereinbarungen über die Altersversorgung zulässig sind, ist gegenwärtig noch ungeklärt.
Angesichts dieser Gemeinsamkeiten ist es umso spannender, in welchem Umfange jeweils im deutschen und im englischen Recht in die Vertragsfreiheit der Ehegatten eingegriffen wird.

B. Der Zeitpunkt des Vertragsschlusses

Der Zeitpunkt, in dem sich die Eheleute vertraglich über die Folgen einer Scheidung einigen, kann sehr stark variieren. Zum Teil wird eine solche Vereinbarung von den Ehegatten bereits vor der Eheschließung oder im Laufe einer intakten bestehenden Ehe, sozusagen als vorsorgende Maßnahme für den eventuellen Fall einer Scheidung angestrebt. Einige Eheleute entschließen sich auch erst im Zeitpunkt einer erfolgten Trennung zu einer vertraglichen Regelung und beabsichtigen dabei eine Scheidung noch gar nicht. Schließlich kommt ein Vertragsschluss anlässlich der konkret bevorstehenden oder eingeleiteten Scheidung selbst in Betracht.

In Deutschland wird aufgrund dieser zeitlichen Unterschiede zum Teil eine formelle Aufteilung von Ehegattenvereinbarungen in sog. „erweiterte Eheverträge", Getrenntlebensvereinbarungen und Scheidungsvereinbarungen vorgenommen. Der Begriff „Ehevertrag" wird in der Kautelarpraxis schon lange in einem funktional erweiterten Sinne verwendet. Der Regelungsbereich eines Ehevertrags erstreckt sich danach nicht mehr nur auf Verträge im engen Sinne des § 1408 Abs.1 BGB, sondern auf alle ehebezogenen familienrechtlichen Vereinbarungen von Verlobten und Ehegatten zur Regelung der allgemeinen Ehewirkungen, des ehelichen Güterrechts und der Scheidungsfolgen.[74] Entscheidend ist, dass es nicht um die konkrete Abwicklung eines Scheidungsfalls geht, sondern um Vereinbarungen vor oder während einer noch intakten Ehe. Der Getrenntlebensvertrag beinhaltet hingegen häufig Regelungen, die zunächst einmal die Gestaltung der Trennung betreffen, wie etwa den Trennungsunterhalt oder die Verteilung des Hausrats. Daneben kann ein solcher Vertrag auch Abreden über die Scheidungsfolgen enthalten.[75] Die Scheidungsvereinbarung dient der einverständlichen Abwicklung einer gescheiterten Ehe im Hinblick auf eine konkret bevorstehende Scheidung. Das bedeutet, dass ihr Regelungsgegenstand lediglich die Scheidungsfolgen sein können.[76]
In der Praxis unterscheiden sich die Regelungsgegenstände der einzelnen Vertragstypen im Hinblick auf die für den Scheidungsfall festgelegten Folgen aller-

---

[74] *Langenfeld* Handbuch Rn 3; *Büttner* FamRZ 1998, 1 (2). Unter dem Begriff „Ehevermögensvertrag" nimmt auch *Buschendorf* eine ähnliche Einteilung vor (S. 95).
[75] *Langenfeld* Handbuch Rn 36.
[76] *Langenfeld* Handbuch Rn 32.

dings nicht.[77] Gleichgültig, an welchem Punkt der Ehe die Partner die Scheidungsfolgen einer vertraglichen Regelung zuführen: inhaltlich einigen sie sich über die Vermögensauseinandersetzung, den nachehelichen Unterhalt und die Altersversorgung sowie das Verhältnis zu den gemeinsamen Kindern. Es ist zwar richtig, dass das Bürgerliche Gesetzbuch beispielsweise für eine Abrede über den Versorgungsausgleich Voraussetzungen anordnet, die je nach Zeitpunkt des Vertragsschlusses differieren. So ist lediglich bei einer anlässlich der Scheidung getroffenen Vereinbarung gemäß § 1587o Abs.2 S.3 BGB eine Genehmigung des Familiengerichts einzuholen. Dennoch lässt sich dem Gesetzesaufbau keine grundsätzliche Einteilung nach dem Zeitpunkt des Vertragsschlusses entnehmen. Das Bürgerliche Gesetzbuch trifft vielmehr eine grundsätzliche Unterscheidung nach Inhalten, indem die gesetzliche Regelung der jeweiligen Scheidungsfolge um Bestimmungen zur vertraglichen Gestaltung ergänzt wird.

In England beschäftigen sich gerichtliche Entscheidungen sowohl mit vorehelichen Vereinbarungen[78] als auch mit Trennungsverträgen[79] und Scheidungsvereinbarungen.[80] Das englische Recht kennt jedoch keine Einteilung in entsprechende Vertragstypen.[81] Auch in dieser Rechtsordnung ist es allerdings so, dass der Zeitpunkt des Vertragsschlusses durchaus Einfluss auf die Wirksamkeit einer Scheidungsfolgenvereinbarung haben kann. Aktuell wird beispielsweise über die Bindungswirkung vorehelicher Verträge diskutiert.[82] Trotzdem gibt es auch hier eine Reihe von rechtlichen Wertungen, die für jeden Typ einer Scheidungsfolgenvereinbarung gelten.

Sowohl für das deutsche als auch für das englische Recht bietet sich daher im Bereich der Scheidungsfolgenvereinbarung eine formell an den Zeitpunkt des Vertragsschlusses angelehnte Aufteilung nach Vertragstypen nicht an.

Der Zeitpunkt des Vertragsschlusses ist dennoch kein zu vernachlässigender Gesichtspunkt. Es wird sich im folgenden zeigen, dass er sich im deutschen wie im englischen Recht von entscheidendem Einfluss auf die Wirksamkeit einer Scheidungsfolgenvereinbarung erweist. Damit wird der Tatsache Rechnung getragen, dass sich die Eheleute bei Vertragsschluss je nach Stadium ihrer Ehe in unterschiedlichen Situationen befinden, die sich auch auf die rechtliche Beur-

---

[77] So ausdrücklich *Bergschneider* Rn 1. Dies zeigen auch die Ausführungen im Handbuch von *Langenfeld*, die sich bei den einzelnen Vertragstypen häufig wiederholen.

[78] *Lurie* v *Lurie* [1938] 3 All ER 156; *Sabbagh* v *Sabbagh* [1985] FLR 29; *N* v *N* [1999] 2 FLR 745.

[79] *Gould* v *Gould* [1970] 1 QB 275; *Hyman* v *Hyman* [1929] AC 601; *Edgar* v *Edgar* [1980] 3 All ER 887.

[80] *Sutton* v *Sutton* [1984] 1 All ER 168.

[81] Vergleiche nur bei *Salter/Bruce* S.12ff und *Black/Bridge/Bond* S. 562ff.

[82] Siehe dazu im einzelnen im 2.Teil B.I.3.

teilung der von ihnen getroffenen Vereinbarung auswirken können. Dies ist bei der weiteren Untersuchung zu berücksichtigen.

C. Die Motive für den Abschluss einer Scheidungsfolgenvereinbarung

Vielfältige Gesichtspunkte sprechen aus Sicht der Eheleute für den Abschluss einer Vereinbarung über die Scheidungsfolgen. Diese lassen sich letztlich allerdings auf vier Überlegungen reduzieren.

Eine Scheidungsfolgenvereinbarung eröffnet die Möglichkeit einer autonomen Gestaltung der Scheidungsfolgen je nach eigenem Ehekonzept. Die Eheleute können so die im Gesetz für den Fall der Scheidung vorgesehenen Ansprüche und Verpflichtungen flexibel ihren eigenen Bedürfnissen anpassen.[83]
Die Bedürfnislage im Scheidungsfall wird sich beispielsweise bei einer Einverdienerehe, in der die Frau das Kind und den Haushalt versorgt hat, wesentlich von der Situation bei einer Doppelverdienerehe unterscheiden, während der beide Partner ein Einkommen erzielt haben. Da sich die Frau im ersten Fall keine eigene Versorgung durch Erwerbstätigkeit aufgebaut hat, wird sie in weitaus größerem Umfange als die Frau im zweiten Beispiel bei einer Scheidung auf einen finanziellen Ausgleich angewiesen sein. Ehen mit Kindern erfordern im Falle einer Scheidung ohnehin andere Lösungen als kinderlose Ehen. Diese Liste ließe sich angesichts der Fülle individueller Lebensgestaltungen beliebig fortsetzen.
Der Gesetzgeber wäre überfordert, sollte er für jede denkbare Ehegestaltung eine angemessene Lösung für den Scheidungsfall festschreiben.[84] Er wird sich bei der Festlegung der Scheidungsfolgen daher an einem bestimmten Ehetyp orientieren müssen. Im deutschen Recht liegt dem Scheidungsfolgenrecht (noch immer) das Leitbild der sogenannten Einverdienerehe zugrunde, in der ein Ehegatte erwerbstätig ist, und der andere Ehegatte die Haushaltsführung und die Betreuung der Kinder übernimmt. Dies zeigt sich vor allem in der Regelung des gesetzlichen Güterstands, die genau auf diese Konstellation zugeschnitten ist,[85]

---

[83] Hierauf basiert auch das Handbuch von *Langenfeld*, in dem er für verschiedene typisierte Ehekonzepte bestimmte Vertragsgestaltungen vorschlägt, wie etwa für die junge Doppelverdienerehe mit Kinderwunsch (Rn 944ff) oder die Unternehmerehe (Rn 958ff). Vergleiche auch *Salter/Bruce* S. 1: „It is readily understandable why the parties to a matrimonial dispute should wish to resolve their differences by an agreement or consent order, which offers them both the flexibility and the certainty that an externally imposed solution cannot." Ebenso *Burton* S. 370 und *Black/Bridge/Bond* S. 564. Vergleiche auch *Miller* S. 356: „An agreement made by the parties themselves may enable greater flexibility to be achieved then would be possible in a court order."

[84] Vergleiche allerdings die Anregungen von *Gernhuber* S. 16ff, S. 20ff.

[85] Palandt-*Brudermüller* Einf. vor § 1363 Rn 6.

sowie im Institut des Versorgungsausgleichs.[86] Im englischen Recht wird durch das die Scheidungsfolgen regelnde Gesetz (Matrimonial Causes Act 1973) kein bestimmter Ehetyp festgelegt, sondern vielmehr die Entscheidung über die Scheidungsfolgen einem weitgehenden Ermessen der Gerichte überlassen. Dieses Ermessen wird jedoch insbesondere zum Schutz der bedürftigen Ehefrau eingesetzt.[87]
Empfinden die Eheleute das gesetzliche Scheidungsfolgenrecht als zu weitgehend, bietet eine Scheidungsfolgenvereinbarung die Möglichkeit einer Beschränkung der nachehelichen Rechte und Pflichten.[88] In Deutschland wird insbesondere im Unterhaltsrecht seit dem Übergang vom Verschuldens- zum Zerrüttungsprinzip durch das 1. EheRG 1977 eine Gefahr der übermäßigen Inanspruchnahme des finanziell leistungsfähigen Ehegatten gesehen.[89] Zudem wird auf den (gegebenenfalls durch Vereinbarungen aufzulösenden) Widerspruch des Scheidungsrechts hingewiesen, einerseits die Ehe zu einem letztlich grundlos aufkündbaren Rechtsverhältnis auszugestalten und andererseits an die beendete Ehe weitreichende nacheheliche Verpflichtungen zu knüpfen.[90] Die Erwägung einer Eingrenzung der Scheidungsfolgen kann insbesondere dann zum Tragen kommen, wenn einer der Ehegatten in einer früheren Ehe bereits schlechte Erfahrungen mit dem Scheidungsfolgenrecht gemacht hat oder ein höheres Vermögen oder Einkommen als der andere besitzt.
Letztlich ist der Abschluss einer Scheidungsfolgenvereinbarung Ausdruck der Selbstbestimmung der Eheleute. Nicht nur die Ausgestaltung des ehelichen Zusammenlebens, sondern auch die Regelung ihrer nachehelichen Beziehung wird ihrer Eigenverantwortung überlassen.

Ein weiterer Beweggrund kann einfach darin liegen, dass die Eheleute die Austragung von Streitigkeiten vor Gericht vermeiden wollen. Eine streitige gerichtliche Auseinandersetzung kostet Zeit, Geld und Nerven. Da ist der Wunsch verständlich, außergerichtlich zu einer Einigung zu kommen und so das Scheidungsverfahren zu entlasten.
Auch mag die Eheleute die Aussicht reizen, durch Verhandlungen selbst einen Kompromiss zu finden, der beiden Positionen gerecht wird. Es wird sogar vorgebracht, eine selbst ausgehandelte Vereinbarung würde von den Eheleuten in größerem Maße respektiert, als dies bei einem aufgrund eines streitigen Verfahrens erreichten Urteil der Fall wäre: „Human nature being what it is, the parties are more likely to observe an agreement they have forged themselves with the assistance of their lawyers and more likely to embark on such

---

[86] Palandt-*Brudermüller* Einf. vor § 1587 Rn 1.
[87] Judges of the Family Division in [1999] Fam Law 159, 163.
[88] *Meder* FuR 1993, 12 (19); *Vortmann* JA 1986, 401 (401); *Zöllner* FS Lange, 973 (974).
[89] *Meder* FuR 1993, 12 (19).
[90] *Zöllner* FS Lange, 973 (974).

observance in a non-confrontational frame of mind conducive to a fresh start which will benefit themselves als well as the children, than if they have just been engaging in adversarial litigation, which often brings out the worst in the parties even if the case settles."[91]
In England versuchen die Eheleute angesichts des in weiten Teilen dem gerichtlichen Ermessen überlassenen Scheidungsfolgenrechts zudem, durch eine Vereinbarung Sicherheit über die Rechtslage nach der Scheidung zu erreichen.[92] Das Streben nach Rechtssicherheit kann trotz der sehr ausführlichen gesetzlichen Regelung auch im deutschen Scheidungsfolgenrecht eine Rolle spielen.

Speziell mit dem Abschluss einer vorsorgenden Vereinbarung kann auf die Vermeidung von späteren Streitigkeiten und damit auf das Erreichen von Rechtssicherheit gezielt werden. Unter vorsorgenden Vereinbarungen sind all jene Abreden zu verstehen, die Eheleute für den Fall einer eventuellen, d.h. noch nicht näher ins Auge gefassten Scheidung treffen. Schon zu einem Zeitpunkt, zu dem eine Scheidung noch gar nicht im Raum steht, werden die gegenseitigen Ansprüche und Verpflichtungen geregelt. Kommt es später tatsächlich zu einer Scheidung, ist die dann erforderliche Auseinandersetzung schon erfolgt, und es sind die nachehelichen Rechtsverhältnisse bereits geklärt. Treffen die Eheleute eine vorsorgende Vereinbarung vor der Eheschließung, ist damit von vornherein festgelegt, worauf sie sich mit dem „Ja-Wort" einlassen.
Dabei mag der Gedanke eine Rolle spielen, die bedeutsame Frage der Scheidungsfolgen zu einer Zeit zu klären, in der noch Zuneigung zwischen den Ehegatten vorhanden ist. Es ist dann (noch) eine Einigung in Freundschaft möglich. Die Vertragsverhandlungen werden nicht von den mit einer Trennung verbundenen Gefühlen wie Bitterkeit, Rache, Trauer etc. belastet.

Falls eine vorsorgende Vereinbarung nicht getroffen wurde, kann angesichts des konkreten Scheidungsverfahrens eine Einigung gewünscht werden. Durch eine solche Scheidungsvereinbarung werden die Folgen der konkret bevorstehenden Scheidung abgewickelt. Von dem Abschluss einer solchen Scheidungsvereinbarung versprechen sich die Ehegatten beispielsweise eine Beschleunigung des Verfahrens und eine Kostenersparnis.[93] Zudem kann eine einverständliche Lösung durch die Vermeidung einer vor Gericht ausgetragenen Auseinandersetzung dazu beitragen, dass das Scheitern der Ehe von den Ehegatten psychisch verarbeitet wird.[94]

---

[91] *Burton* S. 370; siehe auch *Miller* S. 356.
[92] *Duckworth* S. 318; *Green* S. 12-13; *Miller* S. 356; *Burton* S. 370.
[93] *Langenfeld* Handbuch Rn 32: zudem sprächen Gründe der Vernunft sowie ein verbliebener Rest ehelicher Solidarität für den Abschluss einer Scheidungsvereinbarung.
[94] Vergleiche auch *Green* S. 1; *Black/Bridge/Bond* S. 564.

Anders als eine vorsorgende Vereinbarung kann die Scheidungsvereinbarung zudem genau auf die zur Zeit der Scheidung bestehende Situation der Ehegatten zugeschnitten werden. Besonders bei Verträgen, die vorsorglich viele Jahre vor der Scheidung abgeschlossen wurden, kann sich die Situation der Eheleute zum Scheidungszeitpunkt entscheidend verändert haben, so dass die vormals gefundene Einigung nicht mehr angemessen ist. Bei einer anlässlich der konkreten Scheidung entwickelten Einigung kann hingegen direkt die aktuelle Situation den Verhandlungen zugrunde gelegt werden.

2. Teil: Der Umfang der Vertragsfreiheit

Nachdem die vorangegangene Einführung in den besonderen Vertragstyp der Scheidungsfolgenvereinbarung einen Überblick über den Regelungsgegenstand sowie die Beweggründe für den Abschluss eines solchen Vertrages gegeben hat, soll nun der Blick auf den Umfang der Vertragsfreiheit in diesem Bereich gerichtet werden. Sowohl im deutschen als auch im englischen Recht ist den Eheleuten die Befugnis zur autonomen vertraglichen Gestaltung der Scheidungsfolgen nur eingeschränkt überlassen worden. Im folgenden Abschnitt werden die in diesem Bereich bestehenden Beschränkungen unter Einbeziehung der aktuellen Entwicklung zunächst lediglich in knappen Zügen dargestellt. Erst im Anschluss erfolgt eine Bewertung der gegenwärtigen Situation (3.Teil) sowie die Entwicklung eigener Lösungen (4.-6. Teil).

A. Die Situation im deutschen Recht

I. Grenzen der Gestaltungsfreiheit

Die Gestaltungsfreiheit der Ehegatten ist im Hinblick auf die Regelung der Scheidungsfolgen durch bestimmte rechtliche Grenzen von vornherein eingeschränkt. Es sind hier neben den speziellen familienrechtlichen Normen auch die allgemeinen Vorschriften des Vertragsrechts zu beachten, deren Voraussetzungen im Hinblick auf Ehegattenvereinbarungen im Einzelnen zu prüfen sind.

1. Formvorschriften

Grenzen der Gestaltungsfreiheit können sich zunächst aus der Formbedürftigkeit bestimmter Abreden ergeben. Bei Verstoß gegen eine gesetzliche Formvorschrift ist die getroffene Vereinbarung gem. § 125 S. 1 BGB nichtig.
Für den Ehevertrag nach § 1408 BGB ist in § 1410 BGB vorgeschrieben, dass er bei gleichzeitiger Anwesenheit beider Teile zur Niederschrift eines Notars geschlossen werden muss. Diese Vorschrift bezieht sich sowohl auf güterrechtliche Vereinbarungen nach § 1408 Abs.1 BGB als auch auf Abreden über den Versorgungsausgleich nach § 1408 Abs.2 BGB. Eine Vereinbarung, die die Ehegatten während eines Scheidungsverfahrens über die Zugewinnausgleichsforderung treffen, bedarf gem. § 1378 Abs.3 S.2 BGB der notariellen Beurkundung. Der gleiche Formzwang besteht gem. § 1587o Abs.2 S.1 BGB, wenn die Ehegatten eine Vereinbarung über den Versorgungsausgleich im Zusammenhang mit einer Scheidung treffen.
Diese Formvorschriften erfüllen vor allem eine Schutzfunktion. Sie sollen gewährleisten, dass die Eheleute vor Abschluss des Vertrages hinsichtlich seines Inhalts und seiner Konsequenzen durch den Notar belehrt und beraten worden

sind (§17 BeurkG).[95] Damit wird sowohl ein Schutz vor den (eventuell nachteiligen) Konsequenzen der beabsichtigten Regelung als auch vor Übervorteilung durch den anderen Ehegatten verfolgt.
Neben diesen speziellen familienrechtlichen Normen gelten selbstverständlich die allgemeinen Formvorschriften. Insbesondere ist hier der § 313 BGB a.F. bzw. § 311b Abs.1 BGB n.F. für Verträge über die Übertragung oder den Erwerb von Grundstücken im Rahmen der scheidungsbedingten Vermögensauseinandersetzung von Bedeutung.

Es fällt auf, dass im Gegensatz zu Vereinbarungen über das Güterrecht und den Versorgungsausgleich, Abreden über den nachehelichen Unterhalt nach der gesetzlichen Regelung formlos getroffen werden können.
Dies ist in der Literatur auf deutliche Kritik gestoßen.[96] Insbesondere wird auf die nicht selten existenzielle Bedeutung des Ehegattenunterhalts für die Beteiligten und die auch hier bestehende Schutzbedürftigkeit der Eheleute hingewiesen.[97] Es wird daher de lege ferenda die Einführung eines Formzwangs gefordert. Dieser soll ebenso wie bei Abreden über Güterrecht und Versorgungsausgleich die Beteiligung eines Notars erfordern.[98]

2. Gesetzliche Inhaltsverbote

Das Bürgerliche Gesetzbuch kennt im Familienrecht ausdrückliche gesetzliche Verbote, die sich auf bestimmte Inhalte einer Scheidungsfolgenvereinbarung beziehen. Bei Verstoß gegen ein solches Verbot ist die gefundene Einigung nach § 134 BGB nichtig.

---

[95] MünchKomm-*Kanzleiter* § 1410 Rn 1, MünchKomm-*Strobel* § 1587o Rn 17; Soergel-*Gaul* § 1410 Rn 2; Soergel-*Vorwerk* § 1587o Rn 23; Staudinger-*Thiele* § 1410 Rn 2.
[96] *Grziwotz* FamRZ 1997, 585 (586): „Dass Vereinbarungen über den nachehelichen Unterhalt,..., formlos geschlossen werden können, ist eine Fehlleistung des Gesetzgebers des 1. EheRG." Staudinger-*Baumann* § 1585c Rn 42: „Dieses gesetzgeberische Versagen ist ... unentschuldbar...".
Vergleiche ferner *Büttner* FamRZ 1998, 1 (3); *Langenfeld* Handbuch Rn 632; Palandt-*Brudermüller* § 1585c Rn 3; Göppinger/Miesen-*Börger* § 5 Rn 4; *Bosch* FS Habscheid, 23 (42f); *Reichling* S. 84ff; *Petersen* S. 200ff. *Frey* (S. 13f.) sieht allerdings keinen Reformbedarf; ebenso *Schwenzer* AcP 196 (1996), 88 (110).
[97] *Grziwotz* FamRZ 1997, 585 (586); *Langenfeld* Handbuch Rn 632; Staudinger-*Baumann* § 1585c Rn 42; Schwab-*Borth* Teil IV Rn 1259.
[98] Vergleiche nur Staudinger-*Baumann* § 1585c Rn 42; Palandt-*Brudermüller* § 1585c Rn 3; *Langenfeld* Handbuch Rn 632.

a) Im Güterrecht

Durch § 1409 BGB wird die Bestimmung des Güterstandes durch Verweisung auf nicht mehr geltendes oder ausländisches Recht verboten. Wollen die Eheleute den Güterstand der Gütergemeinschaft vereinbaren, sind die Beschränkungen des § 1518 BGB zu beachten, der die §§ 1483-1517 BGB für zwingendes Recht erklärt.

b) Beim Versorgungsausgleich

Im Rahmen einer Abrede über den Versorgungsausgleich können gem. § 1587o Abs.1 S.2 BGB Anwartschaftsrechte in einer gesetzlichen Rentenversicherung nicht begründet oder übertragen werden. Dadurch wird die Vertragsfreiheit der Ehegatten in einem wichtigen Punkt beschränkt. Diese Vorschrift bezieht sich nach ihrem Wortlaut ausdrücklich nur auf Scheidungsvereinbarungen, doch gilt dieser Grundsatz auch für ehevertragliche Vereinbarungen über den Versorgungsausgleich nach § 1408 Abs.2 BGB.[99] Um Manipulationen zu Lasten des Versorgungsträgers zu verhindern, kann eine Begründung oder Übertragung von Anwartschaftsrechten nur durch gerichtliche Entscheidung erfolgen.
Den Ehegatten steht es angesichts des Verbots in § 1587o Abs.1 S.2 BGB ferner nicht zu, den gesetzlich in § 1587b BGB vorgesehenen Umfang des Versorgungsausgleichs zu erweitern,[100] etwa durch die Erhöhung der vorgeschriebenen Ausgleichsquote von 50%.[101] Dies gilt auch, wenn die getroffene Vereinbarung nur mittelbar zu einem erhöhten Ausgleich führt,[102] beispielsweise durch die Festlegung einer höheren als der im Gesetz vorgesehenen Ehezeit.[103] Dieser Grundsatz erlangt Geltung nicht nur für Vereinbarungen nach § 1587o BGB, sondern ebenso für Abreden im Rahmen eines Ehevertrages nach § 1408 Abs.2 BGB.[104] Durch diese Beschränkung soll das Ziel des Gesetzes verwirklicht werden, Vereinbarungen zu verhindern, durch die zu Lasten der gesetzlichen Ren-

[99] BGH NJW 1990, 1363 (1364); *Bergschneider* Rn 692; *Buschendorf* S. 155; *Langenfeld* Handbuch Rn 575.
[100] Verbot des sogenannten Supersplitting, allgemeine Meinung: BGH NJW 1990, 1363 (1364); BGH FamRZ 88, 153 (154); BGH FamRZ 81, 1051 (1060); Göppinger/Börger-*Wenz* § 3 Rn 104; Palandt-*Brudermüller* § 1587o Rn 6; Soergel-*Gaul* § 1408 Rn 35; *Eichenhofer* DNotZ 1994, 213 (220).
[101] Vergleiche Johannsen/Henrich-*Hahne* § 1587o Rn 16; Erman-*v.Maydell* § 1587o Rn 9; MünchKomm-*Kanzleiter* § 1408 Rn 27; *Langenfeld* Handbuch Rn 583.
[102] BGH FamRZ 1988, 153 (154).
[103] Erman-*v.Maydell* § 1587o Rn 10.
[104] BGH NJW 1990, 1363 (1364); Göppinger/Börger-*Wenz* § 3 Rn 107; Soergel-*Gaul* § 1408 Rn 35; differenzierend *Langenfeld* Handbuch Rn 584-590. Anderer Auffassung ist *Buschendorf* S. 238-246.

tenversicherung für den Berechtigten mehr Anwartschaften begründet werden, als ihm nach der gesetzlichen Regelung zustehen.[105]

c) Im Unterhaltsrecht

Im Unterhaltsrecht wird die Zulässigkeit von Verzichtsvereinbarungen durch verschiedene Normen ausgeschlossen. So kann für die Zukunft nicht auf Familienunterhalt (§§ 1360a Abs.3, 1614 Abs.1 BGB), Trennungsunterhalt (§§ 1361 Abs.4 S.4, 1360a Abs.3, 1614 Abs.1 BGB) und für das Kind nicht auf Kindesunterhalt (§ 1614 Abs.1 BGB bzw. §§ 1629 Abs.2 S.1, 1795 Abs.2, 181 BGB) verzichtet werden.
Zulässig sind im Bereich des Kindesunterhalts jedoch sog. Freistellungsvereinbarungen zwischen den Eltern, durch die ein Elternteil im Innenverhältnis die Unterhaltsverpflichtung des anderen übernimmt und diesen von den Ansprüchen des Kindes freistellt.[106] Es handelt sich dabei um einen Fall der Erfüllungsübernahme gemäß § 329 BGB, durch die der Unterhaltsanspruch des Kindes selbst nicht berührt wird, so dass kein Verstoß gegen § 1614 BGB gegeben ist. Eine solche Vereinbarung kann allerdings unter bestimmten Voraussetzungen nach § 138 Abs.1 BGB sittenwidrig sein.[107]

Interessant ist in diesem Zusammenhang, dass im Bereich des nachehelichen Unterhalts der Verzicht eines Ehegatten grundsätzlich zulässig ist. Durch § 1585c BGB werden Vereinbarungen über den nachehelichen Unterhalt ausdrücklich ohne jede Einschränkung zugelassen. Diese Regelung entspricht dem in § 1569 BGB festgeschriebenen Prinzip der nach der Scheidung eintretenden Selbstverantwortung eines jeden Ehegatten.[108] Sie ist durch den Gesetzgeber bewusst in dieser Form gestaltet worden.[109]

3. Die Sperrfrist des § 1408 Abs.2 S.2 BGB

Nach § 1408 Abs.2 S.1 BGB steht es den Eheleuten frei, in einem Ehevertrag Vereinbarungen über den Versorgungsausgleich zu treffen. Eine solche Abrede ist allerdings gem. § 1408 Abs.2 S.2 BGB dann unwirksam, wenn innerhalb eines Jahres ab Vertragsschluss ein Ehegatte den Antrag auf Scheidung stellt. Durch diese Vorschrift soll verhindert werden, dass ein Ehegatte durch den an-

---

[105] BGH NJW 1990, 1363 (1364).
[106] BGH FamRZ 1986, 444 (445).
[107] Zum Problem der Sittenwidrigkeit einer solchen Vereinbarung siehe unten im 2.Teil A.I.5.b)bb).
[108] *Langenfeld* Handbuch Rn 641 a.E.; Schwab-*Borth* Teil IV Rn 1284: Der Gesetzgeber stellt es den Eheleuten im Grundsatz frei zu entscheiden, mit welchen Mitteln sie nach der Scheidung ihren Lebensunterhalt bestreiten.
[109] Vergleiche BT-Drucks. 7/650 S. 149.

deren, insgeheim scheidungswilligen Ehepartner übervorteilt wird, indem er sich, da er nicht mit einer baldigen Scheidung rechnet, auf eine für ihn nachteilige Abrede einlässt.[110] § 1408 Abs.2 S.2 BGB greift allerdings nur ein, wenn auf den Antrag hin rechtskräftig die Scheidung ausgesprochen wird. Wird der Scheidungsantrag hingegen zurückgenommen, ist die Wirksamkeit der Vereinbarung nicht berührt, da in einem solchen Fall kein Schutzbedürfnis besteht.[111]
Ist der Vertrag gemäß § 1408 Abs.2 S.2 BGB unwirksam, können die Eheleute selbstverständlich eine erneute Vereinbarung treffen. Dann ist allerdings der Genehmigungsvorbehalt des § 1587o Abs.2 S.3 BGB zu beachten.

4. Das Genehmigungserfordernis des § 1587o Abs.2 S.3 BGB

Vereinbarungen über den Versorgungsausgleich anlässlich einer Scheidung finden in § 1587o BGB eine von § 1408 Abs.2 BGB abweichende Regelung.
§ 1587o Abs.1 S.1 BGB erklärt ausdrücklich auch Vereinbarungen dieser Art für zulässig. Eine Schranke findet sich jedoch in § 1587o Abs.2 S.3 BGB, der die Genehmigung der getroffenen Vereinbarung durch das Familiengericht vorschreibt. Wird die Genehmigung des Familiengerichts nicht eingeholt, ist die Vereinbarung gem. § 125 BGB wegen eines Formfehlers nichtig.[112]
Mit diesem Genehmigungsvorbehalt wird die Vereinbarung einer gerichtlichen Inhaltskontrolle unterworfen,[113] durch die ein Schutz des regelmäßig sozial schwächeren Versorgungsausgleichsberechtigten vor Übervorteilung erreicht und die soziale Absicherung des Berechtigten gesichert werden soll.[114]
Ein derartiger Genehmigungsvorbehalt ist im Gesetz lediglich für diesen bestimmten Typ einer Scheidungsfolgenvereinbarung vorgesehen. Er stellt einen erheblichen Eingriff in die Privatautonomie der Ehegatten dar, weshalb das Bundesverfassungsgericht über die Verfassungsmäßigkeit der Norm zu entscheiden hatte. Das Bundesverfassungsgericht hat allerdings keinen Verstoß gegen Art. 2 Abs.1 GG oder Art. 3 Abs.1 GG gesehen und daher in seiner Entscheidung die Vereinbarkeit des § 1587o Abs.2 S.3 BGB mit dem Grundgesetz ausdrücklich festgestellt.[115]

Die Genehmigungsvoraussetzungen sind in § 1587o Abs.2 S.4 BGB geregelt. Danach soll die Genehmigung nur verweigert werden, wenn unter Einbeziehung der Unterhaltsregelung und der Vermögensauseinandersetzung offensichtlich die vereinbarte Leistung nicht zu einer dem Ziel des Versorgungsausgleichs ent-

---

[110] BT-Drucks. 7/4694 S.13; BGH FamRZ 1999, 155 (156).
[111] BGH NJW 1986, 2318 (2318).
[112] *Bergschneider* Rn 758.
[113] BGH FamRZ 1994, 234 (236).
[114] BGH FamRZ 1987, 578 (580); BGH FamRZ 1982, 471 (472).
[115] BVerfGE 60, 329 (338ff).

sprechenden Sicherung des Berechtigten geeignet ist oder zu keinem nach Art und Höhe angemessenen Ausgleich unter den Ehegatten führt. Aus der Formulierung von Versagungs- statt Genehmigungsgründen wird deutlich, dass der Gesetzgeber von der grundsätzlichen Erteilung der Genehmigung durch das Gericht ausgegangen ist.[116]
Die Vorschrift führt zwei im Grundsatz selbständige Versagungsgründe auf, von denen jeder für sich genommen zur Versagung der Genehmigung führen kann. Bei der ersten in § 1587o Abs.2 S.4 BGB enthaltenen Alternative steht die Eignung zur Alterssicherung und damit die Art der vereinbarten Leistung im Vordergrund, während es in der zweiten Alternative um die Höhe der vereinbarten Leistung geht. Unter der „vereinbarten Leistung" ist dabei das für den vereinbarten Ausschluss des Versorgungsausgleichs angebotene Surrogat[117] zu verstehen.
Nach Ansicht des Bundesgerichtshofs hat das Gesetz eine Gesamtbewertung dessen im Auge, was die Ehegatten einander im Zusammenhang mit der Scheidung unter Einbeziehung der Unterhaltsregelung und der Vermögensauseinandersetzung zugestehen.[118] Für das Verhältnis von Leistung und Gegenleistung soll allerdings keine absolute Gleichwertigkeit zu fordern sein, da diese kaum je hergestellt werden könnte.[119] Das Gesetz verlangt nicht, dass der Familienrichter bis ins einzelne untersucht, ob die Vereinbarung einen angemessenen Ausgleich enthält. Verweigert werden soll die Genehmigung vielmehr nur, wenn es "offensichtlich" an der Angemessenheit fehlt.[120]
Es ist auch nicht Sinn der Vorschrift, die Vertragsfreiheit der Ehegatten noch weiter einzuschränken, wenn die Schutzfunktion anderweitig erfüllt ist. Selbst wenn die Genehmigungsvoraussetzungen eigentlich nicht vorliegen, kann daher eine Vereinbarung genehmigt werden, wenn der Zweck des Genehmigungserfordernisses im Einzelfall nicht eingreift.[121] Aus diesem Grund ist jedenfalls dann, wenn das amtswegige Verfahren über den Versorgungsausgleich zu einem Ausschluss aufgrund der Härteklauseln des § 1587c BGB führen würde, sogar

---

[116] Johannsen/Henrich-*Hahne* § 1587o Rn 22; Göppinger/Börger-*Wenz* § 3 Rn 136.
[117] Dies können zum Beispiel Wohnrechte oder Kapitalzahlungen sein, soweit der Berechtigte aus dem Kapital eine eigene Altersversorgung aufbauen kann, vergleiche Schwab-*Hahne* Teil VI Rn 296.
[118] BGH NJW 1987, 1768 (1769).
[119] BGH NJW 1987, 1770 (1772).
[120] BGH FamRZ 1994, 234 (236): bei gemeinsam unternehmerisch tätigen Ehegatten, die anlässlich der Scheidung einen umfassenden Auseinandersetzungsvertrag (unter anwaltlichem Beistand auf beiden Seiten) geschlossen haben, könne davon ausgegangen werden, dass sie ihre gegenläufigen vermögensrechtlichen Interessen zu einem angemessenen Ausgleich gebracht haben. Vergleiche ferner BGH NJW 1987, 1770 (1772). Dagegen BGH FamRZ 1983, 461 (463): Die Tatsache, dass die Parteien erneut miteinander die Ehe geschlossen haben, stellte im Hinblick auf eine mögliche Scheidung keinen hinreichenden Ausgleich dar.
[121] BGH FamRZ 1982, 688 (689); Göppinger/Börger-*Wenz* § 3 Rn 133.

ein entschädigungsloser Verzicht als zulässig und genehmigungsfähig zu erachten.[122] Ferner kann auch eine Vereinbarung genehmigungsfähig sein, in der die aufgegebenen Versorgungsanwartschaften nicht durch eine Leistung des ausgleichspflichtigen Ehegatten, wohl aber von dritter Seite (z.B. durch Leistungen des zweiten Ehegatten) kompensiert werden.[123] Entscheidend ist daher allein, ob eine anderweitige, den aus dem Versorgungsausgleich zu erwartenden Anrechten gleichwertige Absicherung gewährleistet ist.
Insgesamt kann gesagt werden, dass die Rechtsprechung die Vorschrift des § 1587o Abs.2 S.3 BGB eher restriktiv auslegt und allzu große Eingriffe in die Privatautonomie zu vermeiden sucht.

5. § 138 Abs.1 BGB: Sittenwidrigkeit als allgemeine Schranke

Als Schranke allgemeiner Natur ist die rechtshindernde Einwendung des § 138 Abs.1 BGB zu sehen, die wie bei allen Verträgen auch bei Vereinbarungen unter Ehegatten Anwendung finden kann. Bei Scheidungsfolgenvereinbarungen kann nur § 138 Abs.1 BGB und nicht etwa § 138 Abs.2 BGB zur Anwendung kommen, da es sich nicht um Austauschgeschäfte handelt.[124] Die Generalklausel des § 138 Abs.1 BGB setzt als notwendiges Korrektiv der autonomen Rechtsgestaltung dort eine Grenze, wo diese in Widerspruch zu den Grundprinzipien der Rechts- und Sittenordnung tritt.[125]
Anknüpfungspunkt ist dabei jeweils der Begriff der „guten Sitten“. Wann ein Sittenverstoß anzunehmen ist, wird durch das Gesetz nicht näher bestimmt. Die Aufgabe, diesen Begriff näher zu präzisieren, ist daher der Praxis und der Wissenschaft zugefallen. Die Annahme der Sittenwidrigkeit einer Abrede ist nach ständiger Rechtsprechung von dem aus der Zusammenfassung von Inhalt, Beweggrund und Zweck zu entnehmenden Gesamtcharakter der Vereinbarung abhängig.[126] Dies gilt im Familienrecht für eine Scheidungsvereinbarung ebenso wie für eine vorsorgende Vereinbarung.[127]

---

[122] BGH FamRZ 1982, 471 (472): der Zweck des Genehmigungserfordernisses, den ausgleichsberechtigten Ehegatten vor einer Übervorteilung zu schützen, entfällt, wenn dieser im Falle der Durchführung des Versorgungsausgleichs ohnehin nichts zu erwarten hat. Vergleiche auch *Müller-Alten* S. 163, der in seiner rechtstatsächlichen Untersuchung einen hohen Anteil von entschädigungslosen Verzichten auf den Versorgungsausgleich festgestellt hat.
[123] Dieser Fall ist von § 1587o Abs.2 S.4 BGB nicht umfasst; die Norm bezieht sich nur auf den zwischen den Ehegatten selbst vorgenommenen Ausgleich. Vergleiche BGH FamRZ 1982, 471 (473): hier kamen als Ausgleich des von der Ehefrau erklärten Verzichts Leistungen des zweiten Ehemannes in Betracht.
[124] BGH FamRZ 1992, 1403 (1404).
[125] *Bork* BGB AT Rn 1152; Palandt-*Heinrichs* § 138 Rn 1.
[126] Zu Darlehens- und Bürgschaftsverträgen BGHZ 107, 92 (97). Zu Scheidungsfolgenvereinbarungen: BGHZ 86, 82 (88); BGH NJW 1990, 703 (704); BGH FamRZ 1985, 789 (789).
[127] BGH FamRZ 1985, 789 (789).

Im Bereich der Scheidungsfolgenvereinbarungen zeigt sich, dass angesichts der durch den Gesetzgeber grundsätzlich weit ausgestalteten Vertragsfreiheit der Schranke des § 138 Abs.1 BGB entscheidende Bedeutung als Begrenzungsnorm zukommt. Umstritten ist dabei vielfach die Frage, wie hoch die Schwelle des Sittenverstoßes anzusetzen ist. Mit der Auslegung des § 138 Abs.1 BGB wird entscheidend auf den Umfang der Vertragsfreiheit unter Ehegatten Einfluss genommen. Es verwundert daher nicht, dass sich die aktuelle Diskussion über den Umfang der Privatautonomie bei Scheidungsfolgenvereinbarungen überwiegend auf den Anwendungsbereich des § 138 Abs.1 BGB bezieht.
Im Hinblick auf eine mögliche Sittenwidrigkeit werden verschiedenste Vertragskonstellationen diskutiert. Der Frage, aufgrund welcher konkreten vertraglichen Konstellationen eine Sittenwidrigkeit angenommen werden kann, nähert man sich daher am besten anhand der Bildung von Fallgruppen. Zunächst ist jedoch als Vorfrage zu klären, auf welchen Zeitpunkt zur Beurteilung der Sittenwidrigkeit abgestellt wird.

a) Zeitpunkt der Beurteilung

Nach ganz herrschender Meinung kommt es für die Beurteilung der Sittenwidrigkeit von Rechtsgeschäften allgemein auf die Umstände zur Zeit des Vertragsschlusses an, nicht auf den Zeitpunkt des Eintritts der Rechtswirkung.[128] Nach Vertragsschluss eintretende Umstände sind daher für die Beurteilung der Sittenwidrigkeit unerheblich. Dieser Grundsatz wird vom Bundesgerichtshof und von der herrschenden Literatur auch auf Scheidungsfolgenvereinbarungen angewendet.[129]

b) Fallgruppen

Von Rechtsprechung und Literatur sind verschiedene Fallgruppen zur Frage der Sittenwidrigkeit von Scheidungsfolgenvereinbarungen entwickelt worden.

aa) Kommerzialisierung der elterlichen Sorge bzw. des Umgangsrechts

Eine Freistellungsvereinbarung in Bezug auf den Kindesunterhalt[130] wird im Gegenzug häufig verbunden mit einem Verzicht auf die Ausübung der elterlichen

---

[128] BGHZ 107, 92 (96); BGHZ 100, 353 (359); BGH FamRZ 1992, 1403 (1404); BGH FamRZ 1991, 306 (307); *Bork* BGB AT Rn 1156; Staudinger-*Sack* § 138 Rn 79ff, 180.
[129] BGH FamRZ 1991, 306 (307); Soergel-*Häberle* § 1585c Rn 14; Staudinger-*Baumann* § 1585c Rn 164; Erman-*Heckelmann* § 1408 Rn 15. *Hess* schlägt hingegen vor, die Sittenwidrigkeit bei Scheidungsfolgenvereinbarungen einheitlich nach den zur Zeit der Ehescheidung bestehenden Umständen zu beurteilen (FamRZ 1996, 981 (986)). Dieser abweichende Ansatz konnte sich indes nicht durchsetzen.
[130] Zum Begriff der Freistellungsvereinbarung siehe oben im 2.Teil A.I.2.c).

Sorge oder des Umgangsrechts. Sowohl die Freistellungsvereinbarung[131] als auch der Verzicht auf die Geltendmachung der Elternrechte[132] sind für sich genommen grundsätzlich zulässig. Sittenwidrigkeit ist aber dann anzunehmen, wenn eine unzulässige Koppelung dieser beiden Elemente vorliegt, also die Regelung über das elterliche Sorge- oder Umgangsrecht und die Unterhaltsfreistellung als gegenseitige, in ihrer Wirksamkeit voneinander abhängige Vereinbarungen getroffen wurden.[133] Anknüpfungspunkt für die Annahme der Sittenwidrigkeit ist die Behandlung der Kinder als „Tauschobjekt" ohne Rücksicht auf das Kindeswohl, so dass die Kinder Gegenstand eines „Abhandelns" oder „Abkaufens" werden.
Infolgedessen sind Scheidungsfolgenvereinbarungen auch dann aufgrund einer Kommerzialisierung der Elternrechte sittenwidrig, wenn nicht eine Freistellungsvereinbarung, sondern ein Verzicht des einen Ehegatten auf nachehelichen Ehegattenunterhalt, Versorgungs- oder Zugewinnausgleich an einen Verzicht auf die Ausübung der Elternrechte durch den anderen Ehegatten gekoppelt wird.

bb) Sittenwidrige Freistellungsvereinbarungen

Eine im Hinblick auf den Kindesunterhalt von den Eheleuten getroffene Freistellungsvereinbarung kann noch unter einem anderen Blickwinkel aus Gründen des Kindeswohls sittenwidrig sein. Dieser Schluss kann aus einer jüngst ergangenen Entscheidung des Bundesverfassungsgerichts[134] gezogen werden.
In dem vom Bundesverfassungsgericht entschiedenen Fall hatte die schwangere Frau vor der Eheschließung auf ihren nachehelichen Unterhalt verzichtet und ihren späteren Ehemann bis auf eine von ihm zu zahlende Summe von monatlich 150,-DM von dem Kindesunterhalt freigestellt. Sie verfügte im Gegensatz zu dem Mann über ein sehr geringes Erwerbseinkommen. Nach der Scheidung berief sich der Ehemann auf diese Freistellungsvereinbarung.
Das Bundesverfassungsgericht stellt noch einmal fest, dass es auch im Fall der Scheidung zur Verantwortung der Eltern gehört, für einen ihrem Vermögen gemäßen und zugleich angemessenen Unterhalt des Kindes zu sorgen und seine Betreuung sicherzustellen.[135] Wird durch die vereinbarte Freistellung des nicht betreuenden Elternteils eine den Interessen des Kindes entsprechende Betreuung und ein den Verhältnissen beider Eltern angemessener Barunterhalt nicht mehr

[131] BGH FamRZ 1986, 444 (445).
[132] BGH FamRZ 1984, 778 (779).
[133] BGH FamRZ 1984, 778 (780); BGH FamRZ 1986, 444 (445,446); Staudinger-*Engler* § 1606 Rn 54; Soergel-*Häberle* § 1614 Rn 3.
[134] BVerfGE 103, 89.
[135] BVerfGE 103, 89 (107): insbesondere im Falle einer Scheidung sollen die seelischen Belastungen des Kindes nach Möglichkeit durch eine vernünftige und den Interessen des Kindes entsprechende Lösung der Pflege und Erziehung gemildert werden.

sichergestellt, gefährden die Eltern das Kindeswohl.[136] Das gilt jedenfalls dann, wenn sich ein Elternteil der Sorge um sein Kind auch finanziell entziehen will. In einem solchen Fall sind die Gerichte aufgerufen, über eine Inhaltskontrolle der von den Eltern getroffenen Abrede das staatliche Wächteramt aus Art. 6 Abs.2 S.2GG wahrzunehmen.
Das Bundesverfassungsgericht erkennt an, dass die Freistellungsvereinbarung *rechtlich* keine Auswirkung auf den Unterhaltsanspruch des Kindes hat. Entscheidend ist jedoch für das Bundesverfassungsgericht allein die *tatsächliche* nachteilige Veränderung der wirtschaftlichen Lage des Kindes.[137] Durch die Freistellung sinkt das dem gemeinsamen Haushalt von betreuendem Elternteil und Kind zur Verfügung stehende Einkommen deutlich, wenn der betreuende Elternteil nicht über erhebliche eigene finanzielle Mittel verfügt. Ausschlaggebend ist, ob sich die Lebensverhältnisse des Kindes durch die Freistellungsvereinbarung nachteilig verändern. Dies ist nur zu verneinen, wenn die finanziellen Mittel des freistellenden Ehegatten ausreichen, um die Auswirkungen der Freistellung auszugleichen. Dies wird freilich nur selten der Fall sein.

Der vom Bundesverfassungsgericht aufgegriffene Gesichtspunkt der faktischen Beeinträchtigung des Kindeswohls wurde vom Bundesgerichtshof bislang nicht berücksichtigt.[138] Insofern ist durch die Entscheidung des Bundesverfassungsgerichts eine Änderung der bisherigen Haltung geboten.
Der dogmatische Ansatzpunkt der geforderten gerichtlichen Kontrolle wird durch das Bundesverfassungsgericht nicht festgelegt: Der Schutz der Kindesinteressen sei von den Gerichten bei der Anwendung der zivilrechtlichen Generalklauseln -§ 138 BGB und § 242 BGB- zu beachten. Angesichts der Entschiedenheit der verfassungsgerichtlichen Beanstandung und der besonders hohen Gefährdung des Kindeswohls werden faktisch nachteilige Freistellungsvereinbarungen in der bislang erschienenen Literatur als neue Fallgruppe der sittenwidrigen Vertragsgestaltung nach § 138 Abs.1 BGB angesehen.[139]

cc) Verzicht zu Lasten Dritter

(1) Im Unterhaltsrecht

Ein Verzicht auf nachehelichen Unterhalt hat, wenn der Verzichtende sich nicht selbst unterhalten kann, zur Folge, dass Dritte mit seiner Unterstützung belastet werden. Dies können aufgrund ihrer Unterhaltspflicht gemäß §§ 1601 ff BGB

---

[136] BVerfGE 103, 89 (108).
[137] BVerfGE 103, 89 (109).
[138] Vergleiche BGH FamRZ 1986, 444 (445).
[139] *Schwab* Anm. FamRZ 2001, 349 (350); *Bergschneider* FamRZ 2001, 1338 (1340). Demgegenüber legt sich *Schubert* FamRZ 2001, 733 (735) nicht fest.

die Verwandten[140] oder nach dem Bundessozialhilfegesetz der Sozialhilfeträger sein. Es stellt sich daher die Frage nach der Sittenwidrigkeit[141] einer solchen Vereinbarung.

Relevanz erlangt in jüngerer Zeit immer mehr der Unterhaltsverzicht zu Lasten des Sozialhilfeträgers. Vereinbaren die Eheleute erst nach der gemäss § 91 BSHG erfolgten Überleitung des Unterhaltsanspruchs auf den Sozialhilfeträger einen Unterhaltsverzicht, ist dieser in jedem Fall unwirksam, sofern nicht der Sozialhilfeträger aus besonderen Gründen seine Zustimmung erteilt.[142] Meist wird jedoch von den Eheleuten schon zuvor auf den Unterhalt verzichtet. Dann läuft der Regress des § 91 BSHG leer, sofern aufgrund eines wirksamen Verzichts keine Unterhaltsansprüche entstehen.
Für diese Fälle hat der Bundesgerichtshof[143] darauf hingewiesen, dass die den Eheleuten eingeräumte Vertragsfreiheit nach allgemeinen Grundsätzen (Art. 2 Abs.1 GG) dort endet, wo die Rechte Dritter entgegenstehen. Zudem ist die Sozialhilfe grundsätzlich subsidiär zu allen privaten Unterhaltsquellen. Der Bundesgerichtshof bejaht daher die Sittenwidrigkeit, falls zu der durch den Verzicht zwangsläufig herbeigeführten Belastung der Sozialhilfe als subjektives Element das Bewusstsein der Vertragsschließenden hinzukommt, dass durch den Verzicht eine Unterstützungsbedürftigkeit zu Lasten der Sozialhilfe herbeigeführt wird.[144] Eine diesbezügliche Absicht muss bei den Parteien jedoch nicht vorhanden sein; es soll bereits ausreichen, dass die Parteien sich grob fahrlässig der Erkenntnis einer Belastung des Sozialhilfeträgers verschließen.[145] Es wird daher empfohlen, die von den Parteien zur Vermeidung der Sozialhilfebedürftigkeit vorgestellte wirtschaftliche Sicherung in die Verzichtsvereinbarung aufzunehmen.[146] Die Rechtsprechung des Bundesgerichtshofs zur Belastung Dritter durch eine Scheidungsfolgenvereinbarung ist in der Literatur weitgehend auf Zustim-

---

[140] Zu dieser Problematik siehe die Dissertation von *Koch*, wenngleich diesem Bereich wenig praktische Bedeutung zukommt (so *Koch* selbst auf S.2). Vergleiche ansonsten *Frey* S. 66ff.
[141] Eine Nichtigkeit nach § 134 BGB scheitert zum einen daran, dass das sozialhilferechtliche Nachrangprinzip kein Verbotsgesetz im Sinne des § 134 BGB darstellt, und zum anderen ein Unterhaltsverzicht auch nicht als unzulässiger Vertrag zu Lasten Dritter zu qualifizieren ist. Vergleiche dazu *Hess* FamRZ 1996, 981 (985), *Herb* S. 140f; *Petersen* S. 49ff.
[142] Staudinger-*Baumann* § 1585c Rn 189; Johannsen/Henrich-*Büttner* § 1585c Rn 24.
[143] BGH FamRZ 1983, 137 (139).
[144] BGH FamRZ 1987, 40 (42); BGH FamRZ 1983, 137 (139). Das OLG Koblenz (FamRZ 1995, 171 (171f.)) hat allerdings sogar bei laufendem Sozialhilfebezug dieses Bewusstsein verneint, wenn die Parteien lediglich eine Ehestabilisierung erreichen, nicht aber den Sozialhilfeträger schädigen wollten.
[145] BGH FamRZ 1985, 788 (790).
[146] *Büttner* FamRZ 1998, 1 (4); *Langenfeld* Handbuch Rn 27. Ablehnend dagegen Staudinger-*Baumann* § 1585c Rn 193, der die Zweckmäßigkeit einer solchen Vereinbarung bestreitet, da derjenige, der eine solche Klausel aufnehme, gerade von der Möglichkeit einer künftigen Sozialhilfebedürftigkeit ausgehe.

mung gestoßen.[147] Lediglich vereinzelt wird als strengeres Kriterium gefordert, dass die Belastung Dritter den Zweck oder Grund für den Unterhaltsverzicht bilden muss und so die Schwelle der Sittenwidrigkeit heraufgesetzt.[148]

Die genannte Entscheidung des Bundesgerichtshofs bezieht sich auf einen Unterhaltsverzicht im Rahmen einer Scheidungsvereinbarung. Bei einem Verzicht, der in einer vorsorgenden Vereinbarung während bestehender Ehe erfolgt, werden jedoch die gleichen Grundsätze angewendet.[149] Allerdings wird darauf hingewiesen, dass sich bei vorsorgenden Verträgen die vom Bundesgerichtshof geforderte subjektive Komponente kaum beweisen lasse.[150]

Bei einem Unterhaltsverzicht *vor* Eheschließung verneint der BGH hingegen die Sittenwidrigkeit, obwohl auch hier die Sozialhilfe infolge des Verzichts nach der Scheidung in Anspruch genommen wurde.[151] Vor Eheschließung bestehe kein Unterhaltsanspruch, so dass es nicht der Verzicht sei, der die spätere Unterstützungsbedürftigkeit herbeiführe. Es sei daher durch den Verzicht nicht das Risiko einer späteren Belastung der Sozialhilfe erhöht worden.
Obwohl in beiden Konstellationen durch die Scheidungsfolgenvereinbarung der Sozialhilfeträger gleichermaßen belastet wird, kann nach der Rechtsprechung des Bundesgerichtshofs nur ein *nach* der Eheschließung vereinbarter Unterhaltsverzicht sittenwidrig sein. Ob diese differenzierende Rechtsprechung auf Dauer Bestand haben wird, ist in der Literatur zum Teil angezweifelt worden,[152] zum Teil findet sich diesbezüglich aber auch Zustimmung.[153] Von *Hess* wird im Hinblick auf die Belastung des Sozialhilfeträgers hingegen vorgeschlagen, Scheidungsfolgenvereinbarungen einheitlich nach den zur Zeit der Ehescheidung bestehenden Umständen zu beurteilen, um so die Problematik vorehelicher und ganz allgemein vorsorgender Verträge besser begegnen zu können.[154]

---

[147] *Langenfeld* Handbuch Rn 27; *Bergschneider* Rn 385, Soergel-*Häberle* § 1585c Rn 16; *Bosch* FS Habscheid, 23 (28); MünchKomm-*Maurer* § 1585c Rn 42; *Vortmann* JA 1986, 401 (404); *Büttner* FamRZ 1998, 1 (4); *Grziwotz* FamRZ 1997, 585 (587); Göppinger/Börger-*Miesen* § 5 Rn 293; *Frey* S. 61ff; *Petersen* S. 96, 98.

[148] Staudinger-*Baumann* § 1585c Rn 192; *Zöllner* FS Lange, 973, (988f); *Meder* FuR 1993, 12 (21); *Herb* S. 188ff.

[149] Vergleiche BGH FamRZ 1985, 788 (790).

[150] *Büttner* FamRZ 1998, 1 (4). Nach *Langenfeld* (Handbuch Rn 27) fehlt es bei während intakter Ehe von den Eheleuten geschlossenen vorsorgenden Verträgen am subjektiven Drittschädigungsbewusstsein, da die Ehegatten vom Bestand der Ehe ausgingen und lediglich von der vorsorgenden Ehevertragsfreiheit Gebrauch machten. Eine Sittenwidrigkeit aufgrund der Belastung des Sozialhilfeträgers komme daher nur bei Scheidungsvereinbarungen in Betracht.

[151] BGH FamRZ 1992, 1403 (1404).

[152] *Bergschneider* Rn 386; kritisch auch *Petersen* S. 103ff.

[153] *Langenfeld* Handbuch Rn 27; Staudinger-*Baumann* § 1585c Rn 192.

[154] *Hess* FamRZ 1996, 981 (986). Dieser Ansatz konnte sich allerdings bisher nicht durchsetzen.

(2) Beim Versorgungsausgleich

Eine ähnliche Problematik besteht bei einem Verzicht auf den Versorgungsausgleich, wenn der Verzichtende finanziell nicht in der Lage ist, selbst vorzusorgen und deshalb im Alter auf Unterstützung durch den Sozialhilfeträger angewiesen sein wird.
Hierbei ist die Unterscheidung des Bürgerlichen Gesetzbuchs zwischen einem Ausschluss des Versorgungsausgleichs in einem Ehevertrag gemäß § 1408 Abs.2 BGB und dem Ausschluss in einer Scheidungsvereinbarung gemäß § 1587o BGB zu beachten.[155] Aus der aufgrund der in § 1587o Abs.2 S.3 BGB angeordneten familiengerichtlichen Genehmigung ohnehin erforderlichen Inhaltskontrolle folgt, dass sich die Frage nach einer Sittenwidrigkeit nur im Rahmen einer Vereinbarung nach §1408 Abs.2 BGB stellt.

Hier soll nach einer verbreiteten Auffassung in der Literatur die Rechtsprechung des Bundesgerichtshofs zur Sittenwidrigkeit von Unterhaltsverzichten zu Lasten Dritter übernommen werden.[156] Demnach wäre auch hier neben der zwangsläufigen Belastung des Sozialhilfeträgers für ein Sittenwidrigkeitsurteil erforderlich, dass die Parteien sich grob fahrlässig der Erkenntnis einer späteren Belastung des Sozialhilfeträgers verschließen. Es besteht dann ebenfalls das Problem, dass beim vorsorgenden Ehevertrag in der Regel das Bewusstsein der späteren Hilfsbedürftigkeit fehlen wird.[157]
Konsequent müsste dann auch bei einem Verzicht auf den Versorgungsausgleich zwischen vor und nach der Eheschließung getroffenen Vereinbarungen unterschieden werden. Die Argumentation des Bundesgerichtshofs beim Unterhaltsverzicht lässt sich insofern auf diesen Bereich übertragen, als vor der Eheschließung auch kein Anspruch auf die Durchführung eines Versorgungsausgleichs besteht, so dass auch hier nicht der Verzicht die spätere Bedürftigkeit herbeiführt.

Der Bundesgerichtshof hat sich allerdings dahingehend geäußert, dass der Ausschluss des Versorgungsausgleichs gem. § 1408 Abs.2 BGB nicht schon dann als sittenwidrig angesehen werden könne, wenn er in Kenntnis des Umstands vereinbart wurde, der andere Teil werde nicht in der Lage sein, eine eigene Altersversorgung aufzubauen und demgemäß die Gefahr bestehe, dass er im Falle der Scheidung zum Sozialfall werde.[158]

---

[155] Zum Genehmigungserfordernis in § 1587o BGB siehe oben im 2.Teil A. I.4.
[156] Soegel-*Gaul* § 1408 Rn 39; *Eichenhofer* DNotZ 1994, 213 (224); Staudinger-*Rehme* § 1408 Rn 72.
[157] Soergel-*Gaul* § 1408 Rn 39; Erman-*Heckelmann* § 1408 Rn 15
[158] BGH FamRZ 1996, 1536 (1536); dem folgend OLG Hamm NJW-RR 99, 1306 (1306f.)

Diese eher beiläufige Äußerung des Bundesgerichtshofs scheint darauf hinzudeuten, dass der Bundesgerichtshof seine Grundsätze zum Unterhaltsverzicht gerade nicht auf den Verzicht des Versorgungsausgleichs übertragen will, da er trotz Bewusstseins der drohenden Sozialhilfebedürftigkeit eine Sittenwidrigkeit der Vereinbarung verneint. Das genannte Urteil wird aber in dieser Hinsicht nicht in der Literatur diskutiert.[159] Allerdings lag der Entscheidung des Bundesgerichtshofs ein *vor* Eheschließung abgeschlossener Verzichtsvertrag zugrunde. Der Bundesgerichtshof bleibt also mit der Ablehnung der Sittenwidrigkeit dieses Vertrages im Ergebnis auf der Linie seiner Rechtsprechung zum Unterhaltsverzicht, auch wenn er nicht ausdrücklich auf die beim Unterhaltsverzicht angeführte Argumentation zurückgreift. Insofern besteht kein Widerspruch zwischen der in der Literatur vorherrschenden Auffassung und der bisher vom Bundesgerichtshof ergangenen Entscheidung.
Es ist daher davon auszugehen, dass die beim Unterhaltsverzicht angewandten Grundsätze auch bei einem Verzicht auf den Versorgungsausgleich in der genannten Weise Beachtung finden.

dd) Unerfahrenheit eines Vertragsteils

In Betracht kommt Sittenwidrigkeit ferner, wenn der eine Vertragspartner den anderen übervorteilt, indem er dessen Unerfahrenheit oder dessen schlechte rechtliche Beratung ausnutzt. Bei der Ausnutzung der Unerfahrenheit handelt es sich eigentlich um eine Tatbestandsalternative des Wuchertatbestandes in § 138 Abs.2 BGB, der aufgrund seines auf Austauschverträge beschränkten Anwendungsbereichs bei Scheidungsfolgenvereinbarungen keine Geltung erlangt. Allerdings können Rechtsgeschäfte, die den Tatbestand des § 138 Abs.2 BGB nur zum Teil erfüllen, trotzdem nach § 138 Abs.1 BGB sittenwidrig sein,[160] da auch § 138 Abs.1 BGB die Funktion hat, den Schwächeren gegen wirtschaftliche und intellektuelle Übermacht zu schützen.[161]
So hat das OLG Stuttgart einen Vertrag für sittenwidrig gehalten, in dem der Rechtsverzicht und dessen Einseitigkeit für den Rechtsunkundigen nicht hinreichend zum Ausdruck kam.[162] Die Sittenwidrigkeit wurde vom OLG Düsseldorf auch bei der krassen Unausgewogenheit einer Vereinbarung bejaht, die aufgrund

[159] Vergleiche Staudinger-*Rehme* § 1408 Rn 72.
[160] BGH FamRZ 1992, 1403 (1404); Palandt-*Heinrichs* § 138 Rn 65.
[161] Palandt-*Heinrichs* § 138 Rn 24.
[162] OLG Stuttgart DNotZ 1983, 693 (695). Die Klausel des während der Ehe geschlossenen Vertrages lautete „Das Endvermögen des Ehemannes wird als Anfangsvermögen angesehen." Der Ehefrau wurde durch die Klausel nach Auffassung des Gerichts nicht deutlich, dass es sich bei der Vereinbarung um einen einseitigen Verzicht auf Zugewinnausgleich handelt. Ablehnend äußert sich hingegen *Kanzleiter* (DNotZ 1983, 697 (698f)): Nach seiner Auffassung wären lediglich die Voraussetzungen für eine Anfechtung nach § 123 BGB, nicht aber für eine Sittenwidrigkeit gegeben gewesen.

der falschen Beratung des Ehemannes durch den Rechtsanwalt der Ehefrau zustande kam.[163] Andererseits wird eine Ausnutzung der Unerfahrenheit und damit die Sittenwidrigkeit verneint, wenn eine umfassende Belehrung durch den beurkundenden Notar erfolgt ist,[164] oder die Ehefrau ein einstündiges Gespräch mit dem Steuerberater des Ehemannes geführt hat.[165]

ee) Ausnutzung einer Zwangslage

Häufig wird einer unter Ehegatten getroffenen Vereinbarung entgegengehalten, sie sei unter Ausnutzung einer Zwangslage zustande gekommen und aus diesem Grunde sittenwidrig. Auf den Einwand der Sittenwidrigkeit wird vor allem dann gerne zurückgegriffen, wenn sich ein Ehegatte auf einen weitgehenden Verzicht seiner nachehelichen Ansprüche eingelassen hat. Ob hier die Schwelle der Sittenwidrigkeit hoch oder niedrig anzusetzen und inwieweit eine richterliche Inhaltskontrolle in diesem Bereich wünschenswert ist, wird gegenwärtig von Rechtsprechung und Literatur kontrovers diskutiert. Hier geht es weniger um dogmatische Fragestellungen, als vielmehr um die Begründung einer engen oder weiten Auslegung des Begriffs „Ausnutzung einer Zwangslage".

(1) Die Voraussetzungen

Auch bei der Ausnutzung einer Zwangslage handelt es sich um eine Tatbestandsalternative des auf Scheidungsfolgenvereinbarungen nicht anwendbaren § 138 Abs.2 BGB. § 138 Abs.1 BGB verfolgt jedoch ebenso wie der speziellere § 138 Abs.2 BGB den Zweck, den schwächeren Vertragsteil vor Übervorteilungen zu schützen, so dass eine Vereinbarung, die unter Ausnutzung einer bestehenden Zwangslage erreicht wurde, unter bestimmten Voraussetzungen auch nach § 138 Abs.1 BGB nichtig sein kann.

(2) Die Haltung der Rechtsprechung

Schon bei einer Betrachtung der durch die Oberlandesgerichte vertretenen Linie zeigt sich ganz deutlich eine Tendenz zur Verneinung der Sittenwidrigkeit.
Entweder wird schon das Vorliegen eines groben Missverhältnisses wegen erheblicher Gegenleistungen des Ehemannes verneint,[166] oder es wird das Vorlie-

---

[163] OLG Düsseldorf FamRZ 1989, 635 (636): der Ehemann hatte sich zur zeitlich unbegrenzten Zahlung von Ehegattenunterhalt verpflichtet, nachdem der Rechtsanwalt der Ehefrau ihm versichert hatte, dies entspräche der Düsseldorfer Tabelle. Der gesetzliche Unterhaltsanspruch der Frau hätte aber gem. § 1573 Abs.5 BGB heruntergesetzt werden können.
[164] OLG Bamberg FamRZ 1984, 483 (484).
[165] BGH NJW 1992, 3164 (3165).
[166] OLG Hamm NJW-RR 1999, 1306 (1307).

gen einer Zwangslage ausgeschlossen[167]. Selbst wenn eine Zwangslage angenommen wird, wird häufig die Ausnutzung dieser Zwangslage abgelehnt.[168]
Lediglich vereinzelt wird die Sittenwidrigkeit einer Scheidungsfolgenvereinbarung bejaht. So hat das OLG Karlsruhe einen nach 25jähriger Hausfrauenehe vereinbarten Gesamtverzicht der Ehefrau, den diese aufgrund der irrigen Auffassung abgeschlossen hatte, sie brauche die Zustimmung ihres gewalttätigen Ehemannes zur Scheidung, für sittenwidrig gehalten.[169] Das OLG Zweibrücken hat einen anlässlich einer Ehekrise vereinbarten umfassenden Verzicht auf nacheheliche Rechte für sittenwidrig gehalten, da der Ehemann zur Fortführung der langjährigen ehelichen Lebensgemeinschaft nur bereit war, wenn die von ihm finanziell abhängige Ehefrau das Versprechen zu künftiger ehelicher Treue durch den Abschluss der Scheidungsfolgenvereinbarung „manifestiere".[170]
Einzig auf objektive Umstände wird in zwei Entscheidungen des OLG Köln und des OLG Schleswig die Sittenwidrigkeit vereinbarter Verzichte zurückgeführt. Das OLG Köln begründet die Sittenwidrigkeit lediglich mit dem umfassenden Verzicht durch die Ehefrau ohne jede Gegenleistung des Ehemannes sowie der langen Ehedauer. [171] In jüngerer Zeit hat das OLG Schleswig entschieden, dass der Verzicht auf den Versorgungsausgleich angesichts der von den Parteien beabsichtigten „Hausfrauenehe" und der ebenfalls vereinbarten Gütertrennung allein aufgrund des krassen Missverhältnisses zwischen den einkommens- und vermögensrechtlichen Positionen der Parteien sittenwidrig ist.[172] Damit stehen diese Entscheidungen im eindeutigen Widerspruch zu der ständigen Rechtsprechung des Bundesgerichtshofs, wonach es entscheidend auf die subjektiven Umstände ankommt und allein aus den objektiven Umständen keinesfalls auf die Sittenwidrigkeit geschlossen werden darf. Bereits die Entscheidung des OLG Köln ist daher in der Literatur auf Kritik gestoßen.[173]

Der Bundesgerichtshof hat in zwei Entscheidungen aus jüngerer Zeit zu dieser Fallgruppe der Sittenwidrigkeit Stellung bezogen. Diese haben zu einer kontroversen Diskussion in der Literatur geführt.

---

[167] OLG Stuttgart FamRZ 1999, 24 (24); OLG Koblenz NJW-RR 1996, 901 (902); OLG Köln FamRZ 1995, 997 (998); OLG Frankfurt FamRZ 1983, 176 (178).
[168] OLG Hamm FamRZ 95, 40 (41); OLG Hamm FamRZ 1982, 1215 (1215).
[169] OLG Karlsruhe FamRZ 1991, 332 (333).
[170] OLG Zweibrücken FamRZ 1996, 869 (871).
[171] OLG Köln DNotZ 1981, 444 (447).
[172] OLG Schleswig MDR 1999, 872 (873): das Vorliegen des subjektiven Elements wurde nicht problematisiert.
[173] *v. Hornhardt* Anm. DNotZ 1981, 447 (449ff): Der Mann habe weder seine Frau unter Druck gesetzt noch sich deren fehlenden Überblick oder ihre große Beeinflußbarkeit zunutze gemacht. Der Kritik zustimmend: *Petersen,* Diss. S. 87f.; *Vortmann* JA 1986, 401 (405).

Der ersten Entscheidung[174] lag folgender Sachverhalt zu Grunde: die Ehepartner hatten vor der Eheschließung in einem Ehevertrag Gütertrennung vereinbart und auf die Hälfte des nachehelichen Unterhalts sowie auf die Durchführung des Versorgungsausgleichs verzichtet. Zur Zeit des Vertragsschlusses erwartete die Ehefrau ein Kind. Neun Jahre später kam es zur Scheidung. Die Ehefrau hielt den Ausschluss des Versorgungsausgleichs für sittenwidrig. Der Bundesgerichtshof hat jedoch den Grundsatz der Vertragsfreiheit nach § 1408 Abs.2 BGB betont und das Unwerturteil der Sittenwidrigkeit von dem Hinzutreten weiterer Umstände abhängig gemacht. Da der Ehemann -ungeachtet der Schwangerschaft der Ehefrau- von einer Eheschließung hätte absehen und sich auf die rechtlichen Verpflichtungen eines nichtehelichen Vaters hätte zurückziehen können, sei hier nicht von einer zu missbilligenden Ausnutzung einer Zwangslage auszugehen.
Im zweiten Fall[175] hatte der Ehemann angesichts einer Ehekrise die Fortsetzung der Ehe von dem Abschluss eines Ehevertrages abhängig gemacht, in dem Gütertrennung sowie ein Verzicht auf den Versorgungsausgleich und den nachehelichen Unterhalt vereinbart wurden. Die Ehe wurde 13 Jahre später geschieden. Der Bundesgerichtshof hat auch hier wieder die Sittenwidrigkeit dieser Vereinbarung verneint. In Anlehnung an die Entscheidung aus dem Jahr 1996, in der der Bundesgerichtshof die Ablehnung der Sittenwidrigkeit im wesentlichen auf die Eheschließungsfreiheit gestützt hatte, betont er hier die Scheidungsfreiheit. Es sei keine sittenwidrige Ausnutzung einer Zwangslage durch den Ehemann gegeben, wenn dieser von dem beabsichtigten Scheidungsantrag nur dann absehen wolle, wenn die Ehefrau zum Abschluss des vorgeschlagenen Ehevertrags bereit sei. Durch diesen Ehevertrag sollte nicht etwa die Scheidung für die Ehefrau erschwert, sondern vielmehr nur sichergestellt werden, dass es für den Ehemann keine wirtschaftlichen Nachteile haben würde, wenn die Ehe nicht sofort, sondern - wenn der Versöhnungsversuch scheitern sollte - erst in einiger Zeit geschieden würde.
In beiden Entscheidungen hatte die Ehefrau die Sittenwidrigkeit ihres Verzichts auf die Durchführung des Versorgungsausgleichs behauptet. Es ist davon auszugehen, dass die Ausführungen des Bundesgerichtshofs entsprechend auch bei einem Verzicht auf den Zugewinnausgleich oder auf nachehelichen Unterhalt gelten.

(3) Kritische Stimmen in der Literatur

Diese Rechtsprechung ist in der Literatur verschiedentlich auf Kritik gestoßen. Die kritische Literatur wendet sich übereinstimmend vor allem gegen die Betonung der Vertragsfreiheit und die Vernachlässigung des Schutzes schwächerer Vertragspartner im Bereich der Scheidungsfolgenvereinbarungen.

---

174 BGH FamRZ 1996, 1536 (1536).
175 BGH FamRZ 1997, 156 (156f).

Teilweise wird daher vorgeschlagen, die Rechtsprechung des Bundesverfassungsgerichts zur Sittenwidrigkeit von Bürgschaftsverträgen vermögensloser Angehöriger heranzuziehen.[176] Die weitgehendste Position geht dabei davon aus, dass es sich bei Vereinbarungen unter Ehegatten um einen typischen Fall struktureller Unterlegenheit eines Vertragsteils handelt, da die Frau bei den Vertragsverhandlungen nicht in der Lage sei, ihre Interessen denen des Mannes adäquat entgegenzusetzen.[177] Deshalb sei eine auf § 242 BGB gestützte Inhaltskontrolle durch die Gerichte vorzunehmen, deren Maßstab der Ausgleich ehebedingter Nachteile sein soll. Die Annahme einer strukturellen Unterlegenheit der Ehefrau und eine darauf beruhende Inhaltskontrolle über § 242 BGB konnte sich allerdings nicht durchsetzen. Gleichwohl wird gesagt, dass aufgrund der konkreten Verhandlungssituation bei Vertragsschluss ein Ehepartner (sei es nun die Frau oder der Mann) unterlegen sein könne.[178] Für die Annahme der Sittenwidrigkeit einer Vereinbarung soll entscheidend sein, ob einer der Vertragspartner sich in einer „Diktatposition" befand und diese Position dazu ausgenutzt hat, den Inhalt des Vertrages für die andere Seite ungewöhnlich belastend auszugestalten. Insbesondere eine nichtehelich schwangere Frau könne sich vor dem Hintergrund des § 1615l BGB in einer Zwangslage befinden.[179] Ebenfalls in einer Zwangslage befinde sich eine Ehefrau, die aufgrund der Ehegestaltung (Kindesbetreuung) ein Bedürfnis nach wirtschaftlicher Absicherung für den Scheidungsfall habe.[180] Zwar sei die Eheschließungsfreiheit des Ehemannes zweifelsohne anzuerkennen, doch könne daraus nicht folgen, dass bei einer Entscheidung für eine Eheschließung jedwede Vereinbarung der Parteien rechtlich unbeanstandet bleiben muss.[181]

Zum Teil wird zwar nicht auf die Bürgschaftsrechtsprechung des Bundesverfassungsgerichts Bezug genommen, trotzdem aber dem Bundesgerichtshof bei der Prüfung der Sittenwidrigkeit übertriebene Zurückhaltung vorgeworfen.[182] Durch die Rechtsprechung des Bundesgerichtshofs werde die Verantwortung für das gemeinsame Kind weitgehend einseitig auf die Mutter übertragen.[183]

---

[176] *Schwenzer* AcP 196 (1996), 88 (111); *Büttner* FamRZ 1998, 1 (4f); *Dethloff* JZ 1997, 414 (415); Palandt-*Brudermüller* § 1585c Rn 15; MünchKomm-*Maurer* § 1585c Rn 41.

[177] *Schwenzer* AcP 196 (1996), 88 (108). Sie stützt diese Feststellung auf eine Analyse der sozio-ökonomischen und psychologischen Situation von Ehepaaren.

[178] *Büttner* FamRZ 1998, 1 (4f.); Palandt-*Brudermüller* § 1585c Rn 15.

[179] *Dethloff* JZ 1997, 414 (415); *Eichenhofer* DNotZ 1994, 213 (223); Schwab-*Borth* Teil IV Rn 1273.

[180] Palandt-*Brudermüller* § 1585c Rn 15 und MünchKomm-*Maurer* § 1585c Rn 41.

[181] *Dethloff* JZ 1997, 414 (414); *Eichenhofer* DNotZ 1994, 213 (223).

[182] Schwab-*Schwab* Teil VII Rn 303, 304.

[183] Schwab-*Borth* Teil IV Rn 1273.

(4) Zustimmung zur Rechtsprechung des Bundesgerichtshofs

Die Rechtsprechung des Bundesgerichtshofs ist in der Literatur nicht nur auf Ablehnung gestoßen. Die starke Betonung der Vertragsfreiheit unter Eheleuten durch den Bundesgerichtshof wird vielmehr ausdrücklich begrüßt.[184] Es müsse zulässig sein, die Eheschließung von einem Verzicht des anderen Vertragsteils auf den Versorgungsausgleich abhängig zu machen, da der andere Partner mit der Vereinbarung nicht schlechter als bei unterbliebener Eheschließung stehe.[185] Auch sei die Freizeichnung von sämtlichen nachteiligen Scheidungsfolgen vor der Eheschließung selbst bei Schwangerschaft der Frau schon deshalb zuzulassen, um nicht die Betroffenen in eine nichteheliche Lebensgemeinschaft zu drängen und die Situation der schwangeren Frau zu verschlechtern.[186] Eine entsprechende Anwendung der Bürgschaftsrechtsprechung wird vor allem mit dem Argument abgelehnt, dass die Situation bei Bürgschaftsverträgen nicht mit der bei Scheidungsfolgenvereinbarungen zu vergleichen sei.[187]

(5) Die Entscheidung des Bundesverfassungsgerichts vom 6.2.2001

Das Bundesverfassungsgericht hat in seiner Entscheidung vom 6.2.2001 zur Frage der gerichtlichen Kontrolle von Scheidungsfolgenvereinbarungen Stellung bezogen.[188]

Dieser Entscheidung lag der folgende Sachverhalt zugrunde: Die späteren Eheleute unterzeichneten 1976 vor der Eheschließung eine Vereinbarung, worin sie gegenseitig auf nachehelichen Unterhalt verzichteten, und die Frau den Mann von den Unterhaltsansprüchen des gemeinsamen Kindes bis auf eine von ihm zu zahlende Summe von monatlich 150,- DM freistellte. Die Frau war zu diesem Zeitpunkt schwanger und drängte aus diesem Grund auf eine Heirat. Der Mann hingegen stand eigentlich einer Eheschließung ablehnend gegenüber. Nach Abschluss des Vertrages heirateten die Parteien; die Ehe wurde 1989 geschieden. Das Oberlandesgericht hatte eine Sittenwidrigkeit der getroffenen Vereinbarung mit Blick auf die auch vom BGH argumentativ eingesetzte Eheschließungsfreiheit abgelehnt, ohne sich mit den näheren Umständen des Vertragsschlusses auseinander zu setzen. Das Bundesverfassungsgericht sieht hierin einen Verstoß gegen Art. 2 Abs.1 GG i.V.m. Art. 6 Abs.4 GG.

Das Bundesverfassungsgericht stellt noch einmal klar, dass die Grundrechte ihre Wirkung im Zivilrecht allgemein über die Generalklauseln entfalten. Daher ist

---

[184] *Langenfeld* FS Schippel, 251 (262) unter Bezugnahme auf die Entscheidung BGH FamRZ 1992, 1403. Bereits hier hatte der Bundesgerichtshof in dem beschriebenen Sinne entschieden.

[185] Erman-*Heckelmann* § 1408 Rn 15 a.E.

[186] *Grziwotz* FamRZ 1997, 585 (587).

[187] Staudinger-*Rehme* § 1408 Rn 74 – 83.

[188] BVerfGE 103, 89.

es bei gestörter Vertragsparität Aufgabe der Gerichte, durch Auslegung der zivilrechtlichen Generalklauseln die Fremdbestimmung eines Vertragspartners zu verhindern und damit die durch Art. 2 Abs.1 GG gewährleistete Privatautonomie zu schützen.[189] Dieser allgemeine Grundsatz gilt auch für Verträge, mit denen die Eheleute ihre höchstpersönlichen Beziehungen während der Ehe oder für den Fall der Scheidung regeln. Vereinbarungen unter Ehegatten finden infolgedessen ihre Grenzen dort, wo der Vertrag die auf ungleichen Verhandlungspositionen basierende einseitige Dominanz eines Ehepartners widerspiegelt.
Die zweifelsfrei bestehende Eheschließungsfreiheit steht nach Auffassung des Bundesverfassungsgerichts einer gerichtlichen Inhaltskontrolle ausdrücklich nicht entgegen. Die Eheschließungsfreiheit eröffnet keinesfalls die Freiheit zur unangemessenen einseitigen vertraglichen Interessendurchsetzung.[190]
Das Bundesverfassungsgericht folgert das Erfordernis einer gerichtlichen Kontrolle zudem aus der besonderen Schutzbedürftigkeit der schwangeren Frau (Art. 6 Abs.4 GG).[191] Dabei will das Bundesverfassungsgericht die Schwangerschaft nur als ein Indiz verstanden wissen, das eine verstärkte richterliche Kontrolle des abgeschlossenen Vertrages veranlassen soll. Entscheidend ist dann, ob eine Untersuchung des Vertragsinhalts eine Unterlegenheitsposition der nicht verheirateten Schwangeren ergibt. Eine solcherart gestörte Vertragsparität ist anzunehmen, wenn der Vertrag die Schwangere einseitig belastet und ihre Interessen keine angemessene Berücksichtigung finden.[192] Bei der Beurteilung dieser Frage ist die von den Vertragspartnern angestrebte Ausgestaltung der Ehe etwa im Hinblick auf die Kindesbetreuung von ausschlaggebender Bedeutung.

Diese Entscheidung ist von grundlegender Bedeutung, erteilt das Bundesverfassungsgericht doch der bisherigen Rechtsprechung der Zivilgerichte (und damit auch einem Teil der Literatur) eine deutliche Absage. Den Äußerungen des Bundesverfassungsgerichts lässt sich eine klare Tendenz hin zu einer stärker als bisher durchzuführenden richterlichen Kontrolle entnehmen.[193]

ff) Gesamtverzichtsvereinbarungen

Fraglich ist die Beurteilung der Sittenwidrigkeit einer Scheidungsfolgenvereinbarung in den Fällen, in denen ein Ehepartner (in der Regel die Ehefrau) vertraglich sowohl auf Zugewinnausgleich als auch auf den nachehelichen Unterhalt und den Versorgungsausgleich verzichtet hat. Bei einem solchen Gesamt-

---

[189] BVerfGE 103, 89 (100).
[190] BVerfGE 103, 89 (101).
[191] BVerfGE 103, 89 (102f).
[192] BVerfGE 103, 89 (104f).
[193] So auch *Schubert* FamRZ 2001, 733 (735). *Schwab* Anm. FamRZ 2001, 349 (349) spricht von einer „notwendigen Korrektur".

verzicht auf praktisch alle in der Ehe erworbenen Rechte liegt eine Benachteiligung des verzichtenden Vertragsteils und damit die Möglichkeit einer Sittenwidrigkeit besonders nahe.

Bei den beiden oben genannten Entscheidungen des Bundesgerichtshofs[194] handelte es sich um Konstellationen, in denen jeweils ein weitgehender Globalverzicht zwischen den Ehegatten vereinbart worden war. Der Bundesgerichtshof ist jedoch bei der Beurteilung der Sittenwidrigkeit in der Entscheidung aus 1996 auf den Gesichtspunkt des Gesamtverzichts gar nicht eingegangen.[195] In der Entscheidung aus 1997 weist der Bundesgerichtshof sogar ausdrücklich darauf hin, dass es für die in Frage stehende Sittenwidrigkeit des Ausschlusses des Versorgungsausgleichs nicht auf die anderen in der Vereinbarung enthaltenen Elemente (wie etwa den gleichfalls vereinbarten Unterhaltsverzicht) ankomme.[196] Bereits in einer früheren Entscheidung hatte der BGH klargestellt, dass auf die Sittenwidrigkeit einer Vereinbarung nicht allein aus dem Umstand geschlossen werden kann, dass der Vertrag von einer Vertragspartei in dem Bestreben geschlossen worden ist, sich von allen nachteiligen Scheidungsfolgen freizuzeichnen.[197] Dies folge daraus, dass nach dem Gesetz ausdrücklich jede Scheidungsfolge für sich ausgeschlossen werden kann.
Auch in der Rechtsprechung der Oberlandesgerichte führt das bloße Vorliegen eines Globalverzichts überwiegend nicht zur Sittenwidrigkeit einer Vereinbarung.[198] Lediglich vereinzelt wird die Sittenwidrigkeit aufgrund eines umfassenden Verzichts auf aus der Ehe entstandene Rechte bejaht.[199]

In der Literatur lässt sich keine einheitliche Haltung hinsichtlich der Beurteilung der Sittenwidrigkeit eines Gesamtverzichts erkennen. Überwiegend wird allerdings betont, dass die Sittenwidrigkeit einer Scheidungsfolgenvereinbarung nicht generell aus der alleinigen Tatsache des Gesamtverzichts folge, sondern dass hierfür noch besondere Umstände hinzutreten müssten.[200] Andererseits wird

[194] BGH FamRZ 1996, 1536 und BGH FamRZ 1997, 156.
[195] Vergleiche BGH FamRZ 1996, 1536 (1537).
[196] BGH FamRZ 1997, 156 (157).
[197] BGH NJW 1991, 913 (914)
[198] Vergleiche OLG Koblenz FamRZ 1996, 1212; OLG Köln FamRZ 1995, 997; OLG Hamm FamRZ 1995, 40; OLG Bamberg FamRZ 1984, 483; OLG Hamm FamRZ 1982, 1215.
[199] OLG Köln DNotZ 1981, 444 (447) unter Berücksichtigung der Ehedauer von 20 Jahren. Ablehnende Anmerkung *v. Hornhardt* DNotZ 1981, 447ff. Das OLG Schleswig (NJW-RR 1999, 1094 (1094)) bejaht die Sittenwidrigkeit eines Ausschlusses des Versorgungsausgleichs mit der Begründung, dass die Frau unter Berücksichtigung des Globalverzichts ansonsten völlig unversorgt wäre.
[200] *Bergschneider* Rn 122; Staudinger-*Rehme* § 1408 Rn 72; MünchKomm-*Kanzleiter* § 1408 Rn 33; sehr ausführlich *Frey* S. 96-100; Erman-*Heckelmann* § 1408 Rn 15 trotz des Hinweises, dass ein Gesamtverzicht im Einzelfall zu erheblichen Härten und Notsituationen führen könne.

die Vorgehensweise der Rechtsprechung als methodischer Fehler kritisiert, den jeweils im Streit befindlichen Einzelgegenstand (z.B. den Verzicht auf den Versorgungsausgleich) isoliert vom „Gesamtpaket" der getroffenen Vereinbarungen zu betrachten.[201] Die Kriterien des § 138 Abs.1 BGB sollten danach auf die Gesamtheit des Vertrages bezogen werden. Weiter geht noch die Auffassung, nach der durch den Globalverzicht eine Umkehr der Darlegungs- und Beweislast zugunsten des Verzichtenden begründet wird.[202] Ausgangspunkt soll der Erfahrungssatz sein, dass typischerweise nur in Zwangslagen auf alle Rechte verzichtet werde, so dass bei einem Gesamtverzicht die Vermutung bestehe, dieser beruhe auf der Ausnutzung einer Zwangslage. Es müsse dann der durch den Verzicht Begünstigte darlegen und beweisen, dass er dem äußeren Anschein zum Trotz keine Zwangslage ausgenutzt habe.

Auch in diesem Zusammenhang ist die Entscheidung des Bundesverfassungsgerichts vom 6.2.2001 zu beachten. Das Bundesverfassungsgericht äußert sich dort wie folgt: „Je mehr im Ehevertrag gesetzliche Rechte abbedungen oder zusätzliche Pflichten übernommen werden, desto mehr kann sich dieser Effekt einseitiger Benachteiligung verstärken."[203] Damit ist deutlich, dass nach dem Bundesverfassungsgericht bei der Beurteilung von Ehegattenvereinbarungen gerade keine isolierte Betrachtung einzelner Regelungsinhalte, sondern vielmehr eine Gesamtschau vorgenommen werden soll.[204]
Auch unter diesem Gesichtspunkt wird daher der Bundesgerichtshof seine bisherige Rechtsprechung überdenken müssen.

6. Rechtsfolgen der Nichtigkeit - § 139 BGB

Infolge der Nichtigkeit einer vertraglichen Vereinbarung kommt die gesetzliche Regelung der jeweiligen Scheidungsfolge zur Anwendung.

Ist nur eine der von den Eheleuten im Rahmen einer Scheidungsfolgenvereinbarung getroffenen Abreden nichtig, regelt § 139 BGB die Auswirkungen dieser Nichtigkeit auf die anderen Teile des Vertrages. Gemäß § 139 BGB folgt aus der Nichtigkeit eines Teils im Zweifel die Nichtigkeit des ganzen Rechtsgeschäfts, sofern die Parteien es nicht auch ohne den nichtigen Teil vornehmen wollten. Die Vorschrift des § 139 BGB beruht auf dem Gedanken der Privatautonomie

[201] Schwab-*Schwab* Teil VII Rn 304. Vergleiche auch *Coester-Waltjen* Festgabe 50 Jahre BGH, 985 (1004).
[202] *Büttner* in FamRZ 1998, 1 (6) und in Johannsen/Henrich § 1585c Rn 23 unter Berufung auf OLG Köln DNotZ 1981, 444 und OLG Zweibrücken FamRZ 1996, 869. Ebenso Schwab-*Borth* Teil IV Rn 1273.
[203] BVerfGE 103, 89 (105).
[204] So auch *Schubert* FamRZ 2001, 733 (737).

und soll verhindern, dass den Parteien anstelle des von ihnen gewünschten Rechtsgeschäfts ein Geschäft mit anderem Inhalt aufgedrängt wird.[205]
Regelmäßig besteht bei Scheidungsfolgenvereinbarungen nach dem Willen der Beteiligten der für § 139 BGB erforderliche Wirksamkeitszusammenhang.[206] So kann beispielsweise ein Unterhaltsverzicht seinen Ausgleich in einer bestimmten Regelung der Vermögensauseinandersetzung finden, so dass die eine Regelung ohne die andere nach der Vorstellung der Parteien keinen Sinn ergeben würde. Damit ist eine umfassende Scheidungsfolgenvereinbarung im Zweifel nichtig, wenn ein Teil der Gesamtvereinbarung - beispielsweise über den Versorgungsausgleich - nichtig ist.[207]
Es sollten daher, wenn kein Wirksamkeitszusammenhang gewollt ist, in einer notariellen Urkunde ausdrückliche Feststellungen hierüber getroffen werden.[208]

7. Zusammenfassung

Wie gesehen wird der Umfang der Gestaltungsfreiheit bei Scheidungsfolgenvereinbarungen über bestimmte Formvorschriften, Inhaltsverbote, die Sperrfristregelung des § 1408 Abs.2 S.2 BGB sowie die Generalklausel des § 138 Abs.1 BGB bestimmt. Eine Sonderstellung kommt ferner dem § 1587o Abs.2 S.3 BGB zu, der einen gerichtlichen Genehmigungsvorbehalt für Vereinbarungen über den Versorgungsausgleich anlässlich der Scheidung vorschreibt.
Mit Ausnahme der Schaffung des § 1587o BGB hat der Gesetzgeber sich mit der Beschränkung der Vertragsfreiheit weitgehend zurückgehalten. Mit den gleichwohl vorgenommenen Begrenzungen soll sowohl ein Schutz des einen Ehegatten vor der Übervorteilung durch den anderen gewährleistet als auch die soziale Absicherung nach Scheidung sichergestellt werden. Schließlich geht es auch um die Wahrung des Kindeswohls.

Bei Betrachtung der einzelnen Vorschriften kann aber innerhalb der rechtlichen Regelung ein einheitliches Konzept nicht festgestellt werden.[209] Es fällt zunächst auf, dass der Umfang der im Gesetz festgelegten Beschränkung der Vertragsfreiheit je nach der im Vertrag von den Eheleuten geregelten Scheidungsfolge differiert. Abreden über den Versorgungsausgleich werden durch den Gesetz-

---

[205] Palandt-*Heinrichs* § 139 Rn 1.
[206] So OLG Stuttgart FamRZ 1984, 806 (808) im Hinblick auf den engen Zusammenhang der Scheidungsfolgen.
[207] BGH FamRZ 1991, 681 (681): in diesem Fall war ein gerichtlicher Vergleich nichtig, durch den die Parteien auf den Versorgungsausgleich verzichteten. Dies ergab sich aus dem Zusammenhang der in dem Vergleich getroffenen Abrede und einer privatschriftlichen Vereinbarung über die Vermögensauseinandersetzung, die formnichtig war. Vergleiche auch Staudinger-*Baumann* § 1585c Rn 198.
[208] Staudinger-*Baumann* § 1585c Rn 200; Erman-*Dieckmann* § 1585c Rn 23.
[209] Ebenso *Dauner-Lieb* AcP 201 (2001), 295 (313); *Büttner* FamRZ 1998, 1 (2).

geber am weitaus stärksten reglementiert. Dies zeigt sich einmal an den hier bestehenden Inhaltsverboten, und zum anderen anhand des in § 1587o Abs.2 S.3 BGB vorgeschriebenen Genehmigungsvorbehalt, der einen sehr weitgehenden Eingriff in die Privatautonomie unter Eheleuten darstellt. Hingegen sind Vereinbarungen über den nachehelichen Unterhalt weder formbedürftig, noch enthält das Gesetz ein Inhaltsverbot.
Zum anderen ist bemerkenswert, dass vorsorgende Verträge und Scheidungsvereinbarungen vom Gesetz zum Teil unterschiedlich behandelt werden. So findet sich eine Regelung über Vereinbarungen zum Versorgungsausgleich einmal in § 1408 Abs.2 BGB und zum anderen in § 1587o BGB, wobei nach dem Zeitpunkt des Vertragsschlusses unterschieden wird. Auf eine solche Differenzierung ist allerdings bei Unterhaltsabreden und auch bei güterrechtlichen Verträgen verzichtet worden.

Bedeutende Einschränkungen der Vertragsfreiheit unter Eheleuten werden über die Generalklausel des § 138 Abs.1 BGB vorgenommen. § 138 Abs.1 BGB dient als Generalklausel des allgemeinen Vertragsrechts aufgrund von familienrechtsbezogenen Fallgruppen auch zur Begrenzung der Eheleuten zustehenden Vertragsfreiheit. Die Norm ist vom Gesetzgeber bewusst generell gehalten worden und bedarf daher der Konkretisierung durch Rechtsprechung und Literatur. Dabei konnte aber bislang bei der Auslegung der Vorschrift keine Einigkeit erzielt werden.
Der Vorwurf der Sittenwidrigkeit knüpft entweder am Inhalt der von den Ehegatten getroffenen Vereinbarung oder an den konkreten Umständen des Vertragsschlusses an. Insbesondere werden als Gründe für die Unwirksamkeit einer Ehegattenvereinbarung die Beeinträchtigung des Kindeswohls, die Belastung des Sozialhilfeträgers sowie das Ausnutzen einer unterlegenen Verhandlungsposition eines Ehegatten gesehen. Dabei kann über die Auslegung des § 138 Abs.1 BGB ganz entscheidend der Umfang der Privatautonomie unter Eheleuten gesteuert werden.

II. Lösung von der Abrede

Die Bestimmung der für Eheleute im Scheidungsfolgenrecht geltenden Vertragsfreiheit erschöpft sich nicht in der bloßen Untersuchung der Normen, die der vertraglichen Gestaltung von vornherein eine Grenze setzen. Es ist in die Betrachtung der Vertragsfreiheit vielmehr auch die Frage einzubeziehen, inwieweit sich Eheleute von einer grundsätzlich wirksam geschlossenen Scheidungsfolgenvereinbarung wieder lösen können. Kann die Verbindlichkeit einer Vereinbarung im nachhinein wieder aufgehoben werden, obwohl der Vertrag die vom Recht aufgestellte Schranke der Wirksamkeit bereits überwunden hat, stellt dies ebenfalls eine Einschränkung der von den Eheleuten angestrebten autonomen

Scheidungsfolgengestaltung dar.[210] Wird die Bestandskraft der gefundenen Einigung wieder aufgehoben, kann der in dem Vertrag zuvor manifestierte Wille der Eheleute keine Wirkung mehr entfalten. Zudem verbietet sich eine isolierte Betrachtung schon aus dem Grund, dass die Vorschriften über die Wirksamkeit einer Vereinbarung häufig mit denen verknüpft sind, die über eine Aufhebung oder Abänderung des ursprünglich gefundenen Konsenses entscheiden. Dies zeigt sich beispielsweise daran, dass nach der Rechtsprechung ein Verzicht auf den Unterhaltsanspruch nach § 1570 BGB als solcher zwar nicht gegen § 138 Abs.1 BGB verstößt; seine Geltendmachung aber regelmäßig nach § 242 BGB ausgeschlossen ist.

1. Anfechtung

Auch Scheidungsfolgenvereinbarungen können wie alle Verträge gemäß §§ 119, 123 BGB infolge eines bei Vertragsschluss bestehenden Irrtums, einer durch den Vertragspartner vorgenommenen Täuschung oder einer durch den anderen Vertragsteil ausgesprochenen Drohung angefochten und damit rückwirkend vernichtet werden.

Die Anfechtung eines Ausschlusses des Versorgungsausgleichs nach § 119 Abs.2 BGB kommt beispielsweise bei der irrigen Annahme der Partner in Betracht, sie hätten Versorgungsanwartschaften in etwa der gleichen Höhe erwirtschaftet.[211] Die Anfechtung wegen arglistiger Täuschung wurde in einem Fall zugelassen, in dem die Ehefrau einen Selbstmordversuch vorgetäuscht hatte, um ihren Ehemann zur Vertragsunterzeichnung zu bewegen.[212] Als Beispiel für eine widerrechtliche Drohung wird die Äußerung eines Ehegatten angeführt, er werde inkriminierendes Fehlverhalten des anderen Ehegatten preisgeben, sollte dieser den vorgeschlagenen Vertrag nicht unterschreiben.[213] Die Beweislast für das Vorliegen eines Anfechtungsgrundes trifft denjenigen, der sich auf die Anfechtung beruft. Im privaten familiären Bereich ist der Nachweis einer Täuschung oder Drohung allerdings besonders schwierig. Infolgedessen ist die Anfechtung einer Scheidungsfolgenvereinbarung selten erfolgreich.[214]

---

[210] Vergleiche auch *Coester-Waltjen* AcP 190 (1990), 1 (2f): Indirekt ergeben sich Einschränkungen der Vertragsfreiheit über Vorschriften, die bestimmen, wann von einem bestandsfesten Konsens der Beteiligten auszugehen ist (z.B. §§ 119, 123 BGB).

[211] Vergleiche OLG Köln NJW-RR 1999, 1161 (1161). Hier war jedoch die Anfechtungsfrist bereits verstrichen.

[212] BGH FamRZ 1996, 605 (606): die Ehefrau hatte bewusst und arglistig bei dem Mann den Irrtum hervorgerufen, sie sei akut suizidgefährdet und dass er, wenn er den Vertrag nicht unterschreibe, mit einem weiteren Selbstmordversuch rechnen müsse.

[213] *Bergschneider* Rn 134.

[214] So auch *Bergschneider* Rn 136.

2. *Rücktritt/Aufhebungsvertrag*

Um sich eine Möglichkeit offen zu halten, auf veränderte Lebensumstände einzugehen, können die Ehegatten ihrer Vereinbarung einen Rücktrittsvorbehalt beifügen.[215] Dies ist beispielsweise bei einem kinderlosen Paar sinnvoll, das angesichts beiderseitiger Erwerbstätigkeit einen umfassenden gegenseitigen Verzicht auf nacheheliche Rechte für den Fall der Scheidung vereinbart hat. Ist die Geburt von Kindern nicht von vornherein ausgeschlossen, ermöglicht es ein Rücktrittsvorbehalt dem Ehegatten, der aufgrund der Kindesbetreuung später seine Erwerbstätigkeit aufgibt, sich von dem Vertrag zu lösen. Es wird empfohlen, mit dem Rücktrittsvorbehalt zugleich seine Voraussetzungen sowie eine besondere Rücktrittsform zu vereinbaren.[216] Diese Lösung kommt allerdings nur für Eheleute in Betracht, die eine vorausschauende Regelung treffen wollen (und können).

Möchten sich die Eheleute zu einem späteren Zeitpunkt einverständlich von der früher getroffenen Vereinbarung lösen, etwa weil sich ihre Lebensverhältnisse anders als geplant entwickelt haben, können sie eine Aufhebung durch einen entsprechenden Vertrag als actus contrarius erreichen.[217] Diese Möglichkeit kommt natürlich nur in den (seltenen) Fällen in Betracht, in denen die Ehegatten nicht mittlerweile zerstritten und daher noch in der Lage sind, zu einer erneuten Einigung zu finden.

3. *Wegfall oder Störung der Geschäftsgrundlage*

Hat sich die Ehe nach Vertragsschluss anders als geplant entwickelt, liegt die Anwendung des ursprünglich aus § 242 BGB abgeleiteten Instituts des Wegfalls der Geschäftsgrundlage als Instrument der Vertragsanpassung nahe. Nach der Rechtsprechung des Bundesgerichtshofs konnte bislang von einem Wegfall der Geschäftsgrundlage nur ausgegangen werden, wenn bei Vertragsschluss konkret vorhandene Vorstellungen und Erwartungen beider Vertragspartner fehlgegan-

---

[215] Hinsichtlich eines Ehevertrages gemäß § 1408 Abs.1 BGB: *Langenfeld* Handbuch Rn 16; Soergel-*Gaul* § 1408 Rn 20; Staudinger-*Thiele* § 1408 Rn 38. Hinsichtlich eines Ausschlusses des Versorgungsausgleichs: Soergel-*Gaul* § 1408 Rn 29; MünchKomm-*Kanzleiter* § 1408 Rn 22; *Eichenhofer* DNotZ 1994, 213 (225). Hinsichtlich eines Unterhaltsverzichts: *Langenfeld* Handbuch Rn 643; Göppinger/Börger-*Miesen* § 5 Rn 269.

[216] *Langenfeld* Handbuch Rn 643. Beispielsweise kann der Rücktritt nach den Vorschriften über den Rücktritt bei einem Erbvertrag erfolgen.

[217] Für den Ausschluß des Versorgungsausgleichs: Soergel-*Gaul* § 1408 Rn 29. Im Hinblick auf § 1414 S.2 BGB ist jedoch die Form des Ehevertrags einzuhalten. Für einen Ehevertrag nach § 1408 I BGB: Staudinger-*Thiele* § 1408 Rn 37.

gen sind,[218] die nicht zum eigentlichen Vertragsinhalt erhoben wurden, auf denen aber der Geschäftswille der Parteien aufbaute.[219]
Nach der im Zuge der Schuldrechtsmodernisierung erfolgten Neufassung des Bürgerlichen Gesetzbuches ist zu beachten, dass dieses Institut mittlerweile als „Störung der Geschäftsgrundlage" in § 313 BGB n.F. geregelt ist. Von § 313 Abs.2 BGB n.F. wird der hier in Frage stehende Fall erfasst, dass wesentliche Vorstellungen der Parteien, die zur Grundlage des Vertrags geworden sind, sich als falsch herausstellen. Als Folge einer solchen Störung der Geschäftsgrundlage sieht § 313 Abs. 1 BGB die Anpassung des Vertrages vor, und nur wenn dies nicht möglich ist, kommt nach § 313 Abs. 3 BGB n.F. ein Rücktritt des benachteiligten Teils in Betracht. Diese Vorschrift kommt nach der Übergangsvorschrift Art. 229 § 5 EGBGB für alle ab dem 01.01.2002 geschlossenen Scheidungsfolgenvereinbarungen zur Anwendung. Für alle vor diesem Stichtag abgeschlossenen Verträge gilt das alte Recht und damit das auf § 242 BGB gestützte Institut des Wegfalls der Geschäftsgrundlage. Wurde durch eine früher getroffene Vereinbarung hingegen ein Dauerschuldverhältnis begründet, ist das Gesetz in der neuen Fassung ab dem 01.01.2003 anzuwenden. Dies wird beispielsweise für Verträge relevant, die eine Verpflichtung zur laufenden Zahlung von monatlichem Unterhalt beinhalten. Da durch die Schaffung des § 313 BGB n.F. lediglich ein seit langem anerkanntes Rechtsinstitut in Gesetzesform gegossen werden sollte, steht eine Veränderung der Beurteilung zur Vertragsanpassung bei Scheidungsfolgenvereinbarungen nicht zu erwarten.[220]

a) Von der Rechtsprechung entschiedene Fälle

Hinsichtlich einer anlässlich der Scheidung gemäß § 1587o BGB getroffenen Vereinbarung über den Versorgungsausgleich hat der Bundesgerichtshof angenommen, dass die Geschäftsgrundlage dieses Vertrages angesichts der Scheidung der zweiten Ehe der Ehefrau weggefallen sei.[221] Der Versorgungscharakter der zweiten Ehe sei die Geschäftsgrundlage der getroffenen Verzichtsvereinbarung gewesen; dies ergebe sich aus dem Genehmigungsbeschluss des Familiengerichts nach § 1587o Abs.2 S.3 BGB, der „mit Rücksicht auf die Wiederverheiratung der Parteien" erfolgt sei. Als Rechtsfolge des Wegfalls der Geschäftsgrundlage war der Versorgungsausgleich für die erste Ehezeit in vollem Umfange durchzuführen. In einem anderen Fall hatten die Ehegatten ihrer Vereinbarung den Satz vorangestellt: „Wir haben beide einen erlernten Beruf und werden uns in unserer Ehe unsere Alterssicherung getrennt aufbauen." Das OLG München hat hierin eine eindeutige Dokumentation der Geschäftsgrundlage des

[218] BGH FamRZ 1996, 1536 (1537).
[219] BGH FamRZ 1985, 788 (791).
[220] Palandt-*Heinrichs* Ergänzungsband § 313 Rn 1f; Mattheus Jus 2001, 209 (218).
[221] BGH FamRZ 1994, 96 (97).

Vertrags gesehen, die mit der Geburt der Tochter und der dadurch bedingten Aufgabe der Erwerbstätigkeit durch die Mutter weggefallen sei.[222] Infolgedessen war der Ausschluss des Versorgungsausgleichs ab Geburt der Tochter unwirksam.
Es wird allerdings darauf hingewiesen, dass der Wegfall der Geschäftsgrundlage nur selten bejaht werden kann.[223] Dies folgt daraus, dass der Verzichtende die von den Parteien zu Grunde gelegte Geschäftsgrundlage beweisen muss. Die Rechtsprechung in den genannten Beispielen hat die Annahme der Geschäftsgrundlage immer auf eine konkrete schriftliche Dokumentation gestützt. Fehlt eine solche ausdrückliche Dokumentation jedoch, gestaltet sich die Beweisführung schwierig.[224]

b) Besonderheiten bei Unterhaltsvereinbarungen

Bei Unterhaltsvereinbarungen stellt sich vor allem die Frage, inwieweit Veränderungen in den Einkommensverhältnissen der Eheleute zu einer Abänderung bzw. Aufhebung des Vertrages aufgrund eines Wegfalls der Geschäftsgrundlage führen können. Dabei ist eine grundsätzliche Unterscheidung dogmatischer Natur zwischen Unterhaltsverzichten und sonstigen Unterhaltsvereinbarungen zu treffen.

Bei einem Unterhaltsverzicht beantwortet sich diese Frage aus der Rechtsnatur des Verzichts. Die Rechtsprechung sowie der überwiegende Teil der Literatur geht davon aus, dass es sich bei einem Unterhaltsverzicht um einen Erlass gemäß § 397 Abs.1 BGB handelt, der zu einem Verlust des Unterhaltsstammrechts selbst führt und so eine spätere Geltendmachung von Unterhaltsansprüchen selbst im Falle eines Wegfalls der Geschäftsgrundlage ausschließt.[225] Veränderungen der Leistungsfähigkeit des Unterhaltsschuldners oder der Bedürftigkeit des Unterhaltsgläubigers wirken sich dann nicht mehr aus. In Betracht kommt als Korrekturinstrument lediglich die Einrede der unzulässigen

---

[222] OLG München FamRZ 1995, 95 (96).
[223] *Büttner* FamRZ 1998, 1 (4); *Langenfeld* Handbuch Rn 25.
[224] Vergleiche nur BGH FamRZ 1996, 1536 (1537): Angesichts einer Vereinbarung über den Ausschluss des Versorgungsausgleichs vor Eheschließung hat der BGH festgestellt, dass die Behinderung der beiden in der Ehe geborenen Kinder die weitere Erwerbstätigkeit der Ehefrau verhindert hatte. Es hätten jedoch keine verlässlichen Anhaltspunkte dafür vorgelegen, dass der Geschäftswille der Parteien bei Vertragsschluss auf dem Nichteintritt dieser offenbar schicksalhaften und unvorhersehbaren Entwicklung aufbaute. Es wurde deshalb eine Vertragsanpassung aufgrund eines Wegfalls der Geschäftgrundlage verneint. Siehe ferner BGH FamRZ 1985, 788 (791).
[225] BGH FamRZ 1985, 787 (787); OLG Düsseldorf FamRZ 1984, 171 (173); OLG Hamm FamRZ 1993, 973 (973); MünchKomm- *Maurer* § 1585c Rn 22, 35; Staudinger-*Baumann* § 1585c Rn 205; Soergel-*Häberle* § 1585c Rn 12.

Rechtsausübung.[226] Zu einem anderen Ergebnis führt der von *Hess* entwickelte Ansatz, der den Unterhaltsverzicht statt als Verfügungsgeschäft als schuldrechtliche Abrede qualifiziert.[227] Dann kann die Rechtsfigur des Wegfalls der Geschäftsgrundlage unproblematisch angewendet werden; diese Auffassung hat sich indes nicht durchsetzen können. Vielmehr wird sogar angeführt, ein uneingeschränkter Unterhaltsverzicht sei sinnlos und entwertet, wenn er gerade im Fall der Bedürftigkeit einer Partei in Frage gestellt werden könnte.[228]

Bei Verträgen, in denen eine Unterhaltsrente vereinbart wurde, ist hingegen im Falle einer wesentlichen[229] Änderung der Verhältnisse eine Anpassung nach den Grundsätzen des Wegfalls der Geschäftsgrundlage möglich.[230] Es kann allerdings keine freie Neufestsetzung erfolgen, sondern nur eine den veränderten Verhältnissen entsprechende Anpassung vorgenommen werden.[231] Es kommt dabei für das Ausmaß der Abänderung darauf an, welche Umstände für die Bemessung der Unterhaltsrente maßgebend waren und welches Gewicht ihnen dabei zugekommen ist.

4. Unzulässige Rechtsausübung

Der aus § 242 BGB abgeleitete Einwand der unzulässigen Rechtsausübung kommt insbesondere dann in Betracht, wenn die Geltendmachung eines vereinbarten Verzichts auf die gesetzlich vorgesehenen Scheidungsfolgen sich mit dem Grundsatz von Treu und Glauben nicht vereinbaren läßt und daher als rechtsmissbräuchlich anzusehen ist.[232]

---

[226] MünchKomm-*Maurer* § 1585c Rn 35. Zu dieser Problematik siehe untenim 2.Teil A.II.4.

[227] *Hess* FamRZ 1996, 981 (983f)

[228] *Petersen* S. 123: würde der Unterhaltsverzicht bei Bedürftigkeit stets angepasst, könnte er seinen Zweck nie erfüllen. So auch *Herb* NJW 1987, 1525 (1526f) und *Vortmann* JA 1986, 401 (404).

[229] Eine schematische Beurteilung der Wesentlichkeitsgrenze wird vom Bundesgerichtshof abgelehnt, vergleiche BGH FamRZ 1986, 790 (791): Es kann beispielsweise nicht vorausgesetzt werden, dass sich eine Rentenabweichung von mindestens 10% ergeben muss. Ein Fall des § 242 BGB kann insbesondere bei beengten wirtschaftlichen Verhältnissen bereits deutlich unter der 10%-Schwelle vorliegen. Entscheidend ist vielmehr, ob sich ein Festhalten am Vertrag unter den gegenwärtigen Umständen als ein Verstoß gegen Treu und Glauben darstellt.

[230] Ausführlich hierzu *Reichling* S. 91-129.

[231] BGH FamRZ 1986, 790 (790).

[232] BGH NJW 1987, 2739 (2739): Die Auffassung, einem im Hinblick auf § 138 BGB gültigen Vertrag dürfe nicht durch die Heranziehung des § 242 BGB die Rechtswirkung doch wieder genommen werden, wird vom BGH mit der Begründung abgelehnt, vom Bestand des Rechts sei seine Geltendmachung zu unterscheiden.

a) Bei einem Verzicht auf den Betreuungsunterhalt nach § 1570 BGB

Nach Auffassung von Rechtsprechung und Teilen des Schrifttums ist an einen Verstoß gegen Treu und Glauben vor allem dann zu denken, wenn überwiegende schutzwürdige Interessen gemeinschaftlicher Kinder der Geltendmachung des erklärten Unterhaltsverzichts entgegenstehen.

aa) Die Haltung der Rechtsprechung

Der Bundesgerichtshof geht bei der Beurteilung eines Verzichts auf den in § 1570 BGB vorgesehenen Betreuungsunterhalt in drei Schritten vor. Zunächst betont der Bundesgerichtshof die in § 1585c BGB hinsichtlich des nachehelichen Unterhalts vorgesehene Vertragsfreiheit und stellt ausdrücklich fest, dass auch auf den aus § 1570 BGB folgenden Unterhalt wegen Kindesbetreuung grundsätzlich verzichtet werden kann.[233] Zwar nehme der Unterhaltstatbestand des § 1570 BGB eine besondere Stellung ein, da er der Verwirklichung des Kindeswohls diene; dies rechtfertige jedoch noch nicht die Annahme, der § 1570 BGB sei unabdingbar.[234]
Ein Verzicht auf nachehelichen Unterhalt könne allerdings im Einzelfall gegen die guten Sitten nach § 138 Abs.1 BGB verstoßen. Dies hänge wiederum entscheidend von dem aus Zusammenfassung von Inhalt, Beweggrund und Zweck zu entnehmenden Gesamtcharakter der Vereinbarung ab.[235] Insofern kann auf die oben im 2.Teil A.I.5.b) dargestellten Fallgruppen der Sittenwidrigkeit bei Scheidungsfolgenvereinbarungen verwiesen werden. Der Verzicht auf den Betreuungsunterhalt nach § 1570 BGB ist jedoch nicht schon allein deshalb sittenwidrig, weil er zu der Aufnahme einer Erwerbstätigkeit durch den bedürftigen Ehegatten führt, obwohl dieser ein gemeinsames Kind betreut.[236]
Wie jedes andere Recht darf das aus dem Verzicht abgeleitete Recht allerdings nicht rechtsmissbräuchlich ausgeübt werden. Hier setzt nun der Bundesgerichtshof an und erklärt, dass einem auf § 1570 BGB gestützten Unterhaltsanspruch ein Verzicht dann nicht entgegengehalten werden kann, wenn dieser dadurch zur Beeinträchtigung des Wohls und der Interessen gemeinsamer Kinder führen würde, dass der unterhaltsbedürftige Ehegatte durch eigene Erwerbstätigkeit gezwungen wäre, die ihm obliegende Pflege und Erziehung der Kinder einzu-

[233] BGH FamRZ 1985, 787 (787); BGH FamRZ 1985, 788 (789); BGH FamRZ 1987, 46 (47); BGH FamRZ 1991, 306 (306): hieran wird trotz neuerlicher Kritik von *Bosch* festgehalten; BGH NJW 1992, 3164 (3164).

[234] BGH FamRZ 1985, 788 (789).

[235] BGH FamRZ 1985, 788 (789); BGH FamRZ 1991, 306 (307); BGH NJW 1992, 3164 (3164).

[236] Vergleiche die Ausführungen bei BGH FamRZ 1985, 788 (790); BGH FamRZ 1991, 306 (307); BGH NJW 1992, 3164 (3164).

schränken.[237] Der betreuende Elternteil erfülle mit der Kindesbetreuung eine Aufgabe, die als Nachwirkung der geschiedenen Ehe dem Wohl und Interesse des gemeinsamen Kindes diene und dazu bestimmt sei, diesem eine von der Zerrüttung der Familie möglichst wenig beeinträchtigte, intensive persönliche Betreuung zu gewähren.[238] Zwar sei § 1570 BGB als Anspruch des geschiedenen Ehegatten ausgestaltet, doch sichere dieser Unterhaltstatbestand die Wahrnehmung der Elternverantwortung und diene damit dem Wohl des Kindes.[239] Das Kindeswohl sei ein wesentlicher, nach den Grundsätzen von Treu und Glauben zu berücksichtigender Umstand. Seine Wahrnehmung sei gemeinsame Aufgabe beider Eltern, auf deren Erfüllung sie auch in ihrem Verhalten zueinander bedacht sein müssten. Der durch den Verzicht Begünstigte kann sich also immer dann nicht auf den Unterhaltsverzicht berufen, wenn und soweit das Kindeswohl den Bestand der Unterhaltspflicht fordert.

Diese Rechtsprechung gilt insbesondere für die Fälle, in denen die Ehegatten zum Zeitpunkt des Unterhaltsverzichts davon ausgegangen waren, dieser Verzicht berühre die Belange gemeinschaftlicher Kinder nicht[240] und diese Pläne durch spätere Ereignisse überholt wurden.[241] Die Geltendmachung eines Unterhaltsverzichts kann aber nach dem Bundesgerichtshof auch dann rechtsmissbräuchlich sein, wenn die Parteien bei Vertragsschluss bereits bedacht hatten, dass gemeinsame Kinder später der Betreuung durch einen Elternteil bedürfen werden und trotzdem allgemein auf den nachehelichen Unterhalt verzichtet wurde.[242] Entscheidend ist für den Bundesgerichtshof allein das Kindeswohl. Damit ist der Einwand der unzulässigen Rechtsausübung nicht nur in den Fällen möglich, in denen erst eine nachträgliche und unvorhergesehene Entwicklung

[237] BGH FamRZ 1987, 46 (47). Dies entspricht mittlerweile gefestigter Rechtsprechung, vergleiche nur BGH FamRZ 1985, 787 (788); BGH FamRZ 1985, 788 (789); BGH FamRZ 1991, 306 (307); BGH NJW 1992, 3164 (3165f); BGH FamRZ 1995, 291 (291).

[238] BGH FamRZ 1985, 787 (788): auf eine solche Betreuung und Erziehung habe das Kind auch im Verhältnis zum nichtbetreuenden Elternteil einen grundrechtlich geschützten Anspruch (Art. 6 Abs.2 GG).

[239] BGH NJW 1992, 3164 (3166).

[240] Etwa weil die Ehe zu diesem Zeitpunkt kinderlos war (vergleiche BGH FamRZ 1985, 788 und FamRZ 1985, 787) oder der kinderbetreuende Ehegatte seinen Unterhalt aus anderen Einkünften als aus Erwerbstätigkeit bestreiten wollte (vergleiche BGH FamRZ 1987, 46: der Unterhalt sollte aus dem Verkaufserlös eines Grundstücks bestritten werden).

[241] Zum Beispiel weil dann doch Kinder in der Ehe geboren wurden (vergleiche BGH FamRZ 1985, 788) oder der zur Unterhaltsdeckung angestrebte Grundstückserlös ohne Verschulden der Unterhaltsgläubigerin sehr viel geringer als angestrebt ausfiel (vergleiche BGH FamRZ 1987, 46).

[242] BGH NJW 1992, 3164 (3165f): es war ein Verzicht auf nachehelichen Unterhalt vor der Eheschließung vereinbart worden, wobei die Ehefrau bereits schwanger war; siehe auch BGH FamRZ 1995, 291 (291). Anders noch OLG Celle FamRZ 1989, 64 (69).

ergibt, dass die Berufung auf den Unterhaltsverzicht mit dem Grundsatz von Treu und Glauben nicht zu vereinbaren ist.

Falls der Unterhaltsschuldner sich gemäß § 242 BGB nicht auf den Unterhaltsverzicht berufen kann, hat er dem Unterhaltsgläubiger nachehelichen Unterhalt zu zahlen, der nach der Rechtsprechung des Bundesgerichtshofs allerdings in der Höhe und auch zeitlich begrenzt ist. So geht der Bundesgerichtshof davon aus, dass zur Wahrung des Kindeswohls ein Unterhalt nach den ehelichen Lebensverhältnissen nicht erforderlich ist. Die Höhe des Unterhalts soll sich deshalb nicht an § 1578 BGB orientieren, so dass lediglich der notwendige, nicht aber der angemessene Unterhalt zu zahlen ist.[243] Bei einer schweren Behinderung des Kindes wurde aufgrund der erforderlichen intensiven Betreuung aber auch schon mehr als nur der notwendige Eigenbedarf zugebilligt.[244] Die Berufung auf den Unterhaltsverzicht ist auch solange ausgeschlossen, wie die Notwendigkeit einer Betreuung des Kindes andauert.[245]
Diese Rechtsprechung gilt sowohl für Verzichte, die vor der Eheschließung vereinbart wurden,[246] als auch für solche, über die sich die Eheleute im Lauf der Ehe[247] oder anlässlich der Scheidung[248] geeinigt haben.

bb) Stimmen in der Literatur

In der Literatur wird die Haltung der Rechtsprechung zum Verzicht auf den Betreuungsunterhalt höchst unterschiedlich beurteilt.
Auf der einen Seite wird die Vorgehensweise des Bundesgerichtshofs durchaus begrüßt.[249] Die Rechtsprechung befinde sich auf dem richtigen Weg, indem sie sich von einer „Inhaltskontrolle“ ab- und zu einer „Ausübungskontrolle“ hinwende.[250] Die Anwendung der Grundsätze von Treu und Glauben ermögliche

---

[243] BGH NJW 1992, 3164 (3165f) ; BGH FamRZ 1995, 291 (291): eine Ausnahme könne nur dann gelten, wenn besondere Umstände vorlägen, die aus Gründen des Kindeswohls einen höheren Unterhalt gebieten (etwa bei erhöhter Betreuungsbedürftigkeit eines behinderten Kindes).
[244] OLG Hamburg FamRZ 1992, 444 (445).
[245] BGH FamRZ 1995, 291 (292); BGH FamRZ 1991, 306 (307): so wird ab einem Kindesalter von 8 Jahren die Obliegenheit zur Aufnahme einer Teilzeittätigkeit anerkannt.
[246] Vergleiche BGH FamRZ 1991, 306; BGH JR 1993, 193; BGH FamRZ 1985, 788.
[247] Vergleiche BGH FamRZ 1987, 691 (692)
[248] Vergleiche BGH JR 1987, 112; BGH FamRZ 1985, 787.
[249] *Herb* NJW 1987, 1525 (1528); Soergel-*Häberle* § 1585c Rn 16; MünchKomm-*Maurer* § 1585c Rn 26; *Koch* Anm. JR 1993, 197 (197); *Richter* Anm. JR 1986, 18 (19). Siehe auch *Göppinger* Anm. JR 1987, 113 (113f): die „überwiegenden Interessen“ des Kindes seien zudem eine klare Richtlinie für die Praxis.
[250] *Langenfeld* FS Schippel, 251 (255): „Die Ausübungskontrolle enthält sich des direkten Eingriffs in den Vertrag. Sie korrigiert nicht den Vertragsinhalt, sondern die Vertragsabwicklung. Sie ist notwendigerweise einzelfallbezogen und billigkeitsbestimmt. Sie bedeutet

eine einzelfallbezogene und damit flexiblere Lösung als ein generelles Verzichtsverbot.[251]
Auf der anderen Seite begegnet die Position der Rechtsprechung entschiedener Kritik, die allerdings keiner einheitlichen Linie folgt. Zum einen wird die Rechtsprechung des Bundesgerichtshofs als zu zurückhaltend kritisiert, da die Wahrung des Kindeswohls konsequenterweise die Unwirksamkeit eines Verzichts auf den Betreuungsunterhalt fordere.[252] Daneben wird auch die durch den Bundesgerichtshof vorgenommene Beschränkung des Unterhalts der Höhe nach auf den notwendigen Unterhalt abgelehnt.[253] Demgegenüber wird die Position des Bundesgerichtshofs von anderen Autoren bereits als zu weitgehend empfunden, da das Gericht im Bereich des Verzichts auf § 1570 BGB zu bereitwillig die rechtsmissbräuchliche Rechtsausübung anwende und damit den Unterhaltsverzicht entwerte.[254]

---

keine richterliche ex-post- Inhaltskontrolle, sondern erlaubt die Berücksichtigung der konkreten nunc-Situation unter Würdigung aller Umstände, einschließlich von Sinn und Zweck der getroffenen vertraglichen Regelung. Die Ausübungskontrolle ist auf extreme konkrete Ungleichgewichtslagen beschränkt. Sie verhilft damit der Einzelfallgerechtigkeit zum Sieg, ohne die Rechtssicherheit zu gefährden."

[251] Göppinger/Wax-*Hoffmann* Rn 1395; *Vortmann* JA 1986, 401 (403).

[252] *Bosch* FS Habscheid, 23 (37-41): Die Gerichte müssten den § 1585c BGB daher entgegen dem ausdrücklichen Wortlaut der Norm in diesem Sinne einschränkend auslegen. Zustimmend *Meder* FuR 1993, 12 (20): Dies verlange die Rechtssicherheit, denn es seien entgegen dem eindeutigen Wortlaut der Norm in der neueren Rechtsprechung kaum noch Fälle bekannt geworden, in denen die Rechtsprechung die Wirksamkeit eines Unterhaltsverzichts ohne weiteres bejaht hätte. Vergleiche auch *Schwab* FamRZ 1997, 521 (525); Palandt-*Brudermüller* § 1585c Rn 15.

[253] Schwab-*Borth* Teil IV Rn 1292: Der unterschiedliche soziale Standard Mutter-Kind wirke sich unmittelbar auf die wirtschaftliche Lage des Kindes aus. Aus diesem Grund sei die Rechtsprechung in ihrer Konsequenz fragwürdig. *Schwab* FamRZ 1997, 521 (525): die Vorstellung, das Kindeswohl fordere die Gewährung des bloßen Notbedarfs an den betreuenden Ehegatten, sei reine Fiktion. Vergleiche auch Johannsen/Henrich- *Büttner* § 1585c Rn 26 und *Büttner* FamRZ 1998, 1 (6f).

[254] *Voelskow* in Johannsen/Henrich 2. Auflage § 1585c Rn 21. Erman-*Dieckmann* § 1585c Rn 20: Die Haltung der Rechtsprechung sei „bedenklich". Staudinger-*Baumann* § 1585c Rn 213: Eine zu weitgehende Billigkeitskorrektur über § 242 sei trotz des anerkennenswerten Bemühens um Einzelfallgerechtigkeit dann bedenklich, wenn sie die gescheiterte und geschiedene Ehe als dauerhafte Versorgungseinrichtung –gegen den erklärten Willen der Eheleute- festige und damit –ungewollt- den Trend zur nichtehelichen Lebensgemeinschaft verstärke. Dies soll insbesondere dann gelten, wenn die Ehegatten nur wegen des zu erwartenden Kindes heiraten oder um ein außerehelich geborenes Kind zu legitimieren.

b) Bei sonstigen Unterhaltsabreden

Auch über den Problembereich des § 1570 BGB hinaus hat die Einrede der missbräuchlichen Rechtsausübung bei Unterhaltsvereinbarungen in Einzelfällen Anwendung gefunden.
Nach Auffassung des OLG München handelt der Unterhaltsschuldner auch dann treuwidrig, wenn er sich auf den Unterhaltsverzicht beruft, obwohl das Surrogat, dessen er sich zur Erfüllung seiner Unterhaltsverpflichtung bediente, verlorengegangen ist. Die Geltendmachung des Verzichts ist rechtsmissbräuchlich, wenn der Unterhaltsgläubiger aufgrund des Wegfalls der von den Parteien vorgesehenen Einkommensquelle aus Gründen, die nicht in seine Risikosphäre fallen und die er nicht verschuldet hat, seinen Lebensbedarf nicht entsprechend den gemeinsamen Vorstellungen decken kann.[255] Kritisch haben sich hierzu allerdings *Herb*[256] und *Frey*[257] geäußert.
Das OLG Hamburg hat entschieden, dass ein Verzicht auf nachehelichen Unterhalt dann zurücktreten muss, wenn die Ehefrau eine Erwerbstätigkeit deshalb nicht mehr aufnehmen kann, weil sie durch die mit der jahrelangen Betreuung der behinderten Tochter verbundenen körperlichen und psychischen Belastungen erwerbsunfähig geworden ist.[258] Das Gericht bejaht mit dieser Entscheidung die Frage, ob trotz des Unterhaltsverzichts Anschlussunterhalt zu gewähren ist, wenn nach der Zeit der Kinderbetreuung, während der die Geltendmachung des Unterhaltsverzichts gegen Treu und Glauben verstieß, eine Erwerbstätigkeit nicht mehr aufgenommen werden kann.[259] Dies führt letztlich dazu, dass der Unterhaltsverzicht weitgehend wirkungslos ist.

---

[255] OLG München FamRZ 1985, 1264 (1265): hier hatten die Ehegatten anlässlich ihrer Trennung eine Vermögensauseinandersetzung vorgenommen. Der von der Ehefrau übernommene Betrieb sollte genug für den Lebensunterhalt der Ehefrau abwerfen, musste jedoch schon ein Jahr nach der Scheidung liquidiert werden.
[256] *Herb* NJW 1987, 1525 (1528f): bei einer Anwendung der zu § 1570 BGB entwickelten Rechtsprechung auf andere nacheheliche Unterhaltsansprüche sollten die Ansprüche auf Begebenheiten begrenzt werden, die bereits in der Ehe der beiden Ehegatten angelegt worden seien und nicht unmittelbar der vermögensrechtlichen Sphäre zuzurechnen seien. Deshalb könnten spätere Krankheiten, Unfälle und sonstige plötzlich eintretenden Ereignisse, die die Bedürftigkeit allein deswegen herbeiführen, weil der Bedürftige keiner Erwerbstätigkeit mehr nachgehen kann, keine Berücksichtigung finden.
[257] *Frey* S. 88: Im Verhältnis zum Verzichtenden sei ja auch das Vertrauen des anderen Teiles in die Rechtsbeständigkeit der Scheidungsfolgenvereinbarung schützenswert. Jedenfalls die allein in der Sphäre des Verzichtenden begründeten Umstände könnten daher nicht zu einer Suspendierung des Unterhaltsverzichts über § 242 BGB führen.
[258] OLG Hamburg FamRZ 1997, 563 (564) unter besonderer Betonung des großen persönlichen Opfers, das die Ehefrau durch die Betreuung der Tochter im Gegensatz zu den lediglich finanziellen Leistungen des Ehemannes geleistet habe.
[259] Für die Gewährung von Anschlussunterhalt hat sich schon *Richter* Anm. JR 1986, 18 (19) ausgesprochen.

Ferner hielt das OLG Hamm,[260] bestätigt durch den Bundesgerichtshof,[261] die Geltendmachung eines Unterhaltsverzichts aus Billigkeitsgesichtspunkten für rechtsmissbräuchlich. Der Verzicht war hier während einer Ehekrise vereinbart worden, wobei die Ehe danach noch 12 Jahre weiter geführt wurde. Die Ehefrau hatte bei Vertragsschluss noch Chancen auf dem Arbeitsmarkt, bei Scheidung waren diese Möglichkeiten aufgrund ihres Alters aber nicht mehr gegeben. Außerdem hatte sich die wirtschaftliche Situation des Ehemannes seit der Vertragsunterzeichnung wesentlich verbessert, so dass die Ehefrau der Sozialhilfe überantwortet würde, obwohl der Ehemann unbeschränkt leistungsfähig ist. Auch hat zum Zeitpunkt der Vereinbarung noch das alte Ehe- und Scheidungsfolgenrecht gegolten, nach dem die Ehefrau durch eigenes Wohlverhalten die Auflösung der Ehe hätte verhindern können. Zudem wurde die lange Ehedauer von 31 Jahren berücksichtigt.
Schließlich kann umgekehrt die Durchsetzung einer vereinbarten Unterhaltsschuld gegen § 242 BGB verstoßen und damit rechtsmissbräuchlich sein, wenn die Opfergrenze des Verpflichteten überschritten würde.[262]

c) Bei einem Verzicht auf sonstige nacheheliche Rechte

Im Einzelfall kann auch bei sonstigen Scheidungsfolgen das Bedürfnis nach einer Korrektur der von den Ehegatten getroffenen Vereinbarungen bestehen, dem mit einer Anwendung der Einrede des Rechtsmissbrauchs nachgekommen werden kann.[263] Es stellt sich beispielsweise die Frage, ob auch dem Verzicht auf den Versorgungsausgleich die Einwendung des Rechtsmissbrauchs entgegengehalten werden kann, wenn ein Ehegatte aufgrund der Kindesbetreuung an der Ausübung einer Erwerbstätigkeit gehindert war und deshalb keine eigenen Versorgungsanwartschaften erwerben konnte. Eine Übertragung der Rechtsprechung zum Verzicht auf den Betreuungsunterhalt wird jedoch allgemein für zweifelhaft gehalten, da das Wohl gemeinschaftlicher Kinder im allgemeinen nicht berührt werde, und eine Prognose der Bedürfnislage des verzichtenden Ehegatten im Rentenalter mit erheblichen Unsicherheiten behaftet sei.[264]

---

[260] OLG Hamm FamRZ 1986, 471 (472f).
[261] BGH NJW 1987, 2739 (2739). Ablehnend Erman-*Dieckmann* § 1585c Rn 20.
[262] Schwab-*Borth* Teil IV Rn 1272, 1275.
[263] MünchKomm-*Kanzleiter* § 1408 Rn 33.
[264] BGH FamRZ 1996, 1536 (1538f), wobei der vorliegende Fall nicht zu einer abschließenden Beantwortung dieser Frage nötige, da die Ehefrau noch jung und damit in der Lage sei, nach Scheitern der Ehe noch in erheblichem Umfange Versorgungsanwartschaften zu ihren bereits vorhandenen hinzuzuerwerben. Dazu aber kritisch *Büttner* FamRZ 1998, 1 (7): die Annahme, die Frau könne nach zehnjähriger Berufsunterbrechung die Versorgungsnachteile noch aufholen, widerspreche der Realität.
Siehe auch OLG Koblenz FamRZ 1986, 1220 (1221). Ebenso *Langenfeld* Handbuch Rn 29.

5. Zusammenfassung

Will sich ein Ehegatte von der an sich wirksam zustande gekommenen Vereinbarung wieder lösen, ergibt sich folgendes Bild.

Die Berechtigung zur Anfechtung wird an bestimmte Umstände bei Vertragsschluss geknüpft. Eine Anfechtung wird allerdings schon deshalb selten in Betracht kommen, weil in der Hauptzahl der Fälle weder ein Irrtum im Sinne des § 119 BGB noch ein eindeutiges Fehlverhalten einer Vertragspartei im Sinne des § 123 BGB vorliegen wird. Zur Ermöglichung eines Rücktritts kann ein entsprechender Rücktrittsvorbehalt in den Vertrag aufgenommen werden. Dies setzt aber voraus, dass sich die Ehegatten über eine mögliche Änderung ihrer Verhältnisse und die sich daraus ergebenden Konsequenzen bereits bei Vertragsschluss im Klaren waren. Für die Lösung über einen Aufhebungsvertrag müssen beide Vertragsparteien einverständlich die Aufhebung des ursprünglichen Vertrags wünschen. Bei Scheidung, wenn die Vereinbarung relevant wird, möchte jedoch der hierdurch Begünstigte regelmäßig am Vertrag festhalten.

Mit dem Institut des Wegfalls (oder der Störung) der Geschäftsgrundlage kann zwar auf veränderte Lebensumstände eingegangen werden, doch gestaltet sich der Nachweis der von den Parteien zugrunde gelegten Überlegungen schwierig, wenn eine ausdrückliche Dokumentation fehlt. Aufgrund der dogmatischen Beurteilung von Unterhaltsverzichten fällt ohnehin ein wichtiger Bereich der Scheidungsfolgenvereinbarung von vornherein aus dem Anwendungsbereich dieses Instituts.

Der Einwand der unzulässigen Rechtsausübung ist schließlich das letzte Mittel, um die Durchführung einer an sich wirksamen Vereinbarung zu verhindern. Er kommt vor allem im Bereich der Unterhaltsverzichte zur Anwendung, bei denen ein Wegfall oder eine Störung der Geschäftsgrundlage dogmatisch ausscheidet. Als klare Fallgruppe ist hier die Gefährdung des Kindeswohls anerkannt. In anderen Konstellationen wurde angesichts der besonderen Umstände des Einzelfalls aufgrund von Billigkeitserwägungen ebenfalls § 242 BGB angewendet.

Insgesamt kann festgestellt werden, dass den Eheleuten nur beschränkt die Möglichkeit gewährt wird, sich von einer Scheidungsfolgenvereinbarung wieder zu lösen, wenn diese keinen der oben dargestellten Unwirksamkeitsgründe erfüllt. Die rechtliche Reaktion auf veränderte Lebensverhältnisse der Eheleute wird hauptsächlich durch Billigkeitserwägungen (§ 242 BGB) bestimmt. Diese Billigkeitserwägungen stützen sich zur Zeit vor allem auf die Wahrung des Wohls gemeinsamer Kinder. Ansonsten handelt es sich weitgehend um Einzelfallentscheidungen.

B. Die Situation im englischen Recht

Im englischen Recht wird die rechtliche Beurteilung von Scheidungsfolgenvereinbarungen traditionell in sehr weitreichendem Umfang von der Rechtsprechung geprägt. Der Gesetzgeber hat gleichwohl bestimmte Aspekte einer gesetzlichen Regelung zugeführt. Die einschlägigen Vorschriften finden sich im Matrimonial Causes Act 1973.

I. Die Grenzen der Gestaltungsfreiheit

Die Gestaltungsfreiheit der Eheleute ist auch im englischen Recht im Hinblick auf die Regelung der Scheidungsfolgen von vornherein durch verschiedene Grundsätze beschränkt.

1. Formvorschriften

Vertragliche Vereinbarungen unter Ehegatten bedürfen im englischen Recht grundsätzlich keiner Form; sie können mündlich und schriftlich[265]oder sogar durch schlüssiges Verhalten geschlossen werden.[266] Hat die Scheidungsfolgenvereinbarung allerdings, etwa im Rahmen der Vermögensauseinandersetzung, ein Grundstücksgeschäft zum Inhalt, schreibt section 2 des Law of Property Act 1989 die Schriftform vor.[267]

2. Inhaltsverbote

Inhaltsverbote in dem Sinne, dass bestimmte vertragliche Scheidungsfolgenregelungen von vornherein ausgeschlossen sind,[268] kennt das englische Recht nicht. Den Eheleuten steht zunächst einmal offen, die Scheidungsfolgen nach ihrem Wunsch zu gestalten. Jedoch können die Eheleute in ihrer Vereinbarung die spätere gerichtliche Geltendmachung von nachehelichen Ansprüchen nicht wirksam ausschließen.[269] Dies erklärt auch den Verzicht auf die Festschreibung gesonderter Inhaltsverbote. Ferner wird unter dem Gesichtspunkt der „Rechtmäßigkeit" einer Vereinbarung diskutiert, inwiefern Vereinbarungen über die

---

[265] *Black/Bridge/Bond* S. 563; *Salter/Bruce* S. 14; *Miller* S. 319: wenngleich aus Beweisgründen eine schriftliche Vereinbarung empfohlen wird.
[266] *Black/Bridge/Bond* S. 563.
[267] *Salter/Bruce* S. 14; *Cretney/Masson* S. 150; *Miller* S. 319. Diese Schriftform gilt generell für Grundstücksgeschäfte und hängt nicht mit der Natur der Scheidungsfolgenvereinbarung zusammen.
[268] Wie dies im deutschen Recht etwa durch § 1587o Abs.1 S.2 BGB der Fall ist.
[269] Siehe dazu im 2.Teil B.I.4.

Folgen einer zukünftigen Trennung der Ehegatten zulässig und bestandskräftig sind.[270]

3. Vorsorgende Verträge

Es ist durchaus nicht selten, dass die Eheleute bereits vor der Eheschließung oder während intakter Ehe eine vorsorgende Vereinbarung über die Folgen einer eventuellen späteren Scheidung treffen möchten. Dies ist jedoch bislang im englischen Recht nur eingeschränkt möglich.

a) Die Haltung der Rechtsprechung

Die frühere englische Rechtsprechung hat generell Verträge dieser Art nicht zugelassen.[271] Als Begründung wurde angeführt, dass eine Vereinbarung über die Folgen einer erst zukünftigen Trennung gegen die guten Sitten verstoße und damit nichtig sei, da das „Band der Ehe“ ansonsten geschwächt und das Scheitern der Ehe begünstigt werde.[272] Eine Vereinbarung sollte lediglich hinsichtlich einer *sofortigen* Trennung der Ehegatten möglich sein.[273]
In Entscheidungen aus jüngerer Zeit lässt sich allerdings eine neue Herangehensweise der Rechtsprechung erkennen. Überwiegend werden vorehelich getroffene Scheidungsfolgenvereinbarungen nunmehr zu den Umständen gezählt, die das Gericht im Rahmen der section 25 MCA 1973[274] bei seiner Entscheidung über die finanziellen Folgen der Scheidung zu berücksichtigen hat.[275] Es bleibt allerdings dabei, dass Vereinbarungen dieser Art nicht vollstreckt werden können.[276] Zu beachten ist allerdings, dass die Eheleute in den genannten jüngeren

---

[270] Dazu siehe im 2.Teil B.I.3.

[271] *Wilson* v *Wilson* [1848] 9 ER 870 (881, 884): Diese Feststellung war jedoch im konkreten Fall nicht weiter relevant, da die Parteien bei Vertragsschluss bereits getrennt lebten. Vergleiche ferner *Lurie* v *Lurie* [1938] 3 All ER 156 (163).

[272] *Lurie* v *Lurie* [1938] 3 All ER 156, Crossman J (164).

[273] *Black/Bridge/Bond* S. 563; *Lowe/Douglas* S. 750

[274] Zu dieser, das englische Scheidungsfolgenrecht entscheidend prägenden Ermessensnorm siehe bereits die Ausführungen im 1. Teil A.II.1.

[275] *Sabbagh* v *Sabbagh* [1985] FLR 29, Balcombe J (37); *S* v *S* [1997] 2 FLR 100, Wilson J (102); *N* v *N* [1997] 1 FLR 900, Cazalet J (913); *N* v *N* [1999] 2 FLR 745, Wall J (752).
Abweichend nur *F* v *F* [1995] 2 FLR 45, Thorpe J (66). Es handelte sich um ein Ehepaar deutschen Ursprungs, das sich in England niedergelassen hatte. Der Ehemann war sehr vermögend. Es kam zur Scheidung und infolgedessen zu einem Streit über deren finanzielle Folgen. Der Ehemann berief sich auf voreheliche Verträge, die in Deutschland geschlossen worden waren und die Ansprüche der Ehefrau für den Fall der Scheidung auf eine bestimmte Summe beschränkten (nämlich auf die „Pension eines deutschen Richters“). Thorpe J hält diese Vereinbarung für „ridiculous“ und insgesamt für unwirksam.

[276] *N* v *N* [1999] 2 FLR 745, Wall J (752): „An agreement made prior to marriage which contemplates the steps the parties will take in the event of divorce or separation is perceived

Entscheidungen durchweg nicht aus England, sondern aus Ländern stammten, in denen die Zulässigkeit vorehelicher Vereinbarungen ausdrücklich anerkannt ist. Obwohl die Gerichte nach englischem Recht entschieden haben, wurde diese Tatsache berücksichtigt. Dennoch kann diesen Entscheidungen eine Entwicklung entnommen werden, die darauf hindeutet, dass die Berücksichtigung vorehelicher Vereinbarungen im Rahmen der section 25 MCA 1973 mittlerweile nicht nur bei ausländischen Ehen zur gefestigten Rechtsprechung gehört.[277]

Es fällt auf, dass die Rechtsprechung sich in jüngerer Zeit nur mit *vor* der Ehe geschlossenen vorsorgenden Verträgen zu beschäftigen hatte. Dies könnte mit der in section 34 MCA 1973 enthaltenen Regelung zusammenhängen. In section 34 (2) MCA 1973 haben sogenannte „maintenance agreements“ eine gesetzliche Regelung erfahren. Danach ist unter einem „maintenance agreement“ folgendes zu verstehen: „... *„maintenance agreement“* means any agreement in writing made, ..., between the parties to a marriage, being – (a) an agreement containing financial arrangements, whether made during the continuance or after the dissolution or annulment of the marriage...“ Der Begriff des „financial arrangement“ ist ebenfalls im Gesetz definiert: „... *„financial arrangements“* means provisions governing the rights and liabilities towards one another when living separately of the parties to a marriage (including a marriage which has been dissolved or annulled) in respect of the making or securing of payments or the disposition or use of any property, including such rights and liabilities with respect to the maintenance or education of any child, whether or not a child of the family.“ Umfasst werden also schriftliche Vereinbarungen, die von den Ehegatten einer noch bestehenden oder bereits aufgelösten Ehe zur Regelung der bei einer Trennung oder Scheidung entstehenden Verpflichtungen und Ansprüche geschlossen werden. Gegenstand eines „maintenance agreement“ können nicht nur Unterhaltsabreden, sondern auch Vereinbarungen über die Vermögensauseinandersetzung sein.[278] Durch section 34 (2) MCA 1973 wird anerkannt, dass auch bereits während noch bestehender Ehe eine vertragliche Regelung über die Scheidungsfolgen getroffen werden kann. Die Vorschrift enthält allerdings kein ausdrückliches Verbot solcher Vereinbarungen, die zu einem Zeitpunkt abgeschlossen wurden, als die tatsächliche Trennung noch gar nicht absehbar war. Daraus wird teilweise der Schluss gezogen, auch eine *während* der Ehe vorsorgend gefundene Vertragslösung werde vom Gesetz anerkannt.[279]

---

as being contrary to public policy because it undermines the concept of marriage as a life-long union.“ Dieser Aussage schließt sich Wall J an. Gleichwohl sei eine solche Abrede im Rahmen der section 25 MCA 1973 von Bedeutung, wenn das Gericht sich mit den finanziellen Folgen einer Scheidung zu beschäftigen habe.

[277] so auch *Leadercramer* [2000] Fam Law 359 (361).

[278] *Cretney/Masson* S. 99.

[279] *Weyland* [1985] Fam Law 110 (111).

Im Hinblick auf *voreheliche* Scheidungsfolgenvereinbarungen ist es in den neunziger Jahren zu Reformbestrebungen der englischen Regierung gekommen. Die Vorschläge der Regierung haben eine ausführliche Diskussion ausgelöst, wobei die ablehnenden Stimmen deutlich dominieren.

b) Der Reformvorschlag der Regierung

Die englische Regierung hat im November 1998 ein Papier mit dem Titel „Supporting Families" veröffentlicht.[280] Darin vertritt die englische Regierung die Auffassung, alle Scheidungsfolgenvereinbarungen sollten künftig im Gegensatz zur bisherigen Haltung der Rechtsprechung grundsätzlich rechtlich bindend sein. Dies soll unabhängig vom Zeitpunkt des Vertragsschlusses, also auch für voreheliche Verträge, gelten. Die Interessen der ökonomisch schwächeren Vertragspartei sowie die Interessen der gemeinsamen Kinder sollen dabei durch sechs Grundsätze geschützt werden. Sobald einer dieser Punkte eingreift, soll die getroffene Vereinbarung im Fall der Scheidung *ausnahmsweise* nicht bindend sein. Diese Ausnahmen (sog. „safeguards") sind im Einzelnen: (1) Es sind Kinder aus der Ehe zum Zeitpunkt der Scheidung vorhanden, gleichgültig ob sie bei Vertragsschluss schon geboren oder gezeugt waren. (2) Die Vereinbarung entspricht nicht dem allgemeinen Vertragsrecht.[281] (3) Eine oder beide Parteien haben vor der Unterzeichnung des Vertrages keine unabhängige rechtliche Beratung erhalten. (4) Die Vollstreckung der getroffenen Abrede bedeutet nach Auffassung des Gerichts eine erhebliche Ungerechtigkeit für einen oder beide Ehegatten oder ein Kind aus der Ehe („significant injustice"). (5) Es wurde von einem oder von beiden Ehegatten die vollständige Offenlegung der jeweiligen Vermögensverhältnisse vor Vertragsschluss versäumt. (6) Die Vereinbarung wurde weniger als 21 Tage vor der Heirat geschlossen. Mit Hilfe der letztgenannten Regelung soll verhindert werden, dass kurz vor den Hochzeitsfeierlichkeiten noch Druck in Richtung auf den Abschluss eines Vertrages ausgeübt wird.

Mit diesem Vorstoß in Richtung auf eine größere Selbstbestimmung der Ehegatten bezweckt die Regierung, bei Scheitern der Ehe die Anzahl der Konflikte und der darauf beruhenden Prozesse zu verringern. Dies hätte auch eine Reduzierung der Prozeßkosten zur Folge, die immerhin zum Teil zu Lasten der Allgemeinheit gingen. Die Anerkennung einer Bindungswirkung würde daneben zu einer größeren Rechtssicherheit hinsichtlich der zukünftigen Vermögensverhält-

[280] Siehe [1998] Fam Law 721, 781.

[281] Auch für Scheidungsfolgenvereinbarungen gelten die allgemeinen Anforderungen des englischen Vertragsrechts. So sind für den Vertragsschluss übereinstimmende Willenserklärungen sowie ein Rechtsbindungswille der Parteien erforderlich. Daneben muss der Vertrag eine Gegenleistung des Begünstigten („consideration") enthalten oder als „deed under seal" abgeschlossen werden. Vergleiche hierzu nur *Salter/Bruce* S.12; *Cretney/Masson* S. 96.

nisse führen und damit einen Anreiz zur Heirat im Gegensatz zur Aufnahme einer nichtehelichen Lebensgemeinschaft bieten.

c) Die Reaktion auf den Reformvorschlag

Die Position der englischen Regierung ist allerdings auf entschiedene Ablehnung gestoßen. Die dabei vorgebrachten Bedenken stützen sich im Wesentlichen auf die folgenden Gesichtspunkte. Befürchtet wird neben der Gefährdung der Ehe als Institution auch die Destabilisierung konkreter Ehen.[282] Angesichts der besonderen emotionalen Beziehung zwischen den (zukünftigen) Ehegatten bestehe zudem das Risiko, dass rechtlicher Rat nicht hinreichend berücksichtigt werde und daher unvernünftige und wirtschaftlich nachteilige Abreden getroffen würden.[283] Weiter soll gegen die rechtliche Bindungswirkung von vorsorgenden Verträgen sprechen, dass sich spätere Veränderungen in den Lebensverhältnissen der Eheleute nur schwer bei der Vertragsgestaltung berücksichtigen lassen.[284] Außerdem sei von verbindlichen vorsorgenden Verträgen keine Verbesserung der Situation im Scheidungsverfahren zu erwarten. Ein Ehepaar sei ja bei Scheidung meistens bereits unversöhnlich zerstritten und die Anerkennung von Vereinbarungen, die Jahre vor der Trennung abgeschlossen worden seien, würde gerade neues Konfliktpotential bieten.[285] Schließlich werden die von der Regierung vorgesehen „safeguards" kritisiert. So wird der Begriff „significant injustice" für zu vage gehalten. Dies werde zu einer Flut von Prozessen immer dann führen, wenn sich für eine Partei der Ausgang der Scheidung aufgrund der vor der Scheidung getroffenen Vereinbarung als finanziell ungünstig herausstelle.[286] Die Ausnahme zum Schutz der Kinder könne dazu führen, dass

[282] Judges of the Family Division [1999] Fam Law 159 (162). Es handelt sich dabei um die Stellungnahme aus Juli 1998. Ferner für die SFLA *Hodson* in [1999] Fam Law 265 (266).

[283] Judges of the Family Division [1999] Fam Law 159 (162). Vergleiche ferner für die SFLA *Hodson* in [1999] Fam Law 265 (266). Er äußert Bedenken hinsichtlich des Verhandlungsgleichgewichts zwischen den Ehegatten.

[284] Für die SFLA *Hodson* in [1999] Fam Law 265 (266); *Eekelaar* [1998] Fam Law 469 (471).

[285] *Eekelaar* [1998] Fam Law 469 (471). Siehe ferner *Milligan* [1999] Fam Law 483 (484): Nach seiner Erfahrung könne man die Mandanten einer Scheidungssache grob in zwei Kategorien einteilen. Da seien zum einen diejenigen, die eine freundschaftliche Lösung anstrebten. Für sie könne ein vorehelicher Vertrag zwar hilfreich sein; eine Lösung der finanziellen Fragen könne jedoch auch in relativ kurzer Zeit anlässlich der konkreten Scheidungssituation gefunden werden. Zum anderen gebe es die Gruppe der verbitterten, ungerecht behandelten und rachsüchtigen Ehegatten, die in jedem Fall die Scheidungsfolgen vor Gericht verhandelt haben möchten. Dann führe die Existenz eines vorehelichen Vertrages über die Scheidungsfolgen nur zu einer Bereicherung des gerichtlichen Konfliktstoffs.

[286] Für die SFLA*Hodson* in [1999] Fam Law 265 (266). Ebenso *Hooker* in [2001] Fam Law 56 (57). Er hält die Formulierung für zu vage: „This would elicit precisely the protracted litigation that is so destructive and that the Government wisely wants to prevent."

Personen mit Kindern lieber unverheiratet bleiben und kinderlose Paare keine Kinder bekommen wollen.[287] Anstelle einer Anerkennung der Bindungswirkung wird eine Reform der section 25 MCA 1973 in der Form favorisiert, dass die Berücksichtigung von zwischen Ehegatten geschlossenen Verträgen ausdrücklich als ein Faktor in section 25 MCA 1973 festgeschrieben wird.[288] Damit würde die gegenwärtig durch die Rechtsprechung praktizierte Herangehensweise explizit in das Gesetz aufgenommen werden. Jedenfalls wird auf das Bedürfnis weiterer Diskussionen hingewiesen und vor übereilten Reformen gewarnt.[289] Insgesamt wird festgestellt: „Pre-marital contracts, whether binding or merely influential, will never be a general panacea."[290]

Es sind jedoch ebenfalls, wenn auch noch zögernd, zustimmende Stimmen zu verzeichnen: „Planning can promote an egalitarian relationship, allow for privacy and freedom in relationships, clarify expectations, preclude potentially disastrous mismatches, und lay down mechanisms for solving problems."[291] „Making prenuptial agreements enforceable in certain carefully safeguarded cases is the mark of a tolerant society at ease with itself and secure that its institutions such as marriage are strengthened not weakened, by offering couples choices."[292] Die mit dem Vorstoß der Regierung einhergehende Verstärkung der Selbstbestimmung zwischen den Eheleuten wird also durchaus begrüßt.[293] Der Vorschlag der Regierung würde zudem zu einem Gewinn an Rechtssicherheit führen.[294] Ferner könne das Recht logisch nicht dauerhaft zwischen vorsorgenden Verträgen und Scheidungsvereinbarungen unterscheiden, wobei letztere schon jetzt als bindend anerkannt werden.[295] Schließlich sei die Stärkung des gerichtlichen Ermessensspielraums durch die Anwendung der section 25 MCA 1973 nicht mehr zeitgemäß, da er ursprünglich zum Schutze der unterdrückten

287 *Hooker* [2001] Fam Law 56 (57).

288 Judges of the Family Division [1999] Fam Law 159 (162); *Hodson* [1999] Fam Law 265 (266).

289 Judges of the Family Division [1999] Fam Law 159 (162); *Hodson* für die SFLA [1999] Fam Law 265 (266); *Eekelaar* [1998] Fam Law 469 (471); *Hooker* [2001] Fam Law 56 (58).

290 *Barton* [1998] Fam Law 423 (424).

291 *Barton* [1998] Fam Law 423 (423).

292 *Leadercramer* [2000] Fam Law 359 (360).

293 *Barton* [1998] Fam Law 423 (423f); Judges of the Family Division [1999] Fam Law 159 (162). Vergleiche ferner *Leadercramer* [2000] Fam Law 359 (360).

294 *Leadercramer* [2000] Fam Law 359 (360). Dies wird auch von *Barton* so gesehen ([1998] Fam Law 423 (423f)).

295 Judges of the Family Division in [1999] Fam Law 159 (162): „Thus the nuptial agreement, surveyed over all, is likely to be entered into at one of three moments of extreme emotional susceptibility, namely just prior to marriage or to post-marital reconciliation or soon after final breakdown."

Ehefrau entwickelt worden sei.[296] Der Gedanke einer Bindungswirkung vorehelicher Verträge könne auch angesichts der gesellschaftlichen Veränderungen breitere Akzeptanz finden.[297]

4. Verzichte

Ein wirksamer Verzicht auf nacheheliche Ansprüche ist im englischen Recht im Rahmen einer Scheidungsfolgenvereinbarung nicht zulässig.

a) Die Entscheidung *Hyman* v *Hyman*

Der Bereich der Verzichtsvereinbarungen wird immer noch von der Grundsatzentscheidung *Hyman* v *Hyman* des House of Lords geprägt.[298] Der Ehemann hatte sich in einer Trennungsvereinbarung verpflichtet, an seine Ehefrau bestimmte Zahlungen zu leisten. Die Ehefrau verpflichtete sich hingegen, keine weitergehenden Ansprüche geltend zu machen. Der Ehemann erfüllte im folgenden seine Verpflichtungen. Siebzehn Jahre später kommt es zum Scheidungsverfahren, in dem die Ehefrau bei Gericht einen Antrag auf Festlegung des nachehelichen Unterhalts stellt.
Nach Auffassung des House of Lords wird die Ehefrau durch ihr Versprechen nicht gebunden, so dass es ihr freisteht, sich zwecks Festsetzung eines höheren Unterhalts an das Gericht zu wenden. Diese Herangehensweise stellt eine Besonderheit im „family law" dar, während beispielsweise im „commercial law" der Vertragsfreiheit der Vorrang eingeräumt wird.[299] Das in *Hyman* aufgestellte Prinzip erlangt Geltung ebenso für Vereinbarungen, die anläßlich des Scheidungsprozesses getroffen werden.[300] In jedem Fall kann das Recht auf eine Anrufung des Gerichts nicht vertraglich abbedungen werden. Zur Begründung führt das House of Lords an, unter Eheleuten getroffene Vereinbarungen berührten nicht nur deren private Interessen, sondern ebenso das öffentliche Interesse.[301] Es sei ein öffentliches Anliegen, dass nicht die öffentliche Hand (und damit die Allgemeinheit) infolge der getroffenen Vereinbarung mit der Unterstützung be-

---

[296] Judges of the Family Division in [1999] Fam Law 159 (163). Zum gerichtlichen Ermessen siehe auch *Harcus* [1997] Fam Law 669 (669): „With the substantially increased range of powers available to it from 1965 onwards, the court has continued to guard this discretion jealously."
[297] *Leadercramer* [2000] Fam Law 359 (360): hier ist die Entwicklung weg von der Ehe hin zu einer nichtehelichen Lebensgemeinschaft zu nennen. Zudem fordern die Ehegatten mehr eigene Kontrolle über ihr Leben.
[298] *Hyman* v *Hyman* [1929] AC 601.
[299] *Wöhlermann* S. 38f.
[300] *Miller* S. 359: „Such agreements are now likely to be more important than the traditional separation or maintenance agreement."
[301] *Hyman* v *Hyman* [1929] AC 601, Lord Hailsham (608, 614).

dürftiger Ehegatten belastet werde.[302] Daher seien die Gerichte weiterhin aufgerufen, dafür Sorge zu tragen, dass der unterhaltspflichtige Ehegatte seine Verbindlichkeiten in ausreichendem Maße erfülle. Um dies zu gewährleisten, könne durch einen Vertrag der Weg zum Gericht nicht ausgeschlossen werden. Daraus ergibt sich, dass die Eheleute stets das Gericht zwecks Entscheidung über die nachehelichen Ansprüche anrufen können („ancillary relief"). Inwiefern die getroffene Scheidungsfolgenvereinbarung dabei gegebenenfalls die Entscheidung des Gerichts beeinflusst, wird unter B.II.1. erläutert.

b) Gesetzliche Normierung des *Hyman* - Prinzips

Die in *Hyman* v *Hyman* aufgestellte Regel ist schließlich für die bereits angesprochenen „maintenance agreements" in section 34 (1) MCA 1973 auch gesetzlich festgeschrieben worden. Nach section 34 (1) (*a*) MCA 1973 wird jedoch nur die Klausel über den Verzicht auf die gerichtliche Geltendmachung von Ansprüchen für nichtig erklärt. Die restlichen in der Vereinbarung getroffenen Abreden sollen hingegen nach section 34 (1) (*b*) MCA 1973 ausdrücklich wirksam sein, sofern nicht ein anderer Nichtigkeitsgrund besteht. Damit bleibt beispielsweise die vom Ehemann vertraglich übernommene Verpflichtung, der Ehefrau in bestimmtem Umfange Unterhalt zu leisten, wirksam, und die Ehefrau kann direkt aus der Vereinbarung auf Erfüllung klagen.[303]
Im Hinblick auf die finanzielle Absicherung gemeinsamer Kinder ist in section 9 (4), (4) Child Support Act 1991 festgelegt worden, dass durch eine Vereinbarung der Eheleute die Entscheidungsbefugnis der Child Support Agency über die Verpflichtung zur Zahlung von Kindesunterhalt in keinem Fall ausgeschlossen werden kann.[304]

5. Das „consent order"

Treffen die Eheleute im Rahmen des Scheidungsverfahrens eine Vereinbarung über die Scheidungsfolgen, besteht die Möglichkeit, diese in ein gerichtliches Urteil aufzunehmen („consent order"). Die Figur des „consent order" hat, sofern Gegenstand des Urteils die scheidungsbedingte Vermögensauseinandersetzung ist, in section 33A MCA 1973 eine Legaldefinition erfahren. Nach section 33A (1),(3) MCA 1973 ist unter einem „consent order" ein auf Antrag eines Ehegat-

---

[302] *Hyman* v *Hyman* [1929] AC 601, Lord Hailsham (608), Lord Atkin (629).
[303] Handelt es sich hingegen bei der Scheidungsfolgenvereinbarung, etwa weil sie nur mündlich geschlossen wurde, ausnahmsweise nicht um ein „maintenance agreement", sind regelmäßig auch die sonstigen Abreden nichtig. Vergleiche hierzu *Bennett* v *Bennett* [1952] 1 All ER 413 und *Sutton* v *Sutton* [1984] 1 All ER 168.
[304] *Salter/Bruce* S. 117ff; *Duckworth* S. 191.

ten zu erlassendes Urteil zu verstehen, das die von den Parteien im Hinblick auf die Scheidungsfolgen gefundene Einigung enthält.[305]

a) Die Vorteile eines „consent order"

Der Vorteil dieses Vorgehens besteht darin, dass aus dem „consent order" dann direkt vollstreckt werden kann, so dass es auf die zugrundeliegende Vereinbarung nicht mehr ankommt.[306] Bei einer bloß vertraglichen Vereinbarung ist hingegen zur Durchsetzung des Anspruchs gegebenenfalls noch die gerichtliche Geltendmachung erforderlich.[307] Zudem können bei einem „consent order" die (zum Teil enormen) Kosten eines streitigen Verfahrens vermieden werden.[308] Ein „consent order" bietet ferner ein weitaus größeres Maß an Rechtssicherheit,[309] da aufgrund der Beteiligung des Gerichts eine Aufhebung oder Abänderung nicht in dem Maße wie bei einer einfachen Vereinbarung möglich ist. Angesichts dieser Vorteile erstaunt es nicht, dass die sog. „settlement culture" als Lösungsmöglichkeit propagiert wird und in der Scheidungsauseinandersetzung immer größeres Gewicht erlangt.[310] Hier wird ein Weg für die Zukunft der Scheidungsfolgenvereinbarung gesehen, so dass auf diese Rechtsfigur näher einzugehen ist.

b) Die Rolle des Gerichts

Nach section 33A (1) MCA 1973 soll das Gericht die von den Ehegatten vorgelegte Vereinbarung in das Urteil aufnehmen, solange nicht besondere Umstände eine eingehendere Prüfung erfordern.[311] Diese Vorschrift wird so verstanden, dass die Gerichte immer auch die Faktoren der section 25 MCA 1973 zu beachten und die getroffene Vereinbarung auf die hinreichende Beachtung der in sec-

---

[305] Section 33A (3) MCA 1973: „In this section - „consent order", in relation to an application for an order, means an order in the terms applied for to which the respondent agrees."

[306] *de Lasala* v *de Lasala* [1980] AC 546, Lord Diplock (560). Vergleiche auch *Duckworth* S. 324; *Salter/Bruce* S. 8: „...enforcement of a consent order involves invoking the enforcement weaponry of the court on the order already in existence."

[307] *Miller* S. 362.

[308] *Black/Bridge/Bond* S. 227.

[309] *Duckworth* S. 324; *Salter/Bruce* S. 8: „By far the greatest advantage of a consent order made on divorce is its power to achieve complete finality."

[310] Vgl. *Cretney/Masson* S. 397, 399. Dies zeigt sich auch in den detaillierten Hinweisen für Praktiker, die sich in den Lehrbüchern zu diesem Bereich finden; vergleiche nur *Salter/Bruce* S. 67ff; *Burrows* S. 115ff; *Burton* S. 321ff.

[311] Section 33A (1) MCA 1973: „Notwithstanding anything in the preceding provisions of this Part of this Act, on an application for a consent order for financial relief the court may, unless it has reason to think that there are other circumstances into which it ought to inquire, make an order in the terms agreed on the basis only of the prescribed information furnished with the application."

tion 25 MCA 1973 aufgeführten Umstände zu überprüfen haben.[312] Dies führt zu der problematischen Frage, welche Rolle den Gerichten im Verfahren vor Erlass eines „consent order“ zufallen soll. Weder eine ausgesprochen detaillierte noch eine lediglich oberflächliche Beschäftigung mit der von den Ehegatten erzielten Einigung würde den Normzweck der section 33A MCA 1973 erfüllen. Treffend wurde dieser Konflikt in *B-T* v *B-T* beschrieben: „...whilst the court is no rubber stamp nor is it some kind of forensic ferret“.[313] So kann ein Einschreiten des Gerichts beispielsweise dann geboten sein, wenn das Kindeswohl von den Ehegatten nicht hinreichend berücksichtigt worden ist,[314] oder die Interessen der Öffentlichkeit aufgrund einer infolge der Vereinbarung drohenden Sozialhilfebedürftigkeit berührt sind.[315] Das Gericht ist für seine Beurteilung der konkreten Vereinbarung in jedem Fall auf die von den Parteien vorgebrachten Informationen angewiesen. Dies führt zu der weitergehenden Frage, inwieweit die Ehegatten die Verpflichtung trifft, ihre Vermögensverhältnisse offen zu legen.

d) Pflicht zur Offenlegung aller relevanten Umstände („full and frank disclosure“)

In der Entscheidung *Livesey* v *Jenkins* ist durch das House of Lords einstimmig der Grundsatz aufgestellt worden, dass die Ehegatten vor dem Erlaß eines „consent order“ zur vollständigen Offenlegung ihrer jeweiligen Verhältnisse verpflichtet sind („duty of full and frank disclosure“).[316] Die Pflicht zur Offenlegung aller relevanten Gegebenheiten ist nicht etwa mit der Vorlage der Unterlagen zu Beginn des gerichtlichen Verfahrens erfüllt, sondern dauert bis zum Erlass des „consent order“ fort.[317] Dieser Entscheidung lag folgender Sachverhalt zu Grunde: Die Eheleute, beide rechtlich beraten, hatten auf der Grundlage der von ihnen nach der Scheidung getroffenen Vereinbarung ein „consent order“ erlangt. Danach verpflichtete sich der Ehemann, sein hälftiges Eigentum am Familienheim auf die Ehefrau zu übertragen, um ihr und den gemeinsamen Kindern so eine Unterkunft zu sichern. Die Ehefrau hatte vor Erlass des „consent order“ weder ihren Rechtsanwälten noch ihrem Ehemann offen gelegt, dass sie sich verlobt hatte. Nach ihrer Wiederverheiratung suchte sie das Familienheim zu verkaufen. Der Ehemann verlangte daher erfolgreich die gerichtliche Aufhebung des „consent order“. Die Eheleute trifft die Pflicht, ihre jeweiligen Verhältnisse gegenüber dem Gericht, aber auch gegenüber den beratenden Rechtsanwälten und der anderen Partei offen zu legen. Zur Begründung führt Lord

[312] *Lowe/Douglas* S. 803; *Salter/Bruce* S. 61.
[313] *B-T* v *B-T* [1990] 2 FLR 1, Waite LJ (17)
[314] *Salter/Bruce* S. 61.
[315] *Salter/Bruce* S. 63: etwa bei einem Unterhaltsverzicht.
[316] *Livesey* v *Jenkins* [1985] 1 All ER 106.
[317] *Livesey* v *Jenkins* [1985] 1 All ER 106, Lord Brandon (113).

Brandon an, dass eine Beachtung der in section 25 MCA 1973 genannten Faktoren durch das Gericht eine vollständige Darlegung der entsprechenden Fakten durch die Ehegatten erfordere. Dies gelte für streitige Verfahren ebenso wie für Verfahren, die auf Erlass eines „consent order" gerichtet sind.[318] Im konkreten Fall sei die Verlobung der Ehefrau ein im Rahmen der section 25 MCA 1973 zu berücksichtigender Umstand gewesen, so dass sie gegen die ihr obliegende Informationspflicht verstoßen habe. Bei einem Verstoß gegen diese Verpflichtung kann das Versäumnis zu einer Aufhebung des „consent order" führen. Eine Aufhebung kommt allerdings nicht bei jedem Verstoß in Betracht.[319]

6. Zusammenfassung

Bei der Handhabung von Scheidungsfolgenvereinbarungen sind im englischen Recht einige Auffälligkeiten zu bemerken. Auf der einen Seite sind weder besondere Formvorschriften noch bestimmte Inhaltsverbote vorgesehen. Auf der anderen Seite wird vorsorgenden Verträgen von der Rechtsprechung jegliche Bindungswirkung abgesprochen, so dass auf Grundlage dieser Verträge nicht vollstreckt werden kann. Gegenwärtig ist eine solche Vereinbarung lediglich ein im Rahmen der section 25 MCA 1973 zu berücksichtigender Faktor. Damit behält das Gericht in der Konsequenz seinen Ermessensspielraum im Hinblick auf die Festlegung der Scheidungsfolgen bei. In dieser Weise wird recht massiv in die Vertragsfreiheit zwischen Eheleuten eingegriffen. Zwar sind Bestrebungen der englischen Regierung hin zu einer Anerkennung der rechtlichen Bindungskraft zu verzeichnen; diese stoßen allerdings weiterhin auf heftige Ablehnung. Interessant ist ferner, dass Verzichtserklärungen jede rechtliche Wirkung abgesprochen wird. Ein Verzicht auf nacheheliche Ansprüche ist unzulässig, so dass es den Eheleuten offen steht, trotz eines erklärten Verzichts die Gerichte zwecks einer Entscheidung über die nachehelichen Ansprüche anzurufen. Dieser ursprünglich von der Rechtsprechung entwickelte Grundsatz hat in section 34 (1) MCA 1973 Niederschlag im Gesetz gefunden. Ein möglicher Weg wird in der verstärkten Aufnahme von Scheidungsfolgenvereinbarungen in sog. „consent orders" und damit auch hier wieder in einer Kontrolle durch die Gerichte gesehen. Insgesamt kann im englischen Recht eine herausragende Bedeutung der Gerichte bei der Regelung der Scheidungsfolgen festgestellt werden. Es ist den Gerichten hier ein weiter Ermessensspielraum überlassen worden. Eine autonome Regelung der Scheidungsfolgen durch die Eheleute ist daher nur sehr begrenzt möglich.

---

[318] *Livesey* v *Jenkins* [1985] 1 All ER 106 (114).
[319] Vergleiche die Warnung vor einer zu leichtfertigen Aufhebung von „consent orders" durch Lord Brandon in *Livesey* v *Jenkins* [1985] 1 All ER 106 (119).

II. Die Rolle der Gerichte

Angesichts des bereits angesprochenen Ermessensspielraums der Gerichte ist es angezeigt, deren Rolle genauer zu untersuchen. Von Interesse ist hier vor allem, in welcher Weise die Gerichtspraxis von dem ihr zugestandenen Spielraum Gebrauch macht. Eine gerichtliche Beschäftigung mit einer Scheidungsfolgenvereinbarung kann infolge eines Antrags auf gerichtliche Festsetzung der Scheidungsfolgen („ancillary relief") oder im Zuge eines Begehrens auf Aufhebung („setting aside") oder Abänderung („variation") der Vereinbarung erforderlich sein.

Eine Vielzahl von Entscheidungen beschäftigt sich mit der gerichtlichen Überprüfung von Scheidungsfolgenvereinbarungen, wobei die hinsichtlich der verschiedenen Konstellationen aufgestellten Abgrenzungskriterien von der Rechtsprechung selbst nicht streng eingehalten werden. Dies hat dazu geführt, daß eine Einordnung auch den englischen Juristen schwerfällt: „It is generally recognized that the area of maintenance agreements and consent orders is still to a great extent in a state of confusion, particularly in view of what has been described as „the jungle of cases" and the „bewildering variety of methods" by which agreements and orders may be set aside."[320] Es wird trotzdem im Folgenden der Versuch unternommen, die im englischen Recht bekannten Möglichkeiten in einer systematischen Weise darzustellen.

1. Antrag auf gerichtliche Festsetzung der Scheidungsfolgen ("ancillary relief")

Die gerichtliche Geltendmachung von nachehelichen Ansprüchen kann nicht vertraglich ausgeschlossen werden. Es steht also den Ehegatten trotz der getroffenen Vereinbarung frei, sich in der gleichen Weise an die Gerichte zu wenden, wie wenn zwischen ihnen keine Abrede vorhanden wäre. Sie können damit im Scheidungsverfahren bei Gericht einen Antrag auf Festsetzung der Scheidungsfolgen stellen (sog. „ancillary relief"). Die einschlägigen Normen sind dabei section 22A MCA 1973 („financial provision orders") und section 23A MCA 1973 („property adjustment orders"). Fraglich ist jedoch, ob und gegebenenfalls in welcher Weise die von den Ehegatten getroffene Vereinbarung bei Erlass des Urteils durch die Gerichte berücksichtigt wird.

a) Die Entscheidung *Edgar* v *Edgar*

Die leitende Entscheidung hierzu ist die des Court of Appeal in *Edgar* v *Edgar*.[321] Ihr lag folgender Sachverhalt zu Grunde: Die Ehefrau hatte mit ihrem Mann eine Trennungsvereinbarung geschlossen, nach der sich der sehr vermö-

[320] Vergleiche *Weyland* [1985] Fam Law 110 (110).
[321] *Edgar* v *Edgar* [1980] 3 All ER 887.

gende Mann verpflichtete, bestimmte finanzielle Vorkehrungen für seine Frau zu treffen. Daraufhin verpflichtete sie sich, keine weiteren Ansprüche in dem folgenden Scheidungsverfahren gegen ihn geltend zu machen. Ihre Rechtsanwälte hatten der Ehefrau zuvor geraten, diese Vereinbarung nicht abzuschließen, da sie vor Gericht höhere Ansprüche durchsetzen könnte. Der Ehemann hatte bei Vertragsschluss keinerlei Druck auf seine Frau ausgeübt und erfüllte im Folgenden seine Verpflichtungen. Die Ehefrau stellte im Rahmen des Scheidungsverfahrens bei Gericht einen Antrag auf Festsetzung einer Abfindungssumme („lump sum order").

Der Court of Appeal hat den Antrag der Ehefrau abgewiesen und damit die von den Ehegatten getroffene Trennungsvereinbarung aufrechterhalten. Er stellt zunächst fest, dass der in *Hyman* v *Hyman* aufgestellte Grundsatz weiterhin anzuwenden und die Ehefrau deshalb ungeachtet der mit ihrem Ehemann getroffenen Vereinbarung berechtigt ist, ihre Ansprüche im Rahmen des Scheidungsverfahrens vor Gericht geltend zu machen.[322] Es stellt sich *dann* jedoch die Frage, ob und gegebenenfalls in welchem Umfange das Gericht durch die Existenz der Vereinbarung in seiner Entscheidung bestimmt wird. Bereits in *Hyman* hat Lord Hailsham darauf hingewiesen, dass die getroffene Vereinbarung bei der Entscheidung des Gerichts sehr wohl zu berücksichtigen ist.[323] Nach heute geltendem Recht schreibt section 25 MCA 1973 die Pflicht des Gerichts fest, vor einer die Scheidungsfolgen betreffenden Entscheidung alle relevanten Umstände des konkreten Falls zu berücksichtigen. Nach Auffassung des Court of Appeal ist eine zwischen den Ehegatten getroffene Vereinbarung ein im Sinne der section 25 MCA 1973 relevanter Faktor.[324]

Welches Gewicht der Vereinbarung allerdings durch das Gericht zugemessen wird, richtet sich nach dem Verhalten der Ehegatten vor und nach dem Vertragsschluss.[325] Auf der Suche nach einem gerechten Ergebnis hat das Gericht zu beachten, ob ein Ehegatte unzulässigen Druck ausgeübt oder seine überlegene Verhandlungsposition ausgenutzt hat, um einen Vorteil für sich zu erreichen. Ferner ist zu berücksichtigen, ob jeder Ehegatte unabhängig von dem anderen rechtlich beraten worden ist oder eine wesentliche Veränderung der Lebensumstände seit Eingehen der Vereinbarung eingetreten ist. Dabei gilt aber der Grundsatz, dass förmliche Vereinbarungen, die auf fairen Vertragsverhandlungen und kompetenter Beratung beruhen, durch das Gericht aufrechtzuerhalten sind. Etwas anderes soll nur gelten, wenn gewichtige Gründe ein Abweichen

---

[322] Ormrod LJ in *Edgar* v *Edgar* [1980] 3 All ER 887 (891).

[323] Lord Hailsham in *Hyman* v *Hyman* [1929] AC 601 (609): „The only question which the order appealed against determines is that the existence of the covenant in the deed of separation does not preclude the wife from making an application to the Court; this by no means implies that, when the application is made, the existence of the deed or its terms are not most relevant factors for consideration by the Court in reaching a decision."

[324] Ormrod LJ in *Edgar* v *Edgar* [1980] 3 All ER 887 (893).

[325] Ormrod LJ in *Edgar* v *Edgar* [1980] 3 All ER 887 (893).

von der getroffenen Vereinbarung erfordern, um ein ungerechtes Ergebnis zu vermeiden.[326] Im konkreten Fall war die Ehefrau in ausreichendem Maße rechtlich beraten worden. Zwar befand sich der Ehemann aufgrund seines Vermögens und der Angst der Frau, das Sorgerecht für die gemeinsamen Kinder an ihn zu verlieren, in einer überlegenen Verhandlungsposition. Ormrod LJ weist allerdings nachdrücklich darauf hin, dass dies für sich genommen nicht ausreicht. Vielmehr müsse die Ehefrau genau darlegen und beweisen, dass er diese Situation auch ausgenutzt habe.[327] Dies ist der Ehefrau nicht gelungen, so dass die Vereinbarung durch den Court of Appeal aufrechterhalten wurde.
Wie bereits oben unter B.I.3. dargestellt, werden neben Trennungs- und Scheidungsvereinbarungen auch voreheliche und während intakter Ehe geschlossene Vereinbarungen als ein im Rahmen der s. 25 MCA 1973 zu berücksichtigender Umstand angesehen.[328]

b) Die Rechtsprechung nach *Edgar* v *Edgar*

Das in *Edgar* aufgestellte Prinzip wird in ständiger Rechtsprechung angewendet und hat zu höchst unterschiedlichen Ergebnissen geführt. In der Entscheidung *Camm* v *Camm* hat der Court of Appeal die von den Eheleuten getroffene Vereinbarung nicht für bindend erachtet, da die Ehefrau vor Abschluss des Vertrages nicht ausreichend rechtlich beraten worden sei.[329] Zudem wurde berücksichtigt, dass sich die Ehefrau bei Vertragsabschluß unter starkem emotionalem Druck befand, der zu einem Teil von ihrer psychischen Situation und zum anderen Teil von der Haltung des Ehemannes herrührte, kategorisch jegliche Unterhaltszahlungen abzulehnen.[330] Auch in der Entscheidung *K* v *K*[331] wurde die Bindungswirkung der von den Ehegatten getroffenen Vereinbarung verneint. Thorpe J stellt zwar fest, dass die Ehefrau nicht direkt von ihrem Mann zu dem

---

[326] Ormrod LJ in *Edgar* v *Edgar* [1980] 3 All ER 887 (893). Bush J hat dies bereits in *Dean* v *Dean* [1978] 3 All ER 758 (767) folgendermaßen formuliert: „In general terms also, it is wrong for the court to stir up general problems with parties have come to an agreement."
[327] Ormrod LJ in *Edgar* v *Edgar* [1980] 3 All Er 887 (894).
[328] *Sabbagh* v *Sabbagh* [1985] FLR 29, Balcombe J (37).
[329] Ormrod LJ in *Camm* v *Camm* [1983] 4 FLR 577 (580, 584): Hier wurde die Ehefrau zwar durch einen Rechtsanwalt vertreten. Dieser hat sich allerdings nach Auffassung des Gerichts angesichts der Bedeutung des Verzichts auf regelmäßige Unterhaltszahlungen zu schnell auf den von der Ehefrau gewünschten Vertragsschluss eingelassen.
[330] Ormrod LJ in *Camm* v *Camm* [1983] 4 FLR 577 (584).
[331] *K* v *K* [1992] 2 FCR 265 (270f): Die Eheleute hatten sich darüber geeinigt, dass der Ehemann die Ehefrau im Hinblick auf ihren Anteil an dem Familieneigenheim auszahlen sollte. Weitere Ansprüche sollte sie nicht geltend machen. Die Ehefrau hatte sich schon für ein Haus entschieden, das sie von dem erhaltenen Geld kaufen wollte. Im weiteren Verlauf vermehrte der Ehemann sein Vermögen, während sie in finanzielle Schwierigkeiten kam. Sie wendete sich daher an das Gericht, um einen nachehelichen Anspruch auf Zahlung einer Abfindungssumme geltend zu machen.

Vertragsschluss gedrängt worden sei; doch habe sie offensichtlich aufgrund der Begleitumstände unter erheblichem Druck gestanden. Zum anderen habe sie nach zwanzigjähriger Ehe im Gegensatz zu ihrem Ehemann kaum eine Altersvorsorge aufbauen können, so dass sich die getroffene Scheidungsfolgenvereinbarung als ungerecht herausstelle. In der Entscheidung *Beach* v *Beach*[332] wurde durch Thorpe J ebenfalls von einer zwischen den Ehegatten getroffenen Abrede abgewichen. Zwar hatte sich der Ehemann durch eigenes Verschulden in finanzielle Schwierigkeiten gebracht, so dass er seiner Frau nicht die vereinbarte Abfindungssumme zahlen konnte. Aber der Unterschied der finanziellen Lage der beiden sei als so gewichtig zu werten, dass eine Ablehnung des Antrags des Ehemanns auf Zahlung einer Abfindungssumme unter Berücksichtigung der in section 25 MCA 1973 genannten Faktoren nicht fair sei. Daher wurde die Ehefrau dazu verurteilt, dem Ehemann eine Summe von 60.000 Pfund zu zahlen.
Wie die vorgestellten Fälle zeigen, hängt das Gewicht, das die Gerichte der von den Ehegatten getroffenen Vereinbarung letztlich zumessen, entscheidend von den konkreten Umständen des Einzelfalls ab und ist aus diesem Grund schwierig vorherzusehen.

c) Die Kritik

Die in *Edgar* v *Edgar* und den späteren Entscheidungen entwickelte Haltung der Gerichte ist innerhalb der Rechtsprechung selbst auf Kritik gestoßen. Hoffmann LJ bezeichnet in einer Entscheidung des Court of Appeal den gegenwärtigen rechtlichen Zustand als unbefriedigend.[333] Die bisherige Lösung hält er für die denkbar schlechteste: „The result of the decision of this court in *Edgar* v *Edgar* and the cases which have followed it is that we have, as it seems to me, the worst of both worlds. The agreement may be held to be binding, but whether it will be can be determined only after litigation ...“ Er zieht daher die folgende Bilanz: „In our attempt to achieve finely ground justice by attributing weight but

---

[332] *Beach* v *Beach* [1995] 2 FLR 160: Der Ehemann besaß eine Farm. Die Ehefrau hatte ihm wiederholt größere Geldbeträge überlassen, um den Betrieb der Farm fortführen zu können. Die Erträge der Farm waren schlecht, und in einer Vereinbarung legten die Ehegatten fest, dass die Ehefrau 450.000 Pfund aus dem Verkauf der Farm erhalten sollte. Damit sollten alle nachehelichen Ansprüche der Parteien gegeneinander abgegolten sein. Der Ehemann versäumte es jedoch, die Farm zu verkaufen und ging schließlich bankrott. Die Ehefrau erhielt infolgedessen insgesamt nur 360.000 Pfund. Sie hat das Geld zusammen mit ihrem sonstigen Vermögen gut angelegt und ist deshalb nunmehr wohlhabend. Der Ehemann hingegen lebt von Sozialhilfe und beantragt daher bei Gericht die Festsetzung einer Abfindungssumme („application for a lump sum order“).

[333] *Pounds* v *Pounds* [1994] 1 FLR 775 (791). Gegenstand der Entscheidung war die Frage nach der Gültigkeit eines „consent order“. Hoffman LJ hat aufgrund seiner Unzufriedenheit mit dem geltenden Recht gleichwohl zu Vereinbarungen unter Ehegatten Stellung genommen, die nicht in ein gerichtliches Urteil aufgenommen worden sind.

not too much weight to the agreement of the parties, we have created uncertainty and, ..., added to the cost and pain of litigation." Eine Lösung kann nach seiner Auffassung zum einen darin liegen, Scheidungsfolgenvereinbarungen, wie andere Verträge auch, als rechtlich bindend anzuerkennen. Dies stünde allerdings im Widerspruch zu dem seit *Hyman* v *Hyman* anerkannten Grundsatz, den Gerichten komme die Aufgabe der Überwachung von Ehegattenvereinbarungen zu, so dass nur Gerichtsurteile bindend sein können. Eine andere Möglichkeit liege daher darin, den getroffenen Vereinbarungen überhaupt jegliche rechtliche Bindungswirkung abzusprechen, solange sie nicht in ein „consent order" aufgenommen worden sind. Dies hätte den Vorteil, dass die Parteien dann ihre Situation einschätzen könnten.

2. Aufhebung einer Vereinbarung („setting aside")

Möchte sich ein Ehegatte von der getroffenen Vereinbarung lösen, kommen für ihn noch zwei weitere rechtliche Möglichkeiten in Betracht. Das englische Recht kennt in diesem Bereich zum einen die Aufhebung („setting aside") und zum anderen die Abänderung („variation") einer Abrede. Zwischen diesen Behelfen wird nach der Zusammenfassung von Ormrod LJ in der Entscheidung des Court of Appeal *Robinson* v *Robinson* folgendermaßen unterschieden: „The essence of the distinction is that the power to vary usually reflects changes of circumstances subsequent to the date of the order, whereas the power to set aside arises when there has been fraud, mistake or material non-disclosure as to the facts at the time the order was made."[334] Die Befugnis des Gerichts eine Vereinbarung aufzuheben, folgt also aus bestimmten Umständen *bei* Vertragsschluss. Haben sich hingegen *nach* Vertragsschluss wesentliche Lebensumstände der Ehegatten verändert, kann es zu einer gerichtlichen Abänderung der getroffenen Vereinbarung kommen. Obwohl diese Unterscheidung von der Rechtsprechung selbst nicht immer eingehalten worden ist,[335] soll sie als Grundlage der folgenden Darstellung dienen.

Die Aufhebung einer Abrede kommt aus verschiedenen Gründen in Betracht, wobei es durchaus zu Überschneidungen kommen kann.

---

[334] Ormrod LJ in *Robinson* v *Robinson* [1983] 4 FLR 102 (114). Diese Äußerung bezog sich zwar auf gerichtliche Urteile, doch gilt diese Unterscheidung ebenso für vertragliche Vereinbarungen, siehe *Salter/Bruce* S. 128.

[335] *Salter/Bruce* S. 128. Siehe beispielsweise *Amey* v *Amey* [1992] 2 FLR 89 (95): Eine Vereinbarung wurde aufgrund später eingetretener Umstände aufgehoben.

a) „Mistake“

Eine Aufhebung kommt etwa dann in Betracht, wenn ein Missverständnis zwischen den Ehegatten anzunehmen ist („mutual mistake“).[336] Ein lediglich einseitiger Irrtum („unilateral mistake“) ist nur unter bestimmten weiteren Voraussetzungen beachtlich. Hierfür ist erforderlich, dass die andere Vertragspartei von dem Irrtum wußte oder hätte wissen müssen und dass der Irrtum wesentliche Grundlagen der getroffenen Vereinbarung betrifft.[337] Ob ein Irrtum wesentlich ist, richtet sich danach, ob der Vertrag von der im Irrtum befindlichen Partei auch dann geschlossen worden wäre, wenn sie die Wahrheit gekannt hätte.[338] Die Aufhebung einer Vereinbarung aufgrund eines einseitigen Irrtums wurde z.B. in der Entscheidung *Wales* v *Wadham* von Tudor Evans J abgelehnt.[339] Die Ehegatten hatten sich darüber geeinigt, dass der Ehemann der Ehefrau 13.000 Pfund aus dem Verkauf des Familienheims auszahlen sollte. Dabei war der Ehemann aufgrund der früheren Äußerungen seiner Frau davon ausgegangen, dass diese nach der Scheidung nicht wieder heiraten würde. Tatsächlich heiratete sie aber kurz nach der Scheidung erneut. Der Ehemann begehrte daher die Aufhebung der getroffenen Vereinbarung. Tudor Evans J nahm hier jedoch einen Irrtum über die wesentlichen Grundlagen des Vertrages nicht an, da der Ehemann mit seinen Rechtsanwälten über die Möglichkeit gesprochen hatte, dass seine Frau wieder heiraten könnte. Infolge dieser Gespräche war es zu dem Vorschlag einer Abfindungssumme von 13.000 Pfund gekommen.

b) „Fraudulent misrepresentation“

Eine Aufhebung der Abrede kommt weiter in Betracht, wenn eine Partei für den Vertragsschluss relevante Umstände in betrügerischer Absicht falsch dargestellt hat.[340] Auch auf diesen Aufhebungsgrund hatte sich der Ehemann in *Wales* v *Wadham* berufen. Tudor Evans J war jedoch der Auffassung, dass die Äußerungen der Ehefrau über eine eventuelle Wiederverheiratung ernst gemeint gewesen seien und nicht dazu dienen sollten, den Mann irrezuführen. Die Ehefrau habe sich lediglich während der Ehe in allgemeiner Form und nicht im Bewusstsein eines bevorstehenden Vertragsschlusses geäußert. Grundsätzlich komme aber

---

[336] Vergleiche *Parkes* v *Parkes* [1971] 3 All ER 870: Die Ehegatten hatten eine Vereinbarung getroffen, die die Ehefrau dahingehend verstand, dass sich der Ehemann verpflichtete, ihr die Summe von 1200 Pfund pro Jahr zu zahlen. Der Ehemann ging hingegen davon aus, dass er 1200 Pfund abzüglich Steuern zu zahlen habe. Es wurde festgestellt, dass aufgrund dieses Missverständnisses keine wirksame Einigung und damit kein Vertrag vorlag.

[337] *Miller* S. 371; *Salter/Bruce* S. 132.

[338] *Miller* S. 371.

[339] *Wales* v *Wadham* [1977] 1 WLR 198 (211).

[340] *Miller* S. 368; *Salter/Bruce* S. 134.

eine Vertragsaufhebung in Betracht, wenn eine Vertragspartei eine bestimmte Absicht geäußert habe, die sie dann nicht einhalte.[341]

c) „Undue influence“

Auch die Ausübung unzulässigen Drucks durch den Ehemann kann zu der Aufhebung der daraufhin getroffenen Abrede führen.[342] Für den Fall, dass die Ehefrau sich in allen finanziellen Angelegenheiten auf ihren Mann verlässt und einfach seinen Vorschlägen folgt, hat das House of Lords in der Entscheidung *Barclays Bank plc* v *O'Brien* die Vermutung aufgestellt, der Mann habe bei Abschluss des Vertrages seine Frau in unzulässiger Weise beeinflusst.[343] Die Aufhebung der Vereinbarung kann dann allein auf den Beweis einer solchen Beziehung zwischen den Eheleuten gestützt werden. Auf den Beweis einer tatsächlichen unzulässigen Einflussnahme des Ehemannes soll es in einem solchen Fall hingegen nicht mehr ankommen. Bestand dagegen zwischen den Ehegatten keine derartige Beziehung, obliegt es dem unter Druck gesetzten Ehegatten, die Anwendung unzulässigen Drucks konkret zu beweisen.[344]

d) „Unconscionable bargain“

Stellt sich die infolge einer Vereinbarung erbrachte Übertragung eines Vermögensgegenstandes als unzumutbare Belastung des leistenden Vertragsteils dar („unconscionable bargain“), kommt eine Aufhebung dieser Übertragung in Frage.[345] In *Cresswell* v *Potter* hatte die nicht rechtlich beratene Ehefrau gegen Freistellung von der Hypothek ihrem Mann ihren Miteigentumsanteil an dem Familienheim übertragen. Diese Übertragung („transaction“) wurde für unwirksam erklärt.[346] Megarry J hat sich dabei auf ältere Rechtsprechung bezogen, die sich bereits mit der Problematik der Aufhebung bei Unzumutbarkeit beschäftigt

---

[341] Tudor Evans J in *Wales* v *Wadham* [1977] 1 WLR 198 (211).

[342] *Salter/Bruce* S. 140; *Duckworth* S. 329.

[343] Lord Browne-Wilkinson stellt in *Barclays Bank plc* v *O'Brien* [1994] 1 FLR 1 (19) erst einmal generell fest, dass eine solche Vermutung aufgrund der emotionalen Bindung zwischen Mann und Frau angemessen sei: „For myself, I accept that the risk of undue influence affecting a voluntary disposition by a wife in favour of a husband is greater than in the ordinary run of cases where no sexual or emotional ties affect the free exercise of the individual's will.“ Im konkreten Fall hatte die Frau eine Sicherheit gegenüber der Bank für ihren Ehemann geleistet, so daß die fallentscheidende Frage war, ob die Ausübung des Drucks durch den Ehemann auch der Bank entgegengehalten werden und damit zur Aufhebung der Sicherungsverpflichtung führen kann.

[344] *Miller* S. 373.

[345] *Salter/Bruce* S. 142; *Miller* S. 375.

[346] *Cresswell* v *Potter* [1978] 1 WLR 255.

hatte.[347] Danach kommt eine Aufhebung nur unter bestimmten Voraussetzungen in Betracht. Die unterlegene Partei muss zunächst arm und unwissend sein („a plaintiff who is poor and ignorant"). Megarry J versteht hierunter im heutigen Sprachgebrauch die Zugehörigkeit zu einer unteren Einkommensschicht und eine niedrige Bildung.[348] Die Übertragung muss weiter unter Wert gewesen sein („a sale at a considerable undervalue"). Diese Voraussetzung erfordert eine genaue Prüfung des Einzelfalls.[349] Schließlich darf der benachteiligte Ehegatte nicht rechtlich beraten worden sein („absence of independent advice"). Einer rechtlichen Beratung kommt umso mehr Bedeutung zu, je komplizierter der Gegenstand der Vereinbarung ist.[350] Auch in der Entscheidung *Butlin-Sanders* v *Butlin*[351] hat die Ehefrau unter dem Gesichtspunkt der Unzumutbarkeit die Aufhebung einer Vereinbarung und der daraus folgenden Übertragung ihres Miteigentumsanteils an dem Familienheim auf ihren Mann begehrt. Dieser Antrag wurde durch Balcombe J jedoch abgelehnt. Er übernimmt die in *Cresswell* v *Potter* aufgestellten Grundsätze und lehnt im konkreten Fall die Voraussetzungen für eine Aufhebung ab. Die Ehefrau habe unabhängige rechtliche Beratung eingeholt und sich über die Warnung ihres Rechtsanwalts vor dem Abschluss dieser Vereinbarung hinweggesetzt. Sie habe um die Bedeutung ihrer Handlung gewusst, und ihr Verhalten lasse sich mit dem Motiv erklären, ihren Mann für das ihm von ihr zugefügte Unrecht (Beziehung mit einem anderen Mann) zu entschädigen.[352]

e) „Inequality of bargaining power"

Fehlt es bei Abschluss des Vertrages an einem Verhandlungsgleichgewicht zwischen den Parteien (etwa bei einem vermögenden Ehemann und einer vermögenslosen Ehefrau), kann eine Aufhebung des Vertrages nur dann erreicht wer-

[347] Und zwar bezog sich Megarry J auf Äußerungen von Kay J in *Fry* v *Lane* [1888] 40 Ch D 312 (322).

[348] Megarry J in *Cresswell* v *Potter* [1978] 1 WLR 255 (257). Hier hatte die Ehefrau als LKW-Fahrerin und als Telefonistin gearbeitet. Dies reichte nach Auffassung von Megarry J zur Bejahung dieser Voraussetzung aus.

[349] *Miller* S. 375.

[350] Megarry J in *Cresswell* v *Potter* [1978] 1 WLR 255 (258f): hier ging es um eine sog. „conveyancing transaction", deren rechtliche Beurteilung ausgesprochen komplex und schwierig ist. Daher wäre eine rechtliche Beratung in jedem Fall erforderlich gewesen. Zwar sei der Ehefrau von den Rechtsanwälten des Ehemannes geraten worden, sich rechtlich beraten zu lassen. Als sie dies ablehnte, wurde ihr die Tragweite der Vereinbarung und das Bedürfnis einer rechtlichen Beratung jedoch nicht weiter erläutert. Deshalb sei hier allein entscheidend, dass die Ehefrau tatsächlich keine rechtliche Beratung genossen habe.

[351] *Butlin-Sanders* v *Butlin* [1985] FLR 204.

[352] Balcombe J in *Butlin-Sanders* v *Butlin* [1985] FLR 204 (213).

den, wenn dieses Verhandlungsungleichgewicht von der überlegenen Partei auch ausgenutzt worden ist.[353]

f) „Duress"

Eine Aufhebung kann des Weiteren aus der Anwendung oder der Androhung von körperlichem Zwang bei Vertragsschluss folgen, wobei diesem Aufhebungsgrund eine eher geringe Bedeutung zukommt.[354]

g) „New facts"

Schließlich kann die Aufhebung einer vertraglichen Vereinbarung auf den Eintritt nachträglicher, unvorhersehbarer Ereignisse gestützt werden.[355] In *Amey* v *Amey* hatten die Ehegatten vereinbart, daß der Ehemann an die Ehefrau 120.000 Pfund zum Zwecke der Vermögensauseinandersetzung zahlen sollte. Er erfüllte diese Verpflichtung im Folgenden. Bevor diese Vereinbarung allerdings wie von den Parteien geplant in ein „consent order" aufgenommen werden konnte, verstarb die Ehefrau. Scott Baker J hat festgestellt, daß aufgrund veränderter Umstände eine Aufhebung der Vereinbarung grundsätzlich in Betracht kommt: „In my judgment, the test for whether a court will intervene and set aside a contract for mutual mistake or frustration is essentially the same as that: Events have occured since the making of the order which invalidate the basis or fundamental assumption upon which the order was made."[356] Im konkreten Fall lehnte Scott Baker J gleichwohl die Aufhebung der getroffenen Abrede ab, da der Gesundheitszustand der Ehefrau nicht zur Grundlage der Vereinbarung gemacht worden ist. Zudem sei Zurückhaltung bei der Aufhebung von Vereinbarungen geboten.[357] Mit dieser Entscheidung wird die von der Rechtsprechung selbst aufgestellte Unterscheidung zwischen „setting aside" und „variation" durchbrochen, indem auch später eintretende Umstände zur Aufhebung einer Vereinbarung führen können.

---

[353] *Salter/Bruce* S. 143; *Duckworth* S. 329.
[354] *Miller* S. 372.
[355] *Amey* v *Amey* [1992] 2 FLR 89 (95).
[356] Scott Baker J in *Amey* v *Amey* [1992] 2 FLR 89 (95).
[357] Scott Baker J in *Amey* v *Amey* [1992] 2 FLR 89 (96): „The future always contains uncertainties. The very essence of a full and final settlement in a matrimonial financial case is that each side trades certainty for the uncertain."... „Had the parties known what was going to happen, they may well have struck a different bargain, but that is not the same as saying that the wife's continued survival was the basis of the agreement. ... Agreements freely reached should not lightly be set aside."

3. Abänderung einer Vereinbarung nach ss. 34-36 MCA 1973 („Variation")

Bei einer nach Vertragsschluss eintretenden Veränderung der Lebensumstände kommt eine gerichtliche Abänderung der von den Ehegatten getroffenen Vereinbarung in Betracht. Eine diesbezügliche gesetzliche Regelung findet sich in den sections 34-36 MCA 1973, sofern es sich bei der Scheidungsfolgenvereinbarung um ein „maintenance agreement" im Sinne der section 34 (2) MCA 1973 handelt. Section 35 MCA behandelt die Abänderung einer Vereinbarung, während beide Eheleute noch am Leben sind. Section 36 MCA 1973 regelt hingegen die Abänderung nach dem Tod eines Ehegatten; diese Norm soll hier ausgeklammert werden. Für eine Abänderung nach section 35 (1) MCA 1973 muss die vertragliche Vereinbarung noch gültig sein. Hieran fehlt es zum Beispiel dann, wenn die Abrede in ein „consent order" aufgenommen worden ist, da in diesem Fall alleine das „consent order" rechtliche Wirkung entfaltet.[358]

a) Voraussetzungen der section 35 (2) MCA 1973

Eine Abänderung der getroffenen Vereinbarung kommt nur in Betracht, wenn die in section 35 (2) MCA 1973 aufgeführten Voraussetzungen erfüllt sind: „If the court to which the application is made is satisfied either – (a) that by reason of a change in the circumstances in the light of which any financial arrangements contained in the agreement were made or, as the case may be, financial arrangements were omitted from it (including a change foreseen by the parties when making the agreement), the agreement should be altered so as to make different, or, as the case may be, so as to contain, financial arrangements, or (b) that the agreement does not contain proper financial arrangements with respect to any child of the family, ..." Es sind also zwei Konstellationen zu unterscheiden. Zum einen kommt eine Abänderung dann in Betracht, wenn die eingetretene Entwicklung die von den Ehegatten getroffene Vereinbarung nunmehr unbillig erscheinen lässt. Unabhängig von einer Veränderung der Umstände kann eine Abrede zudem dann abgeändert werden, wenn durch sie die finanzielle Versorgung eines gemeinsamen Kindes nicht gesichert ist. Auffällig ist auch hier die in der zweiten Alternative enthaltene Betonung des Kindeswohls, dessen Verletzung in finanzieller Hinsicht zur Abänderung eines „maintenance agreement" führen kann.

Von besonderem Interesse sind allerdings die Voraussetzungen der ersten Variante. Eine die Lebensumstände verändernde Entwicklung ist z.B. dann gegeben, wenn das Erwerbseinkommen des Unterhaltspflichtigen sinkt oder der Unterhaltsberechtigte einen erhöhten Bedarf hat, etwa aufgrund einer auftretenden

[358] Die dem „consent order" zugrunde liegende Vereinbarung wird mit der Aufnahme in das „consent order" irrelevant, vergleiche *De Lasala* v *De Lasala* [1980] AC 546, Lord Diplock (560).

Krankheit.[359] Hier ist festzuhalten, dass ausdrücklich von der Norm auch solche Veränderungen in den Lebensumständen erfasst werden, die von den Parteien bei Vertragsschluss bereits vorausgesehen wurden. Hat sich zum Beispiel ein Ehegatte dafür entschieden, anstelle eines höheren, jedoch unsicheren Einkommens ein niedrigeres beständiges Einkommen zu akzeptieren, kann er eine gerichtliche Abänderung der Vereinbarung beantragen, wenn sich diese Wahl im nachhinein als die falsche herausstellt.[360] Auch eine Entwicklung, die auf dem freiwilligen Verhalten eines Ehegatten beruht (wie zum Beispiel die Aufgabe einer Erwerbstätigkeit), stellt erst einmal eine Veränderung der Umstände im Sinne der section 35 (2) MCA 1973 dar. Allerdings beeinflußt dieses Verhalten die Entscheidung des Gerichts darüber, ob die Entwicklung zu einem unbilligen Ergebnis geführt hat.[361]
Die entscheidende Frage ist daher, welche Anforderungen die Gerichte an die Voraussetzung der aufgrund der veränderten Umstände eingetretenen Unbilligkeit stellen. In *Simister* v *Simister*[362] stellt Waite J klar, dass es allein darauf ankomme, ob sich die Vereinbarung im Zeitpunkt der Anrufung des Gerichts als unbillig darstellt. Dies ist dann eine Frage des Einzelfalls. In *Simister* hatte sich der Ehemann verpflichtet, an die Ehefrau ein Drittel seines jährlichen Einkommens zu zahlen. In der Folge stieg sein Jahreseinkommen aufgrund einer Geschäftsübernahme in enormer Weise an, so dass statt 5000 Pfund nunmehr 13000 Pfund zu zahlen waren. Mit dieser Entwicklung hatte der Ehemann nicht gerechnet und beantragte eine Abänderung der Vereinbarung. Waite J bejahte aufgrund der veränderten Umstände die Unbilligkeit der Vereinbarung, da die Ehefrau mit 13000 Pfund eine wesentlich höhere Summe erhalten würde, als sie zur Sicherung ihres Lebensunterhalts benötige.[363]
Auch in diesem Bereich erlangt die Entscheidung *Edgar* v *Edgar* Geltung. Der in dieser Entscheidung aufgestellte Grundsatz der richterlichen Zurückhaltung bei der Aufhebung bzw. Abänderung einer von den rechtlich beratenen Ehegatten ohne Zwang geschlossenen Vereinbarung betrifft auch die Haltung der Gerichte in Verfahren nach section 35 MCA 1973.[364]

b) Umfang der richterlichen Befugnisse

Sind die dargestellten Voraussetzungen erfüllt, legt ebenfalls section 35 (2) MCA 1973 den Umfang der gerichtlichen Befugnisse zur Vertragsabänderung fest: „... that court may by order make such alterations in the agreement – (i) by

[359] *Lowe/Douglas* S. 753.
[360] *Cretney/Masson* S. 100.
[361] *Miller* S. 349.
[362] *Simister* v *Simister No.2* [1987] 1 FLR 194 (202).
[363] Waite J in *Simister* v *Simister No.2* [1987] 1 FLR 194 (202).
[364] *Cretney/Masson* S. 100f; *Hayes/Williams* S. 673.

varying or revoking any financial arrangements contained in it, or (ii) by inserting in it financial arrangements for the benefit of one of the parties to the agreement or of a child of the family, as may appear to that court to be just having regard to all the circumstances, including, if relevant, the matters mentioned in section 25 (4) above; ..." Nach dem Wortlaut der section 35 (2) stehen dem Gericht damit sehr weitgehende Befugnisse zu. Zum einen können die in der Vereinbarung enthaltenen „financial arrangements" aufgehoben oder verändert werden, zum anderen ist auch das Einfügen neuer „financial arrangements" möglich.

Ein aufgrund der section 35 MCA 1973 ergangenes Urteil hat nach section 35 (2) denselben Effekt, wie wenn die Abänderung durch Vereinbarung zwischen den Ehegatten erfolgt wäre: „... and the agreement shall have effect thereafter as if any alteration made by the order had been made by agreement between the parties and for valuable consideration." Damit wird klargestellt, dass die getroffene Vereinbarung weiterhin bestehen bleibt, und die rechtlichen Verpflichtungen der Parteien auf dem (nunmehr durch das Gericht abgeänderten) Vertrag beruhen.[365]

Die Frage, ob ein wiederholter Antrag auf Abänderung zulässig ist, wird von section 35 MCA 1973 selbst nicht geregelt. Die Gerichte stehen dem jedoch eher ablehnend gegenüber.[366]

4. Besonderheiten bei „consent orders"

Auch wenn eine zwischen den Ehegatten getroffene Vereinbarung bereits in ein gerichtliches „consent order" aufgenommen worden ist, ist eine erneute Beschäftigung der Gerichte mit dieser Vereinbarung nicht ausgeschlossen. Die Frage, ob und gegebenenfalls unter welchen Voraussetzungen die Ehegatten eine Abweichung von der im „consent order" gefundenen Lösung erreichen können, ist gerade angesichts der Bedeutung, die den „consent orders" in der Scheidungsauseinandersetzung zukommt, von besonderem Interesse. Bei der gerichtlichen Überprüfung von „consent orders" wird ebenfalls zwischen der Aufhebung („setting aside") und der Abänderung („variation") unterschieden.

a) Aufhebung eines „consent order" („setting aside")

Da es sich bei „consent orders" um Gerichtsurteile handelt, finden die allgemeinen Regeln über den weiteren Rechtsweg Anwendung. Es besteht daher die Möglichkeit, das in erster Instanz ergangene Urteil in der zweiten Instanz über-

---

365 *Warden* v *Warden* [1981] FLR 232, durch Ormrod LJ (236) und Waterhouse J (237); *Miller* S. 380.

366 *Duckworth* S. 348; *Miller* S. 383.

prüfen zu lassen („appeal").[367] Daneben kann aber eine Überprüfung des „consent order" auch durch die erste Instanz erreicht werden, indem bei Gericht lediglich ein Antrag auf Aufhebung gestellt wird („fresh action").[368] Es steht dem Ehegatten, der die Aufhebung eines „consent order" begehrt, offen, welchen der beiden Wege er beschreitet.[369] Die Gründe, die dann zu einer Aufhebung des „consent order" führen können, sind allerdings dieselben, gleichgültig ob die Aufhebung im Wege des „appeal" oder der „fresh action" verfolgt wird.[370]
Die Gründe aufgrund derer das Gericht eine Aufhebung des „consent order" anordnen kann, entsprechen im Wesentlichen denjenigen, die eine Aufhebung einer vertraglichen Vereinbarung begründen können.

aa) „Fraudulent misrepresentation"

So kann ein „consent order" dann aufgehoben werden, wenn ein Ehegatte durch die betrügerische Falschdarstellung bestimmter Fakten des anderen Ehegatten zur Einigung bewegt worden ist (sog. „fraudulent misrepresentation"). In *Allsop* v *Allsop*[371] hatte der Ehemann nach Erlass des „consent order" zugegeben, dass er im Vorfeld der Einigung seine Vermögenswerte absichtlich zu niedrig angegeben hatte. Das Gericht hob daher dieses „consent order" auf, da die Frau sich bei Kenntnis der wirklichen Vermögenswerte nicht auf die getroffene Vereinbarung eingelassen hätte.

bb) „Mistake"

Auch ein „consent order" kann im Hinblick auf einen Irrtum aufgehoben werden. Entscheidend ist dabei, inwiefern eine Fehlvorstellung der Parteien vorlag und nicht, ob sich der Richter geirrt hat.[372] So wurde in *Redmond* v *Redmond* ein „consent order" unter anderem aus dem Grund aufgehoben, dass die Ehefrau bei ihrer Zustimmung zu der Vereinbarung irrig davon ausgegangen war, ihr Ehe-

---

[367] *Miller* S. 367; *Salter/Bruce* S. 162; *Duckworth* S. 340.

[368] *Salter/Bruce* S. 162; *Miller* S. 366.Ferner steht den Ehegatten noch die selten gewählte Lösung des sogenannten „rehearing" offen. Zu näheren Erläuterungen hierzu siehe *Salter/ Bruce* S. 171; *Duckworth* S. 344

[369] Vergleiche Bracewell J in *Benson* v *Benson* [1996] 1 FLR 692 (698): „In my judgement, I do not consider that the choice of remedy and procedure affects the nature and extent of the issues to be determined."

[370] *Salter/Bruce* S. 169; Vergleiche Booth J in *Crozier* v *Crozier* [1994] 2 WLR 444 (447): „There is no suggestion anywhere in the authorities that the court would apply a different approach on the basis of the procedure adopted so that the same principles would apply in either case."

[371] *Allsop* v *Allsop* [1981] Fam Law 18 (19).

[372] Balcombe J in *Harrison* v *Harrison* [1983] Fam Law 20 (20): „The issue was whether the court was given the wrong material whilst making the consent order and not whether the judge was wrong."

mann werde weiter seiner Erwerbstätigkeit nachgehen und die von seinem Arbeitgeber angebotene Abfindungssumme nicht annehmen.[373]

cc) „Unconscionable bargain"

Im Gegensatz zu einer vertraglichen Vereinbarung kann ein „consent order" nicht mit der Begründung aufgehoben werden, es habe eine unzumutbare Belastung zur Folge.[374] Damit wird „consent orders" im Familienrecht eine größere Endgültigkeit zugemessen, als dies in anderen Bereichen des englischen Zivilrechts der Fall ist.[375]

dd) „Undue influence"

Die Aufhebung eines „consent order" kann auch nicht auf die Ausübung unzulässigen Drucks durch einen der Ehegatten gestützt werden („undue influence").[376] Diese Auffassung ist jedoch nicht unumstritten[377] und die Problematik insgesamt noch ungeklärt.[378]

ee) „Full and frank disclosure"

Vor Erlass eines „consent order" obliegt es den Ehegatten, alle für die Einigung relevanten Umstände offen zu legen („full and frank disclosure").[379] Ein diesbezügliches Versäumnis („material non-disclosure") kann zu der Aufhebung des „consent order" führen.[380] Mängel an Offenheit treten vor allem in zwei Bereichen auf. Zum einen kommt es vor, daß ein Ehegatte seine Absicht verschweigt, sich nach der Scheidung erneut zu verheiraten.[381] Zum anderen wer-

---

373 *Redmond* v *Redmond* [1986] 2 FLR 173 (184).

374 *Salter/Bruce* S. 142, *Duckworth* S. 342.

375 *Duckworth* S. 342.

376 So Balcombe J in *Tomney* v *Tomney* [1982] 3 All ER 385 (392f). Er begründet diese Auffassung vor allem mit der Erwägung, dass der Endgültigkeit von Gerichtsurteilen und damit der Rechtssicherheit der Vorrang einzuräumen ist: „The policy of the law in this field should be to encourage finality and security."

377 Siehe Lord Brandon in *Livesey* v *Jenkins* [1985] 1 All ER 106 (116): „The question of the effect of undue influence does not arise in this appeal, and, that being so, it would be undesirable to express even a provisional opinion on it. I think it right to say, however, that I am not persuaded that Balcombe J`s decision on the question was necessarily correct."

378 *Salter/Bruce* S. 141.

379 *Livesey* v *Jenkins* 1 All ER 106 (114).

380 Lord Brandon in *Livesey* v *Jenkins* [1985] 1 All ER 106 (114): „... the consent order was invalid, and the husband should be entitled, in order to prevent injustice, to have it set aside."

381 Diese Konstellation lag *Livesey* v *Jenkins* zugrunde. Die Ehefrau hatte sich vor Erlass des „consent order" verlobt, ohne dies dem Ehemann oder dem Gericht mitzuteilen. Dies führte zur Aufhebung des Urteils.

den häufig nur unzureichende Angaben zu der eigenen finanziellen Situation gemacht.[382] Zu beachten ist allerdings, dass nicht jede versäumte Offenlegung relevanter Fakten zu einer Aufhebung des „consent order" führt. Es ist vielmehr Voraussetzung für eine Aufhebung, dass das Gericht ein wesentlich differierendes Urteil erlassen hätte, wenn alle Umstände bekannt gewesen wären.[383] So hat es der Court of Appeal in *Hill* v *Hill*[384] abgelehnt, ein „consent order" aus dem Grund aufzuheben, dass der Ehemann den Wert der von ihm abgeschlossenen Lebensversicherungen mit „minimal" angegeben hatte, obwohl er sich in Wirklichkeit auf 979 Pfund belief. Diese Unterlassung war gegenüber einem korrekt angegebenen Wert des Familienheims von 120000 Pfund beim Erlass des Urteils von nur geringer Bedeutung und konnte daher eine Aufhebung nicht rechtfertigen.

ff) „New Facts"

Es kann aber auch der Fall eintreten, dass erst nach Erlass des „consent order" unvorhersehbare Ereignisse eintreten. Hier kommt eine fehlende Offenlegung als Aufhebungsgrund nicht in Betracht. Die leitende Entscheidung in diesem Bereich ist die des House of Lords in *Barder* v *Barder*.[385] Das „consent order" hatte hier die Verpflichtung des Ehemannes zum Inhalt, seiner Ehefrau zum Zwecke der endgültigen Vermögensauseinandersetzung das ehemalige Familienheim zu übertragen. Bevor es tatsächlich zur Eigentumsübertragung kam, tötete die Ehefrau die beiden gemeinsamen Kinder und nahm sich anschließend das Leben. Ihre Mutter als testamentarische Erbin begehrte die Erfüllung des Urteils. Der Ehemann hingegen suchte im Wege des „appeal" eine Aufhebung des „consent order" zu erreichen. Vorrangig ging es dann um die Frage, ob der Ehemann aufgrund dieser Ereignisse überhaupt zum „appeal" berechtigt war. Das House of Lords beschäftigte sich jedoch auch mit der Problematik, ob der

---

[382] Vergleiche die Situation in *Robinson* v *Robinson* [1983] 4 FLR 102: Die Ehefrau beantragte eine Aufhebung des durch das Gericht erlassenen „consent order", das die Vermögensauseinandersetzung zum Gegenstand hatte. Zur Begründung führte sie an, dass ihr Mann seine finanzielle Situation nicht korrekt dargestellt habe. Der Court of Appeal entschied in ihrem Sinne. Siehe ferner *Vicary* v *Vicary* [1992] 2 FLR 271: Der Ehemann hatte Vermögenswerte in Höhe von 2,8 Mio Pfund nicht offengelegt. Die Ehefrau begehrte daraufhin erfolgreich die Aufhebung des auf den zu niedrigen Angaben des Ehemannes beruhenden „consent order".

[383] Lord Brandon in *Livesey* v *Jenkins* [1985] 1 All ER 106 (119): „I would end with an emphatic word of warning. It is not every failure of frank and full disclosure which would justify a court in setting aside an order of the kind concerned in this appeal. On the contrary, it will only be in cases when the absence of full and frank disclosure has led to the court making, either in contested proceedings or by consent, an order which is substantially different from the order which it would have made if such disclosure had taken place that a case for setting aside can possibly made good."

[384] *Hill* v *Hill* [1984] Fam Law 83 (85).

[385] *Barder* v *Barder* [1987] 2 All ER 440.

„appeal" des Ehemannes, sofern zulässig, Aussicht auf Erfolg hat und somit zur Aufhebung des „consent order" führen kann.[386] Lord Brandon weist darauf hin, dass das erlassene Urteil auf der grundlegenden, wenn auch stillschweigenden Vermutung beruhte, das zu übertragende Haus werde der Frau und den Kindern als Heim dienen. Dabei sei davon ausgegangen worden, dies werde für längere Zeit, vielleicht auf Jahre hinaus, der Fall sein. Diese dem „consent order" zugrundeliegende Vermutung sei durch den fünf Wochen nach Erlass des Urteils eingetretenen Tod der Kinder und der Frau vollständig widerlegt worden. Auf der anderen Seite sei aber auch zu berücksichtigen, dass die Vermögensauseinandersetzung hier endgültig sein sollte („clean break"). Aus diesem Grund dürfe ein solches „consent order" nicht leichtfertig wieder aufgehoben werden. Hier aber würde der Eintritt der späteren Ereignisse den Gedanken des „clean break" überwiegen. Aus diesem Grund sei das „consent order" in diesem Fall aufzuheben.

Auch in der Entscheidung *Chaudhuri* v *Chaudhuri* ging es um die Frage, inwieweit nachträglich eintretende Umstände die Aufhebung eines „consent order" rechtfertigen können. Hier hatte die Ehefrau erst nach Erlass des „consent order" beschlossen, sich wieder zu verheiraten. Allerdings war dem Ehemann bei Erlass des Urteils bekannt, dass sie eine Beziehung zu dem Mann hatte, mit dem sie sich später verlobte. Sogar das Urteil ging ausdrücklich auf die Möglichkeit einer Wiederverheiratung ein. Aus diesem und anderen Gründen scheiterte der Ehemann damit, dieses Urteil aufheben zu lassen.[387] Für eine Aufhebung ist also erforderlich, dass es zu einer entscheidenden Veränderung der Lebensumstände gekommen ist. Es ist nicht ausreichend, dass nur die Entwicklung einer bereits bekannten Gegebenheit vorgetragen wird.

In *Worlock* v *Worlock* scheiterte hingegen die Ehefrau mit ihrem Antrag auf Aufhebung eines anlässlich der Scheidung erlassenen „consent order".[388] Zwei Jahre nach Erlass dieses „consent order" hatte die Mutter des Ehemannes diesem Anteile an einer Firma übertragen, die von hohem Wert waren. Dem „consent order" war lediglich die Situation zugrunde gelegt worden, dass der Ehemann eventuell später einmal diese Anteile erben würde. Eine Aufhebung wurde dennoch abgelehnt, da bis zu dem Eintritt der entscheidenden Ereignisse eine zu lange Zeit verstrichen war. Die Grenze wird auf einen Zeitablauf von einem Jahr ab Erlass des „consent order" festgelegt.[389]

Die Aufhebung eines „consent order" wurde noch in einem weiteren Fall auf nach dem Erlaß des Urteils eingetretene Ereignisse gestützt („fresh evidence"). In *Redmond* v *Redmond* äußerte sich Stannard J folgendermaßen: „In my judgment the jurisdiction extends to cases in which events subsequent to the

---

[386] *Barder* v *Barder* [1987] 2 All ER 440 (451).

[387] *Chaudhuri* v *Chaudhuri* [1992] 2 FLR 73 (78).

[388] *Worlock* v *Worlock* [1994] 2 FLR 689.

[389] *Worlock* v *Worlock* [1994] 2 FLR 689 (694).

making of an order have falsified the basic assumption on which the order was made or have brought about a radical change in the circumstances in which it was contemplated that the order would operate."[390] Ob es zu einer Aufhebung aufgrund dessen komme, stehe im Ermessen des Gerichts. Bei der Ausübung dieses Ermessens sei auch der Gedanke des „clean break" zu berücksichtigen: „In exercising my discretion I have it very much in mind that it is the policy of the law that there should be finality in litigation, and that it is only in exceptional cases that the court will reopen litigation which has been concluded. ... On the other hand I must have regard to the statutory duty imposed on the court by section 25 of the MCA 1973 and in this sense ensure that justice is done to the wife."[391] Im konkreten Fall hatte sich der Ehemann in dem „consent order" ausdrücklich verpflichtet, seine Erwerbstätigkeit als Dockarbeiter nicht aufzugeben. Sein Arbeitgeber bot ihm jedoch für den Fall der freiwilligen Kündigung nach Erlass des Urteils eine Abfindungssumme von 25.000 Pfund an, die er schließlich annahm. Nach Stannard J war die entscheidende Grundlage für das erlassene „consent order" und die darin enthaltene Vermögensauseinandersetzung, dass der Ehemann wie bisher als Dockarbeiter erwerbstätig sein und die Zahlung einer Abfindungssumme ablehnen würde. Durch das gegenteilige Verhalten des Ehemannes hätte sich diese Grundlage als falsch erwiesen. Daher sei hier nach eingehender Abwägung das „consent order" aufzuheben.[392]
Mit der Anerkennung dieser Fallgruppe als Aufhebungsgrund wird wiederum die grundsätzlich festgelegte Unterscheidung zwischen Aufhebung und Abänderung nicht eingehalten.

b) Abänderung eines „consent order" („variation")

Ist eine zwischen den Ehegatten getroffene Vereinbarung in ein „consent order" aufgenommen worden, entfaltet lediglich dieses gerichtliche Urteil rechtliche Wirkung; auf die dem Urteil zugrunde liegende Vereinbarung kommt es hingegen nicht mehr an.[393] „Consent orders" werden daher ebenso behandelt wie solche Urteile, die auf einem streitigen Prozess beruhen. Die in section 31 MCA 1973 geregelte Befugnis des Gerichts, ein Urteil abzuändern, bezieht sich demnach auch auf „consent orders".[394] Gleichzeitig steht dem Gericht nicht mehr die Möglichkeit offen, die von den Eheleuten gefundene Einigung nach den sections 35, 36 MCA 1973 abzuändern.
Die section 31 MCA 1973 enthält eine detaillierte Regelung der Abänderung von Gerichtsurteilen. Diese soll hier nur in Grundzügen wiedergegeben wer-

---

390 Stannard J in *Redmond* v *Redmond* [1986] 2 FLR 173 (179).
391 Stannard J in *Redmond* v *Redmond* [1986] 2 FLR 173 (181).
392 Stannard J in *Redmond* v *Redmond* [1986] 2 FLR 173 (182f).
393 Vergleiche wiederum Lord Diplock in *de Lasala* v *de Lasala* [1980] AC 546 (560).
394 So schon Ormrod LJ in *Thwaite* v *Thwaite* [1981] FLR 280 (284).

den.[395] Nach section 31 (2) MCA 1973 kann das Gericht nur solche Urteile abändern, die regelmäßige Zahlungen beinhalten.[396] Section 31 MCA 1973 erlaubt dem Gericht dagegen eine Abänderung solcher Urteile nicht, die die Anordnung einer festen Abfindungssumme oder die Übertragung von Eigentum zum Gegenstand haben.[397] Diese Regelung entspricht dem Ziel, durch die gerichtliche Entscheidung über die Vermögensauseinandersetzung Rechtssicherheit und einen endgültigen Abschluss zu erreichen.[398] Das Gericht hat in diesen Fällen lediglich die Möglichkeit, geringfügige Änderungen vorzunehmen. So kann zum Beispiel der Zeitpunkt, zu dem eine Abfindungssumme gezahlt oder Eigentum übertragen werden soll, in die Zukunft verschoben werden.[399]

Voraussetzung für eine Abänderung ist gemäß section 31 (7) MCA 1973 zunächst, dass sich die Lebensumstände der Ehegatten derart verändert haben, dass eine Änderung des „consent order" angemessen ist.[400] Hinsichtlich der daraus folgenden Abänderung steht dem Gericht ein weitreichendes Ermessen zu. Entgegen der früher herrschenden Auffassung ist es nun gefestigte Rechtsprechung, dass das Gericht bei der Ausübung dieses Ermessens nicht darauf beschränkt ist, von dem betreffenden „consent order" ausgehend nur die veränderten Umstände zu berücksichtigen. Vielmehr findet eine unbefangene Betrachtung der gegenwärtigen Situation unter Beachtung der in section 25 MCA 1973 genannten Faktoren statt.[401] So bezieht zum Beispiel Thorpe J in *B* v *B* das Alter der Parteien und die Höhe des jeweiligen Einkommens in seine Entscheidung mit ein.[402] Ganz entscheidend hat das Gericht das Wohl eventuell vorhandener Kinder zu berücksichtigen (section 31 (7) MCA 1973). Darüber hinaus hat das Gericht auch den Gedanken des „clean break" einzubringen.[403] Damit wird klar,

---

[395] Zu einer detaillierten Darstellung siehe *Salter/Bruce* S. 195- 213.

[396] Dies können Unterhaltszahlungen, aber auch die ratenweise Zahlung einer Abfindungssumme sein.

[397] *Miller* S. 377; *Durckworth* S. 349.

[398] *Cretney/Masson* S. 473. Dieser Grundsatz hat seinen Niederschlag mit der Festschreibung des sogenannten „clean-break"-Prinzips ins s. 25A MCA 1973 gefunden.

[399] *Gregory* v *Wainright* [1984] Fam Law 86 (87). Zweifel bei Balcombe J in *Potter* v *Potter* [1990] 2 FLR 27 (32), ob dies nicht doch eine unzulässige „variation" darstellt.

[400] *Cretney/Masson* S. 470.

[401] *Lewis* v *Lewis* [1977] 3 All ER 992 (994f): „ I am bound to say that it has always seemed to me, with respect, that the powers of variation,..., have been, if anything, progressively enlarged and that the intention of Parliament is that, in handling these family matters where money is concerned, the court should have as unfettered a discretion as possible to deal with the situation as it is when the matter comes before him." *Garner* v *Garner* [1992] 1 FLR 573 (584): „Matters for consideration are not confined to the changes which have taken place since the previous order."

[402] Thorpe J in *B* v *B* [1995] 1 FLR 9 (24).

[403] Vergleiche Thorpe J in *B* v *B* [1995] 1 FLR 9 (24). Im konkreten Fall konnte dieser Grundsatz allerdings nicht den Ausschlag geben, da die Ehefrau aufgrund ihres Alters und einer

dass die Gerichte bei der Entscheidung über die Abänderung eines „consent order" die gleichen Gesichtspunkte zugrunde zu legen haben wie bei Erlass des „consent order".

Damit kann also festgehalten werden, dass aus nachträglich eintretenden Ereignissen bei einem „consent order" ebenso wie bei einer vertraglichen Vereinbarung grundsätzlich eine Abänderungsbefugnis folgt. Nun hat aber eine Veränderung der Lebensumstände in *Barder* und den anderen angeführten Entscheidungen zu einer Aufhebung des „consent order" geführt. Diese fehlende Einhaltung der grundsätzlichen Unterscheidung zwischen „setting aside" und „variation" läßt sich allerdings mit dem eingeschränkten Anwendungsbereich der section 31 MCA 1973 erklären. In den angesprochenen Entscheidungen hatte das „consent order" jeweils entweder die Zahlung einer Abfindungssumme oder die Übertragung eines Vermögensgegenstandes zum Inhalt, so dass dem Gericht eine Abänderungsbefugnis nach section 31 (2) MCA 1973 nicht zustand. Dies führt dazu, dass eine gerichtliche Überprüfung solcher Urteile nun im Wege des „appeal" zu erlangen versucht wird.[404]

5. Zusammenfassung

Ehegatten können auf nacheheliche Ansprüche nicht verzichten, so dass sie trotz eines abgeschlossenen Vertrags bei Gericht eine Entscheidung über diese Ansprüche beantragen können. Das Gericht schenkt bei dieser Entscheidung der Abrede gleichwohl Beachtung, wobei beispielsweise die Umstände bei Vertragsschluss berücksichtigt werden. In welchem Umfange die Gerichte die vorherige Vereinbarung aufrechterhalten, richtet sich stark nach den Gerechtigkeitsgesichtspunkten des Einzelfalls. Durch diese starke gerichtliche Überwachung von Ehegattenvereinbarungen kommt es zu einer gesteigerten Rechtsunsicherheit.

Die Aufhebung einer Vereinbarung kann auf Antrag dann erfolgen, wenn ein Irrtum vorlag, eine Vertragspartei wichtige Umstände verschwiegen oder falsch dargestellt hat oder unzulässigen Druck ausgeübt hat. Ferner kann ein gestörtes Verhandlungsgleichgewicht sowie eine unzumutbare Belastung durch den Vertragsinhalt eine Aufhebung rechtfertigen. Auch wird in diesem Zusammenhang berücksichtigt, wenn später eintretende Ereignisse die Vertragsgrundlage erschüttert haben. Eine Abänderung kann nach sections 34-36 MCA 1973 vorgenommen werden, wenn es sich bei der getroffenen Vereinbarung um ein sog. „maintenance agreement" handelt. Es handelt sich um eine Billigkeitskorrektur

---

psychischen Erkrankung nicht in der Lage war, sich dauerhaft durch eigene Erwerbstätigkeit zu versorgen.

[404] *Miller* S. 246.

für die Fälle, in denen aufgrund nachträglicher Ereignisse hierfür ein Bedürfnis besteht.
Bei „consent orders“ wird ebenfalls zwischen einer Aufhebung und einer Abänderung unterschieden. Hinsichtlich einer Aufhebung ergeben sich keine wesentlichen Unterschiede zu den Feststellungen bei den vertraglichen Vereinbarungen. Eine Abänderung kommt nur bei bestimmten Urteilstypen in Frage, dann jedoch in weitem Umfange.
Insgesamt kann festgehalten werden, dass das englische Recht den Gerichten sehr umfassende Überprüfungskompetenzen zuweist, um den Eheleuten eine Lösung von ihrer Abrede zu ermöglichen. Dies führt dazu, dass der gesamte Bereich durch Einzelfallgerechtigkeit geprägt ist.

3. Teil: Kritische Würdigung der gegenwärtigen Situation

A. Die Reichweite der Vertragsfreiheit im Scheidungsfolgenrecht – eine Analyse

Der den Eheleuten im Scheidungsfolgenrecht zur autonomen Gestaltung überlassene Bereich wird sowohl im Hinblick auf die von vornherein aufgestellten Beschränkungen als auch hinsichtlich der Voraussetzungen, unter denen die Ehegatten an ihrer Vereinbarung festgehalten werden, höchst unterschiedlich beurteilt. Dabei ist die rechtliche Beurteilung nicht nur von den Differenzen zwischen den beiden untersuchten Rechtsordnungen, sondern auch von einem unterschiedlichen Verständnis innerhalb des jeweiligen Rechts geprägt. Die Herangehensweise divergiert dabei teilweise erheblich: es werden Eingriffe in die Vertragsfreiheit ganz verschiedener Art und Intensität vorgenommen.

I. Die Haltung im deutschen und im englischen Recht

1. Unterschiede zwischen deutschem und englischem Recht

Die Beurteilung der Vertragsfreiheit im deutschen Scheidungsfolgenrecht weicht erheblich von der im englischen Recht vorherrschenden Haltung ab.
Die Herangehensweise im englischen Recht ist durch eine sehr weit verstandene gerichtliche Überprüfungskompetenz geprägt, die im Zusammenhang mit dem für das englische Scheidungsfolgenrecht typischen gerichtlichen Ermessensspielraum zu sehen ist. Die den Gerichten zugebilligte Überprüfungskompetenz zeigt sich schon darin, dass Verzichte auf nacheheliche Ansprüche generell unzulässig sind, so dass es den Eheleuten freisteht, trotz eines erklärten Verzichts die Gerichte zwecks einer Entscheidung über die Scheidungsfolgen anzurufen. Damit ist der Weg für die Eheleute frei, trotz einer vertraglichen Regelung der Scheidungsfolgen eine gerichtliche Entscheidung herbeizuführen (sog. „ancillary relief"). Dabei hat das Gericht zwar geschlossene Verträge zu berücksichtigen; zu einer Aufrechterhaltung der Vereinbarung ist es jedoch nicht verpflichtet. Dieser nachhaltige Eingriff in die Vertragsfreiheit hat zu einer von der Rechtsprechung selbst festgestellten erheblichen Rechtsunsicherheit für die Eheleute geführt. Hieran kann auch das Bestreben der Gerichte, eine Vereinbarung so weit wie möglich aufrechtzuerhalten, nichts ändern, da letztlich immer der konkrete Einzelfall entscheidend ist. Der Wunsch nach einer Beibehaltung des gerichtlichen Spielraums zeigt sich auch in der trotz eines Reformvorschlags der Regierung immer noch vorherrschenden Auffassung, vorsorgende Verträge seien als rechtlich nicht verbindlich einzustufen. Darüber hinaus steht den Gerichten die Befugnis zu, nach eigenem Ermessen aufgrund bestimmter Umstände bei Vertragsschluss auf Antrag die von den Eheleuten getroffene Vereinbarung

aufzuheben („setting aside") oder anlässlich veränderter Lebensverhältnisse der Ehegatten eine Abänderung des Vertrages vorzunehmen („variation"). Betont werden in der einschlägigen Literatur schließlich eindringlich die Vorteile sog. „consent orders", denen ebenfalls eine gerichtliche Überprüfung der von den Eheleuten gefundenen Einigung vorangeht. Dem Gesamtbild dieser Regelungen kann eine deutliche Stellungnahme für die richterliche Kontrolle von Scheidungsfolgenvereinbarungen entnommen werden.

Das Bürgerliche Gesetzbuch kennt demgegenüber keinen vergleichbaren Spielraum der Gerichte. Mit Ausnahme des § 1587o Abs.2 S.3 BGB, der für anlässlich der Scheidung getroffene Abreden über den Versorgungsausgleich zwingend eine gerichtliche Genehmigung als Wirksamkeitsvoraussetzung vorsieht, hat der Gesetzgeber auf eine gerichtliche Überprüfung von Scheidungsfolgenvereinbarungen verzichtet. Es werden im Gegensatz zum englischen Recht sowohl vorsorgende Verträge als auch Verzichte auf die gesetzlichen Scheidungsfolgen grundsätzlich anerkannt. Dafür sieht das Bürgerliche Gesetzbuch anders als das englische Recht für einige Scheidungsfolgenvereinbarungen eine bestimmte Form vor. Darüber hinaus gelten einige (wenige) gesonderte Inhaltsverbote, die wiederum dem englischen Recht unbekannt sind. Die wesentliche Schranke der Vertragsfreiheit im Scheidungsfolgenrecht ist allerdings in § 138 Abs.1 BGB zu finden. Über diese Generalklausel des allgemeinen Vertragsrechts wird die den Eheleuten zustehende Gestaltungsbefugnis entscheidend gesteuert. Bei der anhand der Bildung von Fallgruppen durch Praxis und Wissenschaft vorgenommenen Konkretisierung dieser Vorschrift ist allerdings eine überwiegend restriktive Haltung zu verzeichnen. Insbesondere der Bundesgerichtshof, aber auch ein Teil des Schrifttums stellt sich gegen eine vorschnelle Korrektur der von den Eheleuten getroffenen Vereinbarungen. Demgegenüber wird teilweise von der Literatur eine stärkere gerichtliche Einmischung gefordert. Insgesamt geht sowohl die gesetzgeberische Konzeption als auch ihr folgend die bislang herrschende Meinung in Rechtsprechung und Literatur von einer nur ausnahmsweise durchzuführenden gerichtlichen Kontrolle aus. Diese zurückhaltende Position im deutschen Recht setzt sich bei der Frage fort, inwiefern sich Eheleute von einer wirksam geschlossenen Vereinbarung wieder lösen können. Der Einsatz des auf § 242 BGB bzw. § 313 BGB n.F. gestützten Instituts der Störung der Geschäftsgrundlage scheitert beim Unterhaltsverzicht bereits aus dogmatischen Gründen; ansonsten ist die Anwendung eine Frage des konkreten Einzelfalls und wird bislang restriktiv gehandhabt. Der Einwand der unzulässigen Rechtsausübung wird nach Auffassung der Rechtsprechung und eines Teils der Literatur vor allem bei einem Verzicht auf den Unterhaltsanspruch wegen Kindesbetreuung aus § 1570 BGB relevant. Ansonsten ist auch hier eine restriktive und einzelfallbezogene Haltung der Rechtsprechung zu beobachten.

Abschließend ist noch anzumerken, dass im englischen Recht mit der auf einem Vorstoß der Regierung beruhenden Diskussion um die rechtliche Verbindlichkeit von vorsorgenden Verträgen eine Tendenz zur Lockerung der den Eheleuten im Bereich der Scheidungsfolgenvereinbarungen auferlegten Beschränkungen zu beobachten ist. Demgegenüber ist im deutschen Recht aufgrund der Entscheidung des Bundesverfassungsgerichts vom 6.2.2001 eine Verschärfung der gerichtlichen Kontrolle bei Scheidungsfolgenvereinbarungen zu erwarten.

2. Uneinheitlichkeit innerhalb der jeweiligen Rechtsordnung

Auffallend sind nicht nur die Unterschiede zwischen der Haltung im deutschen und im englischen Recht. Auch schon innerhalb der jeweiligen Rechtsordnung lässt sich eine einheitliche Herangehensweise nicht erkennen.
Vor allem im deutschen Recht lassen sich vielfältige Auffassungen zum Umfang der Vertragsfreiheit im Scheidungsfolgenrecht unterscheiden. So ist die gesetzgeberische Konzeption sowohl bei der Frage nach der Formbedürftigkeit von Unterhaltsvereinbarungen als auch hinsichtlich des in § 1587o Abs.2 S.3 BGB vorgesehenen gerichtlichen Genehmigungsvorbehalts und der Sperrfristregelung des § 1408 Abs.2 S.2 BGB auf Kritik gestoßen. Insgesamt wird bemängelt, dass sich der gesetzlichen Regelung kein einheitliches Konzept entnehmen lasse. Weiterhin umstritten ist beispielsweise die Beurteilung eines Verzichts auf den in § 1570 BGB vorgesehenen Unterhaltsanspruch wegen Kindesbetreuung sowie die Sittenwidrigkeit eines Verzichts, der sich zu Lasten des Sozialhilfeträgers auswirkt. Einen ganz entscheidenden Stellenwert nimmt in der gegenwärtigen Diskussion die Frage ein, wie hoch bei einer (möglichen) Übervorteilung eines Ehegatten die Schwelle des § 138 Abs.1 BGB anzusetzen ist. Der bisherigen Rechtsprechung wird hier vielfach vorgeworfen, sie sei bei der Handhabung dieser Norm zu zurückhaltend. Diese Diskussion erhält zusätzliche Relevanz durch die Entscheidung des Bundesverfassungsgerichts vom 6.2.2001, die unter anderem auch zu diesem Problemkreis Stellung nimmt. Insgesamt steht der Ruf nach einer stärkeren Inhaltskontrolle[405] dem Wunsch nach einer von der Rechtsprechung zurückhaltend durchzuführenden Ausübungskontrolle[406] gegenüber.
Im englischen Recht finden sich unterschiedliche Ansätze vor allem innerhalb der aktuellen Diskussion, inwieweit vorsorgende Verträge rechtlich verbindlich die Scheidungsfolgen regeln können. Der Reformvorstoß der englischen Regierung ist dabei überwiegend auf Kritik und nur vereinzelt auf Zustimmung gestoßen. Ansonsten ist die auf der Entscheidung *Edgar* v *Edgar* beruhende weitreichende gerichtliche Kontrolle bei an sich wirksamen Scheidungsfolgenvereinbarungen und die damit einhergehende Rechtsunsicherheit innerhalb der Rechtsprechung selbst auf Kritik gestoßen. Insgesamt nimmt die (kritische) Lite-

---

[405] *Schwenzer* AcP 196 (1996), 88ff; *Büttner* FamRZ 1998, 1ff; *Dethloff* JZ 1997, 414f; Palandt-*Brudermüller* § 1585c Rn 17; MünchKomm-*Maurer* § 1585c Rn 41; Schwab-*Schwab* Teil VII Rn 303f; Schwab-*Borth* Teil IV Rn 1273, 1295.
[406] *Langenfeld* FS Schippel, 251 (262); *Grziwotz* FamRZ 1997, 585 (589).

ratur in dem durch das „case law“ geprägten englischen Rechtssystem allerdings einen sehr geringen Raum ein.

3. Fazit

Für die Herangehensweise bei Scheidungsfolgenvereinbarungen ist im englischen Recht eine stark ausgeprägte Überprüfung durch die Gerichte charakteristisch. Dies hat die Konsequenz, dass die Eheleute nur in sehr beschränktem Maße wirklich autonom über die sie betreffenden Scheidungsfolgen bestimmen können. Sie können letztlich nur dann auf den Bestand ihres Vertrages hoffen, wenn dieser nach Auffassung des Gerichts eine „gerechte“ Regelung der nachehelichen Verhältnisse enthält (was auch immer dies im Einzelfall heißen mag). Das deutsche Recht verfolgt demgegenüber ein Konzept, das es den Eheleuten weitgehend ermöglichen soll, ohne staatliche Intervention die Scheidungsfolgen einer eigenständigen Regelung zuzuführen. Nur als Ausnahme ist die Kontrolle durch das Gericht vorgesehen. Ausgangspunkt dieser Konzeption ist zweifellos die Annahme, dass die Eheleute im Regelfall zu einer angemessenen Einigung finden werden. Innerhalb der deutschen Rechtsordnung sind allerdings Einzelfragen stark umstritten. Dabei geht es immer um die Frage, unter welchen Voraussetzungen und in welcher Form in das Vertragswerk eingegriffen werden soll. Innerhalb der Diskussion lassen sich dann wiederum zwei Positionen unterscheiden, die sich jeweils in Abstufungen gegenüberstehen. Auch hier streitet stets die Zurückhaltung bei der staatlichen Reglementierung von Verträgen (und damit auch die Akzeptanz „ungerechter“ Vertragsgestaltungen) gegen die Forderung nach einer stärkeren staatlichen Kontrolle zum Schutze bestimmter Interessen.

II. Die Steuerung der Vertragsfreiheit

Die Konkretisierung der Vertragsfreiheit ist nicht nur im Scheidungsfolgenrecht von dem Konflikt zwischen staatlicher Zurückhaltung und staatlicher Intervention geprägt. Diese Problematik stellt sich vielmehr immer dann, wenn es um die Bestimmung des Bereichs geht, der einer autonomen Gestaltung offen stehen soll.

1. Das Institut der Vertragsfreiheit im deutschen Recht

Das deutsche Privatrecht wird grundlegend durch das Prinzip der Privatautonomie geprägt. Hierunter wird die Befugnis der Rechtssubjekte verstanden, ihre privatrechtlichen Angelegenheiten selbständig und eigenverantwortlich nach ihrem eigenen Willen zu gestalten.[407] Ein wesentlicher Bestandteil der Privatautonomie ist die Vertragsfreiheit,[408] die den Parteien das Recht verleiht, ihre Rechtsbeziehungen vertraglich ihrem Willen entsprechend zu regeln.[409] Verfassungsrechtlich ist dieses Prinzip in der allgemeinen Handlungsfreiheit des Art. 2 Abs. 1 GG verankert.[410] Für Vereinbarungen unter Eheleuten wird die Vertragsfreiheit aus Art. 6 Abs.1 GG (i.V.m. Art. 2 Abs.1 GG) abgeleitet.[411] Das Bürgerliche Gesetzbuch ist auch über hundert Jahre nach seinem Inkrafttreten noch von einer sehr liberalistischen und individualistischen Position geprägt. Die in einer vertraglichen Regelung zum Ausdruck gekommene Entscheidung gilt, weil sie gewollt ist, und der Wille des einzelnen als solcher respektiert wird (stat pro ratione voluntas).[412] Dieses liberale Vertragsverständnis lässt eine objektive „Vernünftigkeitskontrolle“ des Vereinbarten nicht zu.[413]

Trotz des liberalen Ausgangspunkts ist allgemein anerkannt, dass die Privatautonomie und mit ihr auch die Vertragsfreiheit nicht schrankenlos gewährt werden können.[414] Die Vertragsfreiheit kann sich vielmehr nur innerhalb des Rahmens entfalten, den die Privatrechtsordnung ihr vorgibt.[415] Sie wird zum einen durch zwingende Rechtsnormen eingeschränkt, von denen durch Parteidisposition nicht abgewichen werden kann. Zum anderen werden Schranken insofern aufgestellt, als für bestimmte Rechtsgeschäfte deren Nichtigkeit angeordnet wird. Dies ist der Fall bei einem Verstoß gegen ein gesetzliches Verbot (§ 134 BGB) oder eine Formvorschrift (§ 125 BGB) sowie bei einem Verstoß gegen die guten Sitten (§ 138 Abs.1 BGB). Schließlich kann die Geltendmachung eines vertraglichen Anspruchs auch an dem Grundsatz von Treu und Glauben (§ 242 BGB) scheitern. Insbesondere über die Auslegung der Generalklauseln (§§ 138

---

[407] *Bork* BGB AT Rn 99; *Hönn* Jura 1984, 57 (57); *Flume* FS zum 100jährigen Bestehen des Dt. Juristentages, 135 (136).

[408] Daneben umfasst die Privatautonomie auch die Eigentums- und die Testierfreiheit.

[409] *Bork* BGB AT Rn 660.

[410] BVerfGE 89, 214 (231); *Bork* BGB AT Rn 102; *Flume* FS zum 100jährigen Bestehen des Dt. Juristentages, 135 (140); *Buschendorf* S. 57.

[411] BVerfGE 103, 89 (101); BVerfGE 60, 329 (339); *Langenfeld* Handbuch Rn 7.

[412] *Flume* FS zum 100jährigen Bestehen des Dt. Juristentages, 135 (141); *Bork* BGB AT Rn 101; *Hönn* Jura 1984, 57 (57); *Kramer* S. 23.

[413] *Bork* BGB AT Rn 101; *Hönn* Jura 1984, 57 (57).

[414] BVerfGE 89, 214 (231); *Bork* BGB AT Rn 104; *Larenz/Wolf* BGB AT § 34 Rn 5; *Hönn* Jura 1984, 57 (58); *Raiser* FS zum 100jährigen Bestehen des Dt. Juristentages, 101 (127); MünchKomm-*Kramer* vor § 145 Rn 19.

[415] *Flume* FS zum 100jährigen Bestehen des Dt. Juristentages, 135 (137): Die Zivilrechtsordnung mit der Statuierung der von ihr anerkannten Rechtsakte und Rechtsverhältnisse ist hiernach nicht eine Einschränkung der „an sich“ bestehenden Freiheit privatautonomer Gestaltung, sondern die privatautonome Gestaltung ist überhaupt nur denkbar in der Zivilrechtsordnung. Vergleiche ferner *Larenz/Wolf* BGB AT § 34 Rn 1; *Raiser* FS zum 100jährigen Bestehen des Dt. Juristentages, 101 (127).

Abs.1, 242 BGB) wird der Umfang der den Vertragsparteien zustehenden Freiheit entscheidend gesteuert. Dies ist ein Weg, der nicht nur im Familienrecht zur Korrektur von infolge eines Vertrages entstandenen Schieflagen gewählt wird. Durch die vom Gesetzgeber bewusst allgemein gehaltene Formulierung dieser Vorschriften ist die Feststellung, welche Vertragsgestaltungen diesen Normen unterfallen, Praxis und Wissenschaft überlassen.

2. Gründe für eine Beschränkung der Vertragsfreiheit

Die Begrenzung der Vertragsfreiheit kann unter verschiedenen Gesichtspunkten geboten sein. Die Reichweite der autonomen Gestaltungsbefugnis findet dort ihre Grenze, wo durch einen Vertrag die schützenswerten Interessen eines Vertragsteils oder Dritter beeinträchtigt werden.

a) Die Übervorteilung eines Vertragsteils

Kann aufgrund seiner überlegenen Verhandlungsposition ein Vertragsteil den Inhalt des Vertrages einseitig nach seinen Interessen bestimmen, wird zum Schutze des unterlegenen Vertragspartners vor unangemessenen Vertragsgestaltungen eine Einschränkung der Vertragsfreiheit befürwortet.[416] Deutlich verankert ist diese Überlegung in dem Wuchertatbestand des § 138 Abs.2 BGB. Aber auch außerhalb des engen Anwendungsbereichs von § 138 Abs.2 BGB sind Reaktionen des Rechts auf Konstellationen gestörten Verhandlungsgleichgewichts zu beobachten. So wurde beispielsweise auf der Grundlage einer vorangegangenen höchstrichterlichen Rechtsprechung die Inhaltskontrolle solcher Verträge gesetzlich normiert, die unter Verwendung von Allgemeinen Geschäftsbedingungen zustande gekommen (§§ 307-309 BGB n.F.) und deshalb angesichts des Machtgefüges im modernen Wirtschaftsleben von der strukturellen Überlegenheit eines Vertragsteils geprägt sind. Daneben haben ähnliche Überlegungen zu einer Beschränkung der Vertragsfreiheit im Bereich der Wohnraummiete[417] und des Arbeitsrechts[418] geführt. In den Bereich gestörter Vertragsparität fällt auch die jüngere Rechtsprechung des Bundesverfassungsgerichts und des Bundesgerichtshofs zu Bürgschaftsverträgen vermögensloser Angehöriger. Hier hat das Bundesverfassungsgericht noch einmal betont, dass die Zivilrechtsordnung immer dann korrigierend eingreifen muss, wenn einer

[416] BVerfGE 89, 214 (231); *Bork* BGB AT Rn 104f; *Larenz/Wolf* BGB AT § 34 Rn 44; *Raiser* FS zum 100jährigen Bestehen des Dt. Juristentages, 101 (129ff); *Flume* FS zum 100jährigen Bestehen des Dt. Juristentages, 135 (143); *Kramer* S. 20ff.

[417] Vergleiche nur *Fastrich* S. 109-117; *Coester-Waltjen* AcP 190 (1990), 1 (8ff); *Hönn* Jura 1984, 57 (65); *Larenz/Wolf* BGB AT § 42 Rn 23ff.

[418] Aufarbeitung der Rechtsprechung des Bundesarbeitsgerichts bei *Fastrich* S. 159-201. Vergleiche ferner *Coester-Waltjen* AcP 190 81990), 1 (5ff); *Hönn* Jura 1984, 57 (64f); *Larenz/Wolf* BGB AT § 42 Rn 20ff.

der Vertragspartner aufgrund einer strukturellen Überlegenheit ein so starkes Übergewicht hat, dass er den Vertragsinhalt faktisch einseitig bestimmen kann.[419] Der Bundesgerichtshof hat diese Vorgabe über eine Anwendung des § 138 Abs.1 BGB umgesetzt.[420] Abseits dieser Fallgruppen gestaltet sich jedoch die Festlegung des konkreten Maßstabs für ein die Einschränkung der Vertragsfreiheit rechtfertigendes gestörtes Verhandlungsgleichgewicht schwierig. Vorstöße in Richtung auf eine Erweiterung der auf § 242 BGB gestützten richterlichen Inhaltskontrolle von Verträgen[421] konnten sich bislang nicht durchsetzen. Es besteht stets die Befürchtung, das Selbstbestimmungsprinzip könne durch übereilte Inhaltskontrollen ausgehöhlt werden.

b) Die Beeinträchtigung von Interessen Dritter

Nicht nur der Schutz eines Vertragspartners kann die Beschränkung der Vertragsfreiheit gebieten. Es ist ebenfalls anerkannt, dass auch aus dem Schutz von Rechten Dritter eine Begrenzung der Autonomie bei der Vertragsgestaltung folgen kann.[422] Nicht zuletzt kann eine durch den Vertrag hervorgerufene Beeinträchtigung öffentlicher Interessen eine Schranke der Vertragsfreiheit bilden.[423]

3. Die insbesondere mit einer Scheidungsfolgenvereinbarung verbundenen Schwierigkeiten

Auch im Scheidungsfolgenrecht besteht die Gefahr, dass ein Vertragsteil durch den anderen bei der Vertragsgestaltung übervorteilt wird oder durch die Vereinbarung Drittinteressen beeinträchtigt werden. Dabei gilt es jedoch, einige Besonderheiten zu beachten, die gerade für den Typ der Scheidungsfolgenvereinbarung charakteristisch sind.

a) Häufigster Vereinbarungstyp in Deutschland: Der Verzicht

Bei einer Betrachtung der Rechtstatsachen in Deutschland zeigt sich, dass die Eheleute in Scheidungsfolgenvereinbarungen am weitaus häufigsten Verzichte

---

419 BVerfGE 89, 214 (231). Kritisch zu dieser den Schutz einer unterlegenen Vertragspartei ausdehnenden Entscheidung *Adomeit* NJW 1994, 2467ff.

420 BGHZ 132, 328 (329); BGH NJW 1997, 52 (54); BGH NJW 1999, 58 (59); BGH NJW 1999, 2372 (2373).

421 Vergleiche etwa die Vorschläge von *Wolf* S. 125ff, S. 195ff, S. 283ff.

422 *Bork* BGB AT Rn 103; *Larenz/Wolf* BGB AT § 34 Rn 46.

423 *Bork* BGB AT Rn 103; *Larenz/Wolf* BGB AT § 34 Rn 46; *Raiser* FS zum 100jährigen Bestehen des Dt. Juristentages, 101 (128). Dabei wird allerdings von *Raiser* darauf hingewiesen, dass die Vereinigung des durch die Grundrechte statuierten kräftigen Individualschutzes mit wohlfahrtsstaatlichen Tendenzen durchaus problematisch sein kann.

auf nacheheliche Ausgleichsansprüche vereinbaren. In einer Untersuchung der Inhalte von (erweiterten) Eheverträgen aus dem Jahr 1988 wurde festgestellt, dass sich die Eheleute in 98 % der Vereinbarungen über den Güterstand auf Gütertrennung geeinigt haben.[424] Auf die Durchführung des Versorgungsausgleichs wurde in 97,8 % der Verträge verzichtet, die Abreden über den Versorgungsausgleich enthielten.[425] Von den Vereinbarungen über den nachehelichen Unterhalt enthielten 90,8 % einen vollständigen Verzicht.[426] Nach dem Gesetz wären allerdings differenzierte Vertragsgestaltungen durchaus möglich. In der Literatur wurden insbesondere von *Langenfeld* diesbezügliche Vorschläge erarbeitet, die sich an der konkreten Ausgestaltung der jeweiligen Ehe orientieren.[427] Der Verzicht auf nacheheliche Ansprüche ist immer dann unproblematisch, wenn es keine entscheidenden Unterschiede in den Vermögensverhältnissen beider Eheleute gibt und sie sich nach der Ehe selbst in angemessener Weise unterhalten können. Besteht allerdings zwischen den Einkommens- und Vermögensverhältnissen ein Gefälle, das zu einer Bedürfnislage bei Scheidung führt, etwa weil ein Partner in der Ehe die Kinder betreut hat und aus diesem Grund keiner Erwerbstätigkeit nachgegangen ist, wäre der ökonomisch schwächere Ehegatte objektiv auf einen Ausgleich über die gesetzlich vorgesehenen Scheidungsfolgen angewiesen. Ein vertraglicher Verzicht wird dieser Interessenlage nicht gerecht. Es sind gerade diese Fälle, die immer wieder eine Diskussion über die Reichweite der Vertragsfreiheit unter Eheleuten herausfordern.

Für die Situation in England liegen keine Erkenntnisse über Rechtstatsachen vor. Allerdings zeigt eine Auswertung der relevanten Gerichtsentscheidungen, dass umfassende Verzichte, anders als in Deutschland, kaum praktische Relevanz aufweisen. Dies liegt sicherlich bereits daran, dass solche Verzichte nicht anerkannt werden, und die Eheleute trotz eines vereinbarten Verzichts weiterhin die Gerichte zur Klärung der Scheidungsfolgenregelung anrufen können. Es ist vielmehr üblich, dass der vermögendere Teil dem anderen Ehepartner vertraglich einen gewissen Ausgleich zugesteht,[428] so dass einzig problematisch ist, ob dieser Ausgleich der Höhe nach angemessen ist.

---

[424] *Stach* S. 63.

[425] *Stach* S. 90.

[426] *Stach* S. 107

[427] Vergleiche hierzu nur das Handbuch von *Langenfeld*, das im 8.Kapitel Empfehlungen für verschiedene Ehetypen enthält: z.B. für den Ehevertrag der jungen Ehe, den Ehevertrag des begüterten Erben, für Eheverträge von Unternehmern, den Ehevertrag bei großem Alters- und Vermögensunterschied, den Ehevertrag bei Wiederverheiratung älterer Eheleute oder den Ehevertrag bei Heirat mit einem Muslim.

[428] Vergleiche die Inhalte der getroffenen Vereinbarung beispielsweise in *Hyman* v *Hyman* [1929] AC 601; *Wales* v *Wadham* [1977] 1WLR 199; *Edgar* v *Edgar* [1980] 3 All ER 887.

b) Die Übervorteilung eines Ehegatten

Hat sich ein Ehegatte auf eine für ihn nachteilige Scheidungsfolgenvereinbarung eingelassen, durch die er weniger erhält, als ihm aufgrund seiner gesetzlichen Ansprüche eigentlich zustünde, wird er sich gerne darauf berufen, der andere Ehegatte habe ihn durch diesen Vertrag übervorteilt. Selbstverständlich ist auch im Scheidungsfolgenrecht die Gefahr erkannt worden, ein Ehegatte könne in einem Vertrag einseitig seinen Interessen zur Durchsetzung verhelfen. Neben der Generalklausel des § 138 Abs.1 BGB sollen sowohl die im Scheidungsfolgenrecht vorgesehenen Formvorschriften[429] als auch die Sperrfristregelung des § 1408 Abs.2 S.2 BGB[430] sowie die in § 1587o Abs.2 S.3 BGB angeordnete familiengerichtliche Genehmigung[431] dem Schutz vor Übervorteilung dienen. Schwierigkeiten bereitet der Schutz vor einer Übervorteilung durch den anderen Ehegatten hauptsächlich im Hinblick auf die im Scheidungsfolgenrecht zwischen den Vertragsparteien bestehende persönliche Beziehung. Anders als im Wirtschaftsleben fällt es hier wesentlich schwerer, die Fälle festzulegen, in denen eine einseitige Interessendurchsetzung vorliegt, die durch das Recht nicht mehr hingenommen werden kann. Auch wenn kein direkter Druck ausgeübt wird, kann es vorkommen, dass ein Ehegatte vor oder während intakter Ehe als Ausdruck seiner Liebe auf seine bei Scheidung entstehenden Ansprüche verzichtet. Dies gilt umso mehr, als er in der Regel nicht ernsthaft mit einem Scheitern der Ehe rechnen wird und daher meint, sich „unbesorgt" auf weitgehende Vereinbarungen zu seinen Ungunsten einlassen zu können. Ohnehin ist aufgrund der besonderen zwischen Eheleuten bestehenden emotionalen Beziehung die Ausübung von Druck durch einen Partner in vielfältiger Weise möglich. Zu denken ist hier etwa an die recht häufig auftretende Äußerung „Wenn Du mich liebst, dann ... unterschreibst Du diesen Vertrag!", durch die ein Ehegatte durchaus zu einem Vertragsschluss gedrängt werden kann. Auch ansonsten bieten sich im persönlichen Miteinander Gelegenheiten zur Manipulation des Partners. Dies kann von subtilen Einwirkungen bis zu handfesten Drohungen wie „Ich nehme Dir die Kinder weg!" und „Ich zeige Dich wegen Steuerhinterziehung an!" reichen. Haben sich die Eheleute bereits getrennt, kann dies zu einer unterschiedlich stark ausgeprägten emotionalen Belastung der beiden ehemaligen Partner führen, die sich auch auf die Verhandlungsführung auswirkt. Derjenige Teil, der aufgrund der Trennung stärker als der andere leidet, wird sich dem anderen gegenüber regelmäßig in einer unterlegenen Verhandlungsposition befinden. Ferner kann sich ein Ehegatte auf eine an sich nachteilige Vereinbarung einlassen, um damit ein anderes Ziel zu erreichen. So kann es einem

---

[429] MünchKomm-*Kanzleiter* § 1410 Rn 1; MünchKomm-*Strobel* § 1587o Rn 17; Soergel-*Gaul* § 1410 Rn 2; Soergel-*Vorwerk* § 1587o Rn 23; Staudinger-*Thiele* § 1410 Rn 2.
[430] BT-Drucks. 7/4694 S.13; BGH FamRZ 1999, 155 (156).
[431] BGH FamRZ 1982, 471 (472); BGH FamRZ 1987, 578 (580).

Vertragsteil darauf ankommen, mit einem Verzicht auf scheidungsbedingte Ansprüche den anderen Teil zu einer Eheschließung zu bewegen[432] oder eine Scheidung zu verhindern.[433] Eine nichtehelich schwangere Frau kann sich schließlich aufgrund ihrer besonderen Lage in einer unterlegenen Verhandlungsposition befinden, da sie nicht nur ihre Interessen, sondern auch die Kindesinteressen wahren muss.[434] Insgesamt wird angesichts der Vielschichtigkeit zwischenmenschlicher Beziehungen deutlich, dass es sich bei der Frage nach einer Übervorteilung des einen durch den anderen Ehegatten um einen äußerst komplexen und schwierig zu beurteilenden Bereich handelt.

c) Die Beeinträchtigung gemeinsamer Kinder

Scheidungsfolgenvereinbarungen regeln nicht nur die nachehelichen Rechtsbeziehungen zwischen den Eheleuten, sondern können auch die Interessen Dritter berühren. Die Interessen gemeinsamer Kinder können durch Scheidungsfolgenvereinbarungen in verschiedener Weise beeinträchtigt werden. Ein wichtiger Gesichtspunkt ist hier die finanzielle Absicherung der Kinder, die ausreichende Berücksichtigung in der Scheidungsfolgenvereinbarung erfahren muss. Hierzu gehört neben der Bereitstellung von den Grundbedarf des Kindes sichernden Mitteln beispielsweise das Angebot einer schulischen und beruflichen Ausbildung, die den Möglichkeiten beider Ehegatten entspricht. Auch steht dem Kind ein Recht auf eine durch die Scheidung der Eltern möglichst wenig belastete Betreuung durch einen Elternteil zu,[435] dessen Verwirklichung im Rahmen der bestehenden Möglichkeiten finanziell gesichert sein muss. Neben der finanziellen Versorgung müssen auch sonstige Kindesinteressen gewahrt werden. So sollte die Scheidungsvereinbarung nicht auf die Vereitelung des Umgangs des Kindes mit einem Elternteil gerichtet sein; ein möglichst unbelasteter Kontakt zu beiden Elternteilen muss gewährleistet sein.[436]
Der Sicherung des Kindeswohls dient unter anderem die Unverzichtbarkeit des Kindesunterhalts nach § 1614 Abs.1 BGB. Ferner kann die Sittenwidrigkeit einer Scheidungsfolgenvereinbarung aus einer mit der vertraglichen Gestaltung verbundenen Beeinträchtigung des Kindeswohls folgen.

---

432 Vergleiche für eine solche Konstellation BGH FamRZ 1996, 1536.

433 Eine solche Fallkonstellation lag BGH FamRZ 1997, 156 zugrunde.

434 Vergleiche hierzu BVerfGE 103, 89 (102ff).

435 Der Bundesgerichtshof hält diesen Grundsatz in Art. 6 Abs.2 GG für verfassungsrechtlich verankert (FamRZ 1985, 787 (788)).

436 Dies zeigt sich auch in den Neufassung des § 1684 BGB durch das Kindschaftsrechtsreformgesetz 1998, nach dem jedes Kind nunmehr ein Recht auf Umgang mit jedem Elternteil hat und jeder Elternteil zum Umgang mit dem Kind verpflichtet und berechtigt ist. Die Eltern haben alles zu unterlassen, was das Verhältnis des Kindes zum jeweils andern Elternteil beeinträchtigt oder die Erziehung erschwert.

d) Die Belastung der Allgemeinheit

Bei einem Verzicht auf gesetzlich vorgesehene Scheidungsfolgen kann für einen Ehegatten Sozialhilfebedürftigkeit eintreten, wenn er für seinen Unterhalt auf einen scheidungsbedingten Ausgleich angewiesen war. Diese Belastung der Sozialkassen wirkt sich dann aufgrund der Finanzierung aus Steuergeldern letztlich zu Lasten der Allgemeinheit aus. Dies gilt nicht nur bei einem umfassend erklärten Verzicht, sondern auch bei sonstigen nachteiligen vertraglichen Regelungen. Zu denken ist hier beispielsweise an eine summenmäßig nicht ausreichende vertragliche Festlegung des Vermögensausgleichs oder des nachehelichen Unterhalts.
Unter anderem durch den für Abreden über den Versorgungsausgleich in § 1587o Abs.2 S.3 BGB festgelegten gerichtlichen Genehmigungsvorbehalt soll die soziale Absicherung des Berechtigten gesichert werden.[437] Es kommt ferner Sittenwidrigkeit der Scheidungsfolgenvereinbarung nach § 138 Abs.1 BGB in Betracht, wenn es infolge der Vertragsgestaltung zu einer Belastung des Sozialhilfeträgers kommt.

4. Fazit

Die Reichweite der Vertragsfreiheit findet ihren Ausgangspunkt in dem Grundsatz, dass dem in einem Vertrag zum Ausdruck gekommenen Willen der Parteien Geltung zu verschaffen ist. Die von den Vertragsparteien vorgenommene autonome Gestaltung ihrer Rechtsbeziehung wird akzeptiert, auch wenn nach objektiven Maßstäben eine angemessenere Regelung hätte gefunden werden können. Dieser Vorrang des geäußerten Willens kann jedoch dann nicht gelten, wenn durch die Vertragsgestaltung schützenswerte Interessen eines Vertragspartners oder Dritter beeinträchtigt werden. Angesichts der besonderen persönlichen Bindung der Vertragsparteien gestaltet sich die Beurteilung von Scheidungsfolgenvereinbarungen insbesondere im Hinblick auf die Übervorteilung eines Ehegatten äußerst schwierig. Problematisch ist ferner die in bestimmten Fällen zu erwartende Gefährdung des Kindeswohls, sowie die unter Umständen infolge einer Scheidungsfolgenvereinbarung eintretende Belastung des Sozialhilfeträgers.

B. Freiheit oder Schutz? – Orientierung an den betroffenen Interessen

Die vorangegangene Analyse hat gezeigt, dass dabei sowohl der Konflikt zwischen Zurückhaltung und Eingriff als auch die mit einer Scheidungsfolgenvereinbarung verbundenen Schwierigkeiten bei der Festlegung der Vertragsfreiheit im Scheidungsfolgenrecht zu berücksichtigen sind.

---

[437] BGH FamRZ 1987, 578 (580); BGH FamRZ 1982, 471 (472).

I. Der Konflikt: Freiheit oder Schutz?

Die Auseinandersetzung um die Beurteilung der den Eheleuten im Scheidungsfolgenrecht zustehenden Vertragsfreiheit ist vor allem im deutschen Recht gekennzeichnet durch die Vielzahl an umstrittenen Einzelfragen. Vorwiegend wird deshalb auch in der wissenschaftlichen Aufarbeitung dieses Problemkreises lediglich Stellung zu den einzelnen Streitfragen bezogen, wobei entweder für ein Mehr an Freiheit oder für ein Mehr an Beschränkung gefochten wird.[438]
Eine isolierte Betrachtung der jeweils streitigen Einzelfragen verschleiert allerdings den bei Scheidungsfolgenvereinbarungen ebenso wie bei anderen Verträgen bestehenden Grundkonflikt zwischen staatlicher Intervention und staatlicher Zurückhaltung. Auf der einen Seite steht die Akzeptanz einer autonomen Regelung der Rechtsbeziehungen, durch die allein dem Willen der Vertragsparteien Geltung verschafft wird, auch wenn die gefundene Einigung nach objektiven Maßstäben nicht optimal ist. Auf der anderen Seite steht die staatliche Korrektur mit dem Ziel, eine möglichst „gerechte" Regelung zu erreichen. Die Durchsetzung der einen Position bringt Rechtssicherheit, da das Vereinbarte gilt und die Parteien sich hierauf verlassen können. Durch die entgegengesetzte Position kann jedoch Einzelfallgerechtigkeit herbeigeführt werden. Letztlich steht das Postulat der Freiheit mit all seinen (auch negativen) Konsequenzen dem Wunsch nach Schutz vor benachteiligenden Verträgen gegenüber.
Dieser Gegensatz zeigt sich nicht nur in den unterschiedlichen Herangehensweisen des deutschen und des englischen Rechts. Auch bei den jeweils umstrittenen Einzelfragen steht dieser Konflikt im Hintergrund. Stets stellt sich die Frage, ob der Freiheit oder dem Schutz der Vorrang eingeräumt werden soll.

II. Konkretisierung anhand der betroffenen Interessen

Die Antwort muss ein angemessener Kompromiss zwischen beiden Ansätzen sein. Dieser kann mittels einer Differenzierung nach den durch eine Scheidungsfolgenvereinbarung beeinträchtigten Interessen entwickelt werden, denn die Unterscheidung nach Schutzinteressen ermöglicht einen fein abgestimmten Ausgleich. Die Art und die Intensität eines korrigierenden Eingriffs bestimmt sich nach dem Schutzbedürfnis. Je nachdem, wie hoch die jeweilige Schutzbedürftigkeit eingeschätzt wird, ist entweder der Freiheit zur autonomen Gestaltung oder dem Schutz vor den mit einem Vertrag verbundenen Nachteilen der Vorrang einzuräumen. Wo dies zur Verwirklichung eines schützenswerten Interesses notwendig ist, ist den Eheleuten nur eingeschränkt die Möglichkeit zuzu-

---

[438] Vergleiche etwa die Darstellungen bei *Reichling* S. 19ff, S. 80ff; S. 91ff; *Petersen* S. 51ff, S. 190ff; *Langenfeld* Handbuch Rn 23ff; *Meder* FuR 1993, 12ff; *Herb* NJW 1987, 1525ff; *Bosch* in FS Habscheid S. 23ff; *Hess* FamRZ 1996, 981ff; *Büttner* FamRZ 1998, 1ff; *Eichenhofer* DnotZ 1994, 213ff; *Grziwotz* FamRZ 1997, 585ff; *Schwenzer* AcP 196 (1996), 88ff.

gestehen, die Scheidungsfolgen vertraglich zu bestimmen. In diesem Gesamtzusammenhang können auch die einzelnen im 2.Teil der Arbeit aufgeworfenen Streitfragen einer ausgewogenen Lösung zugeführt werden.
Eine am Schutzinteresse orientierte Einordnung ist in Ansätzen bereits im Schrifttum[439] und in der Rechtsprechung[440] angesprochen worden.

Ausgangspunkt ist dabei der Gedanke, dass angesichts der unumstritten grundlegenden Bedeutung der Vertragsfreiheit im Privatrecht eine Einschränkung nur dann in Betracht kommt, wenn diese als Reaktion auf bestimmte Probleme *erforderlich* ist. Wie bereits ausgeführt wurde, kann die autonome Gestaltung von Rechtsbeziehungen insofern problematisch sein, als sie Gelegenheit zur einseitig belastenden Interessendurchsetzung sowie zur Beeinträchtigung von Drittinteressen gibt. Da Mittelpunkt der Auseinandersetzung um die Vertragsfreiheit die Wahrung von Drittinteressen sowie der Interessen der Vertragsparteien ist, geht es anders ausgedrückt um die Feststellung eines konkreten Schutzbedürfnisses.
Das *Ausmaß* der erforderlichen Beschränkung muss sich zwingend nach dem Grund für eine Einschränkung und damit nach dem mit ihr verfolgten Zweck richten. Nicht jede negative Auswirkung der Vertragsfreiheit kann zu einer Korrektur über eine Beschränkung der Freiheit führen, denn ansonsten würde das auf einem „egoistischen Interessenausgleich" beruhende Institut der Vertragsfreiheit praktisch entwertet. Das jeweilige Schutzinteresse gibt die Stärke des Eingriffs in die Vertragsfreiheit vor. Dies kann an folgendem Beispiel verdeutlicht werden: Zweifelsfrei sind die gemeinsamen Kinder der Eheleute die schwächsten Beteiligten und daher in besonderem Maße schutzbedürftig. Demgegenüber kann der Umfang, in dem die Allgemeinheit schutzbedürftig ist, durchaus in Frage gestellt werden.[441] Diese Überlegung spiegelt sich auch in der aktuellen Rechtslage wider. So ist ein Verzicht auf Kindesunterhalt nach § 1614 Abs.1 BGB generell unzulässig, während ein Verzicht auf nachehelichen Unter-

[439] Ähnlich auch *Buschendorf* S. 176f: zur Bestimmung der Grenzen der Vertragsfreiheit nach einem einheitlichen Prinzip ist auf objektive Kriterien abzustellen, wie der Feststellung und Wertung der durch eine Ehegattenvereinbarung tangierten Interessen. Auch *Frey* unterscheidet zwischen dem Abwälzen der Unterhaltslast auf Dritte (S. 31-74), dem Vorhandensein betreuungsbedürftiger Kinder (S. 75-83) und der Benachteiligung des Verzichtenden (S. 84-90). Vergleiche auch *Schwenzer* AcP 196 (1996), 88 (97): Unterscheidung zwischen Fallgruppen, in denen der Eingriff in die Vertragsfreiheit den Schutz von Drittinteressen bezweckt und solchen Fallgruppen, in denen zum Schutz der unterlegenen Vertragspartei eingegriffen wird. Siehe auch die Differenzierung bei *Larenz/Wolf* BGB AT Rn 39ff zwischen den Interessen der betroffenen Parteien und den Interessen Dritter sowie der Allgemeinheit.

[440] Das Bundesverfassungsgericht differenziert in seiner Entscheidung vom 6.2.2001 (BVerfGE 103, 89) ebenfalls nach dem Schutz vor unangemessener Benachteiligung (Art. 2 Abs.1 i.V.m. Art. 6 Abs.4 GG) und den Interessen des Kindeswohls (Art. 6 Abs.2 GG).

[441] Vergleiche etwa die Ausführungen von *Zöllner* FS Lange, 973 (988f); Staudinger-*Baumann* § 1585c Rn 192.

halt zu Lasten des Sozialhilfeträgers nur unter bestimmten Voraussetzungen als sittenwidrig gemäss § 138 Abs.1 BGB behandelt wird.

Im Hinblick auf die Beurteilung von Scheidungsfolgenvereinbarungen ergibt sich daraus ein Zweischritt.
(1) Zunächst ist nach den durch eine Scheidungsfolgenvereinbarung betroffenen Interessen zu differenzieren. Infolge einer Scheidungsfolgenvereinbarung kann es sowohl zu einer Beeinträchtigung gemeinsamer Kinder (siehe dazu im 4.Teil) als auch zu einer Belastung der Allgemeinheit (siehe dazu im 5.Teil) kommen. Schließlich ist der Schutz vor einer Übervorteilung durch den anderen Vertragspartner anzusprechen (6.Teil). Erster Schritt ist dann jeweils die Feststellung des konkreten Schutzinteresses (4.Teil A., 5.Teil A., 6.Teil A.). Ziel ist eine Verdeutlichung der im Hinblick auf die jeweils betroffenen Interessen aufgeworfenen Wertungsfragen.
(2) In einem zweiten Schritt wird dann untersucht, inwieweit das festgestellte Schutzinteresse im Recht zu verwirklichen ist. Das mit der Konkretisierung des Schutzinteresses geschaffene Problembewusstsein bildet dabei die Grundlage für eine Auseinandersetzung mit den im 2.Teil aufgeworfenen Streitfragen (4.Teil B., 5.Teil B., 6.Teil B.). Das Gewicht und die Bedeutung des betroffenen Interesses spielen bei der Stellungnahme zu den im Einzelnen umstrittenen Rechtsfragen eine entscheidende Rolle.

4. Teil : Der Schutz gemeinsamer Kinder

Durch Scheidungsfolgenvereinbarungen möglicherweise beeinträchtigte Drittinteressen kommen am deutlichsten ins Spiel, wenn gemeinsame Kinder der Eheleute vorhanden sind. Daten aus der Bundesrepublik Deutschland zeigen, dass immerhin bei jeder zweiten geschiedenen Ehe Kinder betroffen waren.[442] Diese gelten zu Recht als die schwächsten Beteiligten einer Scheidung.

A. Konkretisierung des Schutzinteresses

I. Eindeutigkeit der Schutzbedürftigkeit

Das Bedürfnis nach einem besonders stark ausgeprägten Schutz der gemeinsamen Kinder im Scheidungsverfahren und insbesondere auch vor vertraglichen Vereinbarungen der Eheleute ist unumstritten. Die Erforderlichkeit einer besonderen Berücksichtigung des Kindeswohls wird sowohl in der Rechtsprechung des Bundesverfassungsgerichts[443] als auch des Bundesgerichtshofs[444] sowie in der Literatur[445] grundsätzlich anerkannt. Einzig über die konkrete rechtliche Verwirklichung dieses Schutzes besteht Streit. Dennoch verdient die Frage nach der Schutzbedürftigkeit gemeinsamer Kinder eine eingehendere Betrachtung. Erst wenn über den Umfang des erforderlichen Schutzes Klarheit besteht, kann über seine rechtliche Umsetzung nachgedacht werden.

II. Begründung der Schutzbedürftigkeit

Das besondere Schutzinteresse gemeinsamer Kinder lässt sich aufgrund verschiedener Überlegungen begründen. Allein aus der Tatsache, dass es sich bei ihnen um in der Entwicklung befindliche kindliche oder jugendliche Persönlichkeiten handelt, folgt die im Vergleich zu den erwachsenen Beteiligten besonders hohe seelische Belastung, die mit einer Scheidung der Eltern verbunden ist. Den Auswirkungen einer Scheidung der Eltern auf die Entwicklung ihrer Kinder ist in der psychologischen und soziologischen Forschung besonderes Augenmerk zuteil geworden.[446] Die Ergebnisse können hier allerdings nur kurz skizziert werden, da eine ausführliche Beschäftigung mit den (innerhalb der Forschung durchaus unterschiedlich beurteilten) Details den Rahmen dieser Arbeit bei

---

[442] *Lehmkuhl* Scheidung -Trennung - Kindeswohl, 1 (2).
[443] Vergleiche nur BVerfGE 103, 89.
[444] Vergleiche BGH JR 1987, 112 (113); BGH JR 1993, 193 (195); FamRZ 1995, 291 (291).
[445] Vergleiche nur die Äußerungen von *Langenfeld* FS Schippel, 251 (254); MünchKomm-*Maurer* § 1585c Rn 26, 41; *Herb* NJW 1987, 1525 (1528); *Bosch* FS Habscheid, 23 (34ff); *Vortmann* JA 401 (403).
[446] Vergleiche etwa die Zusammenstellungen bei *Kardas/Langenmayr* S. 108ff.

weitem sprengen würde. An dieser Stelle soll lediglich ein Eindruck von den Auswirkungen vermittelt werden, die eine elterliche Scheidung auf die weitere kindliche Entwicklung haben kann. Es wird dabei im Wesentlichen auf eine aktuelle Längsschnittuntersuchung zurückgegriffen, die zu interessanten Ergebnissen gekommen ist.[447]
Zum Zeitpunkt des Zusammenbruchs der Ehe waren die Empfindungen der untersuchten Kinder im Alter zwischen zweieinhalb und sechs Jahren von der Angst geprägt, von beiden Eltern verlassen zu werden.[448] Tatsächlich stellte sich die Situation nach der Scheidung häufig wie befürchtet dar: Ein Elternteil, meist der Vater, verließ die Familie, und die Mutter, die zuvor wenig oder gar nicht gearbeitet hatte, arbeitete nun ganztags. Diese Entwicklung hatte für die Kinder ein überwältigendes Gefühl von Einsamkeit zur Folge.[449] Als Erwachsene beschreiben diese Kinder vor allem ihre Sehnsucht nach jemandem, der sich um sie kümmert, mit ihnen spricht und mit ihnen spielt. In der Zeit nach der Scheidung müssen neue Interaktions- und Beziehungsmuster sowohl innerhalb als auch außerhalb der Familie aufgebaut werden.[450] In dieser Zeit kann eine Vielfalt an psychosomatischen und emotionalen Reaktionen sowie von Reaktionen auf der Verhaltensebene beobachtet werden.[451] In der Adoleszenz konnten ernsthafte Probleme der untersuchten Kinder mit Drogen- und Alkoholmissbrauch festgestellt werden,[452] die allerdings im Alter von Ende zwanzig zumeist wieder verschwunden waren.[453] Der Übergang in das Erwachsenenalter gestaltete sich insofern schwierig, als viele der betroffenen Kinder aufgrund fehlender finanzieller Unterstützung ihrer Eltern (trotz häufig bestehender Leistungsfähigkeit vor allem der Väter) nicht die Berufsausbildung aufnehmen und durchführen konnten, die sie sich eigentlich gewünscht hatten.[454] Ging es um die Ehe und die Gründung einer eigenen Familie, waren die untersuchten Kinder im Erwachsenenalter sehr ängstlich.[455] Sie litten gleichermaßen unter der Befürchtung, im Stich gelassen und von ihren Geliebten oder Ehegatten betrogen zu werden.

---

[447] Die Ergebnisse wurden von *Wallerstein* und *Lewis* in FamRZ 2001, 65 veröffentlicht. Die Studie umfasst einen Zeitraum von fünfundzwanzig Jahren.

[448] *Wallerstein/Lewis* FamRZ 2001, 65 (66); siehe dazu auch *Kardas/Langemayr* S. 99ff. Vergleiche auch *Strunk* Scheidung - Trennung - Kindeswohl, 135 (138): mit der Trennung geht ein gewichtiger Verlust an Geborgenheit einher.

[449] *Wallerstein/Lewis* FamRZ 2001, 65 (66).

[450] *Lehmkuhl* Scheidung - Trennung - Kindeswohl, 1 (1f).

[451] Vergleiche die Listen bei *Kardas/Langenmayr* S. 93 und S. 94ff.: unter anderem wurden Schlafstörungen, Kopfschmerzen, Esssucht, Einnässen, Wutanfälle, Aggression, Alpträume, Ängstlichkeit, Hyperaktivität, Verlust von Freunden, Schulprobleme festgestellt.
Vergleiche auch *Strunk* Scheidung - Trennung - Kindeswohl, 135 (142).

[452] *Wallerstein/Lewis* FamRZ 2001, 65 (67).

[453] *Wallerstein/Lewis* FamRZ 2001, 65 (71).

[454] *Wallerstein/Lewis* FamRZ 2001, 65 (67f). Interessant ist, dass eine Unterstützung durch den Stiefvater häufig konsistenter war als die Unterstützung durch den leiblichen Vater.

[455] *Wallerstein/Lewis* FamRZ 2001, 65 (70f).

Die Langzeitstudie kommt zu dem Ergebnis, dass die kindliche Belastung ihren Höhepunkt nicht etwa (wie bei den Eheleuten) zur Zeit der akuten Krise erreicht, um danach sukzessiv abzunehmen; sondern dass die Scheidung ihre Auswirkungen immer wieder während der ersten drei Lebensjahrzehnte der Kinder zeigt.[456] Dies alles muss nicht zwingend zu einem Scheitern der Kinder und späteren Erwachsenen führen. Zu den ganz normalen Aufgaben, die in den verschiedenen Entwicklungsphasen von Heranwachsenden zu bewältigen sind, kommen allerdings im Falle einer elterlichen Scheidung noch weitere spezielle und schwierige Aufgaben hinzu. Dies führt zu einem bei Scheidungskindern im besonderen Maß bestehenden Bedürfnis nach elterlicher Betreuung. Aufgrund dieses gesteigerten Bedarfs an elterlicher Fürsorge sollte verhindert werden, dass der betreuende Elternteil ganztags arbeiten muss.[457] Als weiterer wichtiger Gesichtspunkt wird zum anderen die Bedeutung der finanziellen Absicherung von Scheidungskindern hervorgehoben, um eine Benachteiligung im Vergleich mit Kindern aus intakten Familien zu vermeiden.[458]
Auch andere Studien kommen zu dem Ergebnis, dass der wachsende Stress der Kinder nicht aus dem Ereignis der Scheidung als solcher, sondern hauptsächlich aus unbefriedigend gelösten Regelungen für die Nachscheidungszeit resultiert.[459] Das Fortbestehen einer qualitätsvollen Beziehung zwischen Kindern und umgangsberechtigtem Elternteil wird unbestritten als positiv für eine gelungene Scheidungsverarbeitung gesehen.[460]
Insgesamt wird aus den angeführten Forschungsergebnissen deutlich, welche erheblichen Auswirkungen eine Scheidung auf die Entwicklung der hiervon betroffenen Kinder haben kann.

III. Umfang der Schutzbedürftigkeit

Aus dem eben Gesagten lässt sich auf bestimmte schutzwürdige Interessen von Kindern schließen, die sich mit einer Scheidung ihrer Eltern konfrontiert sehen. Insofern kann die Schutzbedürftigkeit von Scheidungskindern konkretisiert werden. Von herausragender Bedeutung für eine von der Scheidung möglichst gering belastete weitere Entwicklung ist demnach eine intensive elterliche Betreuung, die auf die besonderen Belastungen der Nachscheidungszeit Rücksicht nehmen kann. Daneben ist ein möglichst unbelasteter Kontakt zu beiden Elternteilen von Vorteil. Ein weiterer wichtiger Gesichtspunkt ist die finanzielle Absicherung, die in zweifacher Hinsicht gegeben sein sollte. Zum einen sollte die erforderliche elterliche Betreuung durch ausreichende finanzielle Mittel sicher-

---

456 *Wallerstein/Lewis* FamRZ 2001, 65 (71).
457 *Wallerstein/Lewis* FamRZ 2001, 65 (72).
458 *Wallerstein/Lewis* FamRZ 2001, 65 (72).
459 *Kardas/Langenmayr* S. 79.
460 *Kardas/Langenmayr* S. 170ff.

gestellt sein. Zum anderen sollte auch die Finanzierung der von den Kindern gewünschten Ausbildung gewährleistet sein, damit diese nicht durch die Scheidung in ihrem späteren beruflichen Fortkommen behindert werden.

B. Verwirklichung des Schutzes im Recht

Durch bestimmte Scheidungsfolgenvereinbarungen können die eben festgestellten Interessen gemeinsamer Kinder unter Umständen beeinträchtigt werden. Die Aufgabe des Rechts liegt nun darin, Beeinträchtigungen zu verhindern, soweit dies zum Schutz des Kindes erforderlich ist.

I. Die finanzielle Absicherung des Kindes

Ein zentraler Gesichtspunkt ist die Sicherstellung der finanziellen Versorgung gemeinsamer Kinder auch nach der elterlichen Scheidung. Zu Beeinträchtigungen des Kindes kommt es hier, wenn dessen Unterhaltsansprüche gegen die Eltern durch eine von diesen getroffene Scheidungsfolgenvereinbarung vereitelt werden.

1. Die Regelung des § 1614 Abs.1 BGB

Nach § 1614 Abs.1 BGB kann für die Zukunft nicht auf den gesetzlichen Unterhalt verzichtet werden; ein verbotswidriger Verzicht ist nach § 134 BGB nichtig. Die Norm bezieht sich auf den Verwandtenunterhalt gemäß §§ 1601 ff BGB, dem auch der Kindesunterhalt unterfällt. Von dem Verzichtsverbot sind auch Teilverzichte umfasst.[461] Die Ausgestaltung des Kindesunterhalts als unverzichtbaren Unterhaltsanspruch ist angesichts der auch durch die genannte Langzeitstudie hervorgehobenen Bedeutung einer ausreichenden finanziellen Absicherung von (Scheidungs-) Kindern eine sinnvolle Regelung. Durch § 1614 Abs.1 BGB wird gewährleistet, dass der Kindesunterhalt gegenteiligen Verträgen zum Trotz erhalten bleibt. Diese Regelung wird sogar als „Ausdruck eines unverzichtbaren Grundprinzips unserer Rechtsordnung“ bezeichnet.[462]
Einigen sich die Eheleute in einer Scheidungsfolgenvereinbarung über den Kindesunterhalt, so sind zwei Konstellationen zu unterscheiden. Zum einen ist denkbar, dass beide Eltern oder der allein sorgeberechtigte Elternteil als Vertreter des minderjährigen Kindes auftreten und in seinem Namen auf den Kin-

---

[461] Staudinger-*Engler* § 1614 Rn 9f. Allerdings wird den Parteien ein gewisser Spielraum eingeräumt, innerhalb dessen auch die Vereinbarungen eines geringeren als dem Berechtigten objektiv zustehenden Unterhaltsbetrags zulässig ist. Hier ist die Abgrenzung zum unzulässigen Teilverzicht problematisch. Vergleiche hierzu KG FamRZ 1997, 627 (628); OLG Köln FamRZ 1983, 750 (752).
[462] OLG Nürnberg FamRZ 1996, 353 (354).

desunterhalt verzichten. Diese Vereinbarung bezieht sich dann nicht auf das Verhältnis der Eheleute untereinander, sondern regelt vielmehr das Rechtsverhältnis zwischen dem Kind und den Eheleuten. Ein von den Eltern als Vertreter des Kindes abgeschlossener Verzichtsvertrag würde sowohl nach §§ 1614 Abs.1, 134 BGB als auch nach §§ 1629 Abs.2 S.1, 1795 Abs.2, 181 BGB nichtig sein. Allerdings handeln die Eltern nur selten als Vertreter ihres Kindes, da sie meist ihre Erklärungen nicht, wie dies nach § 164 Abs.1 BGB erforderlich wäre, im Namen des Kindes abgeben.[463]

In der Regel wird es sich bei elterlichen Vereinbarungen zu Fragen des Kindesunterhalts vielmehr um einen Vertrag zwischen den Eltern handeln, der nur zwischen ihnen, nicht aber für und gegen das Kind Rechtswirkungen zu entfalten vermag.[464] Treten aber gegenüber dem Kind keinerlei Rechtswirkungen ein, können einer im Rahmen einer Scheidungsfolgenvereinbarung getroffenen Abrede auch nicht die §§ 1614 Abs.1, 134 BGB bzw. §§ 1629 Abs.2 S.1, 1795 Abs.2, 181 BGB entgegenstehen. Dennoch können sich auch bei Vereinbarungen, die von den Eheleuten als alleinige Vertragsparteien geschlossen werden und die gegenüber dem Kind keine Rechtswirkung zeigen, Zweifel an deren Wirksamkeit ergeben. Dies ist insbesondere bei den nachfolgend behandelten sogenannten Freistellungsvereinbarungen der Fall.

Zur Ergänzung sei noch angemerkt, dass sich im englischen Recht eine dem § 1614 Abs.1 BGB vergleichbare Regelung findet. Nach section 9 (2) Child Support Act 1991 sind Vereinbarungen über die Zahlung von Kindesunterhalt ausdrücklich zulässig. Allerdings kann die Entscheidungsbefugnis der Child Support Agency über die Verpflichtung zur Zahlung von Kindesunterhalt in keinem Fall ausgeschlossen werden (section 9 (3), (4) CSA 1991). Kommt es zu einer Festsetzung des Kindesunterhalts durch die Child Support Agency (sog. „maintenance assessment“), ist die getroffene Unterhaltsabrede ab diesem Zeitpunkt gegenstandslos.[465] Im Ergebnis kann also auch im englischen Recht der Anspruch des Kindes auf Unterhalt (section 1 (1) CSA 1991) nicht durch eine Vereinbarung der Eltern vereitelt werden.

2. Die Problematik der Freistellungsvereinbarungen

Durch eine zwischen den Eheleuten hinsichtlich des Kindesunterhalts vereinbarte Freistellungsvereinbarung stellt der betreuende Ehegatte den barunterhaltspflichtigen Ehegatten von dessen gegenüber dem Kind bestehenden Verpflichtungen im Innenverhältnis frei. Bislang wurde diese Vertragsgestaltung überwiegend für zulässig gehalten. Eine Zäsur bei der rechtlichen Beurteilung

---

[463] Vergleiche BGH FamRZ 1987, 934 (935) und BGH FamRZ 1986, 254 (255).

[464] BGH FamRZ 1987, 934 (935); BGH FamRZ 1986, 254 (255).

[465] *Salter/Bruce* S. 123; *Duckworth* S. 191.

von Freistellungsvereinbarungen folgt jedoch aus der bereits im 2. Teil der Arbeit verschiedentlich angesprochenen Entscheidung des Bundesverfassungsgerichts vom 6.2.2001.

a) Die Rechtslage vor der Entscheidung des Bundesverfassungsgerichts

Der Bundesgerichtshof hat bisher die Auffassung vertreten, dass eine hinsichtlich des Kindesunterhalts von den Eheleuten getroffene Freistellungsvereinbarung grundsätzlich wirksam ist.[466] Zur Begründung führt er an, eine Freistellungsvereinbarung entfalte ihre Wirkungen nur im Verhältnis der Eheleute untereinander und lasse den Unterhaltsanspruch des Kindes unberührt, so dass dessen Wohl durch eine solche Vereinbarung auch nicht berührt werden könne. Für sittenwidrig hat der Bundesgerichtshof eine Freistellungsvereinbarung bislang nur befunden, wenn zusätzlich eine unzulässige Koppelung mit einer Regelung der elterlichen Sorge oder des Umgangsrechts vorlag.[467] Diese Haltung entspricht auch der überwiegenden Stimmung in der Literatur.[468]
Demgegenüber hatte das OLG Hamm in einer älteren Entscheidung auf die *wirtschaftlichen* Auswirkungen einer Freistellungsvereinbarung abgestellt.[469] Habe die Freistellungsvereinbarung, wie dies häufig der Fall sein werde, eine Schmälerung der für den Unterhalt der Mutter und des Kindes zur Verfügung stehenden Mittel zur Folge, solle eine solche Vereinbarung als Umgehung des Gesetzes (§ 1614 Abs.1 BGB) nach § 134 BGB nichtig sein. Hierdurch sei sicherzustellen, dass das Kind durch keinerlei Vereinbarung seiner Eltern um seine Unterhaltsansprüche gegenüber dem Vater gebracht werden könne. Lediglich vereinzelt wird auch in der aktuellen Literatur darauf hingewiesen, dass eine Vereinbarung in ihrer Gesamtwirkung nicht der Realisierung von Unterhaltsansprüchen (Bar- sowie Naturalunterhalt) entgegenstehen dürfe.[470] So dürfe der das Kind betreuende Elternteil nicht aufgrund des Freistellungsanspruchs des anderen Elternteils gezwungen sein, eine angemessene Betreuung einzuschränken, um sich die erforderlichen Geldmittel für den eigenen Lebensunterhalt zu besorgen.
Dieser die tatsächlichen Wirkungen einer Freistellungsvereinbarung berücksichtigende Ansatz hat sich indes nicht durchsetzen können. Ausdrücklich hat das Kammergericht die wirtschaftlichen Folgen für den freistellenden Ehegatten bei der Beurteilung der Wirksamkeit einer Freistellungsvereinbarung als unerheb-

---

466 BGH FamRZ 1987, 934 (935); BGH FamRZ 1986, 444 (445).
467 BGH FamRZ 1986, 444 (445f); BGH FamRZ 1984, 778 (780).
468 MünchKomm-*Born* § 1614 Rn 13; Johannsen/Henrich-*Graba* § 1614 Rn 3; Erman-*Holzhauer* § 1614 Rn 3.
469 OLG Hamm FamRZ 1977, 556 (558). Es ging um den Unterhaltsanspruch eines nichtehelichen Kindes, doch gelten die Ausführungen des Gerichts auch für Unterhaltsansprüche ehelicher Kinder.
470 Soergel-*Häberle* § 1614 Rn 3.

lich angesehen.[471] Das Kind könne schließlich immer noch den freigestellten Elternteil auf Zahlung von Unterhalt in Anspruch nehmen und sei deshalb in seinen Interessen nicht beeinträchtigt. Zudem könne die Freistellungsverpflichtung ohnehin nur bis zur Pfändungsgrenze durchgesetzt werden; dieser Schutz sei ausreichend. Dem haben sich auch Stimmen in der Literatur angeschlossen.[472]

Zusammenfassend kann daher gesagt werden, dass bisher überwiegend allein auf die fehlende *rechtliche* Auswirkung einer Freistellungsvereinbarung auf den Unterhaltsanspruch des Kindes abgestellt wurde, und die wirtschaftlichen Folgen bei der Beurteilung ihrer Wirksamkeit unberücksichtigt blieben.

b) Die Entscheidung des Bundesverfassungsgerichts vom 6.2.2001

Das Bundesverfassungsgericht, das sich mit der Frage der Wirksamkeit einer Freistellungsvereinbarung auseinander zu setzen hatte, hält hingegen gerade die *tatsächlichen* wirtschaftlichen Auswirkungen einer solchen Vereinbarung für entscheidend.[473] Danach ist das Kindeswohl dann gefährdet, wenn durch die Freistellungsvereinbarung eine den Interessen des Kindes entsprechende Betreuung und ein den Verhältnissen beider Eltern angemessener Barunterhalt nicht mehr sichergestellt ist, weil der betreuende Elternteil nicht über erhebliche eigene finanzielle Mittel verfügt und der andere Elternteil sich der Sorge um sein Kind auch finanziell entziehen will.[474] Aufgrund der Freistellungsvereinbarung erhalte der betreuende Elternteil nicht nur keine Zahlungen zur Deckung des Unterhaltsbedarfs des gemeinsamen Kindes, sondern sein ihm selbst zur Verfügung stehendes Einkommen werde gleichzeitig durch die Verpflichtung zur Abdeckung des Kindesbarunterhalts gemindert und wirke de facto wie ein Unterhaltsverzicht. Denn zum einen sinke hierdurch das dem gemeinsamen Haushalt von betreuendem Elternteil und Kind zur Verfügung stehende Einkommen deutlich und zum anderen sei aufgrund der Kindesbetreuung die Möglichkeit zur Ausübung einer Erwerbstätigkeit begrenzt. Reichten die eigenen Einkünfte nicht zur Kompensation der Freistellungsverpflichtung aus, bestünden für den betreuenden Elternteil lediglich zwei Handlungsoptionen, die beide zu einer Beeinträchtigung des Kindeswohls führten. Er könne entweder einer Erwerbstätigkeit nachgehen und werde dadurch gezwungen, die Betreuung des Kindes in fremde Hände zu geben; oder er könnte mit dem Kind in wirtschaft-

[471] KG FamRZ 1985, 1073 (1074).
[472] MünchKomm-*Born* § 1614 Rn 13; Erman-*Holzhauer* § 1614 Rn 3: Das wirtschaftliche Problem des Freistellenden sei bei der Bemessung seiner Leistungsfähigkeit als Unterhaltspflichtiger sowie im Vollstreckungsschutz gegenüber dem Freistellungsgläubiger zu lösen.
[473] BVerfGE 103, 89 (109f).
[474] BVerfGE 103, 89 (109).

lichen Verhältnissen leben, die die Entwicklungsmöglichkeiten des Kindes weit mehr einschränkten, als es dem gemeinsamen elterlichen Vermögen entspricht. Ausschlaggebend ist für das Bundesverfassungsgericht also allein, ob sich die Lebensumstände des Kindes durch die Freistellungsvereinbarung seiner Eltern nachteilig gestalten und dadurch das Kindeswohl gefährdet wird. Dies ist immer dann anzunehmen, wenn die finanziellen Möglichkeiten des freistellenden Ehegatten nicht ausreichen, um die aufgrund der Freistellung fehlenden Zahlungen auszugleichen.

c) Bewertung dieser Entscheidung

Das Urteil des Bundesverfassungsgerichts enthält eine eindeutige Tendenz zu einer stärkeren gerichtlichen Kontrolle von Scheidungsfolgenvereinbarungen und steht damit im Widerspruch zu der zurückhaltenden bisherigen Rechtsprechung des Bundesgerichtshofs. Das Bemerkenswerte an dieser Entscheidung ist zweifellos die Tatsache, dass das Bundesverfassungsgericht seine Argumentation auf die *tatsächlichen* Auswirkungen einer Scheidungsfolgenvereinbarung stützt. Bislang haben die Gerichte bei der Beurteilung einer Freistellungsvereinbarung die faktischen Folgen überwiegend außer Acht gelassen. Es ist ein zentrales Anliegen des Bundesverfassungsgerichts, zu verhindern, dass sich ein Elternteil der finanziellen Verantwortung für sein Kind entzieht, und der betreuende Elternteil dann auf sich allein gestellt für Betreuung sowie Unterhalt für das Kind und für sich zu sorgen hat.
Das Bundesverfassungsgericht stützt sich auf zwei Aspekte, deren Auswirkungen auf die weitere, möglichst von der Scheidung unbelastete Kindesentwicklung auch in der psychologischen und soziologischen Forschung Bestätigung findet. Wie bereits eingangs herausgearbeitet wurde, ist zum einen die intensive elterliche Betreuung von herausragender Bedeutung. Die elterliche Fürsorge hilft den von einer Scheidung betroffenen Kindern entscheidend dabei, die Trennung der Eltern zu verarbeiten und den damit verbundenen Schwierigkeiten entgegenzutreten. Daneben muss jedoch auch eine ausreichende finanzielle Versorgung der betroffenen Kinder gewährleistet sein, damit sie nicht durch die Scheidung ihrer Eltern in materielle Not geraten, die angesichts der Einkommens- und Vermögensverhältnisse des barunterhaltspflichtigen Ehegatten nicht gerechtfertigt ist. Das Bundesverfassungsgericht hat richtig erkannt, dass es durch die Vereinbarung einer Freistellung vom Kindesunterhalt zu einer Gefährdung sowohl der erforderlichen Betreuung als auch der finanziellen Absicherung kommen kann.
Folgendes Beispiel soll die Auswirkungen einer Freistellungsvereinbarung nochmals verdeutlichen: Die Eheleute vereinbaren für den Fall der Scheidung, dass die Ehefrau den Ehemann von dem zu zahlenden Kindesunterhalt freistellen wird. Das Kind lebt nach der Scheidung bei der Mutter. Der Vater zahlt aufgrund der Freistellungsvereinbarung keinen Kindesunterhalt. Die dadurch feh-

lende Summe kann sich nun in verschiedener Weise auf den gemeinsamen Haushalt von Mutter und Kind auswirken. Kann die Mutter die fehlende Summe durch eigene finanzielle Mittel ausgleichen, etwa weil sie über Einkünfte aus eigenem Vermögen verfügt, werden die Interessen nicht nachteilig berührt, so dass eine Freistellungsvereinbarung auch nicht zu beanstanden ist. Nimmt die Mutter hingegen eine Erwerbstätigkeit auf, um die fehlenden Mittel aufbringen zu können, ist die erforderliche persönliche Betreuung des Kindes nicht mehr möglich. Das Kindeswohl ist gefährdet. Dazu kommt es auch dann, wenn die Mutter das Kind betreut und deshalb auf die Aufnahme einer Erwerbstätigkeit verzichtet. Da sie die fehlende Summe nicht aus eigenen Mitteln ausgleichen kann, führt dies zu einem geringeren Lebensstandard des Kindes, als es dem Einkommen des Vaters entsprechen würde. Die Erfüllung der finanziellen Bedürfnisse des Kindes ist nicht mehr sichergestellt.

Nun wird das Kind in den letzten beiden Varianten seinen Unterhaltsanspruch gegen den Vater geltend machen. Der Vater ist dann zur Zahlung verpflichtet, da die Freistellungsvereinbarung nicht gegenüber dem Kind wirkt. Zum Ausgleich wird der Vater die Mutter in Anspruch nehmen, die bis zur Grenze des § 811 ZPO[475] beziehungsweise der §§ 850a-850k ZPO[476] ihren aus der Freistellungsvereinbarung folgenden Verpflichtungen nachkommen muss. Dann steht die Mutter wiederum vor dem schon beschriebenen Dilemma: sie kann sich für die Aufnahme einer Erwerbstätigkeit entscheiden und in der Folge die Kindesbetreuung nicht mehr persönlich wahrnehmen. Oder sie verzichtet auf die Ausübung einer Erwerbstätigkeit, um die Betreuung zu gewährleisten, so dass der gemeinsame Haushalt von Mutter und Kind im Ergebnis nach Zahlung an den Vater über deutlich weniger Geld verfügt, als wenn die Eltern keine Freistellung vereinbart hätten. Die in der Zivilprozessordnung vorgesehenen Pfändungsverbote vermögen dabei die Interessen des Kindes nur unzureichend zu schützen. Zwar wird durch diese Regelungen gewährleistet, dass dem Schuldner ein Existenzminimum verbleibt. Angesichts der in § 850c ZPO genannten Geldbeträge[477] ist jedoch klar, dass dem gemeinsamen Haushalt von Mutter und Kind nur sehr geringe finanzielle Mittel zur Verfügung stehen. Dies wird sich auch auf die Lebensführung des Kindes auswirken. Es ist damit deutlich, dass jede Handlungsoption der Mutter tatsächlich zu einer Beeinträchtigung des Kindes führt, da entweder der gemeinsame Haushalt über deutlich weniger Geld verfügt

---

[475] § 811 ZPO regelt, welche Sachen des Schuldners einer Pfändung nicht unterworfen sind.

[476] Als pfändbare Forderungen im Sinne des § 829 ZPO kommen neben Arbeitseinkommen auch Sozialleistungen in Betracht, vergleiche Thomas/Putzo-*Putzo* § 829 Rn 14. Handelt es sich bei den Sozialleistungen um laufende Geldleistungen, werden sie wie Arbeitseinkommen gepfändet (§ 54 Abs.4 SGB I) und unterliegen damit den Beschränkungen der §§ 850a-850k ZPO.

[477] § 850c Abs.1 S.1 ZPO: Arbeitseinkommen ist unpfändbar, wenn es, je nach dem Zeitraum, für den es gezahlt wird, nicht mehr als 930 Euro monatlich, 217,50 Euro wöchentlich oder 43,50 Euro täglich beträgt.

oder eine persönliche Betreuung durch die Mutter nicht zu realisieren ist. Dies gilt nur in den Fällen nicht, in denen die Mutter von vornherein über ausreichende finanzielle Mittel verfügt, um die aufgrund der Freistellungsvereinbarung in jedem Fall fehlende Summe auszugleichen.
Die bisherige Rechtsprechung hat das Verhältnis zwischen Kind und barunterhaltspflichtigem Elternteil und das Verhältnis zwischen dem betreuenden und dem barunterhaltspflichtigen Elternteil jeweils isoliert betrachtet. Dies führt aufgrund der lapidaren Feststellung, das Kind könne seinen Unterhaltsanspruch ja weiterhin geltend machen, zu der Schlussfolgerung, die Kindesinteressen seien durch eine Freistellungsvereinbarung nicht berührt. Dies greift jedoch zu kurz; die Auswirkungen der Freistellung auf die finanzielle Situation des gemeinsamen Haushalts von Kind und betreuendem Elternteil können nicht ausgeklammert werden.
Richtigerweise muss vielmehr der Blick auf das Verhältnis der Restfamilie (bestehend aus betreuendem Elternteil und Kind) zum barunterhaltspflichtigen Elternteil gerichtet werden. Hier ist dann die entscheidende Frage, ob der barunterhaltspflichtige Elternteil seinen Elternpflichten gerecht wird. Das ist zu verneinen, wenn er die Restfamilie sich selbst überlässt und sich der finanziellen Verantwortung für sein Kind entledigt, obwohl der betreuende Elternteil zu einem Ausgleich nicht in der Lage ist. In diesem Fall entzieht sich der barunterhaltspflichtige Elternteil seiner Verantwortung auf Kosten des Kindes. Dem ist in Übereinstimmung mit dem Bundesverfassungsgericht dadurch entgegenzutreten, dass in einem solchen Fall die Freistellungsvereinbarung nicht durchgesetzt werden kann. Dem Schutz der Kindesinteressen ist gegenüber der freien Vertragsgestaltung der Vorrang einzuräumen.

d) Die Umsetzung der Entscheidung

Die Ausführungen des Bundesverfassungsgerichts verdienen Zustimmung; fraglich ist jedoch deren Umsetzung im einfachen Recht.

aa) Die dogmatische Einordnung

Bei nachteiligen Auswirkungen für das Kind sind die Gerichte laut Bundesverfassungsgericht aufgerufen, das staatliche Wächteramt aus Art. 6 Abs.2 S.2 GG über eine Inhaltskontrolle der von den Eltern getroffenen Abrede wahrzunehmen. Das Kindeswohl sei von den Gerichten bei der Anwendung der zivilrechtlichen Generalklauseln - § 138 BGB und § 242 BGB – zu beachten.[478]

---

[478] BVerfGE 103, 89 (100): Die Grundrechte entfalten ihre Wirkkraft als verfassungsrechtliche Wertentscheidungen im Privatrecht durch das Medium der zivilrechtlichen Generalklauseln. Den Gerichten obliegt es, den Grundrechtsschutz durch Auslegung und Anwendung des Rechts zu gewähren und im Einzelfall zu konkretisieren.

(1) Sittenwidrigkeit der Vereinbarung - § 138 Abs.1 BGB

Es liegt nahe, eine das Kindeswohl beeinträchtigende Freistellungsvereinbarung als neue Fallgruppe der sittenwidrigen und damit nach § 138 Abs.1 BGB nichtigen Vertragsgestaltung einzuordnen. Diesen Weg ist auch die in Folge der Entscheidung erschienene Literatur gegangen.[479] Begründet wird dies mit dem besonders hohen Ausmaß der Benachteiligung, das dem Kind angesonnen wurde.[480] Die Entschiedenheit der verfassungsgerichtlichen Beanstandung deute grundsätzlich auf eine harte Sanktion und damit auf die Annahme der Sittenwidrigkeit hin.[481]
§ 138 Abs.1 BGB setzt der autonomen Vertragsgestaltung dort eine Grenze, wo dies zur Wahrung der Grundprinzipien unserer Rechtsordnung erforderlich erscheint.[482] Als ein solches Grundprinzip kann sicherlich die Sicherung des Kindeswohls angesehen werden. Dies lässt sich bereits Art. 6 Abs.2 S.2 GG entnehmen, der ausdrücklich eine Überwachung der von den Eltern ausgeübten Pflege und Erziehung durch die staatliche Gemeinschaft anordnet. Auch im Falle der unzulässigen Koppelung eines Verzichts auf Elternrechte mit einer Freistellungsvereinbarung[483] wird auf § 138 Abs.1 BGB zurückgegriffen. Die Konstellationen sind insofern vergleichbar, als es auch dort um den Ausschluss einer Gefährdung des Kindeswohls geht. Ferner ist richtig, dass das Bundesverfassungsgericht in seinem Urteil sehr entschieden die Wahrung des Kindeswohls einfordert: dies würde in der gerichtlichen Umsetzung ein Nichtigkeitsverdikt rechtfertigen.
Problematisch bei einer Anwendung des § 138 Abs.1 BGB ist allerdings der für die Beurteilung der Sittenwidrigkeit maßgebliche Zeitpunkt. Dies ist nach allgemeiner Ansicht der Zeitpunkt des Vertragsschlusses und nicht der Zeitpunkt der Rechtsentstehung.[484] Bei Vertragsschluss muss also die Gefährdung des Kindeswohls als Anknüpfungspunkt der rechtlichen Beanstandung bereits feststehen. Das bedeutet, dass die wirtschaftlichen Auswirkungen der Freistellungsvereinbarung schon zu diesem Zeitpunkt erkennbar dem Kindeswohl zuwiderlaufen müssen. Einigen sich die Eheleute anlässlich ihrer Scheidung über eine Freistellung vom Kindesunterhalt, lässt sich anhand der zu diesem Zeitpunkt bestehenden finanziellen Verhältnisse ohne weitere Schwierigkeiten klären, ob eine faktische Beeinträchtigung des Kindeswohls zu befürchten ist.

---

[479] *Schwab* Anmerkung FamRZ 2001, 349 (350); *Bergschneider* FamRZ 2001, 1337 (1340). Demgegenüber legt sich *Schubert* FamRZ 2001, 733 (735) nicht fest.
[480] *Schwab* Anm. FamRZ 2001, 349 (350).
[481] *Bergschneider* FamRZ 2001, 1337 (1340).
[482] Palandt-*Heinrichs* § 138 Rn 1; *Bork* BGB AT Rn 1152.
[483] Siehe dazu bereits oben im 2.Teil A.I.5.b)aa).
[484] BGHZ 107, 92 (96); BGHZ 100, 353 (359); BGH FamRZ 1992, 1403 (1404); BGH FamRZ 1991, 306 (307); *Bork* BGB AT Rn 1156; Staudinger-*Sack* § 138 Rn 79ff, 180.

Anders ist die Situation allerdings bei vorsorgenden Verträgen zu beurteilen, denn hier tritt die Wirkung einer Freistellungsvereinbarung erst bei der – häufig erst Jahre später erfolgenden – Scheidung ein. Da aber allein der Zeitpunkt des Vertragsschlusses entscheidend ist, richtet sich dann die Sittenwidrigkeit der Freistellungsvereinbarung einzig danach, ob nach den bei Vertragsschluss bestehenden Verhältnissen der Eheleute von einer später eintretenden Gefährdung des Kindeswohls bei Scheidung auszugehen war. Diese ex ante vorzunehmende Prognose gestaltet sich jedoch äußerst schwierig, da eine solche Beurteilung aufgrund der Länge der zu überblickenden Zeit kaum zu leisten ist. Nehmen wir einmal an, dass der betreuende Elternteil bei Vertragsschluss über ein eigenes Erwerbseinkommen verfügte und deshalb in der Lage gewesen wäre, die Freistellungsverpflichtung ohne weiteres zu erfüllen. Später gibt er jedoch während der weiteren Ehezeit seine Tätigkeit in Übereinstimmung mit dem anderen Ehegatten auf, weil weitere Kinder geboren wurden. Die jeweilige Situation bei Vertragsschluss und bei Scheidung unterscheidet sich dann erheblich: Zum Zeitpunkt des Vertragsschlusses war die Freistellungsvereinbarung nicht zu beanstanden; bei Scheidung hingegen führt sie zu der vom Bundesverfassungsgericht ausgeführten faktischen Benachteiligung der gemeinsamen Kinder.
Eine vorsorgend für den Scheidungsfall getroffene Freistellungsvereinbarung kann nur dann sittenwidrig sein, wenn bereits bei Vertragsschluss die spätere Beeinträchtigung der Kindesinteressen feststand. Davon wird aber nur dann ausgegangen werden können, wenn schon bei Vertragsschluss klar war, dass der freistellende Elternteil nie in der Lage sein würde, die durch die Freistellung entstehenden finanziellen Einbußen auszugleichen. Dies wird allerdings nur selten der Fall sein, da die weitere Entwicklung der Lebensverhältnisse so gut wie nie vorausgesehen werden kann. Damit kann der Problematik der faktisch nachteiligen Freistellungsvereinbarung über § 138 Abs.1 BGB nur unzureichend begegnet werden, und die Anwendung des § 138 Abs.1 BGB bleibt insofern unbefriedigend, als der Schutz der Kindesinteressen nicht in allen Fällen der faktischen Beeinträchtigung durchgesetzt werden kann.

(2) Unzulässige Rechtsausübung - § 242 BGB

Angesichts des eingeschränkten Anwendungsbereichs von § 138 Abs.1 BGB ist über eine andere Lösung nachzudenken. Beruft sich der barunterhaltspflichtige Elternteil gegenüber dem betreuenden Elternteil auf die Freistellungsvereinbarung, könnte dies angesichts der faktischen Nachteile für das Kind als rechtsmissbräuchliches und damit nach § 242 BGB unzulässiges Verhalten gedeutet werden.
Der Vorteil dieses Weges liegt darin, dass der für die Feststellung eines Verstoßes gegen den Grundsatz von Treu und Glauben maßgebliche Zeitpunkt die

Geltendmachung des Rechts ist.[485] Es wird also dann eingeschritten, wenn in der konkreten Scheidungssituation eine Gefährdung des Kindeswohls durch die von den Eltern – unter Umständen vorsorgend – getroffene Freistellungsvereinbarung anzunehmen ist. § 242 BGB enthält den Grundsatz, dass jedermann bei der Ausübung seiner Rechte und der Erfüllung seiner Pflichten nach Treu und Glauben zu handeln hat. Es wird der Rechtsausübung dort eine Grenze gesetzt, wo sie im Einzelfall zu untragbaren, mit Recht und Gerechtigkeit offensichtlich unvereinbaren Ergebnissen führt.[486] Im Falle einer im konkreten Fall faktisch nachteiligen Freistellungsvereinbarung könnte das Verbot der unzulässigen Rechtsausübung als allen Rechten und Pflichten immanente Schranke eingreifen. Hierfür spricht auch, dass die Rechtsprechung bei einem Verzicht auf den Betreuungsunterhalt nach § 1570 BGB ebenfalls zur Wahrung des Kindeswohls auf den Einwand der unzulässigen Rechtsausübung zurückgreift.[487]
Ein weiterer Vorteil liegt darin, dass die Durchsetzung der Freistellungsvereinbarung nur solange gehindert ist, wie eine Gefährdung des Kindeswohls tatsächlich vorliegt. Damit erweist sich der Weg über § 242 BGB gegenüber der starren Rechtsfolge des § 138 Abs.1 BGB als flexibler. Es ist durchaus denkbar, dass eine Beeinträchtigung der Kindesinteressen nur vorübergehend auftritt, etwa weil zu einem späteren Zeitpunkt angesichts des Kindesalters eine persönliche Betreuung nicht mehr in vollem Umfange erforderlich ist und der betreuende Elternteil einer Erwerbstätigkeit nachgehen kann, die die Erfüllung der Freistellungsverpflichtung durchaus ermöglicht. In einem solchen Fall schießt die Nichtigkeitsfolge des § 138 Abs.1 BGB über das Ziel hinaus, da der Vertrag auch dann sittenwidrig und nichtig bleibt, wenn dies zur Wahrung des Kindeswohls nicht mehr erforderlich ist. Auch das Bundesverfassungsgericht fordert die Suspendierung einer Freistellungsvereinbarung nur, wenn tatsächlich eine Beeinträchtigung gegeben ist.

(3) Umgehung eines Verbotsgesetzes

Das OLG Hamm hatte bereits in einer älteren Entscheidung ebenso wie jüngst das Bundesverfassungsgericht die tatsächlichen Auswirkungen einer Freistellungsvereinbarung für entscheidend gehalten.[488] Das Gericht hielt daher eine das Kind faktisch benachteiligende Vereinbarung als Umgehung des in § 1614 Abs.1 BGB enthaltenen Verbotsgesetzes nach § 134 BGB für nichtig. Dem ist zuzugeben, dass eine Freistellungsvereinbarung de facto wie ein Verzicht auf den Kindesunterhalt wirken kann.

---

485 Palandt-*Heinrichs* § 242 Rn 38.
486 Palandt-*Heinrichs* § 242 Rn 2.
487 Siehe dazu oben im 2.Teil A. II.4.
488 OLG Hamm FamRZ 1977, 556 (558).

Als Umgehungsgeschäfte sind solche Geschäfte nichtig, die einen verbotenen Erfolg durch die Verwendung von rechtlichen Gestaltungsmöglichkeiten zu erreichen suchen, die (scheinbar) nicht von der Verbotsnorm umfasst werden.[489] Dies ist hier nicht erfüllt. Zwar fehlt aufgrund des Freistellungsanspruchs die entsprechende Summe in der gemeinsamen Kasse von Kind und betreuendem Elternteil, doch bleibt der Kindesunterhaltsanspruch gegen den freigestellten Elternteil rechtlich unangetastet. Der Unterhaltsanspruch gegen den barunterhaltspflichtigen Elternteil kann weiterhin in voller Höhe durchgesetzt werden, so dass kein Verstoß gegen § 1614 Abs.1 BGB vorliegt. § 1614 Abs.1 BGB enthält nicht mehr und nicht weniger als ein Verzichtsverbot. Ein generelles Verbot beeinträchtigender Vereinbarungen kann der Norm nicht entnommen werden. Durch die Freistellungsvereinbarung wird zwar die Verpflichtung zur Zahlung von Kindesunterhalt *tatsächlich* unterlaufen, doch ist eine Freistellungsvereinbarung keine *rechtliche* Umgehung des in § 1614 Abs.1 BGB enthaltenen Verzichtsverbots.

(4) Ergebnis

Die vorstehenden Ausführungen zeigen, dass sich eine dogmatische Einordnung der Problematik faktisch nachteiliger Freistellungsvereinbarungen als schwierig erweist. Die überzeugenderen Argumente sprechen allerdings für eine Lösung über § 242 BGB.

bb) Die Voraussetzungen einer Beanstandung

Es bleibt abschließend zu klären, unter welchen Voraussetzungen einer Freistellungsvereinbarung konkret die auf § 242 BGB gestützte Einrede der unzulässigen Rechtsausübung entgegengehalten werden kann. Das Bundesverfassungsgericht geht erkennbar von der Annahme aus, dass Freistellungsvereinbarungen nicht generell zu beanstanden sind, sondern stellt als entscheidendes Kriterium die Gefährdung des Kindeswohls auf. Von einer solchen Gefährdung ist nach dem Bundesverfassungsgericht dann auszugehen, wenn eine angemessene Betreuung *und* ein den Verhältnissen beider Eheleute angemessener Barunterhalt für das Kind nicht gewährleistet sind.[490] Eine Gefährdung scheidet also nur in den Fällen aus, in denen das Einkommen des betreuenden Elternteils ohne erhebliche Einschränkungen zur Bestreitung des eigenen Unterhalts sowie für den angemessenen Barunterhalt des Kindes ausreicht.[491]
Für die praktische Umsetzung dieser Vorgaben wird vorgeschlagen, zunächst die Höhe des Unterhaltsanspruchs des Kindes sowie den Unterhaltsbedarf des

---

489 Palandt-*Heinrichs* § 134 Rn 28.
490 BVerfGE 103, 89 (109f).
491 So auch *Schwab* FamRZ 2001, 349 (350).

betreuenden Elternteils festzustellen.[492] Dem sei dann die aktuelle Einkommens- und Vermögenssituation des freistellenden Elternteils gegenüberzustellen. Könne eine mehr als nur geringfügige Deckungslücke nicht in zumutbarer Weise geschlossen werden, sei die Freistellungsvereinbarung nicht durchsetzbar. Mit dieser Methode kann zuverlässig ermittelt werden, ob durch die Freistellungsvereinbarung eine das Kindeswohl gefährdende Summe dem gemeinsamen Haushalt von betreuendem Elternteil und Kind entzogen wird.
Es ist davon auszugehen, dass nur in seltenen Fällen die Freistellung durch andere finanzielle Mittel aufgefangen werden kann. Damit werden Freistellungsvereinbarungen nunmehr sehr viel seltener als bisher durchsetzbar sein.

II. Die Sicherung der erforderlichen Betreuung – Verzicht auf den Unterhalt nach § 1570 BGB

Der Sicherstellung einer angemessenen persönlichen Betreuung gemeinsamer Kinder kommt nach der Scheidung eine besondere Bedeutung zu.[493] Zu diesem Zweck ist im deutschen Recht mit dem § 1570 BGB ein eigener Unterhaltstatbestand geschaffen worden. Danach kann ein geschiedener Ehegatte von dem anderen Unterhalt verlangen, solange und soweit von ihm wegen der Pflege oder Erziehung eines gemeinschaftlichen Kindes eine Erwerbstätigkeit nicht erwartet werden kann. Dieser Norm liegt das Ziel zugrunde, den Kindern, die durch eine Scheidung schon das Elternhaus verloren haben, nicht auch noch den erwerbstätigkeitsbedingten Verlust desjenigen Elternteils zuzumuten, der die Betreuung übernommen hat.[494] § 1570 BGB ist als Anspruch des geschiedenen Ehegatten ausgestaltet; er dient jedoch der Befriedigung des Betreuungsbedürfnisses gemeinsamer Kinder und damit der Durchsetzung des Kindeswohls im nachehelichen Ehegattenunterhalt.[495] Aufgrund seiner herausragenden Bedeutung für das Kindeswohl nimmt der Unterhaltstatbestand des § 1570 BGB eine besondere Stellung innerhalb des Gesetzes ein (vgl. §§ 1577 Abs.4 S.2, 1579, 1586a Abs.1 S.1 BGB).[496]
Verzichtet ein Ehegatte auf den Betreuungsunterhalt aus § 1570 BGB kommt es zu der vom Gesetzgeber gerade unerwünschten eingeschränkten Betreuung des Kindes, wenn der betreuende Elternteil durch den Verzicht gezwungen ist, zur Sicherstellung seines eigenen Unterhalts eine Erwerbstätigkeit aufzunehmen.

---

[492] *Schubert* FamRZ 2001, 733 (736).
[493] Vergleiche nur die aktuellen Forschungsergebnisse von *Wallerstein/Lewis* FamRZ 2001, 65 (72), die bereits oben thematisiert wurden.
[494] BVerfGE 57, 361 (381ff); BT-Drucks. 7/650 S.122f. BGH FamRZ 1985, 788 (789): der Gesetzgeber hat aufgrund des Art. 6 Abs.2 GG dafür zu sorgen, dass ein Kind unter der Scheidung der Eltern nicht mehr als unvermeidbar leidet.
[495] BGH NJW 1992, 3164 (3166); Johannsen/Henrich-*Büttner* § 1570 Rn 1.
[496] BGH FamRZ 1985, 788 (789); Schwab-*Borth* Teil IV Rn 178.

Die Belange des Kindes und damit die Wahrnehmung der Elternverantwortung wirken in die vertraglichen Beziehungen der Eheleute hinein.

1. Die Rechtslage im deutschen Recht

Der Verzicht auf den Betreuungsunterhalt wird von Rechtsprechung und Literatur durchaus unterschiedlich beurteilt. Während die Rechtsprechung und ihr folgend große Teile des Schrifttums der mit einem Verzicht verbundenen Problematik über den Einwand der unzulässigen Rechtsausübung (§ 242 BGB) begegnen, fordern Stimmen in der Literatur entweder zum Schutze der Kindesbelange einen noch stärkeren Eingriff in die Vertragsfreiheit oder im Gegensatz dazu eine noch größere Zurückhaltung der Rechtsprechung ein. Die unterschiedlichen Ansätze erfordern eine genauere Untersuchung.

a) Verstoß gegen die guten Sitten (§ 138 Abs.1 BGB)

Zunächst kann auch der Verzicht auf den Betreuungsunterhalt bereits als solcher aufgrund des Gesamtcharakters der Vereinbarung nach Inhalt, Beweggrund und Zweck gegen die guten Sitten verstoßen und aus diesem Grund nach § 138 Abs.1 BGB nichtig sein.[497] Hierfür müsste zum Zeitpunkt des Vertragsschlusses den Vertragsparteien bewusst gewesen sein, dass der Unterhaltsverzicht zwangsläufig zu einer Beeinträchtigung der erforderlichen Kindesbetreuung und damit zu einer Gefährdung des Kindeswohls führt.[498] Sittenwidrigkeit scheidet sowohl bei einer nur eventuell eintretenden Beeinträchtigung des Kindeswohls[499] als auch in dem Fall aus, dass die Eheleute die Auswirkungen des Verzichts bei Vertragsschluss nicht bedacht haben[500]. Jedenfalls bei allen vorsorgenden Verträgen werden sich diese Voraussetzungen kaum jemals feststellen lassen, da die Parteien über kein gesichertes Wissen hinsichtlich der weiteren Entwicklung ihrer Lebensverhältnisse verfügen.

---

[497] BGH NJW 1992, 3164 (3164); BGH FamRZ 1991, 306 (307); BGH FamRZ 1985, 788 (789).
Frey S. 80f.

[498] *Frey* S. 80f. Diese Voraussetzung hat *Frey* in Anlehnung an eine andere Konstellation des Verzichts zu Lasten eines Dritten entwickelt: er hat die für § 138 Abs.1 BGB anerkannte Fallgruppe der unzulässigen Belastung der Sozialhilfe herangezogen.

[499] BGH FamRZ 1985, 788 (790).

[500] BGH FamRZ 1991, 306 (307).

b) Lösung über den Einwand der unzulässigen Rechtsausübung (§ 242 BGB)

aa) Die Position der herrschenden Meinung

Der Bundesgerichtshof geht übereinstimmend mit einem großen Teil der Literatur davon aus, dass ein Verzicht auf den Betreuungsunterhalt grundsätzlich zulässig und wirksam ist; seine Durchsetzung im Einzelfall bei Beeinträchtigung des Kindeswohls jedoch an dem Grundsatz von Treu und Glauben scheitern kann.[501] Dazu kommt es, wenn der unterhaltsbedürftige Ehegatte aufgrund des Verzichts zur Aufnahme einer eigenen Erwerbstätigkeit gezwungen wäre und deshalb die ihm obliegende Pflege und Erziehung des Kindes einschränken müsste. Dann ist trotz des vereinbarten Verzichts der Unterhaltsschuldner zur Zahlung verpflichtet. Diese Zahlungen sind allerdings in der Höhe[502] und auch zeitlich[503] begrenzt. Der Rückgriff auf den Einwand der unzulässigen Rechtsausübung nach § 242 BGB biete die Möglichkeit einer einzelfallbezogenen und flexiblen Lösung, denn nicht in jedem Fall sei die Durchsetzung eines Verzichts auf den Anspruch aus § 1570 BGB zu verweigern. Die von der Rechtsprechung durchgeführte Ausübungskontrolle erlaube die Berücksichtigung der konkreten ex-nunc-Situation.[504] Durch die Ausübungskontrolle werde im Gegensatz zur Inhaltskontrolle nicht direkt in den Vertrag eingegriffen und deshalb eine möglichst geringe, aber dennoch effektive Begrenzung der Vertragsfreiheit vorgenommen.[505]

bb) Die Kritik

Die Berücksichtigung der Kindesinteressen über den Einwand der unzulässigen Rechtsausübung ist allerdings in mehrerer Hinsicht auf Kritik gestoßen. So wird dem Bundesgerichtshof vorgeworfen, er entwerte den Unterhaltsverzicht, da er zum Zwecke der Korrektur einer Unterhaltsvereinbarung zu bereitwillig auf den

---

[501] Siehe zu diesem Komplex bereits oben im 2.Teil A.II.4.a)aa). Vergleiche für die mittlerweile gefestigte Rechtsprechung nur BGH FamRZ 1987, 46 (47); BGH FamRZ 1991, 306 (307); BGH FamRZ 1995, 291 (291). Für die Literatur siehe *Herb* NJW 1987, 1525 (1528); Soergel-*Häberle* § 1585c Rn 16; MünchKomm-*Maurer* § 1585c Rn 26; *Koch* Anm. JR 1993, 197 (197); *Richter* Anm. JR 1986, 18 (19); *Langenfeld* FS Schippel, 251 (256); *Vortmann* JA 1986, 401 (403); *Göppinger* Anm. JR 1987, 113 (114).

[502] BGH FamRZ 1995, 291 (291); BGH NJW 1992, 3164 (3165f): Es ist lediglich der notwendige, nicht jedoch der nach den ehelichen Lebensverhältnissen angemessene Unterhalt (§ 1578 BGB) zu zahlen.

[503] BGH FamRZ 1995, 291 (292); BGH FamRZ 1991, 306 (307): Die Berufung auf den Unterhaltsverzicht ist nur solange ausgeschlossen, wie die Notwendigkeit einer Betreuung des Kindes andauert.

[504] *Langenfeld* FS Schippel, 251 (255).

[505] *Langenfeld* FS Schippel, 251 (255).

Einwand der unzulässigen Rechtsausübung zurückgreife.[506] Dies gefährde die Vertragsfreiheit im nachehelichen Unterhaltsrecht und lasse die geschiedene Ehe entgegen dem erklärten Willen der Eheleute aufgrund des richterlichen Eingriffs zur dauerhaften Versorgungseinrichtung[507] werden.

Demgegenüber halten andere nicht die Vertragsfreiheit für gefährdet, sondern im Gegenteil den Bundesgerichtshof bei der Durchsetzung des Kindeswohls noch für zu zögerlich.
(1) Der Bundesgerichtshof gehe weiterhin davon aus, dass eine Korrektur des Verzichts auf den Betreuungsunterhalt nur ausnahmsweise erfolgen solle. Nun zeigten aber die veröffentlichten Gerichtsentscheidungen, dass diese Ausnahme längst zur Regel geworden sei.[508] Es sei bereits jetzt Gerichtspraxis, dass auf den Betreuungsunterhalt nur dann wirksam verzichtet werden könne, wenn (ausnahmsweise) die gemeinsamen Kinder durch den Verzicht nicht gefährdet werden, weil der betreuende Elternteil anderweitig finanziell abgesichert ist.[509] Damit werde von der Rechtsprechung selbst das Verhältnis von Grundsatz und Ausnahme in das Gegenteil verkehrt. Die Formel des Bundesgerichtshofs („wirksam und doch nicht wirksam") habe zudem eine gravierende Rechtsunsicherheit zur Folge: für den juristischen Laien sei es schwer verständlich, dass ein Unterhaltsverzicht zwar wirksam vereinbart werden, bei betreuungsbedürftigen gemeinsamen Kindern jedoch in der Regel nicht durchgesetzt werden könne.[510]
(2) Daneben wird die durch den Bundesgerichtshof vorgenommene Beschränkung der aufgrund von § 242 BGB zur Sicherung des Kindeswohls an den betreuenden Elternteil zu leistenden Unterhaltszahlungen auf die Höhe des notwendigen Unterhalts angegriffen. Der unterschiedliche soziale Standard von betreuendem Elternteil und Kind wirke sich unmittelbar auf die wirtschaftliche Lage des Kindes aus.[511] Da der betreuende Elternteil mit dem Kind in einer Unterhaltsgemeinschaft lebe, senke jeder Entzug von finanziellen Mitteln auch das Lebensniveau des Kindes.[512] Unerklärlich sei, weshalb der Verzicht auf den Betreuungsunterhalt durch eine nichteheliche Mutter den Unterhalt in voller Höhe bestehen lasse (§§ 1615l Abs.3 S.1, 1614 Abs.1 BGB), während der Verzicht der Ehefrau zu einer Senkung auf den Notbedarf führen soll.[513]

---

[506] *Voelskow* in Johannsen/Henrich (2.Auflage) § 1585c Rn 21; Erman-*Dieckmann* § 1585c Rn 17; Staudinger-*Baumann* § 1585c Rn 213.
[507] Vergleiche Staudinger-*Baumann* § 1585c Rn 213.
[508] *Bosch* FS Habscheid, 23 (35); *Meder* FuR 1993, 12 (20).
[509] Vergleiche *Bosch* FS Habscheid, 23 (35).
[510] *Bosch* FS Habscheid, 23 (41); *Meder* FuR 1993, 12 (20).
[511] Schwab-*Borth* Teil IV Rn 1292.
[512] *Schwab* FamRZ 1997, 521 (525). Dies könne bis zu dem Punkt führen, dass die bisherige Wohnung nicht mehr gehalten werden kann.
[513] *Schwab* FamRZ 1997, 521 (525).

c) Der abweichende Vorschlag: Die teleologische Reduktion des § 1585c BGB

Einige Autoren halten es angesichts der Praxis der Gerichte, den Verzicht auf den Betreuungsunterhalt regelmäßig an § 242 BGB scheitern zu lassen, nur für konsequent, den Verzicht auf den Unterhalt aus § 1570 BGB von vornherein für unwirksam zu erklären.[514] Damit sei eine klare und eindeutige Lösung gefunden, die einen Umweg über § 242 BGB überflüssig mache. Dies sei auch ohne eine Gesetzesänderung dadurch zu erreichen, dass § 1585c in dem Sinne einschränkend verstanden wird, dass auf den Betreuungsunterhalt *nicht* verzichtet werden kann.[515] Zwar widerspreche diese Lösung dem eindeutigen Wortlaut des § 1585c BGB, doch mache die ansonsten „absolut unvernünftige" Regelung eine richterliche „Rechtsfortbildung (auch) contra legem" insbesondere im Hinblick auf Art. 6 Abs.2 GG erforderlich.[516] Im Gesetzgebungsverfahren seien die Besonderheiten des Unterhaltsanspruchs nach § 1570 BGB und die Auswirkungen eines Verzichts nicht erörtert worden, so dass bei der weiten Formulierung des § 1585c BGB von einer Unüberlegtheit des Gesetzgebers ausgegangen werden könne.[517]

Dieser Ansatz hat sich indes nicht durchsetzen können. Der Bundesgerichtshof hält auch gegenüber der von *Bosch* geäußerten Kritik ausdrücklich an seiner bisherigen Haltung fest.[518] Schon früher hatte der Bundesgerichtshof in einer Entscheidung ohne nähere Erläuterung festgestellt, dass die besondere Stellung des § 1570 BGB im Hinblick auf die Sicherung des Kindeswohls eine Unabdingbarkeit nicht begründen könne.[519] Auch die dem Bundesgerichtshof bei der Anwendung des § 242 BGB folgende Literatur lehnt die Unverzichtbarkeit des Betreuungsunterhalts ab. Zum einen verweise § 1585c BGB ausdrücklich nicht auf § 1614 Abs.1 BGB,[520] und zum anderen handele es sich trotz seiner Sonderstellung um einen Anspruch des Ehegatten und nicht des Kindes[521]. Schließlich seien auch zahlreiche Fälle denkbar, in denen ein Verzicht zulässig sein müsse, weil das Kindeswohl durch den Verzicht nicht beeinträchtigt werde.[522]

---

514 *Bosch* FS Habscheid, 23 (41); *Meder* FuR 1993, 12 (20); *Schwab* FamRZ 1997, 521 (525).
515 *Bosch* FS Habscheid, 23 (37-41); *Meder* FuR 1993, 12 (20).
516 *Bosch* FS Habscheid, 23 (39ff).
517 *Bosch* FS Habscheid , 23 (40).
518 BGH FamRZ 1991, 306 (306).
519 BGH FamRZ 1985, 788 (789).
520 *Petersen* S. 193f. Vergleiche auch *Frey* S. 76: Der zwingende Charakter des § 1570 BGB müsste angesichts des eindeutigen Wortlauts des § 1585c durch einen legislatorischen Akt festgestellt werden.
521 *Richter* Anm. JR 1986, 18 (18).
522 Vergleiche mit Beispielen *Richter* Anm. JR 1986, 18 (18); *Vortmann* JA 1986, 401 (403); Göppinger/Wax-*Hoffmann* Rn 1395.

d) Vorschläge für eine Lösung de lege ferenda

Angesichts der unbefriedigenden Rechtslage sind verschiedene Vorschläge im Hinblick auf ein Tätigwerden des Gesetzgebers geäußert worden.

aa) Die Formbedürftigkeit von Unterhaltsvereinbarungen

Zum einen wird auch bei der Problematik des Verzichts auf den Betreuungsunterhalt darauf hingewiesen, dass Unterhaltsvereinbarungen ebenso wie Abreden über den Versorgungsausgleich oder das Güterrecht formbedürftig sein sollten.[523] Dies würde immerhin dazu führen, dass gemäß § 17 BeurkG der Notar die Parteien über die rechtliche Tragweite der Unterhaltsvereinbarung belehren müsste.

bb) Die Einführung eines gerichtlichen Genehmigungsvorbehalts

Es wird auch in Erwägung gezogen, Unterhaltsvereinbarungen und speziell Verzichtsverträge einer gerichtlichen Genehmigung zu unterstellen, wie dies zur Zeit nur § 1587o Abs.2 S.3 BGB für Abreden über den Versorgungsausgleich bei Scheidung vorsieht.[524] Durch die richterliche Kontrolle könnte einer Gefährdung des Kindeswohls durch einen Verzicht auf den Betreuungsunterhalt unter Umständen entgegengewirkt werden.

cc) Die Änderung des § 1585c BGB

Es könnte daran gedacht werden, die unter anderem von *Bosch* energisch geforderte Unverzichtbarkeit des Betreuungsunterhalts durch eine Änderung des § 1585c BGB zu erreichen.[525] Die Norm würde dann Unterhaltsvereinbarungen weiterhin zulassen, den Verzicht auf den Unterhaltsanspruch nach § 1570 BGB jedoch für unzulässig erklären. Dem wird jedoch entgegengehalten, dass durch einen Verzicht nicht etwa jeder einzelne Unterhaltstatbestand, sondern vielmehr das Unterhaltsstammrecht, also das Recht überhaupt Unterhalt fordern zu können, erlischt. Die vorgeschlagene gesetzliche Regelung würde eine konstruierte Aufteilung in ein Unterhaltsstammrecht hinsichtlich des Betreuungsunterhalts und ein „übriges Unterhaltsstammrecht" erforderlich machen.[526] Zum anderen müsste in jeder umfassenden Verzichtsvereinbarung wegen der Regelung des

[523] *Bosch* FS Habscheid, 23 (43). Vergleiche ansonsten zur Forderung nach einem Formerfordernis für Unterhaltsvereinbarungen *Grziwotz* FamRZ 1997, 585 (586); Staudinger-*Baumann* § 1585c Rn 42; *Büttner* FamRZ 1998, 1 (3); *Langenfeld* Rn 632; Palandt-*Brudermüller* § 1585c Rn 3. Dagegen allerdings *Frey* S. 14; *Schwenzer* AcP 196 (1996), 88 (110).
[524] *Bosch* FS Habscheid, 23 (43) in Anlehnung an *Bartsch* ZRP 1979, 96 (96f).
[525] Vergleiche *Petersen* S. 195f; *Röthel* NJW 2001, 1334 (1335).
[526] *Petersen* S. 195.

§ 139 BGB deutlich gemacht werden, dass nicht auf den Betreuungsunterhalt verzichtet wird.[527]

dd) Die Änderung des § 1570 BGB

Es wird ferner vorgeschlagen, den Unterhalt nach § 1570 BGB, da er ohnehin der Verwirklichung des Kindeswohls dient, als einen Anspruch des Kindes auszugestalten.[528] Im Verwandtenunterhalt sei dann folgende Regelung einzufügen: „Das Kind kann Zahlung von Unterhalt an den seine Betreuung ausübenden Elternteil von dem anderen Elternteil verlangen, solange und soweit von dem Betreuenden wegen der Pflege und Erziehung des Kindes eine Erwerbstätigkeit nicht erwartet werden kann."[529] Bei dem Maß des zu leistenden Unterhalts sollen nicht die ehelichen Lebensverhältnisse (oder der notwendige Unterhalt) maßgeblich sein, sondern allein die kindlichen Bedürfnisse.

2. Die Berücksichtigung der Kindesbetreuung im englischen Recht

Im englischen Scheidungsfolgenrecht wird der Tatsache der von einem Elternteil übernommenen Kindesbetreuung ganz entscheidende Bedeutung beigemessen.
Zwar ist ein dem § 1570 BGB vergleichbarer Unterhaltstatbestand nicht vorgesehen, doch hat das Gericht bei seiner Entscheidung über Unterhaltsleistungen („financial provision orders") oder die Vermögensauseinandersetzung („property adjustment orders") nach section 25 (1) Matrimonial Causes Act 1973 stets die Belange minderjähriger Kinder zu beachten. Section 25 MCA 1973 zählt eine Reihe von Faktoren auf, die das Gericht im Rahmen seines weitreichenden Ermessensspielraums[530] zu berücksichtigen hat. Als ersten (und damit wohl wichtigsten) Gesichtspunkt nennt section 25 (1) MCA 1973 das Kindeswohl: „It shall be the duty of the court in deciding whether to exercise ist powers under any of sections 22A to 24 above and, if so, in what manner, to have regard to all the circumstances of the case, *first consideration being given to the welfare while minor of any child of the family who has not attained the age of eighteen.*"

Das im deutschen Recht im Hinblick auf den § 1570 BGB bestehende Problem eines Unterhaltsverzichts stellt sich im englischen Recht deshalb nicht, weil ein Verzicht auf nacheheliche Ansprüche von den Gerichten nicht anerkannt

[527] *Petersen* S. 195f
[528] *Petersen* S. 196ff.
[529] *Petersen* S. 199.
[530] Siehe dazu bereits im 1.Teil A.II.1.

wird.[531] Deshalb können die Eheleute ungeachtet einer von ihnen getroffenen Scheidungsfolgenvereinbarung stets die Gerichte zwecks Entscheidung über einen nachehelichen Unterhaltsanspruch anrufen. Bei seiner Entscheidung hat das Gericht dann wiederum section 25 (1) MCA 1973 und damit auch die Sicherstellung des Kindeswohls zu beachten.[532] Es ist zu erwarten, dass regelmäßig dem Kindesinteresse der Vorrang gegenüber einer (gleichfalls im Rahmen der section 25 MCA 1973 zu berücksichtigenden) Verzichtsvereinbarung eingeräumt werden wird.
Auch im Reformvorschlag der Regierung, der im Gegensatz zu der bisherigen Haltung der Rechtsprechung von der grundsätzlichen Bindungswirkung einer Scheidungsfolgenvereinbarung ausgeht,[533] wird das Kindeswohl gesondert berücksichtigt. Das Regierungspapier enthält Ausnahmefälle („safeguards"), in denen von einer Bindungswirkung abgesehen wird. An erster Stelle ist der Fall genannt, dass zum Zeitpunkt der Scheidung Kinder aus der Ehe vorhanden sind, gleichgültig ob sie bei Vertragsschluss schon geboren oder gezeugt waren.[534]

3. Stellungnahme

a) Der Bedarf an persönlicher elterlicher Betreuung

Das Erlebnis der elterlichen Scheidung prägt ganz entscheidend die weitere Entwicklung der betroffenen Kinder.[535] Die Scheidung der Eltern und die damit verbundenen Veränderungen führen bei den Kindern zu einer tiefgreifenden Verunsicherung. Dies zeigen auch die in der Langzeitstudie hinsichtlich der Auswirkungen einer Scheidung gewonnenen Ergebnisse ganz deutlich. Im Erleben der untersuchten Kinder verließ ein Elternteil die Familie, während der andere Elternteil, der in vielen Familien mit kleinen Kindern nur in Teilzeit oder gar nicht gearbeitet hatte, nun plötzlich ganztags arbeitete.[536] Dieser „Verlust" beider Elternteile geschah für die betroffenen Kinder ohne jeden Übergang, so dass sie sich im nachhinein vor allem an einen abrupten, plötzlichen Rückgang von Versorgung und Schutz erinnerten. Gerade in einer Zeit, da sie elterliche Ansprache und Fürsorge zur Verarbeitung der Trennung dringend benötigt hätten, waren sie überwiegend auf sich allein gestellt und fanden sich mit einem überwältigenden Gefühl von Einsamkeit konfrontiert. Da die kindliche Belastung ihren Höhepunkt nicht (wie etwa bei den Eheleuten) zur Zeit der akuten Ehekrise erreicht, ist gerade in der Nachscheidungszeit den gesteigerten kind-

---

[531] *Hyman* v *Hyman* [1929] AC 601 (608, 614, 629). Eine gesetzliche Regelung für „maintenance agreements" findet sich in section 34 (1) MCA 1973.
[532] *Edgar* v *Edgar* [1980] 3 All ER 887.
[533] Siehe dazu bereits oben im 2.Teil B.I.3.b).
[534] Siehe in [1998] Fam Law 721, 781.
[535] Siehe dazu bereits ausführlich im 4.Teil A.II.
[536] Vergleiche die Langzeitstudie von *Wallerstein/Lewis* FamRZ 2001, 65 (66).

lichen Bedürfnissen nach elterlicher Fürsorge Rechnung zu tragen, um den Kindern ein von der elterlichen Trennung möglichst unbelastetes Aufwachsen zu ermöglichen.
Um dieses kindliche Bedürfnis nach persönlicher elterlicher Betreuung zu befriedigen, hat der deutsche Gesetzgeber den Unterhaltstatbestand des § 1570 BGB geschaffen.[537] Durch diesen Unterhaltsanspruch wird der betreuende Elternteil finanziell abgesichert, so dass die Aufnahme einer Erwerbstätigkeit zur Sicherung des eigenen Unterhalts für ihn nicht erforderlich wird und er seine ganze Kraft für die Betreuung des Kindes einsetzen kann. Obwohl § 1570 BGB als Anspruch des betreuenden Ehegatten ausgestaltet ist, dient die Norm einzig der Sicherung des Kindeswohls. Die besondere Bedeutung, die der Gesetzgeber dem § 1570 BGB zugemessen hat, wird auch an seiner besonders starken Stellung im Gesetz deutlich (vgl. §§ 1577 Abs.4 S.2, 1579, 1586a Abs.1 S.1 BGB).
Durch einen vertraglich vereinbarten Verzicht auf den Betreuungsunterhalt kann jedoch die Intention des Gesetzgebers vereitelt werden, wenn der betreuende Elternteil aufgrund des Verzichts zur Aufnahme einer Erwerbstätigkeit gezwungen ist, um seinen eigenen Unterhalt zu sichern. Es liegt daher auf der Hand, dass die Möglichkeit zur Vereinbarung eines Unterhaltsverzichts im Hinblick auf § 1570 BGB beschränkt werden muss. Der Anspruch auf Betreuungsunterhalt dient allein der Sicherung des Kindeswohls und kann deshalb nicht zur freien Disposition stehen. Umstritten ist allerdings, in welchem Umfang und in welcher Form dem Kindeswohl bei der rechtlichen Beurteilung eines Verzichts auf den Betreuungsunterhalt Rechnung zu tragen ist. Auch hier stehen sich die Sicherung der Kindesinteressen und die Vertragsfreiheit im Scheidungsfolgenrecht als widerstreitende Prinzipien gegenüber.

b) Die Anwendung des § 138 Abs.1 BGB

Der Verzicht auf den Betreuungsunterhalt kann gegen die guten Sitten verstoßen und daher gemäß § 138 Abs.1 BGB nichtig sein, sofern den Parteien bei Vertragsschluss bewusst war, dass der Verzicht zwangsläufig zu einer Beeinträchtigung der erforderlichen Kindesbetreuung und damit zu einer Gefährdung des Kindeswohls führt.
Jedenfalls bei vorsorgenden Verzichtsverträgen wird es hierzu allerdings meist nicht kommen. Vorsorgende Verträge sind dadurch gekennzeichnet, dass sie Regelungen für eine eventuelle spätere Scheidung enthalten, wobei die später bei Scheidung tatsächlich bestehende Situation von den Eheleuten nur sehr eingeschränkt vorhergesehen werden kann. Einigen sich die Eheleute vorsorgend auf einen den Anspruch aus § 1570 BGB umfassenden Unterhaltsverzicht, gehen sie meist davon aus, eine persönliche elterliche Betreuung der Kinder werde bei Scheidung nicht mehr nötig oder anderweitig abgesichert sein. Einige vor-

---

[537] BT-Drucks. 7/650 S. 122f.

sorgende Verträge werden zudem zu einem Zeitpunkt abgeschlossen, in dem die Vertragsparteien von der Kinderlosigkeit ihrer Ehe ausgehen oder sich über die Frage der Kindesbetreuung bei Scheidung keinerlei Gedanken machen.
Als Anwendungsbereich des § 138 Abs.1 BGB verbleiben dann lediglich die Verzichtsvereinbarungen, die anlässlich der konkret bevorstehenden Scheidung und damit in Kenntnis der zu erwartenden nachehelichen Situation getroffenen werden. Aber auch hier ist nicht jeder Verzicht auf den Unterhalt aus § 1570 BGB automatisch sittenwidrig, wie zwei Entscheidungen des Bundesgerichtshofs zeigen. Ein Verstoß gegen die guten Sitten scheidet etwa aus, wenn sich die von den Parteien angenommene anderweitige finanzielle Absicherung als Fehlvorstellung herausstellt[538] oder erst nach der Scheidung nach bislang kinderloser Ehe noch ein gemeinsames Kind zur Welt kommt[539].
§ 138 Abs.1 BGB kann also nur in den Einzelfällen dem Kindeswohl zur Geltung verhelfen, in denen bei Vertragsschluss bereits die negativen Auswirkungen eines Verzichts auf den Unterhalt aus § 1570 BGB feststehen und sich die Eheleute im Bewusstsein einer drohenden Gefährdung des Kindeswohls zu einer Verzichtsvereinbarung entschließen. Für § 138 Abs.1 BGB verbleibt damit nur ein sehr eingeschränkter Anwendungsbereich, der vor allem darauf zurückzuführen ist, dass bereits bei Vertragsschluss der Sittenverstoß feststehen muss.

c) Die Anwendung des § 242 BGB

Nicht zuletzt angesichts des begrenzten Anwendungsbereichs des § 138 Abs.1 BGB suchen die Rechtsprechung und Teile des Schrifttums eine Lösung über den Einwand der unzulässigen Rechtsausübung nach § 242 BGB. Der Verzicht auf den Betreuungsunterhalt ist dann grundsätzlich wirksam, seine Durchsetzung kann jedoch im Einzelfall aus Gründen des Kindeswohls scheitern, wenn es durch die verzichtsbedingte Aufnahme einer Erwerbstätigkeit zu Einschränkungen bei der persönlichen elterlichen Betreuung des Kindes kommt.
Dieses Vorgehen scheint auf den ersten Blick durchaus überzeugend. Ausgangspunkt ist die in § 1585c BGB zum Ausdruck kommende umfassende Vertragsfreiheit im nachehelichen Unterhaltsrecht. Dennoch kann im Einzelfall die Durchsetzung des Kindeswohls gegenüber der Vertragsfreiheit der Eheleute überwiegen. Die grundsätzlich bestehende Freiheit zur autonomen Regelung des nachehelichen Unterhalts wird dann beschnitten, wenn sie mit den entgegenstehenden, gewichtigeren Interessen des Kindes kollidiert. Der Rückgriff auf § 242 BGB ermöglicht es, die Durchsetzung einer Verzichtsvereinbarung nur dann zu verweigern, wenn dies zur Wahrung der berechtigten Kindesinteressen auch tatsächlich erforderlich ist. Die einzelfallbezogene Ausübungskontrolle ist insofern

---

538 BGH JR 1987, 112 (113): Die Eheleute waren irrig davon ausgegangen, der Erlös aus dem Verkauf einiger Grundstücke würde für den Unterhalt des betreuenden Elternteils ausreichen.
539 BGH FamRZ 1985, 787 (788).

vorteilhaft, als dadurch jeweils in der konkreten Situation überprüft werden kann, ob die Verzichtsvereinbarung gegen das Kindeswohl verstößt. Die Geltendmachung des Verzichts ist dank der flexiblen Rechtsfolge des § 242 BGB nur solange ausgeschlossen, als dies zur Sicherung der Kindesinteressen geboten erscheint.

Entgegen anderslautender Kritik stellt die Anwendung des § 242 BGB auch keinen zu weitgehenden Eingriff in die im nachehelichen Unterhaltsrecht bestehende Vertragsfreiheit dar. Angesichts der überragenden Bedeutung des Kindeswohls (Art. 6 Abs.2 S.2 GG) muss die Freiheit der Eheleute zur eigenständigen Regelung der Scheidungsfolgen zurücktreten. In diesem Zusammenhang ist auch zu berücksichtigen, dass der Unterhaltstatbestand des § 1570 BGB allein dem Kindeswohl dient, obwohl er als Anspruch des betreuenden Ehegatten ausgestaltet ist. Durch die Anwendung des § 242 BGB wird deshalb die gescheiterte Ehe nicht etwa zu einer „dauerhaften Versorgungseinrichtung" für den bedürftigen Ehegatten, wie dies von einigen kritischen Stimmen befürchtet wird. Die Einrede der unzulässigen Rechtsausübung trägt vielmehr dem Grundsatz Rechnung, dass die Eheleute auch nach der Scheidung weiterhin in *gemeinsamer* Elternverantwortung stehen. Der Unterhalt aus § 1570 BGB kommt in erster Linie dem durch die elterliche Scheidung betroffenen Kind zugute. Die Lösung über § 242 BGB ermöglicht einen am Kindeswohl orientierten Eingriff in das Vertragswerk und stellt angesichts ihrer Flexibilität ein relativ mildes Mittel dar. Allerdings ist im Hinblick auf die von der herrschenden Meinung vorgenommene Begrenzung der Höhe des aufgrund von § 242 BGB gewährten Unterhaltsanspruchs der diesbezüglich geäußerten Kritik zuzustimmen. Die Beschränkung der Höhe nach lässt sich nur mit dem Unbehagen der Rechtsprechung erklären, einen an sich wirksamen Vertrag der Eheleute im nachhinein gerichtlich zu korrigieren. Durch eine derartige Begrenzung relativiert der Bundesgerichtshof jedoch das selbst gesteckte Ziel einer Sicherung der Kindesinteressen. Es wurde bereits bei der Problematik der Freistellungsvereinbarungen angesprochen, dass angesichts der gemeinsamen Kasse von betreuendem Elternteil und Kind jeder Entzug von finanziellen Mitteln auch das Lebensniveau des Kindes senkt. Die Entscheidung des Bundesverfassungsgerichts vom 6.2.2001 ist auch in diesem Zusammenhang von Bedeutung. Bei der Beurteilung der vereinbarten Freistellung von der Zahlung des Kindesunterhalts hat das Bundesverfassungsgericht zu Recht maßgeblich auf das dem gemeinsamen Haushalt von Kind und betreuendem Elternteil zur Verfügung stehende Einkommen abgestellt. Diese Betrachtung lässt sich auch auf die hier in Frage stehende Problematik übertragen, so dass die bisherige Rechtsprechung des Bundesgerichtshofs wohl schon deshalb nicht mehr zu halten ist.[540]

---

[540] So auch *Bergschneider* FamRZ 2001, 1337 (1340); *Dauner-Lieb* AcP 201 (2001), 295 (330). Vergleiche ferner *Gerber* (Sonderheft DNotZ 1998, 288 (293f)), der bereits zuvor eine mögliche Änderung der Rechtsprechung des Bundesgerichtshofs ankündigte.

Die Anwendung des § 242 BGB kann jedoch auch in anderer Hinsicht kritisch hinterfragt werden. Der Bundesgerichtshof und auch die überwiegende Meinung im Schrifttum gehen weiterhin davon aus, dass die Korrektur einer Verzichtsvereinbarung die Ausnahme und die Aufrechterhaltung eines Verzichts auf den Unterhalt aus § 1570 BGB die Regel sein soll. Die gerichtliche Praxis steht jedoch in Widerspruch zu diesem gebetsmühlenartig wiederholten Regel-Ausnahme-Satz. In den veröffentlichten Entscheidungen wäre die Folge eines durchsetzbaren Verzichts stets die Aufnahme einer Erwerbstätigkeit durch den betreuenden Ehegatten gewesen, so dass jeweils eine Korrektur über § 242 BGB vorgenommen werden musste.[541] Dies entspricht auch insoweit der Realität, als in der weit überwiegenden Zahl der Fälle der Ehegatte, der sich während und meist auch nach der Ehe um die Kindesbetreuung kümmert, über keine eigene finanzielle Absicherung für den Scheidungsfall verfügt. Nur selten wird der betreuende Ehegatte durch die Verzichtsvereinbarung nicht zur Aufnahme einer den Interessen des Kindes entgegengesetzten Erwerbstätigkeit getrieben. Die Praxis zeigt daher ein umgekehrtes Regel-Ausnahme-Verhältnis: In der Regel wird durch einen Verzicht auf den Unterhalt aus § 1570 BGB das Kindeswohl gefährdet, wobei eine Gefährdung ausnahmsweise ausscheiden kann, sofern eine andere finanzielle Absicherung der persönlichen elterlichen Betreuung gewährleistet ist. Zu Recht muss sich die herrschende Meinung daher entgegenhalten lassen, dass ihr Lösungsansatz an den tatsächlichen Verhältnissen vorbeiläuft.

d) Die Einschränkung des § 1585c BGB

aa) Die Unverzichtbarkeit des Betreuungsunterhalts

Weiterführend ist sogar zu überlegen, ob nicht die Feststellung der generellen Unverzichtbarkeit des Betreuungsunterhalts die einzig richtige Schlussfolgerung ist. Die Annahme einer generellen Unverzichtbarkeit des Betreuungsunterhalts hat den Vorteil, dass damit im Hinblick auf einen wichtigen Bereich des Scheidungsfolgenrechts für Klarheit gesorgt ist. Die Unverzichtbarkeit macht die umständliche Berücksichtigung der Kindesinteressen über den Umweg des § 242 BGB überflüssig.

Über ein derartiges Verzichtsverbot kann allerdings angesichts der grundlegenden Bedeutung der Vertragsfreiheit im nachehelichen Unterhaltsrecht nur nachgedacht werden, wenn es bei einem Verzicht *in jedem Fall* zu einer Gefährdung des Kindeswohls kommt. Es besteht kein Grund, die Vertragsfreiheit über das zur Sicherung der Kindesinteressen erforderliche Maß hinaus einzuschränken. Ein generelles Verbot des Verzichts auf den Betreuungsunterhalt schießt dann

---

[541] Vergleiche nur BGH FamRZ 1995, 291 (291); BGH NJW 1992, 3164 (3165f); BGH FamRZ 1991, 306 (307); BGH FamRZ 1987, 46 (47); BGH JR 1987, 112 (113); BGH FamRZ 1985, 787 (788); BGH FamRZ 1985, 788 (789).

über das Ziel hinaus, wenn Konstellationen denkbar sind, in denen es trotz einer Verzichtsvereinbarung zu keinerlei Gefährdung des Kindeswohls kommt.

Es wird vorgebracht, zu einer Gefährdung der Kindesinteressen komme es dann nicht, wenn trotz der Verzichtsvereinbarung der kindesbetreuende Ehegatte anderweitig ausreichend finanziell versorgt ist.[542] Das leuchtet auf den ersten Blick durchaus ein: wenn der Ehegatte aufgrund seiner finanziellen Verhältnisse nicht zur Aufnahme einer Erwerbstätigkeit gezwungen wird, kann ein Verzicht auf den aus § 1570 BGB folgenden Unterhalt unbesorgt zugelassen werden. Bei genauerer Betrachtung steht jedoch auch diese Fallgestaltung einer generellen Unverzichtbarkeit des Betreuungsunterhalts nicht entgegen.
Kann der kindesbetreuende Ehegatte seinen Unterhalt nach der Scheidung aus eigenem Vermögen bestreiten, steht ihm aufgrund seiner fehlenden Bedürftigkeit sowieso kein Anspruch auf Unterhalt nach § 1570 BGB zu. Die gleichwohl abgeschlossene Verzichtsvereinbarung bezieht sich damit auf einen ohnehin nichtbestehenden Anspruch, so dass der Verzicht in diesem Fall faktisch ins Leere geht. Eine rechtliche Wirkung entfaltet der Verzicht nur in den Fällen, in denen die Voraussetzungen eines Unterhaltsanspruchs nach § 1570 BGB eigentlich erfüllt wären. Damit kann eine Unterscheidung zwischen rechtlich irrelevanten und rechtlich relevanten Verzichtsvereinbarungen getroffen werden. Die Verzichtbarkeit des Betreuungsunterhalts kann aber nur anhand der Fälle beurteilt werden, in denen der Verzicht auch tatsächlich zu einer Veränderung der Rechtslage führt. Die Zulässigkeit eines Verzichts kann nicht mit dem Argument begründet werden, dass in den Fällen, in denen er ohnehin ins Leere geht, keine Gefährdung des Kindeswohls eintritt. Die Beurteilung der Zulässigkeit muss sich vielmehr an dem Bereich rechtlich relevanter Verzichtsvereinbarungen orientieren. Betrachtet man die rechtlich relevanten Verzichte, dann zeigt sich schnell, dass mit ihnen stets eine Gefährdung des Kindeswohls einhergeht. Bestünde ohne Verzicht ein Unterhaltsanspruch aus § 1570 BGB, wird der betreuende Ehegatte durch die Vereinbarung eines Verzichts gezwungen, entgegen den Interessen des Kindes eine Erwerbstätigkeit aufzunehmen.

Ferner wird vorgebracht, die Geltendmachung eines Verzichts auf den Betreuungsunterhalt müsse dann möglich sein, wenn der betreuende Ehegatte trotz Kindesbetreuung bereits während der Ehe berufstätig war und diese Erwerbstätigkeit nach der Scheidung aufgeben möchte.[543] In einem solchen Fall müsse die bisherige Erwerbstätigkeit weiter ausgeübt werden und ein Anspruch aus § 1570 BGB sei auch über § 242 BGB nicht zu gewähren.
Ob hier ohne die Vereinbarung eines Verzichts überhaupt ein Anspruch nach § 1570 BGB bestünde, wird von der Rechtsprechung nicht einheitlich beurteilt.

---

[542] *Richter* Anm. JR 1986, 18 (18).
[543] *Vortmann* JA 1986, 401 (403).

Einerseits wird eine während der Ehe trotz der Belastung durch die Kindesbetreuung ausgeübte Erwerbstätigkeit auch nach der Scheidung für zumutbar gehalten.[544] Andererseits soll die Zumutbarkeit einer Erwerbstätigkeit davon abhängen, wie Berufstätigkeit und Betreuung der Kinder zu bewältigen und zu vereinbaren sind.[545] Dabei soll auch zu berücksichtigen sein, dass die durch die Trennung entstehende Mehrbelastung nicht mehr wie in einer bestehenden Ehe durch den anderen Teil aufgefangen werden kann.[546] Auch in der Literatur wird gefordert, die Nachscheidungssituation zu berücksichtigen: Der erwerbstätige Betreuende könne nun nicht mehr wie früher auf die Mitbetreuung durch den anderen Ehegatten zurückgreifen.[547] Außerdem könne gerade wegen des Zerbrechens der Ehe das Kind besonderer Zuwendung bedürfen, die die Fortsetzung einer früheren Berufstätigkeit ausschließe.[548]
Angesichts der obigen Ausführungen zu den durch eine Scheidung hervorgerufenen besonderen Bedürfnisse des Kindes kann sicherlich nicht einfach von einer während der Ehe ausgeübten Erwerbstätigkeit auf die nacheheliche Erwerbsobliegenheit geschlossen und der Anspruch aus § 1570 BGB pauschal verneint werden. Entscheidend ist vielmehr wie immer das Kindeswohl. Der Unterhaltsanspruch aus § 1570 BGB richtet sich danach, ob das Kind angesichts seines Alters und der scheidungsbedingten Belastungen einer persönlichen elterlichen Betreuung bedarf. Sobald dies der Fall ist, verstößt eine Verzichtsvereinbarung gegen die Kindesinteressen. Ist hingegen eine solche Betreuung nicht (mehr) erforderlich, ist der Tatbestand des § 1570 BGB von vornherein nicht erfüllt, so dass es sich auch hier um einen rechtlich irrelevanten Verzicht handelt.

Damit kann festgehalten werden, dass jeder rechtlich relevante Verzicht auf den Betreuungsunterhalt zu einer zwingenden Beeinträchtigung des Kindeswohls führt. Es gibt keinen rechtlich relevanten Verzicht, der ausnahmsweise die Kindesbelange nicht beeinträchtigt und daher Geltung beanspruchen kann. Aus diesem Grund ist es nur konsequent, den Betreuungsunterhalt generell für unverzichtbar zu erklären.
Dass hierdurch nicht in unzulässiger Weise in die Vertragsfreiheit der Eheleute eingegriffen wird, zeigt zudem die folgende Kontrollüberlegung. Wünschen die Eheleute einen Vertrag, der den Verzicht auf den Unterhaltsanspruch aus § 1570 BGB enthält, obwohl dieser aufgrund fehlender Bedürftigkeit oder dem fehlenden Bedarf an intensiver elterlicher Betreuung ohnehin nicht besteht, kommt

---

544 BGH NJW 1998, 2821 (2822); BGH FamRZ 1990, 492 (493); BGH FamRZ 1981, 1159 (1161).
545 BGH FamRZ 1983, 569 (570).
546 BGH FamRZ 1988, 145 (148).
547 Johannsen/Henrich-*Büttner* § 1570 Rn 24; Göppinger/Wax-*Bäumel* Rn 992.
548 Kalhoener/Büttner/Niepmann Rn 408.

dem Vertrag lediglich der Charakter einer Feststellung zu. Auch ohne Verzichtsverbot kann die Vereinbarung keine rechtliche Wirkung in dem Sinne herbeiführen, dass der Unterhaltsanspruch entfällt. Ein Verzichtsverbot tangiert daher diese Fälle nicht.

Es wird allerdings in Frage gestellt, ob die Unverzichtbarkeit des Betreuungsunterhalts mit dem durch einen Unterhaltsverzicht eintretenden Erlöschen des Stammrechts in Einklang gebracht werden kann.[549] Es ist jedoch anerkannt, dass vertraglich auch ein sogenannter Teilverzicht vereinbart werden kann, bei dem beispielsweise auf den Unterhalt mit Ausnahme des Kindesbetreuungsunterhalts verzichtet wird.[550] Wenn eine derartige vertragliche Vereinbarung trotz des Erlöschens des Stammrechts zulässig ist, dann steht auch einer Unverzichtbarkeit des Betreuungsunterhalts nichts entgegen.
Als weiteres Problem wird die Regelung des § 139 BGB genannt. Wird bei einem umfassenden Verzicht auf nachehelichen Unterhalt der Kindesbetreuungsunterhalt nicht ausdrücklich vom Verzicht ausgenommen, ist tatsächlich zu prüfen, ob sich die Unwirksamkeit des Verzichts auf den Unterhalt aus § 1570 BGB auch auf die übrigen Unterhaltstatbestände erstreckt. Davon ist nach § 139 BGB auszugehen, wenn die Parteien angesichts der Unwirksamkeit des Verzichts auf den Betreuungsunterhalt einen Verzicht auf die übrigen Unterhaltstatbestände nicht vereinbart hätten. Meist geht es den Parteien jedoch um einen so weitreichenden Unterhaltsverzicht, wie dies rechtlich eben möglich ist. In der Regel werden daher die Parteien trotz der Unwirksamkeit des Verzichts auf den Betreuungsunterhalt den Verzicht auf die übrigen Unterhaltstatbestände weiterhin aufrechterhalten wollen. Insofern bereitet § 139 BGB keine Probleme.

bb) Die teleologische Reduktion des § 1585c BGB

De lege lata scheint der Unverzichtbarkeit des Betreuungsunterhalts zunächst der Wortlaut des § 1585c BGB entgegenzustehen („Die Ehegatten können über die Unterhaltspflicht für die Zeit nach der Scheidung Vereinbarungen treffen"). Angesichts des eindeutigen Wortlauts kommt in der Tat eine *einschränkende Auslegung* des § 1585c BGB nicht in Betracht. Dennoch kann § 1585c BGB aufgrund einer *teleologischen Reduktion* einschränkend in dem Sinne verstanden werden, dass die Eheleute zwar weiterhin über den nachehelichen Unterhalt Vereinbarungen treffen können, der Verzicht auf den Unterhalt aus § 1570 BGB aber unzulässig ist.

---

[549] *Petersen* S. 195. Sie bezieht sich allerdings auf eine diesbezügliche Änderung des § 1585c BGB.
[550] *Langenfeld* Handbuch Rn 647; Göppinger/Börger-*Miesen* § 5 Rn 275; Schwab-*Borth* Teil IV Rn 1283; Staudinger-*Baumann* § 1585c Rn 134; *Frey* S. 20; *Petersen* S. 32.

Die Methode der teleologischen Reduktion geht auf *Larenz* zurück. Hierdurch wird die im Gesetz enthaltene, nach ihrem insoweit eindeutigen Wortlaut zu weit gefasste Regel auf den ihr nach Regelungszweck oder Sinnzusammenhang des Gesetzes zukommenden Anwendungsbereich reduziert.[551] Es werden Begrenzungen vorgenommen, die sich entweder aus dem Sinn und Zweck der einzuschränkenden Norm selbst oder aus dem insoweit vorrangigen Zweck einer anderen Norm ergeben, oder aus der „Natur der Sache" oder einem vorrangigen, dem Gesetz immanenten Prinzip folgen. *Larenz* spricht von einer „verdeckten Lücke", wenn eine Regel entgegen ihrem Wortsinn einer Einschränkung bedarf. Die im Gesetz festgestellte Lücke wird dann durch die vermisste Regel geschlossen.[552]

Damit geht aber der oft geäußerte[553] Einwand fehl, die vor allem von *Bosch* vertretene teleologische Reduktion des § 1585c BGB widerspreche dem eindeutigen Wortlaut der Norm. Die teleologische Reduktion engt den Anwendungsbereich einer Vorschrift im Gegensatz zur einschränkenden Auslegung nicht durch die Annahme einer engen statt einer auch möglichen weiten Wortbedeutung ein. Die mittels einer teleologischen Reduktion erreichte Begrenzung erfolgt vielmehr durch die (gedankliche) Hinzufügung einer einschränkenden Norm.[554] Daher scheitert am eindeutigen Wortlaut des § 1585c BGB zwar eine einschränkende Auslegung der Vorschrift, nicht aber eine teleologische Reduktion. Es entspricht gerade dem Wesen der teleologischen Reduktion, sich aus Wertungsgesichtspunkten über den insoweit eindeutigen Gesetzeswortlaut hinwegzusetzen.

Die entscheidende Frage ist vielmehr, ob der § 1585c BGB eine mittels teleologischer Reduktion zu schließende Lücke aufweist. Es ist Voraussetzung für eine teleologisch begründete Gesetzeskorrektur, dass der Gesetzeszweck eindeutig ermittelt ist und ohne die Korrektur der Zweck in einem Teil der Fälle verfehlt würde.[555] *Bosch* ist der Auffassung, im Gesetzgebungsverfahren seien die Auswirkungen eines Verzichts auf den Betreuungsunterhalt in keiner Weise bedacht und deshalb die weite Formulierung des § 1585c BGB gewählt worden. Ein Blick auf die Gesetzgebungsmaterialien stützt diese Annahme. Durch die Einführung des § 1585c BGB durch das 1.EheRG 1977 sollte klargestellt werden, dass es sich auch nach neuer Rechtslage bei den Bestimmungen des nachehelichen Unterhalts um nachgiebiges Recht handelt und insofern die nach § 72 S.1 EheG geltende Rechtslage nicht geändert wurde.[556] Offensichtlich hat sich der Gesetzgeber jedoch nicht überlegt, dass damit auch auf den neugestalteten

---

551 *Larenz* Methodenlehre, S. 391.

552 *Larenz* Methodenlehre, S. 401.

553 Staudinger-*Baumann* § 1585c Rn 182; *Petersen* S. 193f; *Frey* S. 76.

554 *Larenz* Methodenlehre, S. 391; vergleiche auch *Bork* BGB AT Rn 142.

555 *Larenz* Methodenlehre, S. 400.

556 BT-Drucks. 7/650 S. 149. Auch nach altem Recht (§ 72 S.1 EheG) waren Vereinbarungen über den nachehelichen Unterhalt zulässig.

Kindesbetreuungsunterhalt verzichtet werden kann.[557] Wird der Verzicht auf den Kindesbetreuungsunterhalt zugelassen, kommt es zu den bereits verschiedentlich geschilderten nachteiligen Auswirkungen, die zu einer Gefährdung des Kindeswohls führen können. Dessen war sich der Gesetzgeber, dem mit der Schaffung des § 1570 BGB die Verwirklichung des Kindeswohls ja ausdrücklich am Herzen lag,[558] offensichtlich nicht bewusst. Die Rechtsprechung korrigiert dieses gesetzgeberische Versehen über die Anwendung des § 242 BGB. Näher liegt jedoch die Korrektur über eine teleologische Reduktion des § 1585c BGB. In dieser Weise kann dem in der Verwirklichung des Kindeswohls liegenden und insoweit vorrangigen Zweck des § 1570 BGB genügt werden. Belässt man hingegen den § 1585c BGB in der gegenwärtig vom Gesetz vorgesehenen Form, dann wird das in der Sicherung der Kindesbetreuung liegende Ziel des § 1570 BGB durch die weite Formulierung des § 1585c BGB vereitelt. Jeder rechtlich relevante Verzicht auf den Betreuungsunterhalt führt zu einer Gefährdung des Kindeswohls. Daher ist der § 1585c BGB in der Weise teleologisch zu reduzieren, dass auf den Betreuungsunterhalt nicht verzichtet werden kann.[559]

cc) Vorschlag de lege ferenda

Zur Klarstellung wäre dennoch ein Tätigwerden des Gesetzgebers wünschenswert. Eine Änderung des § 1585c BGB könnte etwa in der Form erfolgen, dass ein zweiter Satz eingefügt wird und sich die Norm dann wie folgt liest: „Die Ehegatten können über die Unterhaltspflicht für die Zeit nach der Scheidung Vereinbarungen treffen. *Auf den Unterhalt wegen Betreuung eines Kindes gemäß § 1570 BGB kann nicht verzichtet werden.*"

e) Ergebnis

Die Lösung der herrschenden Meinung, die eine Geltendmachung des vereinbarten Verzichts auf den Unterhalt aus § 1570 BGB im Einzelfall an § 242 BGB scheitern lassen will, überzeugt aus vielerlei Gründen nicht. Vor allem wird durch diesen Weg nicht hinreichend deutlich, dass jeder rechtlich relevante Verzicht zu einer Gefährdung der Kindesinteressen führt. Einzig die Annahme der generellen Unverzichtbarkeit des Betreuungsunterhalts wird der Problematik

---

[557] Lediglich über das Erfordernis einer Formvorschrift wurde kurz diskutiert, vergleiche BT-Drucks. 7/4361 S. 34.

[558] BT-Drucks. 7/650 S. 122.

[559] Das Bundesverfassungsgericht hat sich in seiner Entscheidung vom 6.2.2001 ebenfalls mit einem Verzicht auf den Betreuungsunterhalt auseinandergesetzt und als entscheidend für dessen Wirksamkeit einzig das Gleichgewicht der Verhandlungspositionen erachtet (Siehe auch *Schwab* Anm. FamRZ 2001, 349 (350)). Dennoch steht diese Entscheidung, gerade angesichts der Entschiedenheit, mit der das Bundesverfassungsgericht die Wahrung der Kindesinteressen einfordert, einer teleologischen Reduktion des § 1585c BGB nicht entgegen.

gerecht. Das Verzichtsverbot kann de lege lata durch eine dahingehende teleologische Reduktion des § 1585c BGB erreicht werden. De lege ferenda ist eine Ergänzung des § 1585c BGB wünschenswert, die zur Klarstellung ein ausdrückliches Verzichtsverbot in die Norm aufnimmt.

III. Die weitere Sicherung des Kindeswohls

Neben der finanziellen Absicherung des Kindes und der finanziellen Sicherung einer persönlichen Betreuung durch einen Elternteil, ist nach der Scheidung auch die sonstige verantwortungsvolle Ausübung der Elternrechte zu gewährleisten. Scheidungsfolgenvereinbarungen werden den Kindesinteressen dann nicht gerecht, wenn Zugeständnisse bei der elterlichen Sorge oder dem Umgangsrecht zum Tauschobjekt im Hinblick auf finanzielle Vereinbarungen zwischen den Eheleuten werden. Diese Konstellationen werden unter dem Stichwort „Kommerzialisierung der Elternrechte“ zutreffend als Fallgruppe des § 138 Abs.1 BGB anerkannt.[560]

---

[560] BGH FamRZ 1986, 444 (445f); BGH FamRZ 1984, 778 (780); Staudinger-*Engler* § 1606 Rn 54; Soergel-*Häberle* § 1614 Rn 3.

5. Teil: Der Schutz der Allgemeinheit

Die Auswirkungen einer Scheidungsfolgenvereinbarung sind nicht auf den Familienkreis beschränkt. Neben den Interessen gemeinsamer Kinder können durch eine solche Vereinbarung auch Interessen außenstehender Dritter beeinträchtigt werden. Zu denken ist hier insbesondere an die durch einen Verzicht auf nacheheliche Ansprüche herbeigeführte Sozialhilfebedürftigkeit eines Ehegatten. Die dadurch für den Sozialhilfeträger entstehenden Kosten werden über Steuergelder von der Allgemeinheit finanziert.

A. Konkretisierung des Schutzinteresses

I. Der Meinungsstand im deutschen Recht

Während der Schutz des Kindeswohls als vorrangiges Ziel weithin anerkannt ist, wird bei der infolge einer Scheidungsfolgenvereinbarung eintretenden Belastung des Sozialhilfeträgers ein schützenswertes Interesse der Allgemeinheit durchaus bezweifelt.

1. Anerkennung eines Schutzinteresses

a) Die Haltung der Gerichte

Der Bundesgerichtshof erkennt das Interesse der Allgemeinheit, vor der aufgrund einer privatautonomen Regelung der Scheidungsfolgen eintretenden Bedürftigkeit eines Ehegatten und der daraus folgenden Inanspruchnahme des Sozialhilfeträgers bewahrt zu werden, in einem Grundsatzurteil ausdrücklich als schützenswert an.[561] Zur Begründung führt das Gericht an, dass die den Eheleuten eingeräumte Vertragsfreiheit nach allgemeinen Grundsätzen (Art. 2 Abs.1 GG) dort ende, wo ihr Rechte Dritter entgegenstehen. Die Sozialhilfe sei subsidiär und genieße kraft ausdrücklicher gesetzlicher Regelung nach § 2 Abs.1 BSHG Nachrang gegenüber allen privaten Unterhaltsquellen. Hieraus leitet der Bundesgerichtshof die für das nacheheliche Unterhaltsrecht geltende allgemeine Verpflichtung ab, dass ein Unterhaltsbedürftiger grundsätzlich, soweit ihm dies nach den Umständen des Einzelfalls zumutbar ist, zunächst die ihm zur Verfügung stehenden privaten Erwerbsquellen und Unterhaltsmöglichkeiten ausschöpfen muss, bevor er auf dem Weg über eine Inanspruchnahme der Sozialhilfe die Allgemeinheit belastet.

[561] BGH FamRZ 1983, 137 (139).

Das Bundesverfassungsgericht hat in seiner die Verfassungsmäßigkeit des § 1587o Abs.2 S.3 BGB betreffenden Entscheidung[562] ebenfalls anerkannt, dass mit der Anordnung der familiengerichtlichen Genehmigung auch den Gemeinwohlbelangen Rechnung getragen wird, indem durch die gerichtliche Kontrolle der Gefahr einer Belastung der Sozialhilfe begegnet wird. Dieser Gesichtspunkt kann (neben anderen Gründen) nach Auffassung des Bundesverfassungsgerichts den mit dem gerichtlichen Genehmigungsvorbehalt verbundenen Eingriff in die Vertragsfreiheit rechtfertigen.

b) Die Position im Schrifttum

Auch in der Literatur wird überwiegend die Schutzbedürftigkeit der Allgemeinheit im Bereich der Scheidungsfolgenvereinbarungen bejaht.[563] Die sozialhilferechtlichen Regelungs- und Ausgleichsmechanismen müssten aufgrund der Verzahnung von familien- und sozialrechtlicher Daseinsvorsorge in den zivilrechtlichen Kontrollmaßstab einbezogen werden.[564] Der Privatautonomie sollen dort Grenzen gesetzt werden, wo sie in die Rechte des Gemeinwohls zugunsten eines Einzelnen eingreift und damit zu einer einseitigen Belastung der Allgemeinheit führt.[565] In einer Zeit, in der die Grenzen der Belastbarkeit öffentlicher Kassen nur allzu deutlich geworden sind, könne man sich einer stärkeren Beachtung der Subsidiarität staatlicher Sozialleistungen nicht verschließen.[566]

2. Zweifelnde Stimmen

Angesichts der eindeutigen Haltung der herrschenden Meinung werden jedoch vereinzelt Zweifel hinsichtlich der Anerkennung eines Schutzinteresses geäußert. So wird auf die allmähliche Transformation des privaten Unterhaltsrechts in ein „zwingendes Schutzrecht mit sozialem Einschlag" hingewiesen.[567] Keinesfalls dürfe die Ehe nach ihrem Scheitern zu einem Zwangsversorgungsinstitut werden,[568] insbesondere solange der Gesetzgeber die Allgemeinheit bei nichtehelichen Lebensgemeinschaften nicht vor der unberechtigten Inanspruch-

---

[562] BVerfGE 60, 329 (340ff).
[563] MünchKomm-*Maurer* § 1585c Rn 42; *Hess* FamRZ 1996, 981 (987); *Bartsch* ZRP 1979, 96 (96f); *Bosch* FS Habscheid, 23 (28); *Vortmann* JA 1986, 401 (405); *Büttner* FamRZ 1998, 1 (4); *Grziwotz* FamRZ 1997, 585 (587); *Langenfeld* Handbuch Rn 27; Göppinger/Börger-*Miesen* § 5 Rn 293; *Bergschneider* Rn 385; Soergel-*Häberle* § 1585c Rn 16; *Frey* S. 56-63; *Petersen* S. 96.
[564] *Hess* FamRZ 1996, 981 (987).
[565] *Vortmann* JA 1986, 401 (404f).
[566] *Frey* S. 61.
[567] *Meder* FuR 1993, 12 (20).
[568] *Buschendorf* S. 149f.

nahme von Sozialhilfe schütze.[569] Das Scheitern der Ehe dürfe nicht zu einer lebenslangen Unterhaltslast führen; ein Neuanfang (gegebenenfalls mit staatlicher Hilfe) müsse immer möglich sein. Der Gesetzgeber habe die Ehe leicht auflösbar gestaltet und könne daher nicht wesentliche sittliche Anforderungen an das nacheheliche Vermögensverhalten anknüpfen.[570]
Generell stehe niemand in der Pflicht, seine Privatangelegenheiten so zu gestalten, dass die Sozialhilfe geschont wird.[571] Der Allgemeinheit stehe ebenso wenig wie der unterhaltspflichtigen Verwandtschaft ein moralisches Recht darauf zu, dass ein Ehegatte die Bedürftigkeit seines ehemaligen Partners verhindert. Die Möglichkeit vertraglicher Vereinbarungen auch mit der Folge des Eintritts der Sozialhilfebedürftigkeit entspreche vielmehr dem in § 1569 BGB verankerten Grundsatz der Eigenverantwortung im Unterhaltsrecht.[572] Auch sei der Eingriff in öffentlich-rechtliche Positionen durch eine Scheidungsfolgenvereinbarung relativ gering und damit hinnehmbar. Die Wertung des Gesetzgebers sei insofern eindeutig, als im Bereich des § 1585c BGB ein Verweis auf § 1614 BGB fehle und damit den fiskalischen Interessen kein Vorrang zukomme.[573]
Außerdem führe die Haltung der herrschenden Meinung zu einer sachlich nicht gerechtfertigten Ungleichbehandlung armer und begüterter Personen: nur einem kleinen begüterten Teil der Bevölkerung werde es gestattet sein, auf den nachehelichen Unterhalt zu verzichten.[574] Selbstverantwortung und Vertragsfreiheit müsse jedoch allen sozialen Schichten in grundsätzlich gleicher Weise offen stehen.[575]

II. Die Haltung im englischen Recht

Im englischen Recht wird die Vermeidung der als Folge einer Scheidungsfolgenvereinbarung eintretenden finanziellen Belastung der Allgemeinheit eindeutig als schützenwertes Interesse anerkannt. Die Berücksichtigung dieser Interessenlage hat insbesondere dazu geführt, dass die Vereinbarung eines Verzichts auf die Geltendmachung von nachehelichen Ansprüchen nicht wirksam ist.[576] Es wird durch das House of Lords ausdrücklich als öffentliches Anliegen hervorgehoben, dass nicht die öffentliche Hand (und damit die Allgemeinheit) infolge der

---

569 Staudinger-*Baumann* § 1585c Rn 192.
570 *Zöllner* FS Lange, 973 (989).
571 *Zöllner* FS Lange, 973 (988): Schließlich sei ja auch die Kündigung eines Arbeitsverhältnisses nicht sittenwidrig, wenn dadurch Bedürftigkeit und infolgedessen die Inanspruchnahme der Sozialhilfe herbeigeführt werde.
572 *Buschendorf* S. 252f; *Herb* S. 188f.
573 *Meder* FuR 1993, 12 (21); Staudinger-*Baumann* § 1585c Rn 192; *Herb* S. 188f.
574 *Meder* FuR 1993, 12 (21).
575 *Buschendorf* S. 254.
576 *Hyman* v *Hyman* [1929] AC 601 beziehungsweise section 34 (1) MCA 1973. Siehe dazu bereits oben im 2.Teil B.I.4.

von den Eheleuten getroffenen Vereinbarung mit der Unterstützung bedürftiger Ehegatten belastet wird.[577] Es sei deshalb Aufgabe der Gerichte, dafür Sorge zu tragen, dass der unterhaltspflichtige Ehegatte seine Verbindlichkeiten in ausreichendem Maße erfülle. Um dies zu gewährleisten, könne nicht durch einen Vertrag auf den Weg zum Gericht verzichtet werden. Es steht den Eheleuten daher trotz einer anderslautenden Vereinbarung weiterhin frei, sich zwecks Festsetzung der nachehelichen Ansprüche an das Gericht zu wenden. In diesem Verfahren („ancillary relief") steht dem Richter der in section 25 MCA 1973 festgelegte weite Ermessensspielraum zu, innerhalb dessen er dann auch die Interessen der Allgemeinheit angemessen berücksichtigen wird.
Angesichts dieser Regelungen wird deutlich, dass den durch eine Scheidungsfolgenvereinbarung berührten Belangen der Allgemeinheit im englischen Recht ein hoher Stellenwert eingeräumt wird.

III. Stellungnahme

Ein Verzicht auf die im Gesetz vorgesehenen nachehelichen Ansprüche ist nur dann unproblematisch, wenn der verzichtende Ehegatte sich nach der Scheidung aus eigener Kraft in angemessener Weise unterhalten kann. Ist der Verzichtende hingegen zur Sicherung seines Lebensunterhalts auf die durch das Gesetz gewährte Unterstützung des anderen Ehegatten angewiesen, führt der Verzicht zwingend zu einer Inanspruchnahme des Sozialhilfeträgers. Die vertragliche Vereinbarung eines Verzichts auf die gesetzlichen Scheidungsfolgen bewirkt bei gleichzeitig objektiv bestehender Bedürftigkeit eines Ehegatten die Überwälzung der Unterhaltslast von dem anderen Ehegatten auf die Allgemeinheit.
Die Belastung des Sozialhilfeträgers wird besonders deutlich, wenn auf den nachehelichen Unterhalt verzichtet wird. Kann ein Ehegatte nach der Scheidung nicht aus eigener Kraft für seinen Unterhalt sorgen, steht ihm ein Unterhaltsanspruch nach §§ 1569 ff. BGB zu, sofern einer der in §§ 1570-1576 BGB genannten Unterhaltstatbestände eingreift und der andere Ehegatte leistungsfähig ist. Aufgrund des vereinbarten Verzichts tritt jedoch statt des anderen Ehegatten die Sozialhilfe ein. Da hier die Belastung auf der Hand liegt, wird die Problematik der die Allgemeinheit beeinträchtigenden Scheidungsfolgenvereinbarung überwiegend im Bereich des Unterhaltsverzichts diskutiert. Daneben kann sich aber auch der vertraglich vereinbarte Ausschluss des Versorgungsausgleichs nachteilig auswirken. Dies ist der Fall, wenn der Verzichtende keine eigenen Versorgungsanwartschaften erworben hat und deshalb im Alter auf Unterstützung durch den Sozialhilfeträger angewiesen sein wird, da es bei Scheidung aufgrund der Parteiabrede entgegen den §§ 1587 ff BGB nicht zu einer Übertragung von Versorgungsanwartschaften gekommen war. Zeitlich versetzt hat dann der Ausschluss des Versorgungsausgleichs vergleichbare Auswirkungen wie ein

[577] *Hyman* v *Hyman* [1929] AC 601, Lord Hailsham (608), Lord Atkin (629).

Unterhaltsverzicht. Diese Folge tritt allerdings im Bewusstsein oft in den Hintergrund, da sich der Ausschluss des Versorgungsausgleichs meist nicht schon direkt bei Scheidung, sondern erst Jahre später bei Erreichen des Rentenalters auswirkt.
Für den Eintritt der hier dargestellten Belastung der Sozialkassen ist es gleichgültig, zu welchem Zeitpunkt der entscheidende Vertrag von den Eheleuten geschlossen wurde. Sowohl ein vor der Ehe als auch ein während oder nach der Ehe vereinbarter Verzicht hat zur Folge, dass anstelle des anderen Ehegatten der Sozialhilfeträger für die Unterstützung eines bedürftigen Ehegatten einstehen muss.

Es ist weitgehend anerkannt, dass zum Schutz der Allgemeinheit die Vertragsfreiheit des einzelnen eingeschränkt werden kann. Dem verschließen sich auch die oben angeführten Zweifler nicht. Ihnen geht es lediglich darum, die drohende Inanspruchnahme des Sozialhilfeträgers bei der Beurteilung einer Scheidungsfolgenvereinbarung in wesentlich geringerem Umfang zu berücksichtigen, als dies von der herrschenden Meinung bislang gehandhabt wird.[578] Die Anerkennung eines schützenswerten Interesses lässt sich auch durch das Verfassungsrecht stützen. Die in Art. 2 Abs.1 GG verankerte Vertragsfreiheit findet als Teil der allgemeinen Handlungsfreiheit ihre Schranke unter anderem in der „verfassungsmäßigen Ordnung“. Der Begriff der „verfassungsmäßigen Ordnung“ enthält eine Orientierung am *Gemeinwohl* und eröffnet daher im Rahmen des Grundsatzes der Verhältnismäßigkeit diesbezügliche Beschränkungen der Vertragsfreiheit.[579] Die Wirkung des Sozialstaatsprinzips (Art. 20 Abs.1, Art. 28 Abs.1 GG) gestattet insbesondere den Ausschluss unsozialen Verhaltens.[580]

Der eigentliche Kern der Problematik liegt daher nicht in der Anerkennung eines Schutzinteresses, sondern vielmehr in der konkreten Festlegung des Umfangs, in dem dieses Interesse Berücksichtigung finden soll.
In diesem Zusammenhang sind dann auch die Äußerungen der kritischen Autoren zu würdigen. Ihr Verdienst liegt vor allem darin, dass sie noch einmal verdeutlichen, dass hier zwischen widerstreitenden Interessen ein angemessener Ausgleich herbeizuführen ist. Auf der einen Seite ist dem Grundsatz der Vertragsfreiheit und damit der autonomen Gestaltung der nachehelichen Verhältnisse so weit wie möglich Geltung zu verschaffen, ohne aber andererseits unbeteiligten Dritten eine zu starke Belastung aufzubürden. Es ist eine Entscheidung

---

[578] Dies findet seinen Ausdruck in der Forderung, im Gegensatz zur Auffassung der herrschenden Meinung sei im Rahmen des § 138 Abs.1 BGB nicht bereits das *Bewusstsein* der Schädigung ausreichend, sondern es müsste von den Eheleuten die Belastung des Sozialhilfeträgers *bezweckt* worden sein. Vergleiche Staudinger-*Baumann* § 1585c Rn 192; *Zöllner* FS Lange, 973 (988f); *Meder* FuR 1993, 12 (21); *Herb* S. 188ff.
[579] Maunz-Dürig-*Di Fabio* Art. 2 I GG Rn 104.
[580] Maunz-Dürig-*Di Fabio* Art. 2 I GG Rn 104.

zwischen der Durchsetzung fiskalischer Interessen und der Akzeptanz autonomer Gestaltungen zu treffen.

Der deutsche Gesetzgeber hat sich im Scheidungsfolgenrecht ausdrücklich zur Vertragsfreiheit bekannt. So steht es nach § 1585c BGB den Eheleuten frei, über die nacheheliche Unterhaltspflicht Vereinbarungen zu treffen, wobei hiervon auch die Befugnis zum Abschluss eines Verzichts umfasst ist. Dies korrespondiert mit dem in § 1569 BGB festgeschriebenen Prinzip der Eigenverantwortung im nachehelichen Unterhaltsrecht. Obwohl zu Zeiten des 1.EheRG die Folgen eines Unterhaltsverzichts für den Sozialhilfeträger bereits bekannt waren und aus diesem Grund über die Unwirksamkeit von Verzichten diskutiert wurde,[581] hat der Gesetzgeber darauf verzichtet, die Vertragsfreiheit im nachehelichen Unterhaltsrecht zugunsten der Sozialkassen zu begrenzen. Auch beim Versorgungsausgleich räumt das Gesetz den Eheleuten einen weiten Spielraum ein: Nach § 1408 Abs.2 S.1 BGB kann in einem Ehevertrag ausdrücklich der Versorgungsausgleich vollkommen ausgeschlossen werden. Auf der anderen Seite kann jedoch das Interesse an einer möglichst geringen Belastung der Sozialkassen nicht von der Hand gewiesen werden. Der Gesetzgeber selbst hat dies in § 2 Abs.1 BSHG zum Ausdruck gebracht. Diese Vorschrift legt fest, dass die Sozialhilfe subsidiär zu privaten Unterhaltsquellen sein soll und setzt sich damit in einen klaren Widerspruch zu der im Scheidungsfolgenrecht sehr weit zugestandenen Vertragsfreiheit.

Durch einen Verzicht wird der andere Ehegatte zum Nachteil des Sozialhilfeträgers vollkommen aus seiner Verantwortung gegenüber dem nach der Scheidung bedürftigen Ehegatten entlassen. Entscheidende Frage ist also, ob die Eheleute aufgrund ihrer (gescheiterten) Ehe bei der Gestaltung ihrer Scheidungsfolgenvereinbarung in der Pflicht stehen, eine Belastung der Sozialkassen zu vermeiden. Damit wird der auch in anderen Zusammenhängen kontrovers diskutierte Umfang der nachehelichen Solidarität[582] angesprochen. In dieser Diskussion spielt immer wieder die Befürchtung eine Rolle, die geschiedene Ehe werde trotz Scheiterns der persönlichen Beziehung zu einer Art „Zwangsversorgungsinstitut".[583] Nach anderer Lesart besteht hingegen die Gefahr, dass ein Ehegatte die sich für ihn in finanzieller Hinsicht aus der konkreten Ehegestal-

---

[581] Vergleiche OLG Düsseldorf FamRZ 1955, 293 (294); LG Ellwangen FamRZ 1955, 108 (109); LG Bielefeld NJW 1958, 185 (185); *Bosch* Anm. FamRZ 1955, 110 (110); *Habscheid* FamRZ 1963, 77 (79); *Hampel* FamRZ 1960, 421 (423); *Tipke* FamRZ 1954, 188 (189f); *Lüdtke* NJW 1955, 211 (212); *Wiethaup* MDR 1954, 9 (10).

[582] Der Begriff der nachehelichen Solidarität erfasst die Mitverantwortung der Ehegatten füreinander selbst nach Scheitern der gemeinsamen Lebensplanung. Dabei ist dieser Begriff ob seiner Unschärfe in der Literatur verschiedentlich auf Kritik gestoßen. Vergleiche hierzu auch *van Els* FamRZ 1992, 625 (625ff); *Diederichsen* NJW 1993, 2265 (2267f)

[583] Vergleiche etwa *Knöpfel* AcP 191 (1991), 107 (113ff); *Holzhauer* JZ 1977, 73 (77ff); *Dieckmann* FamRZ 1984, 946 (948ff).

tung ergebenden Nachteile allein tragen muss.[584] Dieses Risiko besteht vor allem bei der Einverdienerehe, in der ein Ehegatte die aus Haushaltsführung und Kindesbetreuung bestehende Familienarbeit übernommen hat, während der andere Ehegatte einer Erwerbstätigkeit nachgeht. Bei der Scheidung steht dann der haushaltsführende Ehegatte ohne eigenes Einkommen und Vermögen sowie ohne eine eigene Altersvorsorge da. Insbesondere mit Blick auf diese Fälle ist das deutsche Scheidungsfolgenrecht als Ausdruck einer nachwirkenden ehelichen Solidarität ausgestaltet worden.[585]
Die im Gesetz vorgesehenen Scheidungsfolgen bauen auf der Ehe als persönlicher Beziehung auf. Daraus könnte man den Schluss ziehen, die Gestaltung der Scheidungsfolgen sei eine höchstpersönliche Angelegenheit und daher dem Einfluss Dritter zu entziehen. Ebenso kann aber daraus, dass die Scheidungsfolgen Nachwirkungen einer gescheiterten persönlichen Beziehung sind, gefolgert werden, die aufgrund der Gestaltung dieser Beziehung eintretende Bedürftigkeit sei nicht von der Allgemeinheit aufzufangen.
Es können die bisherigen Ausführungen somit dahingehend zusammengefasst werden, dass es um eine Entscheidung zwischen der Privatisierung und der Kollektivierung der anfallenden Lasten geht. Entweder ist vorrangig auf die nacheheliche Solidarität abzustellen und damit Verzichtsvereinbarung zu Lasten der Allgemeinheit weitgehend eine Absage zu erteilen; oder aber die Inanspruchnahme der staatlichen Solidargemeinschaft ist zugunsten einer autonomen Gestaltung der Scheidungsfolgen hinzunehmen.

B. Die Verwirklichung des Schutzes im Recht

Das vorstehend erläuterte Schutzinteresse der Allgemeinheit wird in unterschiedlicher Weise bei der Beurteilung einer Scheidungsfolgenvereinbarung berücksichtigt.

I. Die Sittenwidrigkeit drittbelastender Verzichte

Das Bundessozialhilfegesetz bietet einen Schutz nur insoweit, als ein nach der gemäß § 91 BSHG erfolgten Überleitung des Unterhaltsanspruchs vereinbarter Unterhaltsverzicht unwirksam ist. Der in § 91 BSHG vorgesehene Regress läuft jedoch dann leer, wenn bereits eine Überleitung daran scheitert, dass die Eheleute zuvor auf den nachehelichen Unterhalt verzichtet haben. Überwiegend wird dann der infolge einer Verzichtsvereinbarung eintretenden Belastung des Sozialhilfeträgers mit der Anwendung des § 138 Abs.1 BGB begegnet.

---

[584] Vergleiche etwa *Limbach* ZRP 1984, 199 (200); *Schwenzer* AcP 196 (1996), 88 (113).
[585] Vergleiche BT-Drucks. 7/650 S. 60f im Hinblick auf den nachehelichen Unterhalt und BT-Drucks. 7/4361 S. 18f im Hinblick auf den Versorgungsausgleich.

1. Die Voraussetzungen der Sittenwidrigkeit

Schon die Voraussetzungen, unter denen eine Scheidungsfolgenvereinbarung aufgrund der mit ihr verbundenen Beeinträchtigung der Sozialkassen sittenwidrig und damit nach § 138 Abs.1 BGB nichtig ist, sind umstritten.

a) Der Streitpunkt: Das subjektive Element

Die Rechtsprechung[586] und ihr folgend die überwiegende Literatur[587] gehen von der Sittenwidrigkeit eines Unterhaltsverzichts dann aus, wenn dieser zum einen zwangsläufig die Belastung des Sozialhilfeträgers zur Folge hat und zum anderen den Eheleuten diese Auswirkung bei Vertragsschluss bewusst war. Vergleichbare Anforderungen gelten bei einem gemäß § 1408 Abs.2 S.1 BGB[588] vereinbarten Ausschluss des Versorgungsausgleichs.[589] Abweichend hiervon wird jedoch teilweise das bloße *Bewusstsein* der Schädigung nicht für ausreichend erachtet, sondern vielmehr gefordert, dass die Belastung der Sozialkassen den *Zweck* des Verzichts bilden muss.[590] Durch die Annahme dieses strengeren subjektiven Kriteriums wird die Schwelle der Sittenwidrigkeit hochgesetzt. Diese Haltung rührt daher, dass das zweifelsohne bestehende Interesse der Allgemeinheit an einer Vermeidung ihrer Inanspruchnahme nur in einem wesentlich geringeren Umfange als schutzwürdig anerkannt wird. Während die herrschende Meinung zu einer recht starken Berücksichtigung der fiskalischen Interessen findet, geht die abweichende Auffassung von einem sehr weitgehenden Vorrang der Vertragsfreiheit aus und gewährt den öffentlichen Kassen einen Schutz lediglich in Extremfällen, indem ein kollusives Zusammenwirken der Eheleute verlangt wird.

---

[586] BGH FamRZ 1987, 40 (42); BGH FamRZ 1983, 137 (139).

[587] *Langenfeld* Handbuch Rn 27; *Bergschneider* Rn 385, Soergel-*Häberle* § 1585c Rn 16; *Bosch* FS Habscheid, 23 (28); MünchKomm-*Maurer* § 1585c Rn 42; *Vortmann* JA 1986, 401 (404); *Büttner* FamRZ 1998, 1 (4); *Grziwotz* FamRZ 1997, 585 (587); Göppinger/Börger-*Miesen* § 5 Rn 293; *Frey* S. 61ff; *Petersen* S. 96, 98.

[588] Wird der Ausschluss des Versorgungsausgleichs hingegen gemäß § 1587o Abs.1 S.1 BGB anlässlich der Scheidung vereinbart, macht die ohnehin gemäß § 1587o Abs.2 S.3 BGB durchzuführende gerichtliche Kontrolle einen Rückgriff auf § 138 Abs.1 BGB entbehrlich.

[589] Soegel-*Gaul* § 1408 Rn 39; *Eichenhofer* DNotZ 1994, 213 (224); Staudinger-*Rehme* § 1408 Rn 84.
Vergleiche dazu bereits ausführlich oben im 2.Teil A.I.5.b)cc)(2).

[590] Staudinger-*Baumann* § 1585c Rn 192; *Zöllner* FS Lange, 973 (988f); *Meder* FuR 1993, 12 (21); *Herb* S. 188ff. Vergleiche auch *Dieckmann* FamRZ 1977, 163 (165).

b) Stellungnahme

Der Bundesgerichtshof bleibt mit seiner Entscheidung zu den Voraussetzungen der Sittenwidrigkeit einer den Sozialhilfeträger belastenden Scheidungsfolgenvereinbarung auf der Linie seiner auch bei anderen Vertragstypen ständigen Rechtsprechung. Danach ist für die Feststellung des sittenwidrigen Charakters einer Vereinbarung weder das Bewusstsein der Sittenwidrigkeit noch eine Schädigungsabsicht erforderlich.[591] Es reicht vielmehr bereits die Kenntnis der Tatsachen aus, aus denen sich die Sittenwidrigkeit ergibt.[592] Dem soll es gleichstehen, wenn die Parteien sich der Kenntnis bewusst oder grob fahrlässig verschließen.[593] Dabei ist § 138 Abs.1 BGB unter dem Gesichtspunkt der Verletzung von Interessen der Allgemeinheit nur anwendbar, wenn alle Beteiligten sittenwidrig handeln.[594]

Dennoch ist zu überlegen, ob nicht bei der Beurteilung eines drittbelastenden Verzichts auf die gesetzlichen Scheidungsfolgen abweichend ein strengerer subjektiver Maßstab zu fordern ist.

Eine Beurteilung der Sittenwidrigkeit ist schon deshalb schwierig, weil der Gesetzgeber selbst widersprüchliche Regelungen geschaffen hat. Auf der einen Seite wurde im Scheidungsfolgenrecht eine sehr weitgehende Befugnis zur autonomen Gestaltung verankert, obwohl bereits zur Zeit des 1.EheRG 1977 die unter Umständen für die öffentliche Hand eintretenden nachteiligen Folgen bekannt waren. Andererseits enthält § 2 Abs.1 BSHG den Grundsatz, dass die Sozialhilfe subsidiär zu privaten Unterhaltsquellen sein soll. Vorrangig ist also die privatrechtlich vorgesehene Unterstützung zu nutzen.

Festzuhalten ist zunächst, dass jedenfalls bei Kollusion die Scheidungsfolgenvereinbarung keine Geltung beanspruchen kann. Im Fall des kollusiven Zusammenwirkens nutzen die Eheleute die ihnen vom Gesetz eingeräumte Vertragsfreiheit mit der Zielsetzung aus, ihre privaten Unterhaltslasten der Allgemeinheit aufzubürden. Sie verfolgen mit ihrem Vertragswerk gerade die Schädigung von Dritten, um sich selbst einen Vorteil zu verschaffen. Hier liegt die Verwerflichkeit ihres Handelns auf der Hand.

Ob darüber hinaus auch jede Vereinbarung zu beanstanden ist, die lediglich in dem Bewusstsein einer späteren Inanspruchnahme des Sozialhilfeträgers getroffen wurde, erscheint zweifelhaft. Dies kann allerdings nicht mehr wie nach altem Scheidungsrecht auf den Gesichtspunkt der „ritterlichen Scheidung“ zurückgeführt werden. Nach altem Recht erklärte sich oft der Mann bereit, von der

[591] BGH NJW 1993, 1587 (1588) zur Unwirksamkeit eines Vertrages wegen sittenwidriger Knebelung.

[592] BGH NJW 1988, 1373 (1374) zur Sittenwidrigkeit eines Möbelkaufvertrages.

[593] BGHZ 10, 228 (233) zur Sittenwidrigkeit einer Sicherungsübereignung. BGHZ 20, 43 (52) zur Sittenwidrigkeit einer Vorfinanzierung.

[594] BGH NJW 1990, 567 (568) zur Sittenwidrigkeit eines Bierbezugsvertrags.

Geltendmachung eines Verschuldens der Ehefrau abzusehen, wenn sie im Gegenzug auf nachehelichen Unterhalt verzichtete. Dieses Motiv wurde weitgehend anerkannt, auch wenn in der Folge die Sozialhilfe eintreten musste.[595] Mit dem Übergang vom Verschuldens- zum Zerrüttungsprinzip ist diese Argumentation hinfällig. Im neuen Recht lässt sich jedoch unter einem anderen Blickwinkelt ebenfalls begründen, dass lediglich bei Kollusion eine Sittenwidrigkeit der Scheidungsfolgenvereinbarung angenommen werden kann. Wird mit dem Bundesgerichtshof bereits das bloße Bewusstsein für ausreichend gehalten, würde dies bedeuten, dass den Eheleuten die Möglichkeit zur Vereinbarung eines Unterhaltsverzichts oder eines Ausschlusses des Versorgungsausgleichs schon dann nicht mehr offen steht, wenn sie die dadurch hervorgerufene Belastung der Sozialkassen hervorgesehen haben. Damit erlegt man ihnen die Pflicht auf, jede für sie erkennbare Beeinträchtigung der öffentlichen Hand zu vermeiden. Dies geht jedoch insofern zu weit, als bei der Gestaltung persönlicher Rechtsbeziehungen nicht die Schonung der Sozialhilfe oberstes Ziel sein kann. *Zöllner*[596] ist darin zuzustimmen, dass Verträge außerhalb einer Scheidungsfolgenvereinbarung auch nicht daraufhin untersucht werden, ob in ihrer Folge die Sozialhilfe in irgendeiner Form für eine Vertragspartei eintreten muss. Im Scheidungsfolgenrecht gilt auch im Hinblick auf die nacheheliche Solidarität keine Besonderheit. Zwar sind die gesetzlichen Scheidungsfolgen als Ausdruck dieser auch nach der Scheidung fortbestehenden Verantwortung der Eheleute füreinander zu verstehen. Aber der Gesetzgeber hat den Eheleuten die Möglichkeit gewährt, sich vertraglich (auch wenn objektiv eine Bedürfnislage besteht) gegen diese Solidarität zu entscheiden. Es hätte dem Gesetzgeber offen gestanden, durch einen Verweis in § 1585c BGB auf § 1614 BGB den nachehelichen Unterhalt ebenso wie den Trennungsunterhalt (§ 1361 Abs.4 S.4, § 1360a Abs.3, § 1614 BGB) unverzichtbar auszugestalten; von dieser Möglichkeit hat der Gesetzgeber allerdings keinen Gebrauch gemacht. Die gesetzgeberische Wertung für die Vertragsfreiheit und gegen die Durchsetzung fiskalischer Interessen ist insofern eindeutig. Hinzu kommt, dass die nacheheliche Solidarität sowohl im Hinblick auf ihren Umfang als auch schon hinsichtlich ihrer grundsätzlichen Berechtigung höchst umstritten ist.[597] Eine auch nach dem Scheitern der Ehe fortwirkende Verantwortung der früheren Partner kann vor allem mit der gemeinsam praktizierten Ehegestaltung begründet werden: übernimmt ein Ehegatte die Familienarbeit, während der andere einer Erwerbstätigkeit nachgeht, ist nicht einzusehen, weshalb der haushaltsführende und kindesbetreuende

---

595 Vergleiche zur alten Rechtslage BGH FsamRZ 1983, 137 (138); *Hampel* FamRZ 1960, 421 (423ff); *Lüdtke* NJW 1955, 211 (212).

596 *Zöllner* FS Lange, 973 (988).

597 Vergleiche hierzu *van Els* FamRZ 1992, 625 (625ff); *Diederichsen* NJW 1993, 2265 (2267f); *Knöpfel* AcP 191 (1991), 107 (113ff); *Dieckmann* FamRZ 1984, 946 (948ff);*Holzhauer* JZ 1977, 73 (77ff).

Ehegatte die für ihn aus dieser Ehekonzeption entstehenden finanziellen Nachteile bei Scheidung allein tragen soll. Dieser Gedanke erlangt Geltung jedoch vor allem im Verhältnis der Eheleute zueinander. Zugunsten der öffentlichen Kassen besteht eine nacheheliche Solidarität hingegen nicht. Die im Gesetz für die Scheidung vorgesehenen Ausgleichsansprüche sind nicht im Interesse der Allgemeinheit, sondern zum Schutz der durch das Ehekonzept finanziell benachteiligten Partei geschaffen worden. Deshalb ist entgegen der herrschenden Meinung davon auszugehen, dass eine Scheidungsfolgenvereinbarung nur bei zwangsläufiger Belastung des Sozialhilfeträgers und kollusivem Zusammenwirken der Eheleute sittenwidrig sein kann. Dabei wird nicht verkannt, dass es den Ehegatten bei ihrer vertraglichen Gestaltung der Scheidungsfolgen nur sehr selten vorrangig auf eine Schädigung der Allgemeinheit ankommen wird, so dass ein Sittenverstoß nur selten bejaht werden kann.

2. Die Problematik bei vorsorgenden Verträge

a) Der Beurteilungszeitpunkt als Schwierigkeit

Vorsorgende Verträge zeichnen sich gerade dadurch aus, dass ihre Rechtswirkungen erst bei der häufig viele Jahre nach Vertragsschluss durchgeführten Scheidung eintreten. Auch die Sozialhilfebedürftigkeit als Anknüpfungspunkt der Sittenwidrigkeit tritt als Folge eines Unterhaltsverzichts erst bei Scheidung, bei dem Ausschluss des Versorgungsausgleichs sogar erst bei Erreichen des Rentenalters ein.

Für die Beurteilung der Sittenwidrigkeit eines Vertrages ist jedoch nach der ganz herrschenden Meinung auf den Zeitpunkt des Vertragsschlusses abzustellen.[598] Hier bedeutet dies, dass als objektive Voraussetzung der Sittenwidrigkeit schon bei Vertragsschluss die später zwangsläufig eintretende Belastung des Sozialhilfeträgers feststehen muss. Damit kann nicht einfach auf die später tatsächlich erfolgte Inanspruchnahme des Sozialhilfeträgers abgestellt werden. Es ist vielmehr eine Prognose zu erstellen, die auf dem bei Vertragsschluss vorhandenen Kenntnisstand fußt. Angesichts der immer bestehenden Ungewissheit im Hinblick auf die weitere Entwicklung der ehelichen Lebensverhältnisse gestaltet sich bereits diese Prognose außerordentlich schwierig. Darüber hinaus müssen die Eheleute ebenfalls bei Vertragsschluss die subjektiven Voraussetzungen der Sittenwidrigkeit erfüllen. Nach der hier vertretenen Ansicht müssten sie bei der Vereinbarung des Unterhaltsverzichts oder des Ausschlusses des Versorgungs-

[598] So allgemein BGHZ 107, 92 (96); BGHZ 100, 353 (359); BGH FamRZ 1992, 1403 (1404); BGH FamRZ 1991, 306 (307); *Bork* BGB AT Rn 1156; Staudinger-*Sack* § 138 Rn 79ff, 180.
Für Vereinbarungen unter Eheleuten BGH FamRZ 1991, 306 (307); Soergel-*Häberle* § 1585c Rn 14; Staudinger-*Baumann* § 1585c Rn 164; Erman-*Heckelmann* § 1408 Rn 15.

ausgleichs bereits den späteren Eintritt der Sozialhilfe beabsichtigt haben. Es ist jedoch gerade ein Charakteristikum des vorsorgenden Vertrages, dass die spätere Scheidung und die damit verbundenen Folgen von Vertragsparteien lediglich als abstrakte Möglichkeit wahrgenommen werden. Ein Nachweis der subjektiven Komponente ist bei vorsorgenden Verträgen daher kaum durchführbar.[599]

Bei *vor* der Eheschließung vereinbarten Verzichten scheidet nach der Rechtsprechung des Bundesgerichtshofs eine Sittenwidrigkeit ohnehin aus. Im Hinblick auf einen vorehelichen Unterhaltsverzichts hat der Bundesgerichtshof darauf abgestellt, dass bei Vertragsschluss noch kein Anspruch auf nachehelichen Unterhalt bestand, und es deshalb nicht der Verzicht sei, der die spätere Unterstützungsbedürftigkeit herbeigeführt habe.[600] Diese Argumentation lässt sich auch auf den vorehelichen Ausschluss des Versorgungsausgleichs übertragen.

Damit bleibt festzuhalten, dass eine auf der Belastung der Sozialkassen beruhende Sittenwidrigkeit eigentlich nur bei anlässlich einer konkreten Scheidung vereinbarten Verzichten ernsthaft in Betracht kommt.

Angesichts dieses verbleibenden, doch sehr eingeschränkten Anwendungsbereichs ist vorgeschlagen worden, den Sittenverstoß bei einer Scheidungsfolgenvereinbarung einheitlich erst bei der Scheidung selbst zu bestimmen und damit den Beurteilungszeitpunkt bei vorsorgenden Verträgen auf den Eintritt der Rechtswirkung zu verschieben.[601] Damit sollen auch die Fälle von § 138 Abs.1 BGB erfasst werden, in denen sich die Belastung des Sozialhilfeträgers erst bei der Scheidung herausstellt.

b) Stellungnahme

Die Festlegung der Scheidung als Beurteilungszeitpunkt ist zu Recht auf Ablehnung gestoßen. Zwar ist der abweichende Ansatz angesichts der mit einer Beurteilung der Sittenwidrigkeit bei vorsorgenden Verträgen verbundenen Schwierigkeiten verständlich, doch ist der dogmatische Ansatzpunkt bei § 138 Abs.1 BGB zwingend.

Da § 138 BGB die Privatautonomie nur zum Zeitpunkt des Vertragsschlusses begrenzt,[602] kann aus einem zu dieser Zeit nicht sittenwidrigen Rechtsgeschäft durch spätere Entwicklungen kein sittenwidriges werden. Dies ist ebenso un-

---

[599] Dies gilt auch, wenn als subjektives Element bereits das Bewusstsein einer Schädigung als ausreichend erachtet wird. Vergleiche *Büttner* FamRZ 1998, 1 (4); *Langenfeld* Handbuch Rn 27.

[600] BGH FamRZ 1992, 1403 (1404).

[601] So *Hess* FamRZ 1996, 981 (986). Ablehnend dagegen Staudinger-*Baumann* § 1585c Rn 164; *Büttner* FamRZ 1998, 1 (4).

[602] Staudinger-*Baumann* § 1585c Rn 164. Vergleiche auch *Büttner* FamRZ 1998, 1 (4), der darauf hinweist, daß ein Vertrag nicht je nach zeitlichem Blickwinkel sittenwidrig sein oder eben nicht sittenwidrig sein kann, sondern dass es eines einheitlichen Unwerturteils bedarf.

möglich wie die Umwandlung eines nichtigen Rechtsgeschäfts durch folgende Entwicklungen in ein wirksames Rechtsgeschäft. Dies zeigt schon die Überlegung, dass nach der abweichenden Ansicht bis zur Scheidung die Wirksamkeit des Vertrages nicht endgültig festgestellt werden kann und somit bis zu diesem Punkt erhebliche Rechtsunsicherheit besteht. Zwar stellt sich die Frage nach der Wirksamkeit einer vorsorgenden Vereinbarung meist erst, sobald die Abrede relevant wird und damit bei Scheidung, doch muss es möglich sein, bereits zu einem früheren Zeitpunkt Gewissheit über die Frage zu erlangen, ob die von den Eheleuten gefundene Einigung rechtlich bindend ist. Aber auch schon aus den subjektiven Voraussetzungen der Sittenwidrigkeit selbst ergibt sich, dass zwingend auf den Zeitpunkt des Vertragsschlusses abgestellt werden muss. Während sich das objektive Kriterium der zwangsläufigen Inanspruchnahme des Sozialhilfeträgers eigentlich erst so recht bei der Scheidung selbst feststellen lässt, kann für die subjektive Komponente des Sittenverstoßes nur die Motivation der Parteien bei Abschluss des Vertrages ausschlaggebend sein. Erforderlich ist nach der hier vertretenen Auffassung ein kollusives Zusammenwirken der Eheleute. Die Schädigung des Sozialhilfeträgers muss das Ziel sein, das die Ehegatten bei der Vertragsgestaltung ausdrücklich verfolgt haben. Wird die Beurteilung der Vereinbarung auf den Zeitpunkt der Scheidung verschoben, müsste sich auch die Prüfung des subjektiven Elements an diesem Zeitpunkt orientieren. Dies ist bei einem vorsorgenden Vertrag schon deshalb nicht durchführbar, weil die Kollusion gerade bei der Vertrags*gestaltung* vorgelegen haben muss.
Daher ist im Ergebnis auch im Bereich der Scheidungsfolgenvereinbarungen daran festzuhalten, dass zur Bestimmung der Sittenwidrigkeit die Umstände bei Vertragsschluss zugrunde zu legen sind, auch wenn dies bei vorsorgenden Verträgen zu Schwierigkeiten führt.

Allerdings ist dem Bundesgerichtshof in dem Punkt zu widersprechen, dass die Sittenwidrigkeit einer die Belange des Sozialhilfeträgers beeinträchtigenden Vereinbarung von vornherein ausscheiden soll, weil sich die Eheleute bereits *vor* Eheschließung auf einen Verzicht geeinigt haben. Zur Begründung dieser Differenzierung zwischen vor und während der Ehe vereinbarten Verzichten führt das Gericht lediglich aus, dass bei einem vorehelichen Verzicht das Risiko einer späteren Belastung des Sozialhilfeträgers nicht erhöht werde, da vor der Eheschließung noch kein Unterhaltsanspruch (oder Anspruch auf Versorgungsausgleich) bestehe.
Obwohl es richtig ist, dass erst mit der Eheschließung ein Anspruch auf die gesetzlichen Scheidungsfolgen entsteht, kann auch eine voreheliche Verzichtsvereinbarung als Verstoß gegen die guten Sitten bewertet werden. Die Frage nach der Sittenwidrigkeit eins vorehelichen Vertrages stellt sich schließlich nur, wenn es später tatsächlich zu einer Heirat gekommen ist. Bleibt die Heirat aus, ist der Verzicht auf die im Gesetz vorgesehenen Scheidungsfolgen ohnehin bedeutungslos. Dann muss aber auch gleichgültig sein, ob der Verzicht vor oder nach

Eheschließung vereinbart wurde; die Folge ist in jedem Falle ein Erlöschen der scheidungsbedingten Ansprüche. Vor Eheschließung wird auf künftig wahrscheinlich entstehende Ansprüche verzichtet, nach der Heirat werden schon bestehende Ansprüche ausgeschlossen. Die bereits festgestellten objektiven und subjektiven Kriterien der Sittenwidrigkeit lassen sich zu beiden Zeitpunkten überprüfen. Auch ein vorehelicher Verzicht kann zwangsläufig zur Belastung des Sozialhilfeträgers führen, wenn aufgrund dieser Vereinbarung bei Scheidung der bedürftige Ehegatte in jedem Fall keinen Anspruch gegen den anderen Ehegatten geltend machen kann. Auch ein kollusives Zusammenwirken im Hinblick auf die Lastenverteilung bei Scheidung ist bei vorehelichen Vereinbarungen nicht ausgeschlossen.
Innerhalb der vorsorgenden Verträge ist daher nicht zwischen vor und während der Ehe getroffenen Vereinbarungen zu differenzieren. Insgesamt bleibt jedoch die Anwendung des § 138 Abs.1 BGB bei drittbelastenden Scheidungsfolgenvereinbarungen unbefriedigend, sobald es sich um einen vorsorgenden Vertrag handelt.

II. Inhaltskontrolle über § 242 BGB

Es ist zu prüfen, ob nicht gerade angesichts der mit einer Anwendung des § 138 Abs.1 BGB verbundenen Schwierigkeiten eine dem Grundsatz von Treu und Glauben entlehnte richterliche Inhaltskontrolle durchzuführen ist.

1. Der Vorschlag von Hess

Hess hält eine auf § 242 BGB gestützte Inhaltskontrolle für angemessen, wenn Dritte ihre Interessen mangels direkter Beteiligung nicht in den Vertrag der Eheleute einbringen können, obwohl die Vertragsgestaltung zu einer Drittbelastung führt.[603] Hierzu sieht er eine zweistufige Prüfung vor, bei der im ersten Schritt die Vereinbarung am gesetzlichen Leitbild zu messen und aufgrund der §§ 2, 91 BSHG die Belastung der Sozialkassen zu berücksichtigen ist.[604] In einem zweiten Schritt sei dann zu fragen, ob die inhaltliche Abweichung vom dispositiven Recht durch plausible Gründe gerechtfertigt sei. Bei der Rechtfertigung einer für die Sozialkassen objektiv nachteiligen Verzichtsvereinbarung ist *Hess* allerdings zurückhaltend. Eine Rechtfertigung scheidet nach seiner Auffassung aus, wenn die Eheleute sich einzig auf Kosten der Solidargemeinschaft „freizeichnen" wollten. Nichtvermögensrechtliche Motive wie Schuldgefühle, Dankbarkeit oder verletzter Stolz könnten nur ausnahmsweise anerkannt werden. Für anerkennenswert hält *Hess* im Grunde einzig einen Verzicht, der in ei-

[603] *Hess* FamRZ 1996, 981 (986f). In diesen Fällen greife die von der Privatautonomie vorausgesetzte Richtigkeitsgewähr des Vertrages nicht mehr ein.
[604] *Hess* FamRZ 1996, 981 (987).

nem Mangelfall zur Sicherung von Unterhaltsansprüchen der gemeinsamen Kinder vereinbart wurde. Als Folge der durchgeführten Inhaltskontrolle soll die Verzichtsvereinbarung insofern suspendiert werden, als sie im Hinblick auf die betroffenen Drittinteressen unangemessen ist.[605]

2. Stellungnahme

Die Durchführung einer auf § 242 BGB gestützten Inhaltskontrolle ist aus verschiedenen Gründen abzulehnen. Das Instrument der Inhaltskontrolle ist entwickelt worden, um der fehlenden Selbstbestimmung einer Vertragspartei[606] beziehungsweise fehlender Parität[607] sowie dem fehlenden Einfluss einer Vertragspartei auf die Vertragsgestaltung[608] zu begegnen, weil aufrund dieser Faktoren von einer Richtigkeitsgewähr des Vertrages nicht mehr ausgegangen werden kann. *Fastrich*, auf dessen Ausführungen *Hess* den von ihm entwickelten Ansatz im wesentlichen stützt, wählt als Ausgangspunkt die typische Benachteiligung einer Vertragsseite.[609] Damit wird bereits deutlich, dass eine Inhaltskontrolle allgemein als Schutz der unterlegenen Vertragspartei verstanden, nicht aber zum Schutz von Drittinteressen eingesetzt wird. Wesentliches Merkmal der Inhaltskontrolle ist weiter, dass sie sich nicht auf die essentialia negotii bezieht.[610] Der Verzicht auf den nachehelichen Unterhalt oder der Ausschluss des Versorgungsausgleichs ist jedoch keine bloße Nebenpflicht, sondern vielmehr die in dem Vertrag festgelegte Hauptpflicht. Im übrigen steht auch *Fastrich* selbst einer Inhaltskontrolle im Familien- und Erbrecht zweifelnd gegenüber.[611]

Hess lässt mit den von ihm aufgestellten Kriterien letztlich allein die objektive Belastung der Sozialkassen ausreichen, um die Verzichtsvereinbarung der Eheleute zu suspendieren. Er geht davon aus, dass jede Belastung des Sozialhilfeträgers, die sich aus einem vertraglichen Verzicht ergibt, dem in § 2 Abs.1 BSHG manifestierten gesetzlichen Leitbild widerspricht. Nur ausnahmsweise soll eine Abweichung von dem Subsidiaritätsprinzip gerechtfertigt sein, wobei sich *Hess* bei der Anerkennung entsprechender Motive der Eheleute eher zurückhaltend zeigt. Dies wird schon der Tatsache nicht gerecht, dass eine Scheidungsfolgenvereinbarung immer die Regelung höchstpersönlicher Belange der Eheleute zum Gegenstand hat. Eine Bewertung der mit der Vereinbarung verbundenen Motive gestaltet sich deshalb äußerst schwierig. Einzig bei kollusivem Handeln der Ehegatten kann eindeutig ein verwerfliches Motiv festgestellt wer-

[605] *Hess* FamRZ 1996, 981 (987).
[606] *Wolf* S. 111f; *Coester-Waljen* AcP 190 (1990), 1 (21).
[607] BVerfGE 89, 214 (231).
[608] BGH NJW 1977, 624 (625).
[609] *Fastrich* S. 224ff.
[610] *Fastrich* S. 256.
[611] *Fastrich* S. 237f: Es fehle an einem Kontrollbedürfnis.

den. Mit dem Ansatz von *Hess* wird dem aus § 2 Abs.1 BSHG folgenden Nachrangprinzip sehr weitgehend zur Geltung verholfen, während die in der Anerkennung einer umfassenden Vertragsfreiheit im Scheidungsfolgenrecht zum Ausdruck kommende gesetzgeberische Wertung gänzlich außer Acht gelassen wird. Es wurde bereits oben dargelegt, dass die Eheleute nicht in der Pflicht stehen, die Regelung ihrer nachehelichen Verhältnisse an den Interessen des Sozialhilfeträgers auszurichten. Ausschlaggebend ist insoweit die Wertung des Gesetzgebers, der im Bewusstsein einer daraus folgenden möglichen Inanspruchnahme des Sozialhilfeträgers den Eheleuten die Möglichkeit eingeräumt hat, die vom Gesetz eigentlich vorgesehene nacheheliche Solidarität für sich vollkommen auszuschließen. Damit ist in Einklang mit dieser Wertung der Privatautonomie der Vorrang gegenüber rein fiskalischen Interessen einzuräumen. § 2 Abs.1 BSHG kommt insofern Bedeutung zu, als die Vorschrift die vorrangige Nutzung solcher privater Unterhaltsquellen anordnet, die dem Bedürftigen offen stehen. Wurde also kein Verzicht vereinbart, muss sich der Bedürftige vorrangig an den anderen Ehegatten halten, bevor er die subsidiäre Sozialhilfe beziehen kann.

Insgesamt stößt die Durchführung einer auf § 242 BGB gestützten Inhaltskontrolle auf so erhebliche Bedenken, dass dieser Ansatz abzulehnen ist.

III. Ausübungskontrolle über § 242 BGB

In Anlehnung an die Rechtsprechung des Bundesgerichtshofs zum Verzicht auf den Kindesbetreuungsunterhalt könnte überlegt werden, ob nicht auch zum Schutz anderer Drittinteressen auf die Einrede der unzulässigen Rechtsausübung zurückgegriffen werden kann. Dem stehen jedoch verschiedene Einwände entgegen, so dass dieser Weg auch vom Bundesgerichtshof selbst zum Schutz der Sozialkassen abgelehnt wird.[612] Das Gebot von Treu und Glauben prägt vor allem die Belange der an einer Rechtsbeziehung Beteiligten.[613] In einer Vertragsbeziehung verpflichtet § 242 BGB zur Rücksichtnahme auf die schutzwürdigen Interessen des anderen Teils. Die mittelbar durch den Vertrag beeinträchtigten Interessen außenstehender Dritter werden im Rahmen des § 242 BGB nur sehr zurückhaltend berücksichtigt. Eine Ausnahme bildet insofern der Verzicht auf den Kindesbetreuungsunterhalt aus § 1570 BGB. Der aus § 1570 BGB folgende nacheheliche Unterhaltsanspruch dient allein der Wahrung des Kindeswohls. Dieses ist allerdings gefährdet, wenn durch einen vertraglichen Verzicht der kindesbetreuende Ehegatte entgegen den Kindesinteressen zu der Aufnahme einer Erwerbstätigkeit gezungen wird. Die Wahrung des Kindeswohls ist eine gemeinsame Aufgabe der Eltern, auf deren Erfüllung sie auch in

---

[612] BGH NJW 1992, 3164 (3166).

[613] BGH NJW 1992, 3164 (3166); MünchKomm-*Roth* § 242 Rn 344, 537.

ihrem Verhältnis zueinander bedacht sein müssen.[614] Diese bedeutende, gegenüber dem Kind bestehende Verpflichtung strahlt in das Vertragsverhältnis der Eheleute aus und kann nach der herrschenden Meinung zu einem auf § 242 BGB gestützen Ausschluss der Geltendmachtung eines vertraglichen Verzichts auf § 1570 BGB führen.[615] Eine der Elternverantwortung gleichstehende Verantwortung der Eheleute besteht jedoch gegenüber der Allgemeinheit nicht. Die Eheleute stehen nicht in der Pflicht, jede Beeinträchtigung des Sozialhilfeträgers zu vermeiden. Zudem wird der Sozialhilfeträger durch eine Verzichtsvereinbarung in einem wesentlich geringeren Maße als ein gemeinsames Kind beeinträchtigt. Aus diesem Grund scheidet der auf § 242 BGB gestützte Einwand der unzulässigen Rechtsausübung zum Schutz der Allgemeinheit aus.

IV. Der familiengerichtliche Genehmigungsvorbehalt

§ 1587o Abs.2 S.3 BGB unterwirft Abreden über den Versorgungsausgleich, die anlässlich der konkreten Scheidung getroffen werden, der familiengerichtlichen Genehmigung. Wird die Genehmigung des Familiengerichts nicht erreicht, ist die Vereinbarung gemäss § 125 BGB wegen eines Formfehlers nichtig.[616] Mit Hilfe der einer Entscheidung über die Genehmigung vorausgehenden richterlichen Kontrolle des Vertragsinhalts soll unter anderem die soziale Absicherung des Berechtigten erreicht[617] und ein Abwälzen der Altersversorgung auf die Sozialkassen verhindert werden[618].

1. Die Regelung des § 1587o Abs.2 S.3 BGB

Die in § 1587o Abs.2 S.3 BGB vorgesehene gerichtliche Genehmigung ist aus mehreren Gründen bemerkenswert. Als Erstes fällt einem der sehr eingeschränkte Anwendungsbereich auf. Die Genehmigung ist nur für Vereinbarungen über den Versorgungsausgleich einzuholen, nicht aber für Abreden über den nachehelichen Unterhalt oder den Zugewinnausgleich. Der familiengerichtliche Genehmigungsvorbehalt umfasst zudem allein Scheidungsvereinbarungen, nicht jedoch die unter § 1408 Abs.2 BGB fallenden vorsorgenden Verträge.
Auf der anderen Seite stellt die Anordnung einer gerichtlichen Genehmigung einen erheblichen Eingriff in die Vertragsfreiheit der Eheleute dar. Eine vergleichbare Regelung ist dem Bürgerlichen Gesetzbuch ansonsten unbekannt, wenn auch bei bestimmten Rechtsgeschäften ebenfalls eine gerichtliche Geneh-

---

[614] BGH NJW 1992, 3164 (3166).
[615] Überzeugender ist es gleichwohl, aufgrund einer teleologischen Reduktion des § 1585c BGB den Anspruch auf Kindesbetreuungsunterhalt für unverzichtbar zu erklären. Siehe hierzu im 4.Teil B.II.3.d).
[616] *Bergschneider* Rn 758.
[617] BGH FamRZ 1982, 471 (472); BGH FamRZ 1987, 578 (580).
[618] BVerfGE 60, 329 (338ff); BGH NJW 1982, 1463 (1463).

migung vorgesehen ist. Es handelt sich dabei jedoch stets um eine Konstellation, in der entweder der gesetzliche Vertreter einer besonders schutzbedürftigen Person oder diese Person selbst handelt. Das Erfordernis einer gerichtlichen Genehmigung besteht etwa beim Erbverzicht, sofern der Verzichtende unter Vormundschaft oder elterlicher Sorge steht (§ 2347 BGB); ferner bei bestimmten Rechtsgeschäften, die der Vormund mit Wirkung für das Mündel abschließt (z.B. §§ 1821, 1822 BGB) und entsprechend bei Fällen der gesetzlichen Vertretung im Bereich der elterlichen Sorge (§§ 1643ff, §§ 1821, 1822 Nr.1, 3, 5, 8-11 BGB) und der Betreuung (§ 1908i, §§ 1821, 1822 Nr.1-4, 6-13 BGB). Stehen sich allerdings wie bei Vereinbarungen unter Eheleuten bei Vertragsschluss zwei vollkommen eigenverantwortlich handelnde Personen gegenüber, verzichtet das Bürgerliche Gesetzbuch auf die Einschaltung eines Gerichts als Kontrollinstanz. Einzige Ausnahme bildet hier die Regelung des § 1587o Abs.2 S.3 BGB. Der Bundesgerichtshof spricht deshalb auch von einer „im Privatrecht außergewöhnlichen" Regelung.[619]

Die Voraussetzungen für die Erteilung einer Genehmigung ergeben sich aus § 1587o Abs.2 S.4 BGB. Danach soll die Genehmigung nur dann verweigert werden, wenn unter Einbeziehung der Unterhaltsregelung und der Vermögensauseinandersetzung offensichtlich die vereinbarte Leistung nicht zu einer dem Ziel des Versorgungsausgleichs entsprechenden Sicherung des Berechtigten *geeignet* ist oder zu keinem nach Art und Höhe *angemessenen* Ausgleich unter den Eheleuten führt. Der Bundesgerichtshof nimmt zur Feststellung, ob ein angemessener Ausgleich zwischen den Eheleuten vorgesehen ist, stets eine Gesamtbetrachtung der vereinbarten Regelung vor.[620]

2. Kritik an der Regelung des § 1587o Abs.2 S.3 BGB

Das Erfordernis einer familiengerichtlichen Genehmigung wird als „schwer erklärlicher Eingriff" in die Privatautonomie[621] und „sonst nirgends anzutreffende einmalige Bevormundung mündiger Bürger"[622] verstanden. Die Anordnung einer gerichtlichen Genehmigung sei zumindest dann überzogen, wenn die Ehe nur von kurzer Dauer war.[623] Zudem ist die Beschränkung des § 1587o Abs.2 S.3 BGB auf anlässlich der Scheidung getroffene Abreden auf Kritik gestoßen, da die Unterscheidung zwischen § 1408 Abs.2 BGB und § 1587o Abs.2 S.3 BGB unter Schutzgesichtspunkten nicht überzeugen könne.[624] Die Jahresfrist

[619] BGH NJW 1982, 1463 (1463).
[620] BGH NJW 1987, 1768 (1769).
[621] *Zöllner* FS Lange, 973 (973).
[622] *Walter* NJW 1981, 1409 (1412)
[623] *Bartsch* ZRP 1979, 96 (96).
[624] *Büttner* FamRZ 1998, 1 (3).

des § 1408 Abs.2 S.2 BGB entfalte praktisch keine Schutzwirkung, so dass eigentlich vorsorgende Vereinbarungen über den Versorgungsausgleich ebenfalls der Kontrolle bedürften.

3. Die Ausdehnung des Genehmigungsvorbehalts

Unter anderem angesichts der Tatsache, dass auch (gerade) bei Unterhaltsvereinbarungen Manipulationen zu Lasten des Sozialhilfeträgers möglich sind, hält *Bartsch* es für sachgerecht, de lege ferenda auch Abreden über den nachehelichen Unterhalt zumindest in bestimmten Fällen der gerichtlichen Kontrolle zu unterwerfen.[625] Er denkt dabei an Konstellationen, in denen die Ehe länger als zehn Jahre gedauert hat, aus der Ehe unversorgte Kinder hervorgegangen sind oder ein Ehegatte bei Scheidung bereits das 45. Lebensjahr vollendet hat, sowie wenn ein Ehegatte einen Antrag auf Genehmigung stellt. Soweit ersichtlich, ist dieser Vorschlag einer Präventivkontrolle von Unterhaltsvereinbarungen lediglich von *Bosch* aufgegriffen worden.[626]

4. Stellungnahme

Die gerichtliche Kontrolle einer von den Eheleuten über die Regelung der Scheidungsfolgen getroffenen Vereinbarung ist zweifelsohne ein taugliches Instrument, um wirkungsvoll einer Belastung der öffentlichen Hand entgegenzutreten. Das Gericht überprüft den vorgelegten Vertrag im Hinblick auf dessen Inhalt und Auswirkungen. Falls aufgrund einer Verzichtsvereinbarung eine ausreichende Absicherung des verzichtenden Ehegatten für die Nachscheidungszeit fehlt, wird das Gericht die Genehmigung verweigern, so dass der Vertrag nach § 125 BGB nichtig ist. Nur wenn eine anderweitige Sicherstellung der Versorgung gewährleistet ist, hätte ein Verzicht unter Berücksichtigung der Gemeinwohlbelange Aussicht auf Bestand.

Ein umfassender Schutz der öffentlichen Hand kann sinnvoll jedoch nur erreicht werden, wenn der Genehmigungsvorbehalt zum einen nicht nur für Abreden über den Versorgungsausgleich, sondern gerade auch für Unterhaltsvereinbarungen gilt. Insofern ist *Bartsch* zuzustimmen. Zum anderen müssten eigentlich vorsorgende Verträge und Scheidungsvereinbarungen gleichermaßen der Prüfung durch das Gericht unterstellt werden. Diesen Gesichtspunkt übersieht *Bartsch* allerdings, indem er in Anlehnung an § 1587o Abs.2 S.3 BGB bei der Ausdehnung des Genehmigungsvorbehalts allein an Scheidungsvereinbarungen denkt. Ein Verzicht auf den nachehelichen Unterhalt kann sich aber auch bei einem vorsorgenden Vertrag zu Lasten der Sozialhilfe auswirken. In jedem Fall tritt nämlich aufgrund des Verzichts Bedürftigkeit bei Scheidung ein, die zu ei-

---

[625] *Bartsch* ZRP 1979, 96 (97).
[626] *Bosch* FS Habscheid, 23 (42).

ner Inanspruchnahme des Sozialhilfeträgers führt. Gleiches gilt für den vorsorgenden Ausschluss des Versorgungsausgleichs, denn die Sperrfristregel des § 1408 Abs.2 S.2 BGB lässt sich durch ein Hinausschieben des Scheidungsantrags zu leicht umgehen.
Eine derartige Ausdehnung des familiengerichtlichen Genehmigungsvorbehalts ist jedoch aus verschiedenen Gründen zu verwerfen.
Bei vorsorgenden Verträgen gestaltet sich die vom Gericht vorzunehmende Überprüfung des Vertragsinhalts äußerst schwierig. Der Vertrag wird ja nicht erst bei der Scheidung zur Genehmigung vorgelegt, sondern in der Zeit nach Vertragsschluss. Die Eheleute wollen schließlich frühzeitig Gewissheit über den Bestand ihrer vorsorgend gefundenen Einigung erlangen. Dann stellt sich aber dem Gericht das Problem, dass es eine Prognose darüber erstellen müsste, ob die von den Eheleuten gefundene Einigung bei Scheidung und im Alter eine Bedürftigkeit zu Lasten der Sozialkassen verhindert. Eine zutreffende Aussage wird sich aber kaum treffen lassen, bedenkt man einmal die Unwägbarkeiten der weiteren Lebensentwicklung. Selbst wenn beide Eheleute bei Vertragsschluss gut verdienen und daher die Belastung der Sozialkassen nicht im Raum steht, kann dies bei der Scheidung schon wieder ganz anders aussehen.
Von der Problematik der vorsorgenden Verträge einmal abgesehen, würde die umfassende Anordnung einer gerichtlichen Genehmigung einen gravierenden Eingriff in die Vertragsfreiheit darstellen. Es wurde bereits darauf hingewiesen, dass dem § 1587o Abs.2 S.3 BGB im Hinblick auf die mit dieser Vorschrift verbundenen Beschneidung der Privatautonomie im Bürgerlichen Gesetzbuch eine Sonderstellung zukommt. Eine Ausdehnung der Norm würde zudem der bisherigen gesetzgeberischen Wertung zuwiderlaufen, die den Eheleuten im Scheidungsfolgenrecht (mit Ausnahme des § 1587o Abs.2 S.3 BGB) sehr weitgehend die Möglichkeit überlässt, die nachehelichen Verhältnisse autonom zu gestalten. Die Konzeption des Scheidungsfolgenrechts würde durch die Ausweitung der gerichtlichen Kontrolle praktisch in das Gegenteil verkehrt werden. Anlass für eine derartige Korrektur besteht jedoch nicht. Dem Interesse der Allgemeinheit an einer Vermeidung ihrer Inanspruchnahme ist kein derartiges Gewicht zuzumessen, das einen Eingriff solchen Ausmaßes rechtfertigen könnte.
Der Vorschlag, den in § 1587o Abs.2 S.3 BGB enthaltenen Genehmigungsvorbehalt auch auf andere Scheidungsfolgenvereinbarungen auszudehnen, ist daher abzulehnen. § 1587o Abs.2 S.3 BGB ist als „Exot“ im Scheidungsfolgenrecht nicht erweiterungsfähig.

V. Der Ansatz im englischen Recht

Das englische Recht verfolgt einen dem Konzept des Bürgerlichen Gesetzbuches entgegengesetzten Ansatz, wenn es um die Berücksichtigung der Interessen der Allgemeinheit bei Scheidungsfolgenvereinbarungen geht.

1. Die Unverzichtbarkeit nachehelicher Ansprüche

Es wurde bereits verschiedentlich angesprochen, dass im englischen Recht die Eheleute nicht vertraglich auf ihre nachehelichen Ansprüche verzichten können. Dies dient unter anderem dem Schutz der Sozialkassen.[627] Die Eheleute haben deshalb das Recht, trotz anderslautender Vereinbarung weiterhin bei Gericht die Festsetzung der nachehelichen Rechte und Pflichten zu begehren. Das Gericht wird bei seiner an section 25 MCA 1973 orientierten Entscheidung auch die Interessen der Sozialkassen berücksichtigen und deshalb bei Bedürftigkeit eines Ehegatten einen finanziellen Ausgleich durch den anderen Ehegatten anordnen.

2. Stellungnahme

Diese Regelung ist auch innerhalb der englischen Rechtsprechung selbst aufgrund der damit einhergehenden Rechtsunsicherheit in die Kritik geraten.[628] Dem deutschen Recht ist eine derartig starke Stellung der Gerichte überhaupt fremd. Das Bürgerliche Gesetzbuch überlässt die Rechtsgestaltung sehr weitgehend dem Willen der Individuen und greift nur dort ein, wo dies unbedingt zum Schutz bestimmter Interessen erforderlich erscheint. Gerade auch im Scheidungsfolgenrecht hat sich der deutsche Gesetzgeber bewusst für eine Betonung der Vertragsfreiheit entschieden. Am ehesten lässt sich der englische Weg mit einer auf § 242 BGB gestützten richterlichen Inhaltskontrolle vergleichen, die jedoch angesichts der oben bereits aufgeführten Einwände und des Vorrangs der Vertragsfreiheit ausscheidet.

VI. Ergebnis

Droht infolge einer Scheidungsfolgenvereinbarung die Inanspruchnahme der Sozialhilfe, ist dem über die Anwendung des § 138 Abs.1 BGB zu begegnen. § 138 Abs.1 BGB ist dabei restriktiv zu verstehen, so dass ein Sittenverstoß nur bei zwangsläufiger Belastung des Sozialhilfeträgers und kollusivem Zusammenwirken der Eheleute anzunehmen ist. Nicht gelöst werden kann die Problematik, dass vorsorgende Verträge weitgehend aus dem Anwendungsbereich des § 138 Abs.1 BGB herausfallen. Eine an § 242 BGB orientierte Inhaltskontrolle kommt dagegen nicht in Betracht. Die familiengerichtliche Genehmigung als Wirksamkeitsvoraussetzung einer Scheidungsfolgenvereinbarung bleibt auf die Vorschrift des § 1587o Abs.2 S.3 BGB beschränkt.

---

[627] *Hyman* v *Hyman* [1929] AC 601 beziehungsweise section 34 MCA 1973.
[628] Hoffman LJ in *Pounds* v *Pounds* [1994] 1 FLR 775 (791). Siehe dazu bereits ausführlich oben im 2.Teil B.II.1.c).

6. Teil: Der Schutz im Verhältnis zwischen den Vertragsparteien

Nachdem in den beiden vorangegangenen Teilen der Arbeit die Auswirkungen einer Scheidungsfolgenvereinbarung auf die Interessen Dritter untersucht wurden, ist nun der Blick auf das Verhältnis zwischen den Vertragsparteien zu richten. Hier geht es darum, bei der Vertragsgestaltung die Wahrung und Durchsetzung berechtigter Interessen beider Vertragspartner sicherzustellen. Im Mittelpunkt steht die Frage, inwieweit zugunsten einer (durch den Vertrag benachteiligten) Partei in die autonome Rechtsgestaltung eingegriffen werden soll. Dieser Bereich ist gerade im Scheidungsfolgenrecht Gegenstand einer engagierten Diskussion,[629] wird allerdings auch im Zivilrecht allgemein problematisiert[630].

A. Konkretisierung des Schutzinteresses

Um das eventuell bestehende Schutzbedürfnis einer Vertragspartei herausarbeiten zu können, ist als Ausgangspunkt auf das Vertragsverhältnis einzugehen.

I. Das Verhältnis zwischen den Vertragsparteien

Durch einen Vertrag regeln die Parteien autonom die zwischen ihnen bestehenden Rechtsbeziehungen. Die Gestaltung des Vertrages ist der Eigenverantwortung der Vertragspartner überlassen. Die Vertragsparteien können sich daher auch für unvernünftige Regelungen entscheiden und selbst dann vom dispositiven Recht abweichen, wenn hierfür keine sachliche Rechtfertigung gegeben ist, *sofern dies ihrem Willen entspricht* (stat pro ratione voluntas).[631] Dieses sehr weitgehende Zugeständnis an die selbstverantwortliche Ausgestaltung von Rechtsbeziehungen beruht auf der Idee eines „egoistischen Interessenaus-

---

[629] BGH FamRZ 1997, 156; BGH FamRZ 1996, 1536; *Schwenzer* AcP 196 (1996), 88ff; *Büttner* FamRZ 1998, 1ff; *Dethloff* JZ 1997, 414f; Palandt-*Brudermüller* § 1585c Rn 15; Münchkomm-*Maurer* § 1585c Rn 41; Schwab-*Borth* Teil IV Rn 1273; Staudinger-*Rehme* § 1408 Rn 74-83; Münchkomm-*Kanzleiter* § 1408 Rn 33; *Grziwotz* FamRZ 1997, 585 (589); *Langenfeld* FS Schippel, 251 (262); Erman-*Heckelmann* § 1408 Rn 15; *Petersen* S. 75, 154.

[630] Vergleiche etwa *Bork* BGB AT Rn 104f, 663; *Larenz/Wolf* BGB AT § 34 Rn 43ff; Soergel-*Wolf* vor § 145 Rn 29; *Hönn* Jura 1984, 57 (62); *Raiser* in FS zum 100jährigen Bestehen des Dt. Juristentages S. 101ff; *Flume* in FS zum 100jährigen Bestehen des Dt. Juristentages, 135 (143ff); *Kramer* S. 33ff; *Limbach* JuS 1985, 10ff; *Fastrich* S. 51ff; *Zöllner* AcP 196 (1996), 1ff.

[631] *Bork* BGB AT Rn 101; Soergel-*Wolf* vor § 145 Rn 29; *Hönn* Jura 1984, 57 (57); *Flume* in FS zum 100jährigen Bestehen des Dt. Juristentages, 135 (141); *Coester-Waltjen* AcP 190 (1990), 1 (14).

gleichs".[632] Dahinter verbirgt sich letztlich das liberale Ideal, dass die Parteien während der Vertragsverhandlungen ihre jeweiligen Interessen vertreten und darauf achten werden, dass sie diese bestmöglich durchsetzen. Nutzt ein Vertragsteil die Möglichkeit zur Interessendurchsetzung nicht und kommt es deshalb zu einer für ihn nachteiligen vertraglichen Regelung, ist dies als Ausdruck seines selbstbestimmten Willens zu akzeptieren.

Damit liegt aber auch das mit dem Abschluss eines Vertrages verbundene Risiko auf der Hand, denn der Inhalt eines Vertrages hängt entscheidend von der jeweiligen Position bei den Vertragsverhandlungen ab. Als Basis für einen „egoistischen Interessenausgleich" ist ein Gleichgewicht der Verhandlungspositionen erforderlich. Häufig werden jedoch die Vertragspartner bei Vertragsschluss nicht in gleichem Maße verhandlungsstark sein. Es besteht dann die Möglichkeit, dass eine Partei ihre Interessen auf Kosten der anderen Partei durchsetzt und es von vornherein zu dem idealtypischen Interessenausgleich nicht kommen kann.
Die Schwierigkeit liegt nun allerdings darin, dass ein gestörtes Verhandlungsgleichgewicht in etlichen Abstufungen auftreten kann. Aus Gründen der Rechtssicherheit darf ein Vertrag aber nicht schon bei jeder Störung des Verhandlungsgleichgewichts nachträglich in Frage gestellt oder korrigiert werden.[633] Würde bei jeder Unterlegenheitssituation sofort korrigierend eingegriffen, wäre das Prinzip der Vertragsfreiheit ad absurdum geführt.
Betrachtet man allgemein die Situation bei Vertragsschluss, liegt eine Störung der Vertragsparität dann auf der Hand, wenn ein Vertragsteil die besonders schwache Verhandlungsposition des anderen erkennt und rücksichtslos zu seinem eigenen Vorteil ausnutzt.[634] Ferner hat sich das Bundesverfassungsgericht für die Korrektur eines Vertrages ausgesprochen, bei dem ein Vertragspartner aufgrund einer strukturellen Überlegenheit ein so starkes Übergewicht hat, dass er den Vertragsinhalt faktisch einseitig bestimmen kann.[635] Diesen doch recht eindeutigen Fällen lassen sich am anderen Ende einer Skala ungleicher Ver-

---

[632] BVerfGE 103, 89 (100); *Bork* BGB AT Rn 663. Vergleiche auch *Coester-Waltjen* AcP 190 (1990), 1 (14f).
[633] BVerfGE 89, 214 (231) zur Beanstandung der Bürgschaftsverträge vermögensloser Angehöriger.
[634] Diese Extremfälle sollen von § 138 Abs.2 BGB erfasst werden. Die Nichtigkeit eines Vertrages nach § 138 Abs.2 BGB erfordert ein auffälliges Missverhältnis zwischen Leistung und Gegenleistung sowie die Ausbeutung einer besonderen Schwächesituation.
[635] So das Bundesverfassungsgericht in seiner Entscheidung zu Bürgschaftsverträgen vermögensloser Angehöriger (BVerfGE 89, 214 (231). Kritisch zu dieser den Schutz einer unterlegenen Vertragspartei ausdehnenden Entscheidung *Adomeit* NJW 1994, 2467ff und *Zöllner* AcP 196 81996), 1ff. Der Bundesgerichtshof hat diese Vorgabe über eine Anwendung des § 138 Abs.1 BGB umgesetzt (BGHZ 132, 328 (329); BGH NJW 1999, 58 (59); BGH NJW 1999, 2372 (2373); BGH NJW 1997, 52 (54).

handlungspositionen jene Konstellationen gegenüberstellen, in denen ein Vertragsteil bei den Verhandlungen geschickter als der andere ist und deshalb in größerem Maße Vorteile für sich erkennen und nutzen kann. Hier kommt ein korrigierende Eingriff in das Vertragswerk wohl kaum in Betracht. Die Vielzahl der Fälle bewegt sich zwischen diesen beiden Extremen, so dass eine Abgrenzung zwischen korrekturbedürftigen Fallgestaltungen und hinzunehmenden Störungen des Verhandlungsgleichgewichts schwerfällt.
In den letzten Jahrzehnten sind zudem die Schwierigkeiten des modernen Wirtschaftsverkehrs verstärkt in das Rechtsbewusstsein getreten. Vor allem am Beispiel der Vertragsschlüsse unter Zugrundelegung von Allgemeinen Geschäftsbedingungen tritt die Diskrepanz zwischen formal bestehender Vertragsfreiheit und der Chance, diese im Einzelfall effektiv durchzusetzen, deutlich zu Tage.[636] Dies hat den Gesetzgeber veranlasst, zum Schutze des Bürgers zunächst im AGBG und nach der Schuldrechtsmodernisierung nunmehr in §§ 307-309 BGB n.F. eine Inhaltskontrolle der geschlossenen Verträge anzuordnen. Diese Entwicklung hat sich im Hinblick auf eine Inhaltskontrolle von arbeitsvertraglichen Einheitsregelungen[637] und von Gesellschaftsverträgen bei Personenpublikumsgesellschaften[638] sowie im Wohnungsmietrecht[639] fortgesetzt.
Entscheidende Frage ist jeweils, welchen Grad eine Störung des Gleichgewichts erreichen muss, damit ein anzuerkennendes Interesse an rechtlichem Schutz besteht. Einigkeit besteht sicherlich darüber, dass ein Handeln in Selbstbestimmung die Grundlage für Privatautonomie und Vertragsfreiheit bildet.[640] Wo es hieran fehlt, muss die Rechtsordnung dem Vertrag die Wirksamkeit absprechen. Die Schwierigkeit liegt nun in der Entscheidung, *wann* von der fehlenden Selbstbestimmung einer Partei aufgrund eines gestörten Verhandlungsgleichgewichts auszugehen ist.

---

636 MünchKomm-*Kramer* vor § 145 Rn 5; *Raiser* in FS zum 100jährigen Bestehen des Dt. Juristentages, 101 (132); *Kramer* S. 12; *Fastrich* S. 79ff.

637 Aufarbeitung der Rechtsprechung des Bundesarbeitsgerichts bei *Fastrich* S.159-201. Vergleiche ferner *Coester-Waltjen* AcP 190 (1990), 1 (5ff); *Hönn* Jura 1984, 57 (64f); *Larenz/Wolf* BGB AT § 42 Rn 20ff.

638 Vergleiche nur BGHZ 104, 50 (53ff); BGH NJW 1982, 2303 (2303); *Fastrich* S. 124-134; *Coester-Waltjen* AcP 190 (1990), 1 88ff).

639 Vergleiche nur *Fastrich* S. 109-117; *Hönn* Jura 1984, 57 (65); *Larenz/Wolf* BGB AT § 42 Rn 23ff.

640 *Hönn* Jura 1984, 57 (62); *Larenz/Wolf* BGB AT § 34 Rn 44; Soergel-*Wolf* vor § 145 Rn 29; *Kramer* S. 21ff.; *Fastrich* S. 51-61; *Flume* in FS zum 100jährigen Bestehen des Dt. Juristentages, 135 (143). Kritisch *Zöllner* AcP 196 (1996), 1ff.

II. Besonderheiten bei Scheidungsfolgenvereinbarungen

Scheidungsfolgenvereinbarungen weisen sowohl hinsichtlich des Vertragsgegenstandes als auch bezüglich der Situation bei Vertragsschluss einige Besonderheiten auf.

1. Der Vertragsgegenstand

Es handelt sich dabei um vertragliche Vereinbarungen unter Eheleuten, die für den Scheidungsfall geschlossen werden und eine Einigung der Ehegatten über die nachehelichen Rechte und Pflichten beinhalten. Vorwiegend sind die finanziellen Folgen einer Scheidung Gegenstand eines solchen Vertrages. Die Eheleute wandeln durch den Vertrag die vom Gesetz für den Fall der Scheidung abstrakt vorgesehene Regelung für ihre konkrete Rechtsbeziehung ab. Möglich ist eine Erweiterung oder Beschränkung der nachehelichen Verpflichtungen; meist entscheiden die Ehepartner sich jedoch für letzteres[641]. Mit Hilfe ihrer Scheidungsfolgenvereinbarung hebeln die Eheleute regelmäßig das Gesetzesrecht aus. Dieses Vorgehen begegnet dann keinen Bedenken, wenn die Eheleute die Scheidungsfolgen lediglich dem von ihnen gelebten Ehetyp[642] anpassen wollen. Der Ausschluss der gesetzlichen Scheidungsfolgen wird allerdings dann als „unangemessen" empfunden, wenn ein auf der Übernahme von Familienarbeit beruhendes Gefälle zwischen den Einkommens- und Vermögensverhältnissen der beiden Partner besteht.[643] Dazu muss gesehen werden, dass die im Gesetz vorgesehenen Scheidungsfolgen gerade auf den Typ der Einverdienerehe zugeschnitten sind, in der ein Ehegatte einer Erwerbstätigkeit nachgeht, während der andere sich um Kindesbetreuung und Haushaltsführung kümmert. Aufgrund dieser Ehegestaltung verfügt der haushaltsführende Ehegatte über kein eigenes Einkommen, weshalb das Gesetz in Anerkennung der Familienarbeit als gleichwertige Leistung[644] für den Scheidungsfall zum nacheheliche Unterhaltsansprüche als Ausdruck nachehelicher Solidarität vorsieht. Zudem soll der im Haushalt tätige Ehegatte über den Versorgungsausgleich an der Altersversorgung und über den Zugewinnausgleich an dem erwirtschafteten Vermögendes anderen Ehegatten partizipieren. Hat nun der kindesbetreuende und haushaltsführende Ehegatte auf diese gesetzlichen Ansprüche verzichtet, obwohl er ange-

---

641 Vergleiche die rechtstatsächliche Untersuchung von *Stach* S. 63, 90, 107.

642 Die Entwicklung einer an Ehetypen orientierten Vertragsgestaltung geht auf *Langenfeld* zurück (Handbuch Rn 18ff). Beispiele sind etwa die junge Doppelverdienerehe mit Kinderwunsch (Handbuch Rn 944ff), die Unternehmerehe (Handbuch Rn 958ff), die Diskrepanzehe (Handbuch Rn 973ff) oder die Wiederverheiratung älterer Eheleute (Handbuch Rn 980ff).

643 *Dauner-Lieb* AcP 201 (2001), 295 (297, 313f, 316); *Schwenzer* AcP 196 (1996), 88 (113); *Dethloff* JZ 1997, 414 (415); *Eichenhofer* DNotZ 1994, 213 (223); Schwab-*Borth* Teil IV Rn 1273; Palandt-*Brudermüller* § 1585c Rn 15; MünchKomm-*Maurer* § 1585c Rn 41.

644 Vergleiche auch § 1360 BGB.

sichts seiner auf der Ehegestaltung beruhenden Bedürftigkeit auf einen Ausgleich eigentlich angewiesen wäre, dann wird der Vertrag seiner Interessenlage nicht gerecht.[645] Anders ausgedrückt: aufgrund des vertraglichen Verzichts trägt dieser Ehegatte die mit der Realisierung des Kinderwunsches verbundenen Lasten ganz allein. Dieser Gesichtspunkt ist nicht von der Hand zu weisen, doch ist umstritten, welche Konsequenz in einem solchen Fall aus der nachteiligen Vertragsgestaltung zu ziehen ist. Während einerseits aufgrund des nicht interessengerechten Vertragsinhalts der Wunsch nach einer verstärkten Kontrolle der von den Eheleuten abgeschlossenen Scheidungsfolgenvereinbarungen geäußert wird,[646] wird anderseits zwar die Unvereinbarkeit des Vertrages mit den Interessen des haushaltsführenden Ehegatten anerkannt und dennoch eine restriktive Handhabung der richterlichen Kontrolle gefordert[647]. An dieser Stelle soll über diesen grundsätzlichen Streit noch keine Entscheidung getroffen, sondern lediglich auf die hier bestehende Problematik hingewiesen werden.

2. Die Situation bei Vertragsschluss

Verträge über die Scheidungsfolgen werden nur von (künftigen) Eheleuten geschlossen. Die Vertragsverhandlungen sind deshalb in nicht geringem Umfange durch die unzweifelhaft bestehende emotionale Beziehung zwischen den Vertragsparteien gekennzeichnet. Dies unterscheidet eine Scheidungsfolgenvereinbarung von sonstigen Verträgen.[648]

Aufgrund der unterschiedlichen Persönlichkeit beider Eheleute äußert sich die emotionale Verbundenheit in verschiedener Weise. Dies zeigt sich deutlich bei Vereinbarungen, die aus Anlass der bevorstehenden Scheidung geschlossen werden, denn die durch die Trennung entstandene emotionale Belastung beeinflusst auch die Vertragsverhandlungen. Während etwa ein Ehegatte aufgrund der Trennung seelisch derart belastet ist, dass er Vertragsverhandlungen eigentlich gar nicht gewachsen ist, setzt ein anderer den Schmerz in einer rabiaten Auseinandersetzung über die finanziellen Folgen um. Der eine fühlt sich verantwortlich für die Trennung und ist deshalb zu Zugeständnissen bereit, der andere möchte sich im Gegenzug zu der vom anderen Teil herbeigeführten Trennung wenigstens finanziell absichern. Aber auch schon vor einer akuten Ehekrise werden Verträge durch die besondere zwischen den Eheleuten bestehende Beziehung geprägt. Vor diesem Hintergrund ist etwa ein Verzicht zu sehen, der als Aus-

---

[645] Die Notare raten deshalb von einer solchen Vertragsgestaltung entschieden ab, vergleiche nur *Langenfeld* Handbuch Rn 944.

[646] Vergleiche besonders eindringlich *Dauner-Lieb* AcP 201 (2001), 295 (316); *Schwenzer* AcP 196 (1996), 88 (113).

[647] *Langenfeld* DNotZ 2001, 272 (277, 279).

[648] Vergleiche auch *Coester-Waltjen* Festgabe 50 Jahre BGH, 985 (985): Eheschließungswillige und Ehegatten stehen sich in einer anderen Situation gegenüber als Geschäftspartner, die – jeder auf seinen Vorteil bedacht – miteinander Verträge aushandeln.

druck der Liebe und in der Gewissheit vereinbart wurde, die Ehe werde niemals scheitern. In diesem Zusammenhang sind auch solche Verträge zu sehen, die infolge einer unrealistischen Lebensplanung zustande gekommen sind.[649] Dabei wird an die Fälle gedacht, in denen die Eheleute trotz Kinderwunsch von einer Doppelverdienerehe ausgegangen sind, und diese Planung dann aufgrund der bei der Doppelbelastung von Kind und Beruf auftretenden tatsächlichen Schwierigkeiten[650] korrigieren mussten. Schließlich ist auch die schon vor einer Heirat bestehende persönliche Beziehung beispielsweise in solchen Fällen zu berücksichtigen, in denen einem Teil die Eheschließung aufgrund einer Schwangerschaft besonders wichtig ist, während der andere von der Ehe erst überzeugt werden muss. Diese Liste ließe sich beliebig fortsetzen.

Jedenfalls sind angesichts der Vielfalt menschlicher Beziehungen eine ganze Reihe von Konstellationen denkbar, in denen eine Partei am „egoistischen Interessenausgleich" gehindert ist. Aufgrund der emotionalen Bindung bestehen komplexe Beziehungen zwischen den Eheleuten, die sich auch auf die Vertragsgestaltung auswirken.

Hat sich ein Ehegatte auf eine für ihn nachteilige Scheidungsfolgenvereinbarung eingelassen, wird er sich gerne darauf berufen, der andere Ehegatte habe ihn durch diesen Vertrag übervorteilt. Während es im allgemeinen Vertragsrecht vorwiegend um die Unterlegenheit des Einzelnen im modernen Wirtschaftsverkehr geht, spielt bei Scheidungsfolgenvereinbarungen die Ohnmacht gegenüber dem Ehepartner eine Rolle.

III. Ergebnis

Problematisch ist also die Abgrenzung dessen, was unter Geltung der Vertragsfreiheit an Benachteiligungen hinzunehmen ist, zu den Konstellationen, in denen zum Schutze einer benachteiligten Vertragspartei korrigierend eingegriffen werden muss. Bei Scheidungsfolgenvereinbarungen sind immer auch die hier bestehenden Besonderheiten im Blick zu behalten. Dabei ist insbesondere zu bedenken, dass die Eheleute vertraglich häufig (trotz entgegenstehender Interessenlage) die an der Bedürftigkeit eines Ehegatten orientierten gesetzlichen Scheidungsfolgen abbedingen. Ferner ist zu überlegen, in welchem Umfange die emotionale Beziehung zwischen den Vertragsparteien zu berücksichtigen ist.

B. Die Verwirklichung des Schutzes im Recht

Auch beim Schutz der im Verhältnis der Vertragsparteien berührten Interessen spielen – wie immer bei Scheidungsfolgenvereinbarungen – die in § 138 Abs.1

---

[649] *Dauner-Lieb* AcP 201 (2001), 295 (300, 316).

[650] Vergleiche *Dauner-Lieb* AcP 201 (2001), 295 (316) zur „Langlebigkeit der Hausfrauenehe".

BGB und § 242 BGB enthaltenen zivilrechtlichen Generalklauseln eine wichtige Rolle. Umstritten ist nicht nur die Anwendung von § 138 Abs.1 BGB oder § 242 BGB als Grundlage für einen korrigierenden Eingriff, sondern insbesondere auch die Festlegung der konkreten Voraussetzungen für eine Korrektur. In diesem Zusammenhang ist das Urteil des Bundesverfassungsgerichts vom 6.2.2001 von entscheidender Bedeutung, nimmt das Gericht doch die in Frage stehende Freistellungsvereinbarung zum Anlass, einmal grundsätzlich Stellung zu dem Umfang der Vertragsfreiheit im Scheidungsfolgenrecht zu nehmen.

Neben den Generalklauseln sind auch einige spezielle, in dieser Form nur im Scheidungsfolgenrecht vorgesehene Vorschriften zu beachten, wie beispielsweise der in § 1587o Abs.2 S.3 BGB enthaltene familiengerichtliche Genehmigungsvorbehalt und die in § 1408 Abs.2 S.2 BGB vorgesehene Sperrfristregelung.

Schließlich darf auch der Ansatz im englischen Recht nicht aus den Augen verloren werden. Dort wird in recht starkem Umfange dem Schutz im Verhältnis der Vertragsparteien Rechnung getragen.

I. Anfechtung gemäß § 123 BGB

Schutz vor einem vorwerfbaren Verhalten der anderen Vertragspartei bieten zunächst die in § 123 BGB genannten Anfechtungsgründe. Eine Anfechtung der getroffenen Scheidungsfolgenvereinbarung kommt demnach dann in Betracht, wenn der Vertragsschluss auf der arglistigen Täuschung eines Vertragsteils beruht. Der Bundesgerichtshof hat die Anfechtung wegen arglistiger Täuschung in einem Fall zugelassen, in dem die Ehefrau einen Selbstmordversuch vorgetäuscht hatte, um ihren Ehemann zur Vertragsunterzeichnung zu bewegen.[651] Wurde ein Vertragsteil zum Vertragsschluss durch eine widerrechtliche Drohung des anderen Vertragspartners bestimmt, kommt gleichfalls eine Anfechtung nach § 123 BGB in Betracht. Hiervon wird sowohl die Drohung mit der Anwendung körperlicher Gewalt als auch die Ankündigung sonstiger Übel[652] für den Fall einer Verweigerung des Vertragsschlusses erfasst. Es wird allerdings schon deshalb selten zu einer Anfechtung kommen, weil häufig ein eindeutiges Fehlverhalten einer Vertragspartei im Sinne des § 123 BGB nicht festgestellt werden kann. Dies liegt zum einen daran, dass sich der Nachweis einer Täuschung oder Drohung im privaten familiären Bereich schwierig gestaltet. Zum anderen kommt eine Scheidungsfolgenvereinbarung nur selten unter dem für

---

[651] BGH FamRZ 1996, 605 (606): die Ehefrau hatte bewusst und arglistig bei dem Mann den Irrtum hervorgerufen, sie sei akut suizidgefährdet und dass er, wenn er den Vertrag nicht unterschreibe, mit einem weiteren Selbstmordversuch rechnen müsse.

[652] Als Übel genügt jeder Nachteil, vergleiche Palandt-*Heinrichs* § 123 Rn 15. In Betracht kommt hier etwa die Äußerung eines Ehegatten, er werde inkriminierendes Fehlverhalten des anderen preisgeben, sollte dieser nicht dem vorgeschlagenen Vertrag zustimmen (*Bergschneider* Rn 134).

eine Anfechtung nach § 123 BGB erforderlichen Druck oder aufgrund des arglistigen Hervorrufens eines Irrtums zustande. Meist liegen die beim Abschluss einer Scheidungsfolgenvereinbarung als problematisch empfundenen Umstände unterhalb der Schwelle von § 123 BGB.

II. Sittenwidrigkeit – § 138 Abs.1 BGB

Der Schutz vor einer Beeinträchtigung durch den anderen Vertragspartner wird ferner regelmäßig über § 138 BGB gewährleistet. Der in § 138 Abs.2 BGB enthaltene Wuchertatbestand ist als Spezialfall eines Sittenverstoßes gerade auf das verwerfliche Verhalten gegenüber dem Geschäftspartner zugeschnitten. § 138 Abs.2 BGB findet allerdings nur bei Austauschverträgen Anwendung, so dass der Norm bei Scheidungsfolgenvereinbarungen keine Bedeutung zukommt.[653] Dann kann freilich auf die generelle Regelung des § 138 Abs.1 BGB zurückgegriffen werden, denn die Benachteiligung eines Vertragspartners kann auch dann zur Sittenwidrigkeit und damit zur Nichtigkeit des Vertrages führen, wenn die strengen Voraussetzungen des § 138 Abs.2 BGB nicht erfüllt sind.[654]
Angesichts der bewusst weiten Formulierung des § 138 Abs.1 BGB stellt die Norm Praxis und Wissenschaft allerdings vor die schwierige Aufgabe, die Voraussetzungen der Sittenwidrigkeit näher zu konkretisieren. Im Bereich der Scheidungsfolgenvereinbarungen werden hier höchst unterschiedliche Auffassungen vertreten, denen jeweils bestimmte Vorstellungen zum Gehalt des Scheidungsfolgenrechts zugrunde liegen. Geprägt durch diese Wertungsgesichtspunkte wird die Schwelle für einen Sittenverstoß unterschiedlich hoch angesetzt. Dabei kann zwischen zwei grundlegenden Positionen unterschieden werden, die bei der Anwendung des § 138 Abs.1 BGB zum Tragen kommen. Während einige schon allein aus dem Vertragsinhalt auf die Sittenwidrigkeit einer Scheidungsfolgenvereinbarung schließen wollen (1.), fordert die überwiegende Meinung, dass der Vertrag infolge einer auf einem gestörten Verhandlungsgleichgewicht beruhenden Fremdbestimmung zustande gekommen sein muss (2.).

1. Der Schutz vor unangemessener Vertragsgestaltung

a) Der nachteilige Vertragsinhalt als einzige Voraussetzung der Sittenwidrigkeit

Vereinzelt wird in Rechtsprechung und Literatur zur Feststellung der Sittenwidrigkeit einzig auf den Inhalt der von den Eheleuten gefundenen Einigung abgestellt.

---

[653] BGH FamRZ 1992, 1403 (1404).
[654] Siehe die Ausführungen bei Palandt-*Heinrichs* § 138 Rn 24-39; Staudinger-*Sack* § 138 Rn 227-332; Soergel-*Hefermehl* § 138 Rn 70-167.

Das OLG Köln hat einen Vertrag, durch den die Ehefrau umfassend und ohne Gegenleistung auf ihre scheidungsbedingten Ansprüche verzichtet hat, auch im Hinblick auf die zwanzigjährige Dauer der Ehe für sittenwidrig gehalten.[655] Das OLG Schleswig befand einen mit der Vereinbarung der Gütertrennung verbundenen vorsorgenden Ausschluss des Versorgungsausgleichs angesichts der von den Parteien beabsichtigten „Hausfrauenehe" sowie dem krassen Missverhältnis zwischen den einkommens- und vermögensrechtlichen Positionen der Parteien für sittenwidrig.[656] *Eichenhofer* vertritt die Auffassung, dass der Ausschluss des Versorgungsausgleichs nicht schon als solcher sittenwidrig sei, sondern erst in Verbindung mit besonderen Begleitumständen den Tatbestand des § 138 Abs.1 BGB erfüllen könne, etwa wenn der Verzicht offenkundig der Interessenlage eines Ehegatten widerspricht.[657] Daran sei beispielsweise zu denken, wenn eine Hausfrau und Mutter von fünf Kleinkindern den Versorgungsausgleich ausschließe und dadurch den zentralen Zweck des Versorgungsausgleichs vereitele, der ja gerade auf die Bedürfnisse dieser Personengruppe zugeschnitten sei.

Diese auf Einzelfälle zugeschnittenen Aussagen können dahingehend verallgemeinert werden, dass ein Vertrag bereits dann für sittenwidrig gehalten wird, wenn durch den vertraglichen Ausschluss des gesetzlichen Scheidungsfolgenrechts eine nach Art der Ehe eigentlich angemessene finanzielle Absicherung im Scheidungsfall nicht erreicht wird.
Hierin spiegelt sich das bereits unter A.II.1. angesprochene Unbehagen angesichts einer Scheidungsfolgenvereinbarung, die entgegen der objektiven Interessenlage eines Ehegatten den im Gesetz für die Scheidung vorgesehenen Ausgleich ausschließt. Gerade die im Scheidungsfolgenrecht vorgesehenen Ansprüche wie Zugewinnausgleich, Versorgungsausgleich und teilweise auch die Unterhaltstatbestände sind auf den Ausgleich der im Laufe einer „Hausfrauenehe" entstandenen sogenannten „ehebedingten Nachteile" zugeschnitten, die dadurch entstehen, dass der den Haushalt führende und die gemeinsamen Kinder betreuende Ehegatte aus eigener Kraft keine finanziell gesicherte Position erreichen kann. Wird in einer solchen Einverdienerehe auf diesen eigentlich erforderlichen Ausgleich verzichtet, vereiteln die Ehegatten durch ihre vertragliche Gestaltung der nachehelichen Verhältnisse den Zweck des gesetzlichen Scheidungsfolgenrechts.

[655] OLG Köln DNotZ 1981, 444 (447). Das Gericht hatte bei seiner Entscheidung sowohl das ehefeindliche Verhalten der Ehefrau als auch die erfolgte Beratung durch den Notar in Betracht gezogen. Ausschlaggebend war jedoch neben der erheblichen Dauer der Ehe, dass der Verzicht der Ehefrau erhebliche Vermögenswerte umfasste und nicht durch eine Gegenleistung des Ehemannes kompensiert wurde (der Verzicht des Ehemannes bestand nur auf dem Papier, da ihm aufgrund seiner finanzielle Situation ohnehin keinerlei Ansprüche gegen die Ehefrau zugestanden hätte).

[656] OLG Schleswig MDR 1999, 872 (873).

[657] *Eichenhofer* DNotZ 1994, 213 (223).

Dies allein soll bereits ausreichen, um eine gegen die guten Sitten verstoßende Benachteiligung der verzichtenden Partei zu begründen. Das Sittenwidrigkeitsverdikt rechtfertigt sich unter diesem Gesichtspunkt umso mehr, wenn nicht nur entweder der Zugewinnausgleich oder der Versorgungsausgleich oder der nacheheliche Unterhalt ausgeschlossen, sondern in einem Globalverzicht auf *alle* scheidungsbedingten Ausgleichsansprüche verzichtet wurde. Der Prüfungsmaßstab für § 138 Abs.1 BGB wird damit (zugespitzt formuliert) dahingehend angelegt, ob der Verzicht der in der konkreten Ehe bestehenden Interessenlage entspricht. Ist dies nicht der Fall, wird die Vereinbarung für sittenwidrig erklärt.

b) Kritik an dieser Position

Dem wird entgegengehalten, dass im Rahmen der Privatautonomie auch Verträge geschlossen werden können, durch die ausschließlich einer der Vertragspartner belastet wird.[658] Es sei deshalb sogar zulässig, dass die Eheleute ihre vermögensrechtlichen Beziehungen für den Fall der Scheidung so zu regeln suchen, als wären sie von vornherein unverheiratet geblieben.[659] Es werde von den Parteien im Scheidungsfolgenrecht keine „ausgewogene" oder „faire", also alle vermögensrechtlichen Interessen hinreichend ausgleichende Regelung verlangt, da das Scheidungsrecht kein zwingendes Schutzrecht mit sozialem Einschlag sei.[660] Gerade im Verhältnis der Eheleute gelte angesichts der bestehenden, aber für Außenstehende nur schwer erkennbaren nichtvermögensrechtlichen Motive für einen Verzicht auf die gesetzlichen Scheidungsfolgen der Satz „stat pro ratione voluntas" mit besonderer Berechtigung.[661]
Allein aus dem objektiv nachteiligen Vertragsinhalt könne jedenfalls nicht auf die Sittenwidrigkeit eines Vertrages geschlossen werden. Es müsse vielmehr ein subjektives Element in der Form hinzutreten, dass die schwächere Position des Verzichtenden durch den Begünstigten ausgenutzt wurde.[662] Dies soll sich aus einem Vergleich mit dem in § 138 Abs.2 BGB gesondert geregelten Wuchertatbestand ergeben, nach dem ebenfalls allein die objektive Benachteiligung eines Vertragsteils nicht für die Sittenwidrigkeit des Vertrages ausreicht. Zu denken sei beispielsweise an die Fälle, in denen ein Ehegatte eine für den anderen be-

---

658 OLG Hamm FamRZ 1982, 1215 (1215).
659 BGH FamRZ 1996, 1536 (1537); OLG Hamm FamRZ 1982, 1215 (1215).
660 *Zöllner* FS Lange, 973 (985): anders als etwa das Arbeitsrecht, das Wohnungsmietrecht oder das Verbraucherschutzrecht.
661 *Zöllner* FS Lange, 973 (986). Er denkt dabei an Schuldgefühle, Dankbarkeit oder verletzten Stolz.
662 BGH FamRZ 1997, 157 (158); OLG Koblenz NJW-RR 1996, 901 (901); OLG Hamm FamRZ 1995, 40 (41); OLG Hamm FamRZ 1982, 1215 (1215); *v. Hornhardt* DNotZ 1981, 447 (448ff); *Vortmann* JA 1986, 401 (405); *Petersen* S. 87f; Staudinger-*Rehme* § 1408 Rn 78; Soergel-*Gaul* § 1408 Rn 39.

stehende Zwangslage,[663] den fehlenden Überblick über die Folgen eines Verzichts oder die große Beeinflussbarkeit des anderen Ehegatten[664] ausnutzt, um diesen zu einem umfassenden Verzicht zu bewegen.

c) Stellungnahme

Bei der Feststellung eines Sittenverstoßes besteht insofern Einigkeit, als hierfür eine umfassende Interessenabwägung vorzunehmen ist.[665] Die Rechtsprechung hat die Formel geprägt, dass ein Rechtsgeschäft den Tatbestand des § 138 Abs.1 BGB dann erfüllt, „wenn es in seinem aus der Zusammenfassung von Inhalt, Beweggrund und Zweck zu entnehmenden Gesamtcharakter den guten Sitten widerspricht."[666] Nun wird teilweise vertreten, ein Verzicht sei bereits dann sittenwidrig, wenn er den im Gesetz vorgesehenen Ausgleich ehebedingter Nachteile vereitele. Damit wird allein darauf abgestellt, ob der vereinbarte Verzicht auf die gesetzlich vorgesehenen Scheidungsfolgen der in der jeweiligen Ehe vorliegenden Interessenlage gerecht wird.
Es ist zwar anerkannt, dass sich die Sittenwidrigkeit eines Vertrages auch allein aus dessen Inhalt ergeben kann,[667] doch handelt es sich dabei um Extremfälle, bei denen der Vertragsinhalt grundlegenden Wertungen der Rechts- oder Sozialordnung widerspricht. Beispielhaft seien hier Verträge genannt, die eine Verpflichtung zur Vornahme einer strafbaren Handlung[668] oder die Vereinbarung eines Entgelts für das Eingehen einer Scheinehe[669] enthalten, oder auf die entgeltliche Verschaffung eines Doktortitels gerichtet sind.[670] Mit diesen Fällen ist aber der Verzicht auf das gesetzlich vorgesehene Scheidungsfolgenrecht nicht vergleichbar. Ein entgegen der objektiven Interessenlage abgeschlossener Verzicht läuft nicht allein aufgrund dieser Tatsache grundlegenden Wertungen der Rechts- oder Sozialordnung zuwider. Der „Makel", der einem solchen Verzicht anhaftet, ist vielmehr darin zu sehen, dass sich ein Ehegatte trotz des in der Ehe verfolgten gemeinsamen Lebensplans auf Kosten des anderen von seinen nachehelichen Verpflichtungen befreit. Einzuordnen ist die hier in Frage ste-

---

[663] BGH FamRZ 1996, 1536 (1537); OLG Hamm FamRZ 1995, 40 (41); *v. Hornhardt* DNotZ 1981, 447 (448).
[664] *v. Hornhardt* DNotZ 1981, 447 (449): Wenn die Eheleute durch einen Notar vor Abschluss der Scheidungsfolgenvereinbarung über deren Folgen aufgeklärt worden sind, bleibe hierfür allerdings kein Raum mehr.
[665] Staudinger-*Sack* § 138 Rn 37; *Bork* BGB AT Rn 1182f; MünchKomm-*Mayer-Maly/Armbrüster* § 138 Rn 29f; Soergel-*Hefermehl* § 138 Rn 19.
[666] BGHZ 125, 206 (209); BGH NJW-RR 1998, 590 (591); BGHZ 107, 92 (97).
[667] Vergleiche etwa BGHZ 94, 268 (273); BGH NJW 1994, 187 (188); Staudinger-*Sack* § 138 Rn 62 mwN.
[668] BGH NJW 1995, 2026 (2027).
[669] OLG Düsseldorf FamRZ 1983, 1023 (1023).
[670] OLG Koblenz NJW 1999, 2904 (2905).

hende Konstellation daher richtigerweise unter dem Gesichtspunkt des Schutzes vor einer Benachteiligung des unterlegenen Vertragspartners. In diesem Bereich ist aber allein die Unangemessenheit des Vertragsinhalts noch kein Grund für die Annahme einer Sittenwidrigkeit des Vertrags. Hinzutreten müssen vielmehr weitere Umstände, die dann erst im Wege der Gesamtwürdigung ein Sittenwidrigkeitsurteil rechtfertigen können.[671]

Gestützt wird diese Herangehensweise durch den im Hinblick auf die Vertragsfreiheit bestehenden Konsens, dass es den Parteien offen steht, auch objektiv nachteilige Verträge abzuschließen, sofern dies ihrem Willen entspricht (stat pro ratione voluntas).[672] Eine Vernünftigkeitskontrolle des Vereinbarten findet im deutschen Recht nicht statt.[673] Von dieser Prämisse ist der Gesetzgeber erkennbar auch im Scheidungsfolgenrecht ausgegangen. Die Vertragsfreiheit unter Eheleuten ist in § 1408 Abs.1 für das Güterrecht, in § 1408 Abs.2, § 1587o Abs.1 S.1 BGB für den Versorgungsausgleich und in § 1585c BGB für das Unterhaltsrecht ausdrücklich vorgesehen und umfasst auch die Befugnis zur Vereinbarung eines Ausschlusses des gesetzlichen Scheidungsfolgenrechts. Mit diesen Vorschriften hat sich der Gesetzgeber ausdrücklich zur Freiheit bei Scheidungsfolgenvereinbarungen bekannt und akzeptiert damit auch die Möglichkeit, dass ein Vertrag der objektiven Interessenlage einer Partei nicht entspricht. Diese Wertung ist auch bei der Anwendung des § 138 Abs.1 BGB als Schranke der Vertragsfreiheit zu beachten. Von einem schnellen Zugriff auf das Sittenwidrigkeitsverdikt ist daher Abstand zu nehmen.

Der im Vertrag zum Ausdruck kommende Wille ist nur dann nicht ausschlaggebend, wenn die Vertragsgestaltung auf der Fremdbestimmung eines Vertragsteils beruht. Die Anerkennung der Freiheit, auch nachteilige Verträge abschließen zu können, findet nämlich ihre Basis in der grundsätzlichen Selbstbestimmung beider Parteien: ist der nachteilige Vertrag auf beiderseitige freie Willensbildung zurückzuführen, ist das Vertragswerk trotz seines Inhalts zu akzeptieren. Daraus folgt aber auch, dass der Vertrag dann zu korrigieren ist, wenn er auf einer unterlegenen Verhandlungsposition des benachteiligten Vertragsteils beruht, durch die eine Selbstbestimmung tatsächlich ausgeschlossen war. Auch das Bundesverfassungsgericht hat in seiner Entscheidung vom 6.2.2001 klargestellt, dass es bei gestörter Vertragsparität Aufgabe der Gerichte ist, durch Auslegung der zivilrechtlichen Generalklauseln die Fremdbestimmung eines Ver-

---

[671] Vergleiche allgemein zu § 138 Abs.1 BGB nur *Bork* BGB AT Rn 1193; Palandt-*Heinrichs* § 138 Rn 8; Soergel-*Hefermehl* § 138 Rn 29. Siehe zu Scheidungsfolgenvereinbarungen *Dauner-Lieb* AcP 201 (2001), 295 (325); *Coester-Waltjen* Festgabe 50 Jahre BGH, 985 (1003ff); *Langenfeld* DNotZ 2001, 272 (278f).

[672] *Bork* BGB AT Rn 101; Soergel-*Wolf* vor § 145 Rn 29; *Hönn* Jura 1984, 57 (57); *Flume* in FS zum 100jährigen Bestehen des Dt. Juristentages, 135 (141); *Coester-Waltjen* AcP 190 (1990), 1 (14).

[673] *Bork* BGB AT Rn 101.

tragspartners zu verhindern.[674] Scheidungsfolgenvereinbarungen finden infolgedessen ihre Grenzen dort, wo der Vertrag die auf ungleichen Verhandlungspositionen basierende einseitige Dominanz eines Ehegatten widerspiegelt. Damit ist deutlich, dass nach Auffassung des Gerichts allein der nachteilige Vertragsinhalt nicht für eine Korrektur ausreicht. Nur vor diesem Hintergrund sind auch die weiteren sorgfältigen Ausführungen des Bundesverfassungsgerichts zu der unterlegenen Verhandlungsposition der nichtehelich schwangeren Frau[675] verständlich.
Damit kann festgehalten werden, dass allein mit dem für eine Partei nachteiligen Vertragsinhalt noch kein Sittenverstoß begründet werden kann. Jeder hat das Recht, aus freien Stücken unvorteilhafte Verträge abzuschließen. Schutz ist im Verhältnis der Vertragsparteien allerdings dort zu gewähren, wo aufgrund eines gestörten Verhandlungsgleichgewichts die Möglichkeit zur Selbstbestimmung als Grundlage der Privatautonomie nicht besteht.

2. Der Schutz vor Fremdbestimmung

Es ist aufgrund der bisherigen Ausführungen deutlich geworden, dass die Sittenwidrigkeit einer Scheidungsfolgenvereinbarung keinesfalls allein aus der Tatsache gefolgert werden kann, dass der Vertragsinhalt nicht den wohlbegründeten Interessen beider Vertragspartner entspricht. Ein Schutz ist allein vor der Fremdbestimmung durch den anderen Vertragspartner zu gewähren. Klärungsbedürftig bleibt damit allerdings, unter welchen Voraussetzungen von einem selbstbestimmten Vertragsschluss nicht mehr ausgegangen werden kann, so dass die Basis für eine Anerkennung der autonomen Rechtsgestaltung entfällt. Hierzu werden so unterschiedliche Auffassungen vertreten, dass eine systematische Aufarbeitung angezeigt ist.

a) Der benachteiligende Vertragsinhalt

Obwohl nicht allein aus dem für eine Partei nachteiligen Vertragsinhalt auf die Sittenwidrigkeit der getroffenen Vereinbarung geschlossen werden kann, ist dieser Umstand eine Grundvoraussetzung, um einen im Verhältnis der Vertragsparteien angelegten Sittenverstoß zu begründen. Es liegt auf der Hand, dass dann kein Anlass für eine Korrektur über § 138 Abs.1 BGB besteht, wenn der Inhalt des Vertrages sich nicht als unangemessene Benachteiligung eines Vertragsteils herausstellt.

---

[674] BVerfGE 103, 89 (101).
[675] BVerfGE 103, 89 (102ff).

aa) Das „grobe Missverhältnis"

Überwiegend wird bei Scheidungsfolgenvereinbarungen in Anlehnung an die Formulierung des § 138 Abs.2 BGB ein *grobes Missverhältnis* zwischen Leistung und Gegenleistung als eine Voraussetzung der Sittenwidrigkeit nach § 138 Abs.1 BGB genannt.[676] Dies überrascht zunächst deshalb, weil es sich bei der Scheidungsfolgenvereinbarung nicht um einen Austauschvertrag handelt,[677] und es hier deshalb kein unmittelbares Verhältnis von Leistung und Gegenleistung gibt. Auf den zweiten Blick wird jedoch deutlich, dass damit ein im Hinblick auf den Vertragsinhalt bestehendes Unbehagen zum Ausdruck gebracht wird. Ein grobes Missverhältnis zwischen der Leistung des Verzichtenden und der Gegenleistung des Begünstigten soll nämlich dann vorliegen, wenn der Verzichtende durch die Vereinbarung erhebliche gesetzliche Ansprüche aufgibt, während der dadurch unmittelbar Begünstigte keine Kompensation bietet. Hat hingegen der durch den Verzicht begünstigte Partner als „Gegenleistung" seinerseits die Auswirkungen des Verzichts kompensierende Verpflichtungen übernommen, soll für das Unwerturteil des § 138 Abs.1 BGB kein Raum sein.[678]

bb) Die Benachteiligung durch den Vertragsinhalt

Demgegenüber ist es jedoch einfacher und klarer in der Terminologie, statt auf ein grobes Missverhältnis abzuheben, die *Benachteiligung durch den Vertragsinhalt* als Anknüpfungspunkt zu wählen. Entscheidend ist, ob sich die inhaltliche Gestaltung einer Scheidungsfolgenvereinbarung für eine Partei als unangemessen belastend darstellt.[679] Dies muss nicht bei jedem Verzicht auf das gesetzliche Scheidungsfolgenrecht zwingend der Fall sein. Abzustellen ist vielmehr auch hier wieder auf die Ausgestaltung der konkreten Ehe und die daraus für den Einzelfall folgende Interessenlage.

---

676 OLG Hamm NJW-RR 1999, 1306 (1307); OLG Koblenz FamRZ 1996, 1212 (1212); *v. Hornhardt* DNotZ 81, 447 (448); Göppinger/Börger-*Börger* § 1 Rn 26; Soergel-*Gaul* § 1408 Rn 11, Rn 39; *Vortmann* JA 1986, 401 (405).

677 BGH FamRZ 1992, 1403 (1404). Aus diesem Grund scheidet die Anwendung des § 138 Abs.2 BGB bei einer Scheidungsfolgenvereinbarung von vornherein aus.

678 OLG Hamm NJW-RR 1999, 1306 (1307): Der Ehemann hatte im Gegenzug für den Ausschluss des Versorgungsausgleichs auf eine Hausratsteilung verzichtet und sich zu erheblichen Unterhaltszahlungen verpflichtet. Der Ehemann wollte erkennbar gewährleisten, dass die Ehefrau mit den Kindern in dem in gemeinsamen Eigentum stehenden Haus wohnen bleiben könnte.

679 Ähnlich auch *Büttner* FamRZ 1998, 1 (5): Der Vertragsinhalt müsste einseitig belastend sein. Vergleiche auch *Dethloff* JZ 1997, 414 (415): Es sei festzustellen, ob ein Vertragsteil durch den Vertrag ungewöhnlich belastet werde. Siehe ferner *Langenfeld* DNotZ 2001, 272 (278f).

(1) Die Gestaltung der Scheidungsfolgen nach Ehetyp

Nicht zu beanstanden ist regelmäßig die am konkreten Ehetyp orientierte Anpassung der gesetzlichen Scheidungsfolgen. Hier hat sich vor allem *Langenfeld* um die Entwicklung einer der individuellen Ehe jeweils angemessenen Vertragsgestaltung verdient gemacht.[680] Er nimmt zu diesem Zweck eine Einteilung in Fallgruppen vor. Ein Beispiel ist etwa die „Unternehmerehe", bei der es zur Erhaltung des Familienbetriebs angezeigt sein kann, das einem Ehegatten gehörende Unternehmen aus dem Zugewinnausgleich gegenständlich auszunehmen, um eine Liquidation des Betriebs zur Befriedigung der gesetzlichen Ausgleichsforderung zu verhindern.[681] Dies schließt einen Ausgleich hinsichtlich des privat erwirtschafteten Vermögens nicht aus und ist deshalb eine interessengerechte Lösung. Bei der sogenannten „Rentnerehe" haben beide Eheleute bereits eine eigene Versorgung erlangt und wollen vor allem ihr bislang erworbenes Vermögen ihren jeweiligen Kindern zugute kommen lassen. Dann ist es sachgerecht, die gesetzlichen Scheidungsfolgen gänzlich auszuschließen und einen Erb- und Pflichtteilsverzicht gemäß § 2346 BGB zu vereinbaren.[682] Ferner kann bei einer Doppelverdienerehe der Ausschluss des gesetzlichen Scheidungsfolgenrechts den Interessen beider Eheleute entsprechen, da in einem solchen Fall jeder Partner selbst für sein Einkommen und seine Altersversorgung sorgen kann.

(2) Die nicht interessengerechte Vertragsgestaltung

Zu einer unangemessenen Vertragsgestaltung kommt es allerdings dann, wenn der Ausschluss des gesetzlichen Scheidungsfolgenrechts den Interessen eines Partners eindeutig zuwiderläuft. Es wurde bereits verschiedentlich angesprochen, dass hiervon vor allem im Fall der Einverdienerehe auszugehen ist, wenn der verzichtende Ehegatte die Haushaltsführung und die Kindesbetreuung übernommen hat und durch den Vertrag den gerade für seine Situation im Gesetz vorgesehenen Schutz für den Scheidungsfall verliert. Aus diesem Grund wird auch für den Fall, dass die Partner einer jungen Doppelverdienerehe die spätere Geburt eines Kindes nicht ausschließen können, dringend vor dem angesichts der (noch) beiderseitig ausgeübten Erwerbstätigkeit selbstbewussten Ausschluss der gesetzlichen Scheidungsfolgen gewarnt.[683] Auch das Bundesverfassungsgericht hat in seinem Urteil vom 6.2.2001 entscheidend darauf abgestellt, ob ein Teil durch den Vertrag einseitig belastet wird und seine Interessen keine angemessene Berücksichtigung finden: Widmet sich ein Ehegatte gemäß dem gemeinsamen Lebensplan unter Aufgabe einer Berufstätigkeit im wesentlichen

680 *Langenfeld* Handbuch 8. Kapitel. Vergleiche auch *Schippel* Jura 1999, 57 (60f).
681 *Langenfeld* Handbuch Rn 959.
682 *Langenfeld* Handbuch Rn 980f. Vergleiche auch *Dauner-Lieb* AcP 201 (2001), 295 (315).
683 *Langenfeld* Handbuch Rn 944. Hilfe soll hier die auflösende Bedingung bieten.

der Kinderbetreuung und Haushaltsführung, bedeutet ein Verzicht auf die gesetzlichen Scheidungsfolgen eine Benachteiligung der Person, die sich der Betreuung des Kindes und der Arbeit im Haus gewidmet hat.[684]

(3) Der beiderseitige Verzicht

Häufig vereinbaren die Eheleute einen *gegenseitigen Verzicht* auf die im Gesetz für den Scheidungsfall vorgesehenen Ansprüche. Dies verhindert allerdings nicht, dass ein Partner trotz der „Gegenseitigkeit" durch den Vertrag in erheblichem Maße einseitig belastet wird. Dies zeigt sich wiederum vor allem bei der Einverdienerehe: Der Verzicht des erwerbstätigen Ehegatten besteht nur auf dem Papier, da ihm aufgrund seiner finanziellen Verhältnisse ohnehin bei Scheidung kein Anspruch gegen den die Familienarbeit leistenden Ehegatten zustünde. In dieser Ehesituation gibt nur derjenige mit dem Verzicht tatsächlich etwas auf, für den im Scheidungsfall das gesetzliche Scheidungsfolgenrecht Ansprüche vorsieht. Auch ein beiderseitiger Verzicht kann sich also als einseitige Belastung darstellen.

(4) Die Kompensation

Eine Benachteiligung scheidet jedoch dann aus, wenn die an sich nachteiligen Auswirkungen des Verzichts durch andere im Vertrag vereinbarte Ansprüche kompensiert werden.[685] Dies ist beispielsweise bei einer Einverdienerehe gegeben, wenn der erwerbstätige Ehegatte sich angesichts des vereinbarten Ausschlusses des Versorgungsausgleichs vertraglich verpflichtet, zu Gunsten des anderen Partners eine private Rentenversicherung abzuschließen.[686] In diesem Fall finden die Interessen des Verzichtenden im Vertrag ausreichende Berücksichtigung, so dass trotz des Verzichts nicht von einem benachteiligenden Vertragsinhalt ausgegangen werden kann.

(5) Der Globalverzicht

Bei der Beurteilung des Vertragsinhalts ist auch die Tatsache einzustellen, dass die Parteien einen sogenannten Globalverzicht vereinbart haben: „Je mehr im Ehevertrag gesetzliche Rechte abbedungen oder zusätzliche Pflichten übernommen werden, desto mehr kann sich dieser Effekt einseitiger Benachteiligung verstärken."[687] Verzichtet der die Familienarbeit leistende Ehegatte nicht nur auf den nachehelichen Unterhalt, sondern wurde vertraglich entgegen der bestehen-

---

684 BVerfGE 103, 89 (105).
685 Wie dies bei OLG Hamm NJW-RR 1999, 1306 (1307) der Fall war.
686 Vergleiche hierzu *Langenfeld* Handbuch Rn 973ff „zur Diskrepanzehe".
687 BVerfGE 103, 89 (105).

den Interessenlage auch der Versorgungs- und der Zugewinnausgleichsanspruch ausgeschlossen, dann wird die einseitige Belastung des verzichtenden Vertragspartners umso deutlicher.[688]

cc) Der Beurteilungszeitpunkt

Auch bei der Beurteilung der inhaltlichen Gestaltung des in Frage stehenden Vertrages ist wie immer im Rahmen des § 138 Abs.1 BGB konsequent auf den Zeitpunkt des Vertragsschlusses abzustellen. Es ist daher allein ausschlaggebend, ob sich bei Vertragsschluss angesichts der dann bestehenden Interessen beider Partner der Vertragsinhalt als unangemessen herausstellt.

(1) Die Scheidungsvereinbarung

Dies bereitet bei einer Vereinbarung, die anlässlich der konkreten Scheidung getroffen wird, keinerlei Probleme. Dann kann eindeutig festgestellt werden, ob der Vertrag mit Blick auf die bis dahin praktizierte Ehegestaltung angemessen ist. Daran wird es regelmäßig fehlen, wenn der aufgrund der von ihm geleisteten Familienarbeit auf die Ansprüche des gesetzlichen Scheidungsfolgenrechts angewiesene Ehegatte auf eben diesen Schutz verzichtet.

(2) Die vorsorgende Vereinbarung

Bei vorsorgenden Verträgen kann hingegen die Maßgeblichkeit des Vertragsschlusses zu Schwierigkeiten führen. Hier kann nicht die bei Scheidung tatsächlich bestehende Situation zugrunde gelegt und von diesem Blickwinkel aus bestimmt werden, ob der Vertrag angesichts der bis zur Scheidung gelebten Ehe angemessen ist. Hier ist vielmehr darauf abzustellen, welche Form der weiteren Ehegestaltung die Eheleute bei ihrer Einigung über die Scheidungsfolgen angestrebt haben. Haben die Parteien beispielsweise vor der Eheschließung den weitgehenden Ausschluss der gesetzlichen Scheidungsfolgen vereinbart, obwohl bereits zu diesem Zeitpunkt beabsichtigt war, eine Einverdienerehe mit traditioneller Rollenverteilung zu führen, ist diese Vertragsgestaltung eindeutig unangemessen und einseitig belastend. Anders ist der gleiche Vertrag allerdings zu beurteilen, wenn die Parteien fest entschlossen sind, auch nach der Eheschließung wie bisher beide einer Erwerbstätigkeit nachzugehen. Angesichts dieser Perspektive ist der Ausschluss des gesetzlichen Scheidungsfolgenrechts durchaus angemessen. Problematisch sind nun jene Konstellationen, in denen es nach Vertragsschluss zu einem Wechsel in der Eheführung gekommen ist. Denkbar ist dies in zwei Richtungen: die vormalige Einverdienerehe wandelt sich in eine

[688] Vergleiche auch *v.Hornhardt* DNotZ 1981, 447 (449): Der Globalverzicht vergrößert das Missverhältnis zwischen Leistung und Gegenleistung.

Doppelverdienerehe, oder in der einstigen Doppelverdienerehe gibt ein Ehegatte etwa wegen der Geburt eines Kindes seine Erwerbstätigkeit auf. Diese Veränderungen können bei der Feststellung der Sittenwidrigkeit angesichts des strengen Beurteilungszeitpunktes nicht berücksichtigt werden; entscheidend ist allein die Gestalt der Ehe bei Vertragsschluss. Ein ursprünglich unangemessener Vertragsinhalt kann sich demnach nicht in einen angemessenen verwandeln, und ein ehemals interessengerechter Vertrag kann nicht nachträglich zu einem benachteiligenden Vertrag werden. Dies hat im ersten Fall die Konsequenz, dass von einem nachteiligen Vertragsinhalt auch dann ausgegangen werden muss, wenn bei der Scheidung eine veränderte Interessenlage besteht, während im zweiten Fall eine Sittenwidrigkeit des Vertrages trotz der nachträglichen Veränderungen von vornherein ausscheidet.
Dies ist eine auf der strengen Festlegung des Vertragsschlusses als Beurteilungszeitpunkt beruhende Schwäche des § 138 Abs.1 BGB, die bislang in Praxis und Wissenschaft in dieser Deutlichkeit nicht angesprochen wurde.

b) Die unterlegene Position des Benachteiligten

Für eine im Verhältnis der Vertragspartner begründete Sittenwidrigkeit ist immer auch die Situation der Vertragsverhandlungen zu beachten. Hat sich eine Partei aus freien Stücken für den Abschluss eines sie benachteiligenden Vertrages entschlossen, ist dies als Ausdruck der ihr zustehenden Vertragsfreiheit zu respektieren. Für das Unwerturteil des § 138 Abs.1 BGB ist dann kein Raum. Der Grundsatz „stat pro ratione voluntas“ kann aber nur dann gelten, wenn die benachteiligte Partei auch tatsächlich eine Möglichkeit für sich gesehen hat, ihre Interessen bei der Vertragsgestaltung durchzusetzen. Ergibt hingegen eine Überprüfung der Umstände bei Vertragsschluss, dass dieser Vertragsteil sich in einer Situation befand, in der er an der vertraglichen Verwirklichung seiner Interessen gehindert war, mehren sich die Anzeichen für einen Sittenverstoß.
Die Schwierigkeit besteht an dieser Stelle darin, Konstellationen festzulegen, in denen von einer derart unterlegenen Verhandlungsposition des Benachteiligten auszugehen ist. Wie bereits mehrfach angesprochen, kommt nicht schon bei jeder Störung des Verhandlungsgleichgewichts eine Beanstandung des geschlossenen Vertrags in Betracht. Die Ungleichgewichtslage muss vielmehr die Grenze des Zulässigen erreicht haben. Wo diese Grenze genau zu verorten ist, bleibt letztlich eine reine Wertungsentscheidung, die zudem stark von den jeweiligen Umständen des Einzelfalls abhängt. Da hier die Sittenwidrigkeit speziell von Scheidungsfolgenvereinbarungen untersucht wird, sind auch die aus dem Verhältnis der Eheleute folgenden Besonderheiten zu beachten. In der aktuellen Diskussion in Rechtsprechung und Literatur lassen sich in diesem Bereich bestimmte Komplexe unterscheiden, die durch weitere Gesichtspunkte noch ergänzt werden können.

aa) Die strukturelle Unterlegenheit der Ehefrau

(1) Die Position von *Schwenzer*

Die weitgehendste Position zur Frage der unter Eheleuten bestehenden Verhandlungsstärke nimmt *Schwenzer* ein. Sie vertritt in Anlehnung an die Rechtsprechung des Bundesverfassungsgerichts zur Wirksamkeit von Bürgschaftsverträgen vermögensloser Angehöriger[689] die Auffassung, auch bei Scheidungsfolgenvereinbarungen handele es sich um einen typischen Fall struktureller Unterlegenheit eines Vertragspartners. Die Frau sei bei den Vertragsverhandlungen generell nicht in der Lage, ihre Interessen denen des Mannes adäquat entgegenzusetzen.[690] Diese These stützt *Schwenzer* auf eine Analyse der sozio-ökonomischen und psychologischen Situation von Ehepaaren.[691] Neben einem erheblichen durchschnittlichen Altersunterschied sei auch bei den Bildungsabschlüssen der Eheleute ein deutliches Gefälle zum Nachteil der Frau erkennbar. Auf dem Arbeitsmarkt stelle sich die Situation der Frau ebenfalls weniger günstig als die des Mannes dar. Die Situation in einer durchschnittlichen deutschen Ehe sei daher die folgende: Der Mann ist älter als die Frau, hat einen höheren Ausbildungsstand und verdient wesentlich mehr als die Frau. Durch Kindererziehung und Haushaltstätigkeiten verschlechtere sich die Position im Laufe einer Ehe sogar noch. Hinzu komme die bei Vertragsverhandlungen nachteilige, aber bei Frauen allgemein verbreitete „Ethik der Anteilnahme“. Studien hätten gezeigt, dass Frauen im Gegensatz zu Männern mehr an einer befriedigenden Beziehung zwischen den Vertragspartnern, denn an ihrem eigenen Vorteil interessiert seien. Diese Faktoren führen nach Ansicht von *Schwenzer* in ihrer Zusammenschau dazu, dass eine Frau im Verhältnis zu ihrem Mann ihre Interessen bei Verträgen nicht durchsetzen könne und ihm deshalb generell unterlegen sei.

(2) Kritik an dieser Position

Dieser Vorstoß ist indes ohne Zustimmung geblieben. Insbesondere *Grziwotz* kritisiert, *Schwenzer* mache es sich zu einfach, da die Behauptung einer struktu-

---

[689] BVerfGE 89, 214 (232). Das Bundesverfassungsgericht weist ausdrücklich darauf hin, dass eine Korrektur des Vertrages nicht in jedem Fall gestörten Verhandlungsgleichgewichts in Betracht kommt. Wenn jedoch eine typisierbare Fallgestaltung vorliegt, die eine strukturelle Unterlegenheit des einen Vertragspartners erkennen lässt und die Folgen des Vertrags für den unterlegenen Vertragsteil ungewöhnlich belastend sind, ist eine Korrektur – namentlich durch Anwendung der §§ 138, 242 BGB – erforderlich.

[690] *Schwenzer* AcP 196 (1996), 88 (108f). Sie möchte dies allerdings nicht über § 138 Abs.1 BGB, sondern über eine Inhaltskontrolle nach § 242 BGB lösen. Dennoch können diese Überlegungen auch für § 138 Abs.1 BGB nutzbar gemacht werden.

[691] *Schwenzer* AcP 196 (1996), 88 (104ff).

rellen Ungleichgewichtigkeit die sozialen Tatbestände nicht wirklich erfassen könne.[692] Es seien durchaus Fälle denkbar, in denen sich der Mann gegenüber der Frau in einer unterlegenen Position befinde. Vor der Eheschließung sei derjenige Partner der Schwächere, der unbedingt die Ehe wünsche; dies müsse nicht zwingend die Frau sein. Empirische Untersuchungen hätten gezeigt, dass Männer am Beginn einer Ehe eher als Frauen zu romantischem Verliebtsein neigten, während Frauen sich durchaus von rationellen Erwägungen zur Verbesserung ihres sozialen Status leiten ließen. Im Hinblick auf die Situation bei Scheidung sei derjenige in der stärkeren Position, der die Scheidung eigentlich nicht wünsche. Ein Ehemann, der wegen seiner jungen Freundin Frau und Kinder verlasse, werde aufgrund des moralischen und gesellschaftlichen Drucks zu Zugeständnissen in einer Scheidungsvereinbarung bereit sein.

Büttner[693] hält zwar die Analyse *Schwenzers* für weit fundierter und realitätsnäher als die Ausführungen von *Grziwotz*, stimmt dem Letztgenannten jedoch darin zu, dass Stärke und Schwäche zwischen Ehepartnern nicht einfach typisiert werden könnten. Hierfür seien vielmehr die Umstände des Einzelfalls entscheidend. Eheleute seien als Menschen erst einmal strukturell gleichwertige Vertragspartner, die sich aber in einer sehr ungleichen Verhandlungsposition befinden könnten. Auch *Dethloff* geht von einer prinzipiell zwischen Mann und Frau bestehenden Parität aus, die aber in bestimmten Situationen entfallen könne.[694] Schließlich weist *Gerber* eindringlich darauf hin, dass die Anwendung der Generalklauseln - §§ 138, 242 BGB – immer von einer Würdigung der Gesamtumstände des konkreten Falls abhänge.[695]

(3) Stellungnahme

Die Annahme einer strukturellen Unterlegenheit der Ehefrau in dem Sinne, dass sie allein aufgrund ihrer Situation als Frau bei Vertragsverhandlungen gegenüber ihrem Mann immer an der Durchsetzung ihrer Interessen gehindert sei, ist eindeutig abzulehnen. Vorzuwerfen ist *Schwenzer* vor allem die zu schematische Herangehensweise an den hier in Frage stehenden, doch sehr komplexen Bereich.

Ihre Überlegungen zu der sozio-ökonomischen Situation der Frau haben sicherlich ihre Berechtigung, ist doch hinsichtlich Bildung und Einkommen die tatsächliche Gleichstellung von Mann und Frau immer noch nicht erreicht. Die These, Frauen seien angesichts der bei ihnen bestehenden psychologischen Besonderheiten nicht in der Lage, sich bei Vertragsverhandlungen gegenüber ihrem

---

692 *Grziwotz* FamRZ 1997, 585 (589). Vergleiche auch *Coester-Waltjen* Festgabe 50 Jahre BGH, 985 81002).

693 *Büttner* FamRZ 1998, 1 (5).

694 *Dethloff* JZ 1997, 414 (415).

695 *Gerber* FS 50 Jahre BGH, 49 (58).

Mann durchzusetzen, weckt hingegen einige Bedenken. Hinsichtlich beider Argumente, auf die *Schwenzer* ihre Position stützt, lassen sich leicht entkräftende Gegenbeispiele finden. Zum einen sind auch solche Ehen anzutreffen, in denen die ökonomische Situation der Frau der des Mannes überlegen ist. Zum anderen gibt es auch durchaus Frauen, die bei Vertragsverhandlungen geschickt ihre Interessen zu verwirklichen wissen. Angesichts der Vielschichtigkeit menschlicher Beziehungen kann die Konstellation, dass sich Eheleute als Vertragspartner gegenüberstehen, nicht mit der Situation eines Bürgschaftsvertrages zwischen einer Bank und einem vermögenslosen Angehörigen des Schuldners verglichen werden. Während sich auf der einen Seite zwei Menschen vertraglich miteinander verbinden, die auf unterschiedlichste Weise je nach Ausgestaltung der konkreten Ehe emotional und ökonomisch verknüpft sind, steht auf der anderen Seite der bürgende Angehörige einer wirtschaftlich mächtigen Institution gegenüber. Nur in letzterem Fall kann bei bestimmten Faktoren von einer strukturellen Unterlegenheit gesprochen werden.
Dem Ansatz von *Schwenzer* liegt schon fast ein „Schubladendenken" zugrunde, indem sie generell jeder Frau die Fähigkeit abspricht, gegenüber ihrem Ehemann ihre eigenen Interessen adäquat in die Vertragsgestaltung einzubringen. Ihr Ausgangspunkt ist der Blick auf die Frau als „Opfer" der gesellschaftlichen Umstände und ihrer weiblichen Eigenschaften. Damit wird allerdings genau die falsche Richtung eingeschlagen. Zur Gleichberechtigung der Frau gehört zwingend, dass sie auch als grundsätzlich gleichwertiger Verhandlungspartner anerkannt wird. Es verblüfft daher erheblich, dass unter dem Banner der Gleichberechtigung und Chancengleichheit gefordert wird, von Frauen abgeschlossene Scheidungsfolgenvereinbarungen bedürften einer stärkeren richterlichen Kontrolle, da Frauen dem Mann bei Vertragsverhandlungen regelmäßig unterlegen seien.
Im Ergebnis ist bei Vertragsverhandlungen eine grundsätzliche Parität von Mann und Frau zugrunde zu legen. Selbstverständlich kann es zu einer Störung des Verhandlungsgleichgewichts kommen. Dies beurteilt sich jedoch nach den individuellen Umständen des konkreten Vertragsschlusses. Die Annahme einer strukturellen Unterlegenheit der Ehefrau ist dagegen abzulehnen.

bb) Die Unterlegenheit der nichtehelich schwangeren Frau

Insbesondere wird gegenwärtig diskutiert, ob sich eine vor Eheschließung schwangere Frau bereits allein aufgrund der Tatsache ihrer Schwangerschaft in einer derart unterlegenen Verhandlungsposition gegenüber dem Vater des Kindes befindet, dass sie an einer Durchsetzung ihrer Interessen gehindert ist. Dabei ist fraglich, inwiefern die grundsätzlich zwischen Mann und Frau bestehende Parität durch den besonderen Umstand der Schwangerschaft beseitigt wird.

(1) Der bisherige Streitstand

Der Bundesgerichtshof hatte in einer jüngeren Entscheidung darüber zu befinden, ob ein vor Eingehung der Ehe vereinbarter Ausschlusss des Versorgungsausgleichs sittenwidrig war. Die Besonderheit dieses Falles lag darin, dass die spätere Ehefrau bei Abschluss des Vertrages schwanger war (und aus diesem Grund auf die Eheschließung drängte). Nach Ansicht des Gerichts kann dieser Umstand jedoch keinen Verstoß gegen die guten Sitten begründen: „Da der Ehemann – ungeachtet der Schwangerschaft der Ehefrau – von einer Eheschließung hätte absehen und sich auf die rechtlichen Verpflichtungen eines nichtehelichen Vaters hätte zurückziehen können, kann von einer zu missbilligenden Ausbeutung einer Zwangslage der Ehefrau nicht ausgegangen werden.“[696] Insofern bestätigt der Bundesgerichtshof das Urteil der Vorinstanz.[697] Bereits in einer früheren Entscheidung hatte der Bundesgerichtshof keinen Anhaltspunkt für eine Sittenwidrigkeit des vor Eheschließung trotz Schwangerschaft der späteren Ehefrau vereinbarten Unterhaltsverzichts gesehen.[698]
Diese knapp begründete, aber eindeutige Würdigung seitens des Bundesgerichtshofs ist in der Literatur auf Kritik gestoßen. Dabei wird dem Gericht vor allem vorgeworfen, es habe die besondere Situation der nichtehelich schwangeren Frau verkannt, die das Verhandlungsgleichgewicht zu Lasten der Frau verschiebe.[699] Aus der noch immer bestehenden Diskriminierung der nichtehelichen Kindschaft folge die strukturelle Unterlegenheit der Frau.[700] Dies wird vor allem an der unterhaltsrechtlichen Position der nichtehelichen Mutter festgemacht, der § 1615l BGB (trotz des Kindschaftsrechtsreformgesetzes von 1998) noch immer in sehr viel geringerem Maße als § 1570 BGB der kindesbetreuenden geschiedenen Mutter einen Unterhaltsanspruch zugesteht. Wolle die Mutter nun im Interesse ihres Kindes durch eine Eheschließung eine Verbesserung der Situation herbeiführen, könne sie gezwungen sein, sich dies durch einen weitreichenden Verzicht auf eigene Rechte zu erkaufen.

---

[696] BGH FamRZ 1996, 1536 (1537).
[697] OLG Köln FamRZ 1995, 929.
[698] BGH FamRZ 1992, 1403 (1404).
[699] *Dethloff* JZ 1997, 414 (415): „Für eine strukturell ungleiche Verhandlungsstärke zwischen den Parteien ist der vorliegende Fall geradezu ein Musterbeispiel.“ *Büttner* FamRZ 1998, 1 (5): „Strukturell unterlegen ist ein Vertragspartner, der aufgrund seiner objektiven Lage, z.B. wegen eines erwarteten Kindes oder wegen der laufenden Betreuung von Kindern, seine Interessen nicht mehr sachgerecht vertreten kann, wenn er die Interessen der Kinder nicht gefährden will.“ *Eichenhofer* DNotZ 1994, 213 (223): „Eine Mutter, die im Interesse des Kindes die Ehe mit dem Vater eingehen möchte, ist als die regelmäßig Schwächere vor der Zumutung zu schützen, hierfür einen Teil der ihr grundsätzlich zustehenden Versorgung zu opfern.“ Vergleiche ferner Schwab-*Borth* Handbuch Teil IV Rn 1273; Palandt-*Brudermüller* § 1585c Rn 15.
[700] *Dethloff* JZ 1997, 414 (415).

Demgegenüber wird die Position des Bundesgerichtshofs teilweise als richtiger Ansatz verteidigt.[701] Betont wird nochmals, dass trotz Schwangerschaft der Vater zu keiner Zeit zur Heirat verpflichtet sei und sich deshalb auf die Position eines nichtehelichen Vaters zurückziehen könne.[702] Trotz der nachteiligen Scheidungsfolgenvereinbarung bringe die Eheschließung für die nichtehelich schwangere Frau ausreichende Vorteile mit sich, wie etwa den Anspruch auf Familienunterhalt nach § 1360 BGB. Lasse man einen Vertrag, der eine Freizeichnung von sämtlichen nachteiligen Scheidungsfolgen enthält, in der hier in Frage stehenden Situation nicht zu, verstärke man die Tendenz zu nichtehelichen Lebensgemeinschaften und verschlechtere damit die Position der schwangeren Frau noch weiter.

(2) Die Entscheidung des Bundesverfassungsgerichts vom 6.2.2001

Das Bundesverfassungsgericht hat in seiner Entscheidung vom 6.2.2001 nicht nur zu der Problematik einer Freistellungsvereinbarung Stellung bezogen,[703] sondern ist auch grundsätzlich auf das Verhandlungsgleichgewicht bei Scheidungsfolgenvereinbarungen eingegangen. Dabei nimmt das Gericht ausdrücklich Bezug auf seine vorangegangene Rechtsprechung zum Bürgschaftsvertrag vermögensloser Angehöriger. Dieser Entscheidung lag eine vor Eheschließung getroffene Vereinbarung über die Scheidungsfolgen zugrunde, wobei die spätere Ehefrau bei Vertragsschluss schwanger war. Das Bundesverfassungsgericht stellt, gestützt auf Art. 6 Abs.4 GG, ein besonderes Schutzbedürfnis der schwangeren Frau fest.[704] Nach Auffassung des Gerichts ist die Verhandlungsposition in dieser Situation deutlich geschwächt: „Eine Situation von Unterlegenheit ist regelmäßig anzunehmen, wenn eine nicht verheiratete schwangere Frau sich vor die Alternative gestellt sieht, in Zukunft entweder allein für das erwartete Kind Verantwortung und Sorge zu tragen oder durch Eheschließung den Kindesvater in die Verantwortung einzubinden, wenn auch um den Preis eines mit ihm zu schließenden, sie aber stark belastenden Ehevertrages." Die Schwangerschaft führt nach dem Bundesverfassungsgericht nicht nur im Hinblick auf die veränderte tatsächliche Situation zu einem Umbruch im Leben der Schwangeren, sondern stellt die Schwangere im Hinblick auf den beschränkten Unterhaltsanspruch in § 1615l BGB auch vor das Problem, Kindesbetreuung und ei-

[701] Staudinger-*Rehme* § 1408 Rn 74-83; MünchKomm-*Kanzleiter* § 1408 Rn 33; *Grziwotz* FamRZ 1997, 585 (587); Erman-*Heckelmann* § 1408 Rn 15; *Langenfeld* FS Schippel, 251 (262); *Petersen* S. 75, 154; *Gerber* FS 50 Jahre BGH, 49 (60ff).

[702] *Grziwotz* FamRZ 1997, 585 (587).

[703] Dazu siehe bereits oben im 4. Teil B.I.2.b).

[704] BVerfGE 103, 89 (102ff). Dabei geht das Gericht über den Einzelfall hinaus (eigentlich stand nur die Wirksamkeit der Freistellungsvereinbarung in Frage) und führt allgemeine Überlegungen an, die nicht nur Unterhaltsverzichte, sondern auch Vereinbarungen über Versorgungsausgleich und Zugewinnausgleich betreffen.

gene Existenzsicherung angesichts der gravierenden ökonomischen Perspektive nichtehelicher Mütter gleichermaßen sicherzustellen. Die zweifelsfrei bestehende Eheschließungsfreiheit steht nach Auffassung des Bundesverfassungsgerichts einer gerichtlichen Korrektur ausdrücklich nicht entgegen.[705] Entschließen sich die Vertragspartner zur Ehe, bringe die Ehe sowohl Mann als auch Frau Rechte wie auch Pflichten. Die Eheschließungsfreiheit eröffne keinesfalls die Freiheit zur unangemessenen vertraglichen Interessendurchsetzung.

Diese starke Berücksichtigung der besonderen Situation einer nichtehelich schwangeren Frau ist in der bislang erschienenen Literatur weitgehend auf Zustimmung gestoßen.[706] Demgegenüber wird allerdings vereinzelt angezweifelt, ob aus der aufgrund der Schwangerschaft für die Frau bestehenden psychisch verletzbaren und belasteten persönlichen Situation ohne weiters die Unterlegenheit der Frau zu folgern sei.[707] Dies widerspreche zum einen dem von Art. 3 Abs.2 GG geprägten Bild der eigenverantwortlichen und gleichberechtigten Frau und rücke die schwangere Frau in die Nähe der strukturellen Geschäftsunfähigkeit. Zum anderen sei auch die psychische Zwangslage des Mannes nicht zu unterschätzen, der sich dem sozialen Druck ausgesetzt sehe, anstandshalber zu heiraten und damit die wirtschaftliche Verantwortung nicht nur für das Kind, sondern auch für die Frau weit über die Folgen der Schwangerschaft hinaus zu übernehmen. Vorgeworfen wird dem Gericht, dass ihm nur das einseitige und dauernd generalisierte Bild des sich drückenden Erzeugers vorschwebe.[708] Schließlich komme der Mann trotz Bestehens auf einer vertraglichen Regelung der Scheidungsfolgen der Frau durch die Eheschließung noch entgegen, da sie hierdurch Anspruch auf ehelichen Unterhalt erlange. Damit gebe die Ehefrau mit ihrem Verzicht aber immer noch weniger auf, als sie durch die Eheschließung erwerbe. Bei einer Umsetzung der vom Bundesverfassungsgericht vorgegebenen Linie durch die Zivilgerichte könne ein anwaltlicher Rat dann nur noch dahin gehen, von einer Eheschließung mit einer schwangeren Frau gänzlich abzusehen. Damit erweise sich das Urteil des Bundesverfassungsgerichts als ein „Bärendienst für die Eheschließungsfreiheit und Betroffene in ähnlicher Lage."[709]

---

[705] BVerfGE 103, 89 (105).

[706] *Schwab* Anm. FamRZ 2001, 349f; *Schubert* FamRZ 2001, 734ff; *Bergschneider* FamRZ 2001, 1337ff. Vergleiche auch *Langenfeld* (DNotZ 2001, 272 (279)), der allerdings trotz der Ungleichgewichtslage eine Sittenwidrigkeit unter dem Gesichtspunkt ablehnt, dass dem Mann keine verwerfliche Gesinnung nachgewiesen werden konnte.

[707] *Rauscher* FuR 2001, 155 (155).

[708] *Rauscher* FuR 2001, 155 (156): Es könne nicht sein, dass die Rechtslage weiterhin die alleinverantwortliche Mutter typisiere (§ 1626a BGB!) und das Gericht nun dieselbe Frau wegen eben dieser Verantwortung zum schwachen unterlegenen Wesen stempele.

[709] *Rauscher* FuR 2001, 155 (157). Ebenso *Röthel* NJW 2001, 1334 (1335).

(3) Stellungnahme

Einige Stimmen in der Literatur und jüngst auch das Bundesverfassungsgericht gehen davon aus, dass zwar nicht die Frau an sich, wohl aber die nichtehelich schwangere Frau aufgrund ihrer spezifischen Situation dem Mann unterlegen sei. Dem steht die bisherige Rechtsprechung des Bundesgerichtshofs gegenüber, die als schlagendes Argument auf die Eheschließungsfreiheit des Mannes verweist und damit in der Literatur teilweise auf Zustimmung gestoßen ist. Nach dieser Auffassung steht es dem Mann frei, die von ihm schwangere Frau nicht zu heiraten, weshalb ihm sozusagen als „Minus" auch das Recht zugestanden werden müsse, die Eheschließung von einer Scheidungsfolgenvereinbarung abhängig zu machen, die ihn von den gesetzlich vorgesehenen Scheidungsfolgen freizeichnet.
Damit wählen beide Ansätze völlig verschiedene Ausgangspunkte: während die einen auf die Zwangslage der nichtehelich schwangeren Frau abstellen, legen die andern allein die Situation des Mannes zugrunde. Beide Gesichtspunkte sind jedoch bei der Beurteilung der Sittenwidrigkeit zu berücksichtigen.
Indem der Bundesgerichtshof allein auf das Recht des Mannes eingeht, gänzlich von einer Eheschließung absehen und sich auf die Rechtsstellung eines nichtehelichen Vaters zurückziehen zu können, weicht er einer eingehenderen Beschäftigung mit der besonderen Situation einer nichtehelich schwangeren Frau aus, die sich mit der Wahl zwischen einer sie benachteiligenden Scheidungsfolgenvereinbarung und dem Scheitern der Heirat konfrontiert sieht. Unbestritten steht es dem Mann (wie auch der Frau) vollkommen frei, eine Ehe einzugehen oder hiervon abzusehen. Dennoch macht es sich der Bundesgerichtshof mit dem schlichten Verweis auf die Eheschließungsfreiheit bei der Ablehnung der Sittenwidrigkeit zu leicht. Unangenehm fallen zudem die folgenden Äußerungen des Bundesgerichtshofs auf: „Nicht festgestellt ist, der Ehemann habe die Ehefrau darauf festgelegt, auf eine Erwerbstätigkeit nach der Eheschließung zu verzichten... – eine Erwerbstätigkeit war ohnehin im Hinblick auf die Betreuungsbedürftigkeit des erwarteten Kindes jedenfalls nach dessen Geburt problematisch."[710] Damit geht das Gericht eindeutig von einem traditionellen Rollenverständnis aus und weist ganz selbstverständlich die alleinige Verantwortung für die Betreuung des Kindes der Frau zu.[711] Gleichzeitig überlässt es der Bundesgerichtshof der Frau, mit den wirtschaftlichen Nachteilen dieser Rollenverteilung fertig zu werden.

Dieser sehr einseitigen Sicht ist das Bundesverfassungsgericht eindeutig mit der Aussage entgegengetreten, aus der zweifelsfrei bestehenden Eheschließungsfreiheit könne nicht die Freiheit gefolgert werden, im Falle der Eheschließung

---

[710] BGH FamRZ 1996, 1536 (1537).
[711] Kritisch hierzu ebenfalls *Büttner* FamRZ 1998, 1 (5); *Dethloff* JZ 1997, 414 (415).

einen Vertrag zur einseitigen Interessendurchsetzung nutzen zu dürfen. Die besondere Situation der nichtehelich Schwangeren muss nach Auffassung des Bundesverfassungsgerichts stärker als bisher die Beurteilung der Sittenwidrigkeit einer Scheidungsfolgenvereinbarung beeinflussen. Das Bundesverfassungsgericht stellt klar heraus, dass die Zwangslage für die nichtehelich schwangere Frau darin besteht, dass die ihr offenstehenden Handlungsoptionen in jedem Fall für sie nachteilig sind. Entweder lässt sie sich auf einen Vertrag ein, der sie im Hinblick auf eine eventuelle spätere Scheidung stark belastet, da sie auf die zu ihrer Absicherung erforderlichen Ansprüche verzichtet.[712] Oder sie verweigert den Abschluss eines solchen Vertrages und muss deshalb eine nichteheliche Mutterschaft auf sich nehmen, die wesentlich weniger Absicherung als eine bestehende Ehe bietet.
Dem Bundesverfassungsgericht ist darin zuzustimmen, dass sich die nichtehelich schwangere Frau in dem geschilderten Dilemma befindet. Ihre Verhandlungsposition ist dadurch deutlich geschwächt, dass sie ihr eigentliches Ziel, die Heirat, nur dann erreichen kann, wenn sie sich auf die vertraglichen Bedingungen des Mannes einlässt, durch die er sich seiner Pflichten im Scheidungsfalle entledigt („Friss oder stirb"). Der Kritik, das Gericht rücke die schwangere Frau in die Nähe der strukturellen Geschäftsunfähigkeit, kann insofern nicht gefolgt werden. Es geht zunächst einmal nur darum, die Umstände herauszuarbeiten, die den Vertragsschluss beeinflusst haben. Die Anerkennung ihrer schwierigen Lage bedeutet noch nicht die Entmündigung der Frau.

Dennoch weist auch die Argumentation des Bundesverfassungsgerichts einige Schwachpunkte auf. So verkennt das Gericht, dass auch die Eheschließung unter Verzicht auf das gesetzliche Scheidungsfolgenrecht der nichtehelich schwangeren Frau noch einige Vorteile bietet. Lässt man einmal die Vorzüge ideeller Natur beiseite, die sich aus der Ehe als Verbindung ergeben, besteht immer noch ein finanzieller Anspruch auf den Familienunterhalt nach § 1360 BGB sowie gegebenenfalls auf den (unverzichtbaren) Trennungsunterhalt gemäß § 1361 BGB. Hinsichtlich der gesetzlichen Scheidungsfolgen ist zudem zu beachten, dass der Anspruch auf den Kindesbetreuungsunterhalt aus § 1570 BGB nach der hier vertretenen teleologischen Reduktion des § 1585c BGB ebenfalls unverzichtbar ist.[713] In Frage stehen daher (lediglich) der Versorgungsausgleich und der Zugewinnausgleich, sowie die sonstigen Unterhaltstatbestände. Auch wenn

---

[712] Hier stehen ohnehin nur die Fälle in Frage, in denen der *benachteiligende* Vertrags*inhalt* anhand der im 6.Teil B.II.2.a) genannten Voraussetzungen bereits festgestellt wurde. Es geht also von vornherein nur um die schwangeren Frauen, die aufgrund der angestrebten Ehegestaltung über kein eigenes Vermögen/Einkommen verfügen und deshalb im Scheidungsfall auf das gesetzliche Scheidungsfolgenrecht angewiesen sein werden.
[713] Siehe oben im 4.Teil B.II.3.d)bb).

die Frau ihr eigentliches Ziel einer „uneingeschränkten Ehe“ nicht erreichen kann, wird sie doch nicht völlig rechtlos gestellt.
Zum anderen kann nicht verhehlt werden, dass sich trotz entgegengesetzter Intention des Bundesverfassungsgerichts die Situation der nichtehelich schwangeren Frau durch seine Rechtsprechung verschlechtern kann. Wenn bereits jede Scheidungsfolgenvereinbarung unwirksam ist, die einen benachteiligenden Inhalt hat und in der vorstehend beschriebenen Bedrängnis abgeschlossen wurde, ist dies nicht nur eine erhebliche Einschränkung der Vertragsfreiheit, sondern führt auch dazu, dass es für den Mann am günstigsten ist, auf eine Heirat ganz zu verzichten. Dann gelangt die Frau noch nicht einmal in den Genuss der eben geschilderten Vorteile.

Hier kommt nun wieder die nicht zu leugnende Eheschließungsfreiheit ins Spiel. Es ist in der Tat nicht recht einsichtig, weshalb es dem Mann freistehen soll, sich gegen eine Eheschließung und damit auch gegen die mit einer Ehe gerade für den Scheidungsfall verbundenen Pflichten zu entscheiden, während es ihm aber gleichzeitig verwehrt ist, im Falle der Eheschließung die gesetzlichen Scheidungsfolgen vertraglich auszuschließen. Es ist sehr zweifelhaft, mit welcher Berechtigung dem Mann die einseitige vertragliche Interessendurchsetzung verwehrt wird, wenn gleichzeitig anerkannt ist, dass er durch die Verweigerung der Heirat seine Interessen einseitig durchsetzen darf.
Die nichtehelich schwangere Frau hat keinen Anspruch darauf, von dem Vater des Kindes geheiratet zu werden und damit die mit einer Ehe insbesondere im Hinblick auf eine spätere Scheidung verbundenen Rechte zu erhalten. Die Rechtsstellung der unverheirateten Mutter wird einzig durch die Regelung des § 1615l BGB geprägt. Danach steht ihr gemäß § 1615l Abs.2 S.2 BGB gegen den Vater ein Unterhaltsanspruch zu, soweit von ihr wegen der Pflege oder Erziehung des Kindes eine Erwerbstätigkeit nicht erwartet werden kann. Diese Unterhaltspflicht endet nach § 1615l Abs.2 S.3 BGB in der Regel drei Jahre nach der Geburt des Kindes. Weitergehende Ansprüche hat der Gesetzgeber der unverheirateten Mutter nicht zugestanden. Dies mag man für bedauerlich halten,[714] doch nutzt der Mann, der die Eheschließung von einer Verzichtsvereinbarung abhängig macht, lediglich den Gestaltungsspielraum des Gesetzes.
Das Bundesverfassungsgericht fordert den Vater des Kindes praktisch auf, die Mutter „ritterlich“ zu ehelichen, ohne die für sie vorteilhaften gesetzlichen Scheidungsfolgen auszuschließen.[715] Gleichzeitig erkennt das Gericht aber an,

[714] Vergleiche etwa *Röthel* NJW 2001, 1334 (1335).
[715] BVerfGE 103, 89 (105): „In ihrer Entscheidung, ob sie eine Ehe eingehen wollen, sind die Vertragspartner frei. Entschließen sie sich dafür, bringt die Ehe beiden Rechte wie auch Pflichten und verteilt sie gleichermaßen auf Mann und Frau, deren Leistungen, die sie füreinander erbringen, gleichrangig sind. Das Eheversprechen als solches begründet keine einseitige Belastung eines der Versprechenden. Zwar übernehmen Ehepartner damit gegenüber ihrem

dass der Mann nicht zu einer Heirat gezwungen werden kann. Dies führt zu dem recht merkwürdigen Ergebnis, dass zwar der gänzliche Verzicht auf die Eheschließung zulässig ist, die Ehe unter Verzicht auf das gesetzliche Scheidungsfolgenrecht hingegen auf Bedenken stößt.

Es ist das Verdienst des Bundesverfassungsgerichts, nochmals eindringlich auf die schwierige Situation der unverheirateten Mutter hinzuweisen. Das Bestreben des Gerichts, den rechtlichen Schutz dieser Frauen zu verbessern, ist durchaus zu billigen. Dabei verkennt das Bundesverfassungsgericht jedoch, dass das gesetzliche Scheidungsfolgenrecht nicht die unverheiratete Frau schützen will. Sicherlich ist für die unverheiratet Schwangere die „Absicherung" über eine Heirat erstrebenswert, sie hat hierauf jedoch keinerlei Anspruch. Diese eindeutige gesetzgeberische Wertung sowie die allseits anerkannte Eheschließungsfreiheit verhindern, dass allein aufgrund des Dilemmas der nichtehelich schwangeren Frau der sie benachteiligende Verzicht auf die gesetzlichen Scheidungsfolgen bereits einen Sittenverstoß begründen kann.

Für die Prüfung einer von einer nichtehelich schwangeren Frau abgeschlossenen Scheidungsfolgenvereinbarung bedeutet dies, dass mit dem Bundesverfassungsgericht zunächst von einer Zwangslage und damit von einer unterlegenen Verhandlungsposition der Frau auszugehen ist. Für die Feststellung eines Sittenverstoßes ist jedoch ferner erforderlich, dass diese durch den Vater des Kindes in vorwerfbarer Weise ausgenutzt wurde.[716] Dabei ist insbesondere zu überlegen, ob dies gegebenenfalls aufgrund der bestehenden Eheschließungsfreiheit verneint werden muss.

Ergänzend ist ferner anzumerken, dass eine Zwangslage in dem eben beschriebenen Sinn nicht nur dann vorliegt, wenn die Geburt des Kindes noch bevorsteht, sondern auch in den Fällen, in denen das Kind bereits geboren ist und sich die nichteheliche Mutter verzweifelt eine Heirat mit dem Kindesvater wünscht. Auch hier lässt sich das geschilderte Dilemma der Frau feststellen, weshalb eine unterschiedliche Beurteilung beider Konstellationen nicht zu rechtfertigen ist.

cc) Sonstige erhebliche Ungleichgewichtslagen

Auch außerhalb der Fallgruppe des Verzichts einer nichtehelich schwangeren Frau kann es zu einer erheblichen Störung des Verhandlungsgleichgewichts kommen. Hier kommt es entscheidend auf die Umstände des Einzelfalls an. Obwohl eine Schematisierung aus diesem Grund ausscheiden muss, sind den-

---

bisherigen Stand als Ledige neue Pflichten, und sie werden hierdurch in den eigenen Dispositionen eingeschränkt. Dies gilt jedoch für beide Ehepartner gleichermaßen."

[716] Siehe zu den subjektiven Kriterien der Sittenwidrigkeit sogleich unter im 6.Teil B.II.2.c).

noch allgemeine Kriterien zu entwickeln, anhand derer sich dann im konkreten Fall klären lässt, ob bei den Vertragsverhandlungen die Selbstbestimmung eines Teils in einem Maße beeinträchtigt war, dass die Grenze des Zulässigen als erreicht gelten muss (1). Die Umsetzung dieser Kriterien kann dann an einigen Konstellationen beispielhaft erläutert werden (2).

(1) Kriterien für eine erhebliche Störung des Verhandlungsgleichgewichts

Es wurde bereits an verschiedenen Stellen darauf hingewiesen, dass nicht schon bei jeder Störung des Verhandlungsgleichgewichts ein Sittenverstoß im Raum steht. Es kann für die Beurteilung eines Vertrages nicht die „ideale", aber unrealistische Situation eines vollkommenen Gleichgewichts der Verhandlungsstärke als Normalfall zugrunde gelegt und jede Abweichung hiervon bereits als Merkmal einer Sittenwidrigkeit gewertet werden. Die Freiheit, Rechtsbeziehungen autonom durch einen Vertrag zu gestalten, wird auch gerade davon geprägt, dass ein Vertragspartner seine Interessen bei den Verhandlungen möglicherweise geschickter als der andere Teil durchzusetzen vermag. In einem gewissen Maße sind daher ungleiche Verhandlungspositionen hinzunehmen, um nicht das Institut der Vertragsfreiheit übermäßig auszuhöhlen. Die Kunst liegt nun darin, aus den zahlreichen Facetten eines Verhandlungsungleichgewichts diejenigen zu bestimmen, bei denen die Grenze des Zulässigen erreicht ist.
Das Bundesverfassungsgericht hat gesagt, dass es Aufgabe des Rechts allein sei, zu verhindern, „dass sich für einen Vertragsteil die Selbstbestimmung in eine Fremdbestimmung verkehrt."[717] Der Vertrag muss zu seiner Beanstandung die einseitige Dominanz eines Ehegatten widerspiegeln.[718] Es ist also Voraussetzung, dass ein Vertragspartner den Vertragsinhalt faktisch einseitig bestimmen kann. Anders ausgedrückt ist der Maßstab dahingehend anzulegen, ob sich ein Vertragsteil bei Vertragsschluss in einer „Diktatposition" befand.[719] Ob diese Voraussetzung bei einer Scheidungsfolgenvereinbarung im Einzelfall erfüllt ist, bleibt letztlich der richterlichen Würdigung überlassen. Angesichts der Vielschichtigkeit menschlicher Beziehungen ist eine weitergehende abstrakte Eingrenzung gerade bei Scheidungsfolgenvereinbarungen nicht möglich. Allerdings können anhand einiger Beispielsfälle Hinweise für eine Anwendung der genannten Kriterien gegeben werden.

---

[717] BVerfGE 103, 89 (101).
[718] BVerfGE 103, 89 (101).
[719] *Büttner* FamRZ 1998, 1 (5).

(2) Beispiele

α) Angst vor einem Eklat bei Absage der Trauung

Erklärt sich ein Verlobter zum Abschluss einer vorsorgenden, ihn benachteiligenden Scheidungsfolgenvereinbarung aufgrund der Befürchtung bereit, die nahe bevorstehende standesamtliche Eheschließung werde aufgeschoben oder gar ganz abgesagt, reicht dies nach Auffassung des OLG Stuttgart nicht zur Annahme einer Zwangslage im Sinne des § 138 Abs.1 BGB.[720] Es seien hieran strenge Anforderungen zu stellen, die bei lediglich befürchteten gesellschaftlichen Nachteilen oder der Angst vor einem Eklat bei Absage der standesamtlichen Trauung nicht erfüllt seien. Demgegenüber hält *Büttner* eine im Sinne des § 138 Abs.1 BGB relevante psychische Zwangslage für gegeben, wenn ein Verlobter wenige Tage vor der im großen Stil vorbereiteten Hochzeit mit der ultimativen Forderung nach Abschluss eines Ehevertrags konfrontiert wird.[721]
Es muss zur Beurteilung der Frage, ob eine psychische Zwangslage bei Vertragsschluss bestand, entscheidend darauf abgestellt werden, welche Auswirkungen die Drohung einer Absage der kurz bevorstehenden Hochzeit auf den anderen Partner gezeigt hat. Wird dieser durch die Aussicht auf ein Scheitern der lange vorbereiteten und geplanten Eheschließung aus dem psychischen Gleichgewicht geworfen, so dass rationale Überlegungen keinen Raum mehr haben und er zur „Rettung" des großen Ereignisses zu allem bereit ist, kann durchaus von einer psychischen Zwangslage gesprochen werden, aufgrund derer sich der andere Ehegatte in einer „Diktatposition" befindet.

β) Eheliches Fehlverhalten

Entschließt sich ein Ehegatte, mit einem neuen Lebensgefährten zusammenzuleben und verlässt deshalb den Ehepartner (und unter Umständen auch die gemeinsamen Kinder), kann dies zu einer psychisch belastenden Trennungssituation führen.[722] Mit dem Verlassen der Restfamilie sind Schuldgefühle verbunden, die unter Umständen so stark ausgeprägt sein können, dass sich der ehefeindlich verhaltende Ehegatte in einer weit unterlegenen Verhandlungsposition befindet und aufgrund der „moralischen Überlegenheit" des anderen Ehegatten zu weitgehenden Zugeständnissen im Hinblick auf die Scheidungsfolgen bereit sein wird. So kann es dazu kommen, dass „zum Ausgleich" des ehelichen Fehlverhaltens auf eigentlich bestehende Ansprüche verzichtet wird.

---

[720] OLG Stuttgart FamRZ 1999, 24 (24).
[721] *Büttner* FamRZ 1998, 1 (5).
[722] Vergleiche OLG Koblenz NJW-RR 1996, 901 (902).

χ) Vermeidung einer Scheidung

Kommt es zu einer ernsten Ehekrise und macht ein Ehegatte die Fortsetzung der Ehe von dem Abschluss einer Vereinbarung abhängig, die einen Verzicht auf alle relevanten Scheidungsfolgen enthält, kann sich der andere Ehegatte in einer erheblich unterlegenen Verhandlungsposition befinden, wenn *er* die Ehe unbedingt fortführen will.[723] Insofern kann durchaus eine psychische Zwangslage angenommen werden. Diese Fallkonstellation ist in gewisser Weise mit der oben angesprochenen Situation vergleichbar, dass ein Vertragspartner etwa aufgrund einer Schwangerschaft unbedingt die Heirat erreichen will und dies nur über den Abschluss einer nachteiligen Scheidungsfolgenvereinbarung erreichen kann. Immer wenn ein bestimmtes Ziel angestrebt wird, sei es die Eheschließung oder die Vermeidung einer Scheidung, hat der Ehegatte im Grunde keine Wahl, der dieses Ziel nur um den Preis eines nachteiligen Vertragsschlusses verwirklichen kann.

δ) Emotionale Verstrickung

Die Eheleute werden bei Vertragsschluss auch und gerade von der zwischen ihnen bestehenden persönlichen Beziehung beeinflusst. Die Ausgangsposition bei den Vertragsverhandlungen wird meist von dieser emotionalen Verbundenheit gekennzeichnet. Aufgrund dieser emotionalen Verstrickung kann es zu Situationen kommen, in denen ein Vertragspartner seine Interessen dem anderen Teil nicht angemessen entgegensetzen kann, so dass sich dieser faktisch in einer „Diktatposition" befindet. Zu denken ist in diesem Zusammenhang etwa an die Fälle, in denen ein Teil sozusagen aus „blinder Liebe" zu einem für ihn nachteiligen Verzicht bereit ist oder aufgrund der schon erfolgten Trennung seelisch in einer Weise belastet ist, dass er die Vertragsverhandlungen nur möglichst schnell zum Abschluss bringen möchte und sich deshalb auf einen für ihn nachteiligen Vertrag einlässt. Diese Aufzählung ließe sich angesichts der Vielfalt menschlicher Beziehungen beliebig fortführen. All diese im „Graubereich" menschlicher Beziehungen angesiedelten Fälle entziehen sich letztlich der richterlichen Beurteilung. Das Gericht kann eine genaue Würdigung der persönlichen Beziehung in ihrer ganzen Komplexität gar nicht vornehmen. Beruht eine unterlegene Verhandlungsposition auf der Höchstpersönlichkeit der zwischen den Vertragsparteien bestehenden Beziehung, entzieht sie sich einer Beurteilung im Rahmen des § 138 Abs.1 BGB. Hier ist die Grenze erreicht, bis zu der die Feststellung eines im Sinne des § 138 Abs.1 BGB zu beanstandenden Verhandlungsungleichgewichts möglich ist.

---

[723] BGH FamRZ 1997, 156 (157); OLG Hamm FamRZ 1995, 41 (41).

ε) Wissensüberlegenheit

Neben den beispielhaft aufgeführten Fällen einer psychischen Zwangslage kann die Störung des Verhandlungsgleichgewichts auch auf dem erheblichen Wissensvorsprung einer Partei bestehen. Dazu sollte noch einmal die Tatsache ins Gedächtnis gerufen werden, dass die im Gesetz vorgesehenen Scheidungsfolgen nicht zum Allgemeinwissen des juristischen Laien gehören.[724] Insbesondere die privatschriftlich möglichen Unterhaltsverzichte bergen aufgrund der fehlenden vorsorgenden Rechtsberatung durch den Notar die Gefahr, dass der informierte und intellektuell überlegene Partner den ahnungslosen und unbedachten Partner übervorteilt. Es müssen dann allerdings konkrete Umstände erkennbar sein, die auf eine derartige Wissensüberlegenheit schließen lassen. Wenn hingegen bei einem notariell beurkundeten Vertrag der Notar seine Belehrungspflicht aus § 17 BeurkG gewissenhaft wahrgenommen hat, wird sich nur höchst selten begründen lassen, der wirtschaftlich schwächere Partner habe die Tragweite der angestrebten Vereinbarung nicht überblicken können.[725]

c) Das Ausnutzen der Unterlegenheit des Benachteiligten durch den Begünstigten

aa) Das Erfordernis eines zusätzlichen Kriteriums

Die Feststellung eines Sittenverstoßes im Verhältnis der Vertragspartner kann nicht schon aufgrund der Tatsache getroffen werden, dass eine Partei aufgrund ihrer eindeutig unterlegenen Verhandlungsposition einen für sie nachteiligen Vertrag abschließt. Darüber hinaus muss vielmehr der durch den Vertrag Begünstigte die Situation seines Vertragspartners in vorwerfbarer Weise zu seinem Vorteil genutzt haben.[726]
Diese zusätzliche Voraussetzung lässt sich zum einen aus dem Wuchertatbestand des § 138 Abs.2 BGB ableiten. Hier hat der Gesetzgeber für die Nichtigkeit eines Austauschgeschäfts nicht bereits das krasse Missverhältnis von Lei-

---

[724] *Gernhuber* S. 17: „Selbst wenn sich der Blick auf den „gebildeten Laien" beschränkt -...- ist indessen das Familienrecht eher eine terra incognita als gesichertes Wissen, das ein jeder mit sich führt.

[725] Insofern ist das Urteil des OLG Stuttgart (FamRZ 1983, 498 (499)) erstaunlich: In dem notariell beurkundeten Vertrag fand sich die Klausel, das Endvermögen des Ehemannes werde als Anfangsvermögen angesehen. Nach Auffassung des Oberlandesgerichts wurde der Ehefrau nicht deutlich, dass es sich bei dieser Vereinbarung um einen einseitigen Verzicht auf den Zugewinnausgleich handelt, so dass der Vertrag gemäß § 138 Abs.1 BGB nichtig war. Eigentlich hätte aber der beurkundende Notar gemäß § 17 BeurkG gerade auf die Auswirkungen des Vertrages hinweisen müssen.

[726] Vergleiche *Bork* BGB AT Rn 1196; Soergel-*Hefermehl* § 138 Rn 36; 160; MünchKomm-*Mayer-Maly/Armbrüster* § 138 Rn 131; Palandt-*Heinrichs* § 138 Rn 24.

stung und Gegenleistung ausreichen lassen, sondern fordert zusätzlich, dass der Begünstigte eine besondere Schwächesituation des Benachteiligten ausgebeutet hat. Daraus kann geschlossen werden, dass ein Austauschvertrag nicht schon aufgrund eines auffälligen Missverhältnisses gemäß § 138 Abs.1 BGB nichtig sein kann, wenn nicht § 138 Abs.2 BGB jede Bedeutung verlieren soll. Aber auch wenn es sich bei dem in Frage stehenden Rechtsgeschäft nicht um ein Austauschgeschäft handelt, können diese Grundsätze herangezogen werden. Die in § 138 Abs.2 BGB zum Ausdruck gekommene gesetzgeberische Wertung strahlt insofern auf die Anwendung des § 138 Abs.1 BGB aus, als für einen im Verhältnis der Vertragsparteien begründeten Sittenverstoß nicht der benachteiligende Vertragsinhalt als solcher ausreicht, sondern ein vorwerfbares Verhalten des begünstigten Vertragsteils hinzukommen muss.

Zu diesem Ergebnis gelangt man auch, wenn der *Grund* für einen auf § 138 Abs.1 BGB gestützten Eingriff in das Vertragswerk berücksichtigt wird. Im Verhältnis der Vertragsparteien geht es darum, eine *Fremdbestimmung* zu verhindern. Kennzeichnend für die Vertragsfreiheit ist der Satz „stat pro ratione voluntas", dessen Grundlage allerdings die Selbstbestimmung beider Parteien bildet. Wo diese Selbstbestimmung in eine Fremdbestimmung verkehrt wird, entfällt die Basis für eine Anerkennung der autonomen Gestaltung von Rechtsbeziehungen und es ist Raum für § 138 Abs.1 BGB. Der Begriff der „Fremdbestimmung" setzt allerdings notwendig voraus, dass die begünstigte Partei den benachteiligten Teil zu ihrem Vorteil gesteuert hat. Nur wenn der eigene Willen durch den der anderen Partei ersetzt wurde, kann von einer Fremdbestimmung gesprochen werden. Nur vor diesem vorwerfbaren Verhalten der anderen Partei ist dem unterlegenen Vertragsteil Schutz zu gewähren. Kann hingegen dem Begünstigten nicht vorgeworfen werden, er habe seine überlegene Position zu seinem Vorteil ausgenutzt, besteht keine Veranlassung für die Annahme eines Sittenverstoßes.

Dieses zusätzliche Kriterium gilt auch für die Scheidungsfolgenvereinbarung; es gibt keinen besonderen Begriff der Sittenwidrigkeit bei solchen Verträgen, die zwischen Eheleuten über ihre nacheheliche Rechtsbeziehung getroffen werden.[727] Auch hier besteht die grundsätzliche Freiheit zum Abschluss eines nachteiligen Vertrags, deren Grundlage nur bei der Fremdbestimmung durch den anderen Vertragsteil entfällt.

---

[727] So ausdrücklich *Gerber* FS 50 Jahre BGH, 49 (51) und *Langenfeld* DNotZ 2001, 272 (278). Vergleiche ferner BGH FamRZ 1997, 157 (158); OLG Koblenz NJW-RR 1996, 901 (901); OLG Hamm FamRZ 1995, 40 (41); Soergel-*Gaul* § 1408 Rn 39; Staudinger-*Rehme* § 1408 Rn 78; *Coester-Waltjen* Festgabe 50 Jahre BGH, 985 (1005); *v.Hornhardt* DNotZ 1981, 447 (448f); *Vortmann* JA 1986, 401 (405); *Büttner* FamRZ 1998, 1 (5); *Petersen* S. 87f.

bb) Kriterien für ein vorwerfbares Verhalten

Es ist verschiedentlich versucht worden, die Voraussetzungen für ein vorwerfbares Verhalten einer Vertragspartei zu umschreiben. So wird auf die *gegen den Vertragspartner gerichtete Zielsetzung* abgestellt,[728] das *verwerfliche Ausnutzen* der Überlegenheit zum Abschluss eines günstigen Vertrags zugrunde gelegt[729] oder eine *bewusste Übervorteilung* durch den Begünstigten gefordert[730]. Hierbei handelt es sich wiederum um sehr allgemein gehaltene Formeln. Sie ermöglichen jedoch immerhin eine Annäherung an das für einen Sittenverstoß erforderliche „vorwerfbare Verhalten". Ob dies gegeben ist, kann nur anhand des jeweiligen Falls beantwortet werden. Beruft sich ein Ehegatte darauf, er sei bei Vertragsschluss übervorteilt worden, ist daher sorgfältig zu prüfen, ob die konkreten Umstände diese Annahme zu begründen vermögen, wobei insbesondere die Motive der durch den Vertrag begünstigten Partei gründlich zu untersuchen sind. Dies soll nun anhand einiger Beispielsfälle erläutert werden.

cc) Anwendung in einigen Beispielsfällen

Zur Illustrierung der vorzunehmenden Einzelfallprüfung kann sinnvollerweise auf die bereits unter b)bb) und b)cc) angesprochenen Konstellationen zurückgegriffen werden.

(1) Bei einer auf nichtehelicher Mutterschaft beruhenden Zwangslage

Nachdem festgestellt wurde, dass für die nichtehelich Schwangere sowie die nichteheliche Mutter aufgrund ihrer besonders schwierigen Situation eine psychische Zwangslage besteht, kommt es nunmehr entscheidend darauf an, ob der Vater des Kindes seine überlegene Position zum Nachteil der Frau in vorwerfbarer Weise ausgenutzt hat. Das Bundesverfassungsgericht geht in seiner Entscheidung auf diesen Aspekt allerdings in keiner Weise ein. Als Grund für einen korrigierenden Eingriff in die getroffene Vereinbarung führt das Gericht lediglich die Unterlegenheitsposition der nicht verheirateten Schwangeren und kumulativ den die Schwangere einseitig belastenden Vertragsinhalt an.[731] Diese

---

[728] BGH NJW 1995, 2284; BGH NJW 1990, 567 (568); MünchKomm-*Mayer-Maly/Armbrüster* § 138 Rn 131. Vergleiche auch Soergel-*Herfermehl* § 138 Rn 36.

[729] Soergel-*Hefermehl* § 138 Rn 160; OLG Koblenz NJW-RR 1996, 901 (901); BGH FamRZ 1997, 157(158); OLG Hamm FamRZ 1995, 40 (41); *v.Hornhardt* DNotZ 1981, 447 (448f); *Vortmann* JA 1986, 401 (405); *Petersen* S. 87f, Staudinger-*Rehme* § 1408 Rn 78; *Büttner* FamRZ 1998, 1 (5).

[730] Soergel-*Gaul* § 1408 Rn 39.

[731] BVerfGE 103, 89 (104). Dies wird jedoch bislang in der zu dieser Entscheidung erschienenen Literatur nicht problematisiert, vergleiche *Schwab* Anm. FamRZ 2001, 349f; *Schubert* FamRZ 2001, 733ff; *Bergschneider* FamRZ 2001, 1337ff; *Rauscher* FuR 2001, 155ff.

beiden rein objektiven Kriterien allein können jedoch aus den oben genannten Gründen einen im Verhältnis der Vertragsparteien begründeten Sittenverstoß nicht stützen.
Entscheidendes Argument gegen ein vorwerfbares Verhalten des Kindsvaters ist die ihm zustehende *Eheschließungsfreiheit*, deren Auswirkungen bereits oben unter 2.b)bb)(3) erläutert wurden. Der Mann nutzt die Zwangslage der von ihm schwangeren Frau dann nicht zu seinem Vorteil aus, wenn er die Heirat von ihrem vertraglichen Verzicht auf die gesetzlichen Scheidungsfolgen abhängig macht. Dies ist deshalb zwingend, weil es ihm unbestritten freisteht, gänzlich von einer Eheschließung abzusehen und dadurch der Frau ebenfalls den Zugriff auf das gesetzliche Scheidungsfolgenrecht zu verweigern. Dann kann ihm aber kein Vorwurf daraus gemacht werden, dass er sich als „Minus" zu einer Eheschließung unter Ausschluss des gesetzlichen Scheidungsfolgenrechts entschließt.
Diese Argumentation kann auch nicht durch die gegen sie vorgebrachte Kritik erschüttert werden. Insbesondere wird hier vorgetragen, die Eheschließungsfreiheit könne nicht die Freiheit zur einseitigen vertraglichen Interessendurchsetzung rechtfertigen.[732] Dies ist allerdings unbestritten und soll mit der hier vertretenen Auffassung auch nicht versucht werden. Selbstverständlich vermag die Eheschließungsfreiheit als solche nicht pauschal jegliche Vertragsgestaltung zu rechtfertigen. Dennoch ist für die Feststellung eines Sittenverstoßes erforderlich, dass sich der Kindsvater in vorwerfbarer Weise einen Vorteil verschafft hat. Davon kann aber eben gerade dann nicht ausgegangen werden, wenn er sich ohne Bedenken gänzlich gegen die Ehe und die damit verbundenen gesetzlichen Scheidungsfolgen entscheiden darf. Das gesetzliche Scheidungsfolgenrecht hat nicht den Zweck, die nichteheliche Mutter zu schützen. Sie hat deshalb keinen Anspruch darauf, über eine Heirat in den Genuss dieser Regelungen zu kommen. Aus diesem Grund hat sich der Mann auch keinen vorwerfbaren Vorteil verschafft, indem er die Frau unter Ausschluss des gesetzlichen Scheidungsfolgenrechts heiratet. Das bedeutet nicht, dass sich der Mann nicht aus anderen Gründen vorhalten lassen muss, er habe die Zwangslage der nichtehelich schwangeren Frau ausgenutzt. Daran kann etwa gedacht werden, wenn die Eheschließungsfreiheit als Argument gezielt zum eigenen Vorteil eingesetzt wird. Strebt also auch der Mann im Grunde eine Ehe an und nutzt seine Eheschließungsfreiheit als Druckmittel, um sich über eine Verzichtsvereinbarung der gesetzlichen Scheidungsfolgen zu entledigen, dann wäre von einer unzulässigen Verknüpfung der Eheschließungsfreiheit mit einer persönlichen Vorteilssicherung auszugehen.
Ferner wird vorgebracht, die Eheschließungsfreiheit sei keine kommerzialisierbare Position, so dass durch den Verzicht auf vermögensrechtliche Positionen

---

[732] BVerfGE 103, 89 (101f); *Dauner-Lieb* AcP 201 (2001), 295 (319); *Dethloff* JZ 1997, 414 (414); *Coester-Waltjen* Festgabe 50 Jahre BGH, 985 (1007); *Büttner* FamRZ 1998, 1 (5).

kein Recht auf Eheschließung begründet werden könne.[733] Dies geht nun aber völlig fehl, da es gerade Ausdruck der Eheschließungsfreiheit ist, dass selbst nach Abschluss der Verzichtsvereinbarung der Mann von einer Heirat noch Abstand nehmen kann. Er verzichtet nicht als „Gegenleistung" für den Scheidungsfolgenverzicht auf seine Eheschließungsfreiheit. Es kann hier auch keine zu missbilligende Kommerzialisierung höchstpersönlicher Rechte[734] festgestellt werden, da der Mann lediglich von seiner Wahlmöglichkeit Gebrauch macht. Abschließend bleibt noch einmal in aller Deutlichkeit festzuhalten, dass der Kindsvater die Selbstbestimmung der nichtehelichen Mutter nicht zu seinem Vorteil in eine von ihm gesteuerte Fremdbestimmung verkehrt hat, wenn er lediglich zu einer Heirat unter Ausschluss der gesetzlichen Scheidungsfolgen bereit ist. Es kann angesichts der Freiheit, von einer Heirat gänzlich abzusehen, auch nicht behauptet werden, der Mann verfolge mit der Verzichtsvereinbarung einen äußerst fragwürdigen, die Annahme eines Sittenverstoßes rechtfertigenden Zweck[735]. Der Schutz der unverheirateten Mutter kann nicht über eine extensive Auslegung des § 138 Abs.1 BGB, sondern nur über eine Stärkung ihrer in § 1615l BGB vorgesehenen Rechte erreicht werden.[736]

(2) Bei der Aussicht auf die Absage der Trauung

Waren sich die späteren Eheleute über eine Eheschließung einig, so dass die Hochzeit bereits (eventuell sogar in großem Stil) konkret geplant war und macht in dieser Situation ein Teil die Heirat von dem Abschluss eines ihn begünstigenden Scheidungsfolgenvertrags abhängig, so ist zu differenzieren. Grundsätzlich gilt natürlich auch hier die Eheschließungsfreiheit: selbst bei schon weit vorangeschrittenen Hochzeitsvorbereitungen steht es jedem Verlobten frei, sich gegen eine Ehe zu entscheiden. Ebenso ist beiden Partner zuzugestehen, die Heirat von der Vereinbarung eines Verzichts auf die gesetzlichen Scheidungsfolgen abhängig zu machen. Zwar wird hier Druck ausgeübt, doch fehlt es an der Vorwerfbarkeit. Etwas anderes gilt jedoch, wenn die Zwangslage direkt zum Zwecke der Druckausübung herbeigeführt wurde. Sind sich also beide Partner über eine Eheschließung einig und nutzt einer die Situation kurz vor der angesetzten Hochzeit aus, um den anderen vor die Wahl zu stellen, entweder die Hochzeit abzusagen oder eine Verzichtsvereinbarung zu unterschreiben, dann stellt dies ein anstößiges Verhalten dar und kann das Sittenwidrigkeitsverdikt rechtfertigen.

---

[733] *Coester-Waltjen* Festgabe 50 Jahre BGH, 985, (1007).

[734] So aber *Coester-Waltjen* Festgabe 50 Jahre BGH, 985 (1007).

[735] So *Coester-Waltjen* Festgabe 50 Jahre BGH, 985 (1005): Die einseitige Aufkündbarkeit der Verantwortung im Fall des Scheiterns der Ehe sei ein äußerst fragwürdiger Zweck. Vergleiche auch *Dauner-Lieb* AcP 201 (2001), 295 (324): Alles andere als eine unbeschränkte Heirat sei ein Ausdruck grenzenloser Rücksichtslosigkeit.

[736] Siehe hierzu auch *Röthel* NJW 2001, 1334 (1335).

(3) Bei einem ehelichen Fehlverhalten

Wurde die unterlegene Verhandlungsposition durch eigenes eheliches Fehlverhalten selbst herbeigeführt, kommt es entscheidend darauf an, ob der verlassene Ehegatte seine moralische Überlegenheit zu seinem Vorteil genutzt hat. Das OLG Koblenz hat dies unter eingehender Berücksichtigung aller relevanten Umstände in dem von ihm entschiedenen Fall verneint.[737] Dort hatte die Ehefrau, nachdem sie Mann und Kinder verlassen hatte, auf ihren hälftigen Miteigentumsanteil an dem Familienheim verzichtet. Dadurch wollte sie der verbleibenden Restfamilie, insbesondere den Kindern, die vertraute Umgebung und auf Dauer auch den in dem Anwesen steckenden Vermögenswert erhalten und eine sonst möglicherweise drohende Zwangsversteigerung vermeiden. Das Gericht stellt anhand von aneinander gerichteten Briefen der Parteien fest, dass der Umgang miteinander insgesamt höflich und rücksichtsvoll war. Auf die Ausübung von Druck seitens des verlassenen Mannes gab es keine Hinweise. Zudem stand für die Frau das Interesse der Kinder so eindeutig im Vordergrund, dass es insofern keines Drucks des Mannes bedurfte, um sie zu einem Verzicht auf ihren Miteigentumsanteil zu bewegen. Eine andere Beurteilung wäre nur dann angezeigt, wenn der verlassene Ehegatte schon vorhandene Schuldgefühle etwa noch verstärkt hätte, um dann aufgrund dieses emotionalen Drucks die Scheidungsfolgen allein nach seinem Interesse zu gestalten.

(4) Vermeidung einer Scheidung

Lässt sich ein Ehegatte auf eine Verzichtsvereinbarung ein, um den angesichts einer konkreten Ehekrise vom Partner beabsichtigten Scheidungsantrag zu verhindern, sind ebenfalls die Motive des hierdurch Begünstigten genau zu beleuchten. Hier ist auch die – spiegelbildlich zur Eheschließungsfreiheit – bestehende Scheidungsfreiheit zu berücksichtigen. Wenn ein Ehegatte aufgrund der Ehekrise berechtigt ist, einen Scheidungsantrag zu stellen, so kann es nach Auffassung des Bundesgerichtshofs nicht bereits sittenwidrig sein, wenn er hiervon nur bei Abschluss einer Scheidungsfolgenvereinbarung absieht.[738] Wolle der Ehegatte mit der Verzichtsvereinbarung lediglich sicherstellen, dass seine Bereitschaft zur Versöhnung keine wirtschaftlichen Nachteile hat, wenn die Ehe nicht sofort, sondern – wenn der Versuch scheitern sollte – erst in einiger Zeit geschieden wird, sei dies ein anerkennenswertes Motiv.
Dem Bundesgerichtshof kann darin beigepflichtet werden, dass es jedem Ehegatten freisteht, sich von einer gescheiterten Ehe zu lösen. Erklärt sich ein Partner angesichts einer Ehekrise auf Wunsch des anderen zur Fortsetzung der Ehe bereit, ist sein Interesse an einer Vermeidung von Vermögensnachteilen bei

[737] OLG Koblenz NJW-RR 1996, 901 (902).
[738] BGH FamRZ 1997, 156 (158).

Scheitern des Versöhnungsversuchs durchaus anzuerkennen. Allerdings lässt sich mit diesem Argument schwerlich rechtfertigen, dass dieser Partner auf einen Verzicht auch auf die im Hinblick auf Versorgungsausgleich und Zugewinnausgleich bereits entstandenen Ansprüche drängt. Dies kann jedenfalls dann auf das Ausnutzen der überlegenen Position des scheidungswilligen Ehegatten hindeuten, wenn aufgrund der langen Ehedauer bereits erhebliche Ansprüche des anderen Partners bestünden, sollte es sofort zur Scheidung kommen.[739] Von einem anstößigen Verhalten kann auch dann ausgegangen werden, wenn ein Ehegatte eine Ehekrise nach langjähriger Ehedauer dazu nutzt, unter Androhung einer Scheidung den anderen zu einem Verzicht zu bewegen. Dies gilt ebenfalls dann, wenn durch den ungünstigen Vertrag ein Ehegatte dazu gedrängt werden soll, Defizite in der Partnerbeziehung über ein normalerweise zu tolerierendes Maß hinaus hinzunehmen, ohne hierauf mit Scheidung reagieren zu können.[740]

(5) Wissensüberlegenheit

Verfügt eine Partei über einen erheblichen Wissensvorsprung, dann muss sie diesen auch in vorwerfbarer Weise zu ihrem Vorteil genutzt haben. Dazu ist zum einen erforderlich, dass ihr die Überlegenheit ihrer Position bewusst ist, und zum anderen, dass sie mit Hilfe dieses Vorsprungs den Vertrag in ihrem Sinne gestaltet.

dd) Vermutung eines vorwerfbaren Verhaltens

Schließlich ist noch zu überlegen, ob bei Vorhandensein bestimmter objektiver Umstände das vorwerfbare Verhalten der begünstigten Partei *vermutet* werden kann. Zum Teil wird vertreten, bei einem Globalverzicht werde eine Umkehr der Darlegungs- und Beweislast zugunsten des Verzichtenden begründet,[741] so dass der durch den Verzicht Begünstigte darlegen und beweisen müsse, dass er dem äußeren Anschein zum Trotz keine Zwangslage ausgenutzt habe. Zur Begründung wird der Erfahrungssatz herangezogen, dass typischerweise nur in Zwangslagen auf alle nachehelichen Rechte verzichtet werde, so dass bei einem Gesamtverzicht die Vermutung bestehe, dieser beruhe auf der Ausnutzung einer Zwangslage.

---

[739] Auch der Bundesgerichtshof weist ausdrücklich auf die kurze Ehedauer hin und behält sich eine anderweitige Beurteilung bei längerer Ehe vor.

[740] BGH FamRZ 1997, 156 (158). Allerdings gab es hierfür keinerlei Anhaltspunkte.

[741] *Büttner* in FamRZ 1998, 1 (6) und in Johannsen/Henrich § 1585c Rn 23 unter Berufung auf OLG Köln DNotZ 1981, 444 und OLG Zweibrücken FamRZ 1996, 869. Ebenso Schwab-*Borth* Teil IV Rn 1273.

Bei einem Globalverzicht, der entgegen der in einer Einverdienerehe mit traditioneller Rollenverteilung bestehenden Interessenlage vereinbart wird, tritt die Benachteiligung der unterlegenen Partei besonders deutlich zu Tage. Außerhalb des Scheidungsfolgenrechts wird aus einem krassen Missverhältnis von Leistung und Gegenleistung auf die Verwirklichung des subjektiven Tatbestandes geschlossen.[742] Bei Scheidungsfolgenvereinbarungen lehnt der Bundesgerichtshof allerdings eine derartige Vermutung ab.[743] Die Rechtsprechung sei zu Verträgen entwickelt worden, die auf den Austausch von Leistungen und Gütern gerichtet sind und deshalb auf familienrechtliche Verträge nicht übertragbar.
Dem ist insofern entgegenzutreten, als nicht nur bei Austauschverträgen ein in besonderem Maße nachteiliger Vertragsinhalt festgestellt werden kann, der die Vermutung eines vorwerfbaren Verhaltens der begünstigten Partei nahelegt. Allerdings hat das Aufstellen einer Vermutung zur Folge, dass das subjektive Kriterium zu einer bloßen Fiktion verkommt:[744] Regelmäßig wird nämlich der begünstigte Ehegatte nicht beweisen können, dass er eine objektiv bestehende Zwangslage des anderen Partners nicht zu dessen Fremdbestimmung ausgenutzt hat. Damit reicht aber faktisch einzig der extrem nachteilige Vertragsinhalt zur Begründung der Sittenwidrigkeit aus. Dies stößt im Hinblick auf das oben begründete Erfordernis des subjektiven Tatbestandes auf Bedenken. Zudem haben die erläuterten Beispielsfälle gezeigt, wie schwierig im Einzelfall die Feststellung eines vorwerfbaren Verhaltens ist. Schon deshalb wird eine Vermutungsregel der tatsächlich bei Scheidungsfolgenvereinbarungen bestehenden Situation nicht gerecht.

3. Ergebnis

Die Korrektur eines Vertrages über § 138 Abs.1 BGB ist auf einzelne Extremfälle beschränkt. Im Einzelnen ist zunächst zu prüfen, ob der Vertragsinhalt durch die Abweichung vom gesetzlichen Scheidungsfolgenrecht der Interessenlage eines Teils deutlich zuwiderläuft und ihn deshalb einseitig schwer belastet. Hierbei sind allerdings die bei vorsorgenden Verträgen im Hinblick auf den Beurteilungszeitpunkt bestehenden Schwierigkeiten zu beachten. Sodann ist das Verhandlungsgleichgewicht bei Vertragsschluss einer Untersuchung dahingehend zu unterziehen, ob sich die durch den Vertrag benachteiligte Partei in einer derart unterlegenen Verhandlungsposition befand, dass sie an einer vertraglichen Durchsetzung ihrer Interessen gehindert war. Schließlich kommt es entscheidend darauf an, ob der durch den Vertrag Begünstigte seine Überlegenheit in

---

742 BGH NJW 2000, 1254 (1255); BGH NJW 1996, 1204 (1204); BGH NJW 1992, 899 (900).

743 BGH FamRZ 1985, 788 (789).

744 Siehe insofern kritisch MünchKomm-*Mayer-Maly/Armbrüster* § 138 Rn 130 mwN.

vorwerfbarer Weise zu seinem Vorteil ausgenutzt und so den anderen Teil übervorteilt hat.
Die Bemühungen um eine Konkretisierung der Voraussetzungen eines Sittenverstoßes haben gezeigt, dass die Grenze zwischen sittenwidrigen und zulässigen Verträgen im Bereich der Scheidungsfolgenvereinbarungen schwer zu ziehen ist. Gerade den als besonders unbillig empfundenen Verträgen, in denen der aufgrund der Haushaltsführung und Kindesbetreuung bedürftige Ehegatte auf seine gesetzlichen Ansprüche für den Scheidungsfall verzichtet, kann über § 138 Abs. 1 BGB nur begegnet werden, wenn dem begünstigten Teil das Ausnutzen einer unterlegenen Verhandlungsposition des Partners nachgewiesen werden kann.

III. Inhaltskontrolle über § 242 BGB

1. Der Vorschlag von Schwenzer

Nachdem sie aufgrund einer Analyse der sozio-ökonomischen und psychologischen Situation von Ehepaaren festgestellt hat, dass Frauen ihrem Partner gegenüber strukturell unterlegen sind, schlägt *Schwenzer* eine auf § 242 BGB gestützte richterliche Inhaltskontrolle als geeigneten Lösungsweg vor.[745] Ein Vorteil gegenüber der Sittenwidrigkeitskontrolle, auf die sich Rechtsprechung und Lehre bisher stützten, bestünde darin, dass für die Beurteilung des Vertrages nicht die Umstände bei Vertragsschluss entscheidend seien, sondern auf den Eintritt der faktischen Vertragswirkungen, also auf den Zeitpunkt der Scheidung abgestellt werden könne. Zudem sei es möglich, bei einer auf den Grundsatz von Treu und Glauben gestützten Inhaltskontrolle einen anderen, für Scheidungsfolgenvereinbarungen passenderen Maßstab zugrunde zu legen. Ein korrigierender Eingriff in den geschlossenen Vertrag setzt nach *Schwenzer* voraus, dass die Folgen für den unterlegenen Vertragsteil ungewöhnlich belastend sind.[746] Hierfür sei ausschlaggebend, ob durch den Vertrag ein Ausgleich der ehebedingten Nachteile gewährleistet wird. Es seien gerade jene typischen Fälle, in denen aufgrund jahrelanger Familienarbeit vermögens- und einkommenslose Frauen auf jede Art von Ausgleich verzichtet haben, die eine Korrektur durch den Richter erfordern.

2. Stellungnahme

Schwenzer sucht mit ihrem Lösungsweg eine angemessene Berücksichtigung der während einer Ehe von einem Teil geleisteten Familienarbeit zu erreichen. Die Korrektur einer Scheidungsfolgenvereinbarung hält sie daher dann für erforder-

---

745 *Schwenzer* AcP 196 (1996), 88 (111ff).
746 *Schwenzer* AcP 196 (1996), 88 (113).

lich, wenn die Interessen der diese Aufgabe in der Regel übernehmenden Frau bei der Vertragsgestaltung nicht ausreichend berücksichtigt wurden. Damit greift *Schwenzer* den bereits verschiedentlich angesprochenen Gesichtspunkt auf, dass ein Verzicht auf das gesetzliche Scheidungsfolgenrecht der in einer Einverdienerehe bestehenden Interessenlage nicht gerecht wird. Zuzustimmen ist ihr darin, dass es sich um eine ausgesprochen unangemessene Vertragsgestaltung handelt, die sich mit dem vom Gesetzgeber mit der Formulierung der gesetzlichen Scheidungsfolgen verfolgten Schutz des haushaltsführenden und kindesbetreuenden Ehegatten nicht verträgt. Auch das Bundesverfassungsgericht hat in seiner jüngsten Entscheidung neben der Unterlegenheit der nichtehelich schwangeren Frau den Umstand für entscheidend gehalten, dass der Vertrag die Frau einseitig belastet und ihre Interessen keine angemessene Berücksichtigung finden.[747]

Der von *Schwenzer* vertretene Ansatz konnte sich dennoch zu Recht nicht durchsetzen; ihm stehen verschiedene gewichtige Einwände entgegen.
Die Ausübung einer richterlichen Inhaltskontrolle setzt zunächst voraus, dass eine typische Ungleichgewichtslage zwischen den Vertragsparteien vorliegt, die ein offenkundiges Versagen der Richtigkeitsgewähr eines Vertrages zur Folge hat.[748] Bei der Scheidungsfolgenvereinbarung fehlt es jedoch bereits an dieser Voraussetzung. Die von *Schwenzer* hinsichtlich der generellen Unterlegenheit der Frau aufgestellte Behauptung ist als Ausgangspunkt jedenfalls nicht haltbar.[749] Die Situation bei Abschluss einer Scheidungsfolgenvereinbarung ist nicht mit den Konstellationen vergleichbar, für die das Erfordernis einer Inhaltskontrolle weitgehend anerkannt ist. Es handelt sich hierbei um Verträge unter Zugrundelegung allgemeiner Geschäftsbedingungen oder arbeitsrechtlicher Einheitsregelungen[750], sowie um Gesellschaftsverträge bei Personenpublikumsgesellschaften[751] und Verträge auf dem Gebiet des Wohnungsmietrechts[752]. Das Bedürfnis einer Inhaltskontrolle folgt hier aus dem Machtgefüge im modernen Wirtschaftsverkehr, aufgrund dessen eine Partei angesichts ihrer wirtschaftlichen Macht die von ihr vorformulierten Vertragsbedingungen dem anderen Teil in seiner Position als einfacher Bürger aufzwingen kann. Die hier begründeten Überlegungen zum Schutz des Bürgers lassen sich nicht auf die mit dem

[747] BVerfGE 103, 89 (104f).
[748] *Fastrich* S. 215ff und S. 223ff; *Coester-Waltjen* AcP 190 (1990), 1 (16).
[749] Siehe dazu oben im 6.Teil B.II.2.b)aa)(3).
[750] Aufarbeitung der Rechtsprechung des Bundesarbeitsgerichts bei *Fastrich* S.159-201. Vergleiche ferner *Coester-Waltjen* AcP 190 (1990), 1 (5ff); *Hönn* Jura 1984, 57 (64f); *Larenz/Wolf* BGB AT Rn 20ff.
[751] Vergleiche nur BGHZ 104, 50 (53ff); BGH NJW 1982, 2303 (2303); *Fastrich* S. 124-134; *Coester-Waltjen* AcP 190 (1990), 1 (8ff).
[752] Vergleiche nur *Fastrich* S. 109-117; *Hönn* Jura 1984, 57 (65); *Larenz/Wolf* BGB AT Rn 23ff.

Abschluss einer Scheidungsfolgenvereinbarung verbundenen Problematik übertragen.
Ferner spricht gegen eine Ausdehnung der Inhaltskontrolle der Umstand, dass sich die Inhaltskontrolle in den anerkannten Fallgruppen sämtlich auf Nebenabreden bezieht.[753] Eine Überprüfung der essentialia negotii, zu denen bei der Scheidungsfolgenvereinbarung zweifellos der Verzicht auf nachehelichen Unterhalt und der Ausschluss von Versorgungsausgleich und Zugewinnausgleich zählen würde, wird von diesem Instrument nicht erfasst. Außerdem ist bei einer Inhaltskontrolle die Situation bei Vertragsschluss entscheidend und nicht wie von *Schwenzer* angenommen der Zeitpunkt des Eintritts der Rechtswirkungen.[754] Dies ergibt sich schon daraus, dass entscheidender Anknüpfungspunkt der Inhaltskontrolle das Verhandlungsgleichgewicht der Parteien ist.
Eine übereilte Verstärkung der richterlichen Inhaltskontrolle läuft zudem Gefahr, sich zu dem Grundsatz „stat pro ratione voluntas" in Widerspruch zu setzen. Auch einer Frau steht es frei, einen für sie ungünstigen Vertrag abzuschließen. Eine ihre Selbstbestimmung ausschließende Ungleichgewichtslage besteht nicht allein aufgrund der Tatsache, dass sie eine Frau ist. Die Vertragsfreiheit wird noch immer entscheidend durch das Prinzip der Selbstverantwortung geprägt.[755] Die Funktionsfähigkeit der Privatautonomie ist vom Bewusstsein der Eigenverantwortlichkeit abhängig, das sich in dem Maße verliert, in welchem vertragliche Vereinbarungen später vor Gericht mit dem Argument angegriffen werden können, sie seien inhaltlich unangemessen. Bei der Durchführung einer auf § 242 BGB anhand der von *Schwenzer* entwickelten Kriterien gestützten Inhaltskontrolle könnte die Frau gefahrlos jeden noch so nachteiligen Scheidungsfolgenvertrag abschließen. Sie kann sich nach den Ausführungen *Schwenzers* darauf verlassen, dass sie nach der aufgrund der einzigen Tatsache ihres Frauseins erfolgten richterlichen Korrektur ohnehin einen angemessenen finanziellen Ausgleich erhält. Diese Herangehensweise entbehrt jedoch angesichts der auch bei der Frau grundsätzlich gegebenen Selbstbestimmung jeder Berechtigung.
Damit bleibt es für Scheidungsfolgenvereinbarungen bei der Schwelle des Sittenverstoßes, dessen Voraussetzungen oben erläutert wurden.

---

[753] *Fastrich* S. 256.
[754] *Dauner-Lieb* AcP 201 (2001), 295 (326).
[755] *Fastrich* S.3; Soergel-*Wolf* vor § 145 Rn 29. Die Selbstverantwortung führt dazu, die Parteien auch an einem unrichtigen Vertrag festzuhalten. Entscheidend ist nur, dass sie die Möglichkeit zur Vereinbarung eines richtigen Ergebnisses gehabt haben.

IV. Ausübungskontrolle über § 242 BGB

1. Der Vorschlag von Dauner-Lieb

Dauner-Lieb greift das sachliche Anliegen von *Schwenzer* dahingehend auf, dass auch in einer (vorsorgenden) Scheidungsfolgenvereinbarung die Leistung von Familienarbeit als Ausdruck der Verantwortung *beider* Eltern zu berücksichtigen sei.[756] Sie versteht das gesetzliche Scheidungsfolgenrecht als Schutzsystem zugunsten der Einverdienerehe[757] und zieht daraus die Schlussfolgerung, dass ein Globalverzicht dann zu beanstanden ist, wenn ein Partner unter Verzicht auf eigene Erwerbstätigkeit und eigene Aufstiegschancen die Familienarbeit übernimmt[758]. Ansatzpunkt ist nicht die bei Vertragsschluss bestehende Ungleichgewichtslage, sondern das sich erst im Laufe der Zeit als Konsequenz der gemeinsam praktizierten Lebensform der Einverdienerehe entwickelnde Ungleichgewicht zwischen dem erwerbstätigen und dem die Familienarbeit leistenden Ehegatten.[759] Dem soll über eine auf § 242 BGB gestützte Ausübungskontrolle begegnet werden, die auf einem „Schutz vor einer Überforderung der Selbstverantwortung" beruht.[760] Die Ausübungskontrolle verliere insoweit ihren Charakter als Instrument zur Bewältigung von extremen, nicht vorhersehbaren Sachverhalten und werde dazu instrumentalisiert, das ganz allgemeine Problem einer zu weitgehenden Dispositivität des gesetzlichen Scheidungsfolgensystems für die Einverdienerehe zu bewältigen.

2. Stellungnahme

Die gegen den von ihr entwickelten Lösungsansatz bestehenden Einwände bringt *Dauner-Lieb* schon selbst vor. Als Reaktion auf ihr Unbehagen angesichts der weiten Dispositivität des gesetzlichen Scheidungsfolgenrechts soll die gesetzgeberische Wertung über eine auf § 242 BGB gestützte Ausübungskontrolle korrigiert werden. Dies sprengt allerdings den Anwendungsbereich dieser Vorschrift, die für die Korrektur in Einzelfällen[761] ausgelegt ist. Es ist sicherlich richtig, dass der Verzicht auf die gesetzlichen Scheidungsfolgen in einer Einverdienerehe mit traditioneller Rollenverteilung der in dieser Ehe bestehenden Interessenlage und auch dem Schutzzweck des gesetzlichen Scheidungsfolgenrechts

---

[756] *Dauner-Lieb* AcP 201 (2001), 295 (305).
[757] *Dauner-Lieb* AcP 201 (2001), 295 (312ff).
[758] *Dauner-Lieb* AcP 201 (2001), 295 (316f).
[759] *Dauner-Lieb* AcP 201 (2001), 295 (323): Sie spricht von einem „Zeitbombencharakter" der vorsorgenden Verzichtsvereinbarungen.
[760] *Dauner-Lieb* AcP 201 (2001), 195 (327ff).
[761] *Langenfeld* FS Schippel, 251 (255): „Die Ausübungskontrolle ist auf extreme konkrete Ungleichgewichtslagen beschränkt. Sie verhilft damit der Einzelfallgerechtigkeit zum Sieg, ohne die Rechtssicherheit zu gefährden."

widerspricht. Bei vorsorgenden Verträgen besteht die zusätzliche Schwierigkeit, dass sich ihre Auswirkungen erst bei der meist viele Jahre später durchgeführten Scheidung zeigen. Dies mag einige Paare dazu verleiten, sich vorschnell auf einen Verzicht zu einigen. Dieses Risiko besteht insbesondere bei der jungen Doppelverdienerehe, in der beide Partner selbstbewusst davon ausgehen, auf das gesetzliche Scheidungsfolgenrecht nicht angewiesen zu sein. Mit der Geburt gemeinsamer Kinder kann sich dieser auf beiderseitiger Erwerbstätigkeit beruhende Lebensplan jedoch schnell als unrealistisch herausstellen, so dass die Partner sich auf eine traditionelle Einverdienerehe verständigen. Hier wird der von *Dauner-Lieb* angesprochene „Zeitbombencharakter" besonders deutlich, der die ursprünglich angemessene vertragliche Gestaltung der Scheidungsfolgen aufgrund der späteren gemeinsamen Lebensform nicht mehr als interessengerecht erscheinen lässt. Die Unangemessenheit des Vertrages verstärkt sich noch im Laufe der Ehe und der Zeit, die der die Familienarbeit leistende Ehegatte nicht erwerbstätig ist. Dennoch kann dieser Konflikt nicht über eine Anwendung des § 242 BGB gelöst werden; hier wäre ein Tätigwerden des Gesetzgebers erforderlich. Der Gesetzgeber hat sich bislang für ein weitreichendes Zugeständnis der Freiheit zur Gestaltung der nachehelichen Rechtsbeziehungen entschieden. Der Grundsatz von Treu und Glauben kann nun nicht dazu herangezogen werden, angesichts einer bestimmten für eine Vielzahl von Fällen bestehenden Interessenlage die eindeutig im Gesetz zum Ausdruck kommende gesetzgeberische Wertung zu korrigieren.
Zudem hätte dieser Weg eine erhebliche Rechtsunsicherheit zur Folge, da die Voraussetzung einer Ausübungskontrolle („einseitige vertragliche Lastenverteilung") nur sehr ungenau beschrieben wird. Ferner wird auch dieser Ansatz weder dem Satz „stat pro ratione voluntas" noch dem Grundsatz der Selbstverantwortung als entscheidenden Grundlagen der Vertragsfreiheit gerecht. Insgesamt kann daher dem Vorschlag von *Dauner-Lieb* nicht zugestimmt werden.

V. Der familiengerichtliche Genehmigungsvorbehalt

1. Die Regelung des § 1587o Abs.2 S.3 BGB

Die Anordnung einer familiengerichtlichen Genehmigung bei Vereinbarungen über den Versorgungsausgleich, die anlässlich der Scheidung getroffen werden, wurde bereits im Zusammenhang mit der aufgrund einer Scheidungsfolgenvereinbarung möglicherweise eintretenden Belastung des Sozialhilfeträgers ausführlich erörtert.[762] § 1587o Abs.2 S.3 BGB bezweckt neben der sozialen Absicherung des Berechtigten auch den Schutz des regelmäßig sozial schwächeren Ausgleichsberechtigten vor Übervorteilung.[763] Deshalb ist auch an dieser

[762] Siehe dazu bereits oben im 5. Teil B.IV.
[763] BGH FamRZ 1982, 471 (472); BGH FamRZ 1987, 578 (580).

Stelle noch einmal auf die gerichtliche Genehmigung als Wirksamkeitsvoraussetzung einer Scheidungsfolgenvereinbarung einzugehen.
Bemerkenswert an der Regelung des § 1587o Abs.2 S.3 BGB ist zum einen der auf Abreden über den Versorgungsausgleich im Zusammenhang mit der Scheidung beschränkte Anwendungsbereich der Norm und zum anderen der mit einem gerichtlichen Genehmigungsvorbehalt verbundene erhebliche Eingriff in die Vertragsfreiheit der Eheleute. Eine Genehmigung soll nach § 1587o Abs.2 S.4 BGB nur dann nicht erteilt werden, wenn unter Einbeziehung der Unterhaltsregelung und der Vermögensauseinandersetzung offensichtlich die vereinbarte Leistung nicht zu einer dem Ziel des Versorgungsausgleichs entsprechenden Sicherung des Berechtigten geeignet ist oder zu keinem nach Art und Höhe angemessenen Ausgleich unter den Eheleuten führt.

2. Überlegungen de lege ferenda

Da nicht nur im Bereich des Versorgungsausgleichs, sondern ebenso beim nachehelichen Unterhalt die Gefahr einer Übervorteilung besteht, hält *Bartsch* die Ausdehnung der gerichtlichen Kontrolle auf Unterhaltsvereinbarungen für sachgerecht.[764] Er begründet dies damit, dass gerade die ausschließlich mit der Haushaltsführung beschäftigten, nicht erwerbstätigen Ehefrauen häufig wirtschaftlich unbedarft und sich weder über die Einkommensverhältnisse ihres Mannes noch das gesetzliche Unterhaltsrecht im klaren seien. Sie würden sich daher zu schnell auf Unterhaltsverzichte einlassen, ohne deren Auswirkungen überblicken zu können. Anwaltliche Beratung biete keine ausreichende Sicherheit, da zum einen die Neigung bestehe, mit nur einem Prozessbevollmächtigten auszukommen und zum anderen auch die Rechtsanwälte keinen Einfluss nehmen könnten, wenn sich die Eheleute privat einigten. Dieser Vorstoß ist lediglich bei *Bosch* auf Anerkennung gestoßen.[765]

3. Stellungnahme

Auch im Hinblick auf einen Schutz im Verhältnis der Vertragsparteien kann eine Erweiterung des familiengerichtlichen Genehmigungsvorbehalts nicht befürwortet werden.[766] *Bartsch* kann sicherlich darin zugestimmt werden, dass nicht nur bei Abreden über den Versorgungsausgleich die Gefahr einer Übervorteilung besteht. Auch das nacheheliche Unterhaltsrecht kann existenzielle

---

764 *Bartsch* ZRP 1979, 96 (96f). Die Genehmigungspflicht soll eingreifen, wenn die Ehe länger als 10 Jahre gedauert hat, aus der Ehe unversorgte Kinder hervorgegangen sind oder ein Ehegatte bei Scheidung bereits das 45. Lebensjahr vollendet hat sowie wenn ein Ehegatte einen Antrag auf Genehmigung stellt.
765 *Bosch* (FS Habscheid, 23 (42)), ohne sich allerdings festzulegen.
766 Eine Ausdehnung war schon unter dem Gesichtspunkt der Vermeidung einer Belastung des Sozialhilfeträgers abgelehnt worden. Siehe dazu oben im 5. Teil B.IV.4.

Bedeutung für den bedürftigen Ehegatten haben, und ein Verzicht kann hier die Aufgabe erheblicher Werte bedeuten. Durch die Anordnung einer Genehmigungspflicht kann der Übervorteilung eines Ehegatten entgegengewirkt werden, indem das Gericht den Vertrag einer inhaltlichen Kontrolle unterzieht. Es wird die Genehmigung bereits in den Fällen verweigern, in denen der Vertrag eine Partei erheblich benachteiligt. Auf etwaige Ungleichgewichtslagen bei den Vertragsverhandlungen und das vorwerfbare Verhalten eines Vertragspartners kommt es hingegen anders als bei Anwendung des § 138 Abs.1 BGB nicht an. Hinsichtlich der Frage, wann von einer unangemessenen Vertragsgestaltung ausgegangen werden muss, kann auf die obigen Ausführungen unter II.2.a) verwiesen werden. Insbesondere solchen Verträgen, die der in einer Einverdienerehe mit traditioneller Rollenverteilung gegebenen Interessenlage nicht gerecht werden, könnte über die Anordnung der gerichtlichen Genehmigung entgegengetreten werden.
Es bestehen jedoch gewichtige Bedenken gegen die Einführung eines Genehmigungsvorbehalts auch für Unterhaltsvereinbarungen. Zur Sicherstellung eines wirksamen Schutzes müssten nicht nur wie bei § 1587o Abs.2 S.3 BGB die Scheidungsvereinbarungen, sondern auch vorsorgende Verträge der Genehmigungspflicht unterstellt werden.[767] Denn gerade bei vorsorgenden Verträgen, wenn die Scheidung noch nicht klar vor Augen steht, kann es zur Benachteiligung einer Partei kommen. Der Richter steht dann allerdings vor der Schwierigkeit, anhand einer Prognose zu beurteilen, ob sich die vertragliche Regelung bei wahrscheinlicher weiterer Eheentwicklung im Scheidungsfall als unangemessen herausstellen wird. Zudem würde der Grundsatz der im Scheidungsfolgenrecht geltenden Vertragsfreiheit praktisch aufgehoben und dadurch die bisherige gesetzgeberische Wertung in das Gegenteil verkehrt. Dies kann nicht überzeugen, zumal sich § 1587o Abs.2 S.2 BGB ohnehin als „Fremdkörper“ im Scheidungsfolgenrecht darstellt und als absolute Ausnahmevorschrift nicht unbedingt Vorbildfunktion hat.[768] Der Problematik der Übervorteilung eines Ehegatten kann bereits über eine Anwendung des § 138 Abs.1 BGB begegnet werden. Weitgehendere Maßnahmen wie eine generelle Genehmigungspflicht sind demgegenüber nicht angezeigt.

---

[767] Dies verkennt wohl *Bartsch*, der sich ersichtlich nur auf Scheidungsvereinbarungen bezieht.

[768] Vergleich zum Ausnahmecharakter des § 1587o Abs.2 S.3 BGB etwa BGH NJW 1982, 1463 (1463); *Zöllner* FS Lange 973, (979); *Walter* NJW 1981, 1409 (1412).

VI. Die Sperrfristregelung

1. Die Regelung des § 1408 Abs.2 S.2 BGB

§ 1408 Abs.2 S.1 BGB gesteht den Eheleuten die Möglichkeit zu, in einem Ehevertrag Vereinbarungen über den Versorgungsausgleich zu treffen.[769] Wird allerdings innerhalb eines Jahres ab Vertragsschluss von einem Ehegatten der Scheidungsantrag gestellt, ist eine solche Abrede gemäß § 1408 Abs.2 S.2 BGB unwirksam. Die Eheleute können sich in dieser Situation für einen erneuten Vertragsschluss entscheiden, wobei die dann getroffene Vereinbarung aufgrund ihres Zusammenhangs mit der Scheidung der in § 1587o Abs.2 S.3 BGB vorgesehenen Genehmigungspflicht unterfällt. Die Vorschrift soll verhindern, dass ein Ehegatte durch den anderen (insgeheim scheidungswilligen) Ehepartner übervorteilt wird, indem er sich auf eine ihn benachteiligende Abrede einlässt, da er mit einer baldigen Scheidung nicht rechnet.[770]
Einige Schwachpunkte dieser Regelung sind von der Literatur kritisch beleuchtet worden: Die Schutzfunktion der Sperrfrist sei zum einen durch eine Verzögerung des Scheidungsantrags leicht zu umgehen,[771] und außerdem ermögliche es die Sperrfristregelung dem „vertragsreuigen" Teil, sich von der getroffenen Vereinbarung durch die einfache Stellung des Scheidungsantrags wieder zu lösen.[772]

2. Stellungnahme

Der Einwand, § 1408 Abs.2 S.2 BGB gebe dem „vertragsreuigen" Teil eine zusätzliche Möglichkeit, sich von dem Vertrag zu lösen, ist so nicht ganz zutreffend. Der Vertrag ist nur dann unwirksam, wenn auf den gestellten Antrag hin auch tatsächlich rechtskräftig die Scheidung ausgesprochen wird.[773] Eine Rücknahme des Scheidungsantrags berührt hingegen die Wirksamkeit der Vereinbarung (wegen der Entbehrlichkeit des Schutzes) nicht. Die Eheleute werden also kaum die Jahresfrist als „Überlegungsfrist" nutzen, innerhalb derer sie sich, immerhin um den Preis der Scheidung, noch gegen die Vereinbarung entscheiden können.
Allerdings ist der Hinweis berechtigt, dass die Regelung sehr leicht unterlaufen werden kann, indem der insgeheim scheidungswillige Ehegatte einfach das Jahr

---

[769] Entgegen dem Wortlaut ist nicht nur der Ausschluss des Versorgungsausgleichs von dieser Befugnis umfasst, sondern ebenso Modifizierungen und Teilausschlüsse. Vergleiche BGH NJW 1986, 2316 (2317); *Langenfeld* Handbuch Rn 576; *Borth* Rn 772; Erman-*Heckelmann* § 1408 Rn 9; Soergel-*Gaul* § 1408 Rn 31; *Eichenhofer* DNotZ 1994, 213 (218).
[770] BT-Drucks. 7/4694 S.13; BGH FamRZ 1999, 155 (156).
[771] Staudinger-*Rehme* § 1408 Rn 88; Erman-*Heckelmann* § 1408 Rn 12; Soergel-*Gaul* § 1408 Rn 44; *Büttner* FamRZ 1998, 1 (2).
[772] Soergel-*Gaul* § 1408 Rn 44; *Zöllner* FS Lange, 973 (983).
[773] BGH NJW 1986, 2318 (2318).

bis zur Stellung seines Scheidungsantrags abwartet. Dies gilt umso mehr, als eine Scheidung im Regelfall nach § 1565 BGB ohnehin erst nach Ablauf eines Trennungsjahres möglich ist. Dadurch kann die Regelung des § 1408 Abs.2 S.2 BGB einen sinnvollen Schutz nicht bieten. Andererseits geht die Vorschrift in ihrem Bemühen um Schutz sogar einen Schritt zu weit. Es ist danach pauschal jeder Vertrag unwirksam, sobald innerhalb eines Jahres der Scheidungsantrag gestellt wird, gleichgültig ob es tatsächlich zu einer Übervorteilung gekommen ist. Die Unwirksamkeit tritt also selbst dann ein, wenn im konkreten Fall gar kein Schutzbedürfnis bestand. Aufgrund dieser schon im Hinblick auf § 1408 Abs.2 S.2 BGB bestehenden Bedenken wären Gedanken an eine etwaige Ausdehnung der Sperrfrist auf andere Scheidungsfolgenvereinbarungen völlig unangebracht.

VII. Formbedürftigkeit von Unterhaltsvereinbarungen

1. Formvorschriften im Scheidungsfolgenrecht

Bei einer Betrachtung der für Scheidungsfolgenvereinbarungen vorgesehenen Formvorschriften zeigt sich ein uneinheitliches Bild. Hinsichtlich eines Ehevertrags im Sinne des § 1408 BGB ergibt sich aus § 1410 BGB, dass er bei gleichzeitiger Anwesenheit beider Teile zur Niederschrift eines Notars geschlossen werden muss. Diese Anordnung gilt sowohl für güterrechtliche Vereinbarungen nach § 1408 Abs.1 BGB als auch für Abreden über den Versorgungsausgleich nach § 1408 Abs.2 BGB. Treffen die Eheleute eine Vereinbarung über den Versorgungsausgleich im Zusammenhang mit ihrer Scheidung, bedarf diese gemäß § 1587o Abs.2 S.1 BGB der notariellen Beurkundung. Gleiches gilt nach § 1378 Abs.3 S.2 BGB bei einer während des Scheidungsverfahrens getroffenen Vereinbarung über die Zugewinnausgleichsforderung. Damit werden allein Vereinbarungen über das Güterrecht und den Versorgungsausgleich einem Formzwang unterworfen. Abreden über den nachehelichen Unterhalt können hingegen formlos getroffen werden.

2. Überlegungen de lege ferenda

Diese Lücke innerhalb der Formvorschriften wird angesichts der nicht selten existenziellen Bedeutung des Ehegattenunterhalts und der auch hier bestehenden Schutzbedürftigkeit als „Fehlleistung des Gesetzgebers“[774] und als „unentschuldbares gesetzgeberisches Versagen“[775] kritisiert.[776] Sachgerecht sei

[774] *Grziwotz* FamRZ 1997, 585 (586).
[775] Staudinger-*Baumann* § 1585c Rn 42.

vielmehr auch bei Unterhaltsabreden die Anordnung eines Formzwangs, so dass ebenso wie bei Vereinbarungen über Güterrecht und Versorgungsausgleich ein Notar an der Vertragsgestaltung beteiligt ist.[777]
Diese Forderung entspricht jedoch nicht allgemeinem Konsens. Einige Stimmen in der Literatur sehen keinen Reformbedarf. So hält *Schwenzer* höhere Anforderungen auf der Abschlussebene nicht für geeignet, ein vorhandenes strukturelles Ungleichgewicht zwischen den Vertragspartnern auszugleichen.[778] Zudem verfüge der Notar nicht über die für eine umfassende und sachgemäße Aufklärung erforderlichen Daten; es sei außerdem nicht seine Aufgabe, eine auf die persönlichen Verhältnisse der Eheleute abgestellte konkrete Einzelberechnung vorzunehmen. *Frey* weist darauf hin, dass eine nicht hinnehmbare Übervorteilung einer am Unterhaltsverzicht beteiligten Partei ohnehin zu einer Nichtigkeit der Vereinbarung führt, so dass die Einführung eines Formzwangs letztlich nur noch unter dem Gesichtspunkt der Beweissicherung sowie - bei Beteiligung eines Notars – mit ihrer Belehrungsfunktion gerechtfertigt werden könne.[779] Mit diesem Argument könne dann aber praktisch jedes Rechtsgeschäft größeren Ausmaßes einem Formzwang unterworfen werden. Zudem würde ein Formzwang dem im nachehelichen Unterhaltsrecht so oft beschworenen Grundsatz der Eigenverantwortlichkeit zuwiderlaufen.

3. Stellungnahme

Zunächst ist festzuhalten, dass nicht nur der Ausschluss des Zugewinnausgleichs oder des Versorgungsausgleichs, sondern auch der Unterhaltsverzicht einen erheblichen Wert darstellen kann. Die im Hinblick auf die Formvorschriften bestehende Ungleichbehandlung ist deshalb in der Tat nicht recht einsichtig. Unter geltendem Recht kann es trotz ihrer weitreichenden Auswirkungen zu Unterhaltsverzichten kommen, die ohne rechtliche Aufklärung und praktisch „im Vorbeigehen“ abgeschlossen werden.
Die vorhandenen Formvorschriften sollen sicherstellen, dass die Eheleute sich vor Abschluss einer Scheidungsfolgenvereinbarung über Inhalt und Konsequenzen des Vertrages im Klaren sind, da zuvor durch den Notar eine Belehrung und Beratung durchgeführt wurde.[780] In § 17 Abs.1 BeurkG werden die diesbezüg-

---

[776] Vergleiche ferner die kritischen Stimmen von *Büttner* FamRZ 1998, 1 (3); *Langenfeld* Rn 632; Palandt-*Brudermüller* § 1585c Rn 3; Göppinger/Börger-*Miesen* § 5 Rn 4; *Bosch* FS Habscheid S. 42f; Schwab-*Borth* Teil IV Rn 1259; *Reichling* S. 84ff; *Petersen* S. 200ff.
[777] Vergleiche nur Staudinger-*Baumann* § 1585c Rn 42; Palandt-*Brudermüller* § 1585c Rn 3; *Langenfeld* Handbuch Rn 632
[778] *Schwenzer* AcP 196 (1996), 88 (110): Im Hinblick auf vorformulierte Vertragsbedingungen sei dies schon lange anerkannt.
[779] *Frey* S. 13f.
[780] MünchKomm-*Kanzleiter* § 1410 Rn 1, MünchKomm-*Strobel* § 1587o Rn 17; Soergel-*Gaul* § 1410 Rn 2; Soergel-*Vorwerk* § 1587o Rn 23; Staudinger-*Thiele* § 1410 Rn 2.

lichen Pflichten des Notars näher konkretisiert: Der Notar soll den Willen der Beteiligten erforschen sowie den Sachverhalt klären; er soll die Beteiligten über die rechtliche Tragweite des Geschäfts belehren und darauf achten, dass Irrtümer und Zweifel vermieden sowie unerfahrene und ungewandte Beteiligte nicht benachteiligt werden. Daneben ist zu bedenken, dass einem notariellen Termin im Bewusstsein der Parteien ein größeres Gewicht beigemessen wird, so dass schon deshalb ein gewisser Schutz vor unüberlegtem Handeln geboten wird.

Streben die Eheleute eine Scheidungsfolgenvereinbarung an, wird der gewissenhafte Notar sich über die von ihnen beabsichtigte oder schon gelebte Gestaltung der Ehe im Hinblick auf Einkommens- und Vermögensverhältnisse sowie der Übernahme von Familienarbeit informieren und eine Ausrichtung des Vertrages am jeweiligen Ehetyp vorschlagen.[781] Haben sich die Eheleute für eine Verzichtsvereinbarung entschlossen, obwohl diese eindeutig der Interessenlage eines Ehegatten zuwiderläuft, wird der Notar auf die nachteiligen Auswirkungen des angestrebten Vertrages hinweisen und auf eine andere Vertragsgestaltung hinwirken. So wird der Notar etwa auch auf die ungünstigen Folgen eines Unterhaltsverzichts hinweisen, wenn die Partner bei gegenwärtiger beiderseitiger Erwerbstätigkeit einen späteren Kinderwunsch nicht ausschließen können.[782] Wenn die Partner aber auch nach erfolgter Belehrung weiterhin an ihrem erklärten Willen festhalten, wird der Notar eine Vereinbarung auch dann beurkunden, wenn sie eine Partei erkennbar benachteiligt.[783] Dazu kommt noch, dass die Störung des Verhandlungsgleichgewichts häufig gegenüber dem Notar nicht zu Tage tritt. Wenn auch die durch den Vertrag benachteiligte Partei auf dem Vertragsschluss besteht, ist oftmals für den Notar nicht erkennbar, ob dies etwa auf unterschiedlich starken Verhandlungspositionen beruht.

Wirksamen Schutz vor anstößiger Übervorteilung bietet daher letztlich nur die Sittenwidrigkeitskontrolle. Unterhalb der Sittenwidrigkeitsschwelle dient die notarielle Belehrung jedoch der Vermeidung von unüberlegten Vertragsschlüssen. Wenn die Eheleute etwa gar nicht wissen, welche vertragliche Regelung für sie optimal ist und auch willens sind, dem Rat des Notars zu folgen, ist die Beteiligung eines Notars sinnvoll.

Insgesamt sprechen daher durchaus Gesichtspunkte für eine Ausdehnung des Formzwangs, insbesondere im Vergleich mit den das Güterrecht und den Versorgungsausgleich betreffenden Formvorschriften. Eine gesetzgeberische Tätigkeit in diesem Bereich ist jedoch zur Verwirklichung des Schutzes im Verhältnis der Vertragsparteien nicht zwingend erforderlich. Dies gilt umso mehr, als nach der hier vertretenen Ansicht der Unterhaltsanspruch aus § 1570 BGB und damit

---

[781] Vergleiche *Langenfeld* Handbuch Rn 22 und in FS Schippel, 251 (265).

[782] *Langenfeld* Handbuch Rn 944.

[783] Vergleiche *Langenfeld* FS Schippel, 251 (265): Der Notar ist nicht verpflichtet, die Beurkundung nach § 4 BeurkG abzulehnen. Ebenso *Langenfeld* DNotZ 2001, 272 (280).

ein Kerntatbestand des nachehelichen Unterhaltsrechts ohnehin unverzichtbar ist.

VIII. Der Ansatz im englischen Recht

Nach der Erörterung des im deutschen Recht im Verhältnis der Vertragsparteien vorgesehenen Schutzes lohnt sich ein Blick auf die im englischen Recht verfolgten Lösungswege.

1. Die Unzulässigkeit von Verzichten

Es wurde bereits mehrfach angesprochen, dass in England der Verzicht auf die gesetzlich vorgesehenen Scheidungsfolgen nicht als verbindlich anerkannt wird.[784] Hauptanliegen ist es, damit eine infolge des Verzichts möglicherweise eintretende Belastung der öffentlichen Hand zu vermeiden.[785] Daneben kann durch diese Regelung aber auch ein Schutz des Verzichtenden vor Übervorteilung durch den infolge des Verzichts Begünstigten erreicht werden. Aufgrund der fehlenden Verbindlichkeit eines vertraglich vereinbarten Verzichts steht es den Eheleuten jederzeit frei, zwecks Entscheidung über die nachehelichen Ansprüche das Gericht anzurufen.

2. Der Antrag auf gerichtliche Festsetzung der Scheidungsfolgen („ancillary relief")

Die Eheleute können sich also in der gleichen Weise an die Gerichte wenden, wie wenn zwischen ihnen keine Abrede bestünde. Interessant ist hier vor allem, in welcher Weise die von den Eheleuten getroffene Vereinbarung dennoch das Gerichtsurteil beeinflusst.
Der Court of Appeal hat sich hierzu in der leitenden Entscheidung *Edgar* v *Edgar* geäußert.[786] Nach Auffassung des Court of Appeal ist eine zuvor von den Eheleuten getroffene Vereinbarung ein im Sinne der section 25 MCA 1973 zu berücksichtigender Faktor. Dabei richtet sich das Gewicht, das der jeweiligen Vereinbarung zugemessen wird, nach den konkreten Umständen des Vertragsschlusses. Auf der Suche nach einem gerechten Ergebnis hat das Gericht zu beachten, ob ein Ehegatte unzulässigen Druck ausgeübt oder seine überlegene Verhandlungsposition ausgenutzt hat, um einen Vorteil für sich zu erreichen. Eine weiterer wichtiger Gesichtspunkt ist die unabhängige rechtliche Beratung des verzichtenden Ehegatten. Wenn förmliche Vereinbarungen auf fairen Ver-

---

[784] *Hyman* v *Hyman* [1929] AC 601; section 34 (1) MCA 1973. Siehe dazu bereits oben im 2.Teil B.I.4.
[785] *Hyman* v *Hyman* [1929] AC 601 (608, 629).
[786] *Edgar* v *Edgar* [1980] 3 All ER 887. Siehe hierzu oben im 2.Teil B.II.1.a).

tragsverhandlungen und kompetenter Beratung beruhen, sollen sie durch das Gericht möglichst aufrechterhalten werden. Im konkreten Fall sah der Court of Appeal keinen Anlass, von der getroffenen Vereinbarung abzuweichen. Die verzichtende Ehefrau sei in ausreichendem Maße rechtlich beraten worden. Sie habe auch nicht dargelegt und bewiesen, dass ihr Ehemann seine aufgrund seines Vermögens und ihrer Angst vor dem Verlust des Sorgerechts überlegene Verhandlungsposition ausgenutzt habe.
In einigen auf diese Leitentscheidung folgenden Urteilen wurde durch das Gericht dagegen nicht an der getroffenen Vereinbarung festgehalten. Begründet wurde dies mit der nicht ausreichenden Qualität der vorherigen rechtlichen Beratung[787] oder dem starken emotionalen Druck, unter dem die verzichtende Ehefrau bei Vertragsschluss stand[788].
Grundlage für die Entscheidung des Gerichts sind die konkreten Umstände des Einzelfalls. Es erfolgt eine wertende Gesamtbetrachtung, bei der alle Faktoren, die das Gericht für relevant hält, berücksichtigt werden. Dies hat zur Konsequenz, dass sich die Verbindlichkeit einer Vereinbarung nur sehr schwer vorhersagen lässt. Die aus dem Bemühen um Einzelfallgerechtigkeit entstandene Rechtsunsicherheit ist in der Rechtsprechung selbst auf Kritik gestoßen:[789] „The result of the decision of this court in *Edgar* v *Edgar* and the cases which have followed it is that we have, as it seems to me, the worst of both worlds. The agreement may be held to be binding, but whether it will be can be determined only after litigation ... In our attempt to achieve finely ground justice by attributing weight but not too much weight to the agreement of the parties, we have created uncertainty and, ..., added to the cost and pain of litigation.“

[787] Ormrod LJ in *Camm* v *Camm* [1983] 4 FLR 577 (580, 584): Hier wurde die Ehefrau zwar durch einen Rechtsanwalt vertreten. Dieser hat sich allerdings nach Auffassung des Gerichts angesichts der Bedeutung des Verzichts auf regelmäßige Unterhaltszahlungen zu schnell auf den von der Ehefrau gewünschten Vertragsschluss eingelassen.
[788] Ormrod LJ in *Camm* v *Camm* [1983] 4 FLR 577 (584): Dieser Druck beruhte zum einen auf der psychischen Situation der Ehefrau und zum anderen auf der kategorischen Weigerung des Ehemannes, überhaupt Unterhalt zu zahlen.
K v *K* [1992] 2 FCR 265: Die Eheleute hatten sich darüber geeinigt, dass der Ehemann die Ehefrau im Hinblick auf ihren Anteil an dem Familieneigenheim auszahlen sollte. Weitere Ansprüche sollte sie nicht geltend machen. Die Ehefrau hatte sich schon für ein Haus entschieden, das sie von dem erhaltenen Geld kaufen wollte. Im weiteren Verlauf vermehrte der Ehemann sein Vermögen, während sie in finanzielle Schwierigkeiten kam. Sie wendete sich daher an das Gericht, um einen nachehelichen Anspruch auf Zahlung einer Abfindungssumme geltend zu machen. Das Gericht erkannte an, dass sie sich offenbar aufgrund der Begleitumstände unter erheblichem Druck befunden habe.
[789] Hoffman LJ in *Pounds* v *Pounds* [1994] 1 FLR 775 (791). Gegenstand der Entscheidung war die Frage nach der Gültigkeit eines „consent order“. Hoffman LJ hat aufgrund seiner Unzufriedenheit mit dem geltenden Recht gleichwohl zu Vereinbarungen unter Ehegatten Stellung genommen, die nicht in ein gerichtliches Urteil aufgenommen worden sind.

3. Die Aufhebung einer Vereinbarung („setting aside")

Unter bestimmten Voraussetzungen kann eine von den Eheleuten getroffene Vereinbarung ohnehin durch das Gericht aufgehoben werden.
Ein Aufhebungsgrund liegt in der Ausübung unzulässigen Drucks durch einen der Partner („undue influence").[790] Ferner ist an eine Aufhebung der Abrede zu denken, wenn eine Partei für den Vertragsschluss relevante Umstände in betrügerischer Absicht falsch dargestellt hat („fraudulent misrepresentation").[791] Aufgrund eines gestörten Verhandlungsgleichgewichts („inequality of bargaining power") kann nur dann eine Aufhebung des Vertrages erreicht werden, wenn dieses Verhandlungsungleichgewicht von der überlegenen Partei zu ihrem Vorteil ausgenutzt wurde.[792] Stellt schließlich die infolge einer Vereinbarung erbrachte Übertragung eines Vermögensgegenstandes eine unzumutbare Belastung des leistenden Vertragsteils dar (sog. „unconscionable bargain"), kommt eine Aufhebung dieser Übertragung in Betracht.[793] Dazu muss allerdings neben einer gewissen Unerfahrenheit der benachteiligten Partei auch ihre fehlende rechtliche Beratung zu beanstanden sein.

4. Das „consent order"

Eine Möglichkeit zur Lösung der bei Scheidungsfolgenvereinbarungen auftretenden Schwierigkeiten wird im englischen Recht in der Verstärkung der sogenannten „consent orders" gesehen.[794] Ein „consent order" ist nach section 33A (3) MCA 1973 ein auf Antrag eines Ehegatten zu erlassendes Urteil, das die von den Parteien gefundene Einigung enthält. Dabei obliegt es den Gerichten nach section 33A (1) MCA 1973, die getroffene Vereinbarung auf die Beachtung der in section 25 MCA 1973 aufgezählten Faktoren hin zu überprüfen. Hierbei ist jedoch weder eine ausgesprochen detaillierte noch eine lediglich oberflächliche Beschäftigung mit der von den Ehegatten erzielten Einigung angezeigt:

---

[790] *Salter/Bruce* S. 140; *Duckworth* S. 329. Dazu siehe bereits oben im 2.Teil B.II.2.c).
[791] *Miller* S. 368; *Salter/Bruce* S. 134. Vergleiche etwa *Wales* v *Wadham* [1977] 1 WLR 198. Siehe zu diesem Bereich bereits oben im 2.Teil B.II.2.b).
[792] *Salter/Bruce* S. 143; *Duckworth* S. 329.
[793] *Salter/Bruce* S. 142; *Miller* S. 375. In *Cresswell* v *Potter* [1978] 1 WLR 255 hatte die nicht rechtlich beratene Ehefrau gegen Freistellung von der Hypothek ihrem Mann ihren Miteigentumsanteil an dem Familienheim übertragen. Diese Übertragung (sog. „transaction") wurde für unwirksam erklärt.
In der Entscheidung *Butlin-Sanders* v *Butlin* [1985] FLR 204 wurde hingegen der Antrag auf Aufhebung abgelehnt, da die Ehefrau unabhängige rechtliche Beratung eingeholt und sich über die Warnungen ihres Rechtsanwalts hinweggesetzt hatte. Siehe zu diesem Bereich oben im 2.Teil B.II.2.d).
[794] Siehe dazu bereits oben im 2.Teil B.I.5.

„...whilst the court is no rubber stamp nor is it some kind of forensic ferret".[795] Damit das Gericht dieser Aufgabe nachkommen kann, ist es auf die von den Parteien jeweils vorgebrachten Informationen angewiesen. Die Eheleute trifft deshalb die Pflicht zur Offenlegung aller relevanten Umstände („duty of full and frank disclosure").[796] Bei einem Verstoß gegen diese Pflicht kann es zu einer Aufhebung des „consent order" kommen.[797] Durch eine Einschaltung der Gerichte in dieser Form kann durchaus der Gefahr einer Übervorteilung begegnet werden. Unangemessene und eine Partei einseitig benachteiligende Abreden werden aufgrund der vorherigen Überprüfung durch das Gericht keinen Bestand haben. Bei einem krass unausgewogenen Vertragsinhalt wird das Gericht die Aufnahme der Einigung in ein „consent order" verweigern.

5. Zusammenfassung

Auch in diesem Zusammenhang zeigt sich wieder, dass im englischen Recht den Gerichten im Bereich der Scheidungsfolgenvereinbarungen eine wichtige Rolle zukommt. Da nicht verbindlich auf nacheheliche Ansprüche verzichtet werden kann, ist im Rahmen des Antrags auf Festsetzung der Scheidungsfolgen jederzeit eine gerichtliche Überprüfung der getroffenen Vereinbarung möglich. Bei der Beurteilung einer Scheidungsfolgenvereinbarung wird ganz entscheidend auf die vorherige unabhängige rechtliche Beratung sowie auf die konkrete Situation bei Vertragsschluss abgestellt. Die dargestellten Entscheidungen zeigen, dass sich das Gericht sehr stark an den Umständen des Einzelfalls orientiert und eine der jeweiligen Konstellation angemessene Lösung sucht. Diese Billigkeitskontrolle hat allerdings eine erhebliche Rechtsunsicherheit zur Folge, da die etwa in *Edgar* v *Edgar* aufgestellten Kriterien zu vage sind, um Vorhersagen über die wahrscheinliche Entscheidung des Gerichts treffen zu können. Zum Schutz der unterlegenen Vertragspartei kann zudem eine Vereinbarung unter bestimmten Voraussetzungen aufgehoben werden. Die Kriterien für einen Aufhebungsgrund sind relativ klar formuliert. Schließlich ist das Gericht auch dann mit einer Scheidungsfolgenvereinbarung beschäftigt, wenn die Eheleute die Aufnahme ihrer Einigung in ein „consent order" wünschen; hier kommt es zu einer gerichtlichen Kontrolle im Vorfeld.

---

[795] *B-T* v *B-T* [1990] 2 FLR 1, Waite LJ (17).

[796] *Livesey* v *Jenkins* [1985] 1 All ER 106.

[797] Lord Brandon in *Livesey* v *Jenkins* [1985] 1 All ER 106 (114): „... the consent order was invalid, and the husband should be entitled, in order to prevent injustice, to have it set aside." Siehe zu diesem Bereich bereits oben im 2.Teil B.II.4.ee).

IX. Ergebnis

Im deutschen Recht wird ein Schutz im Verhältnis der Vertragsparteien nur in den Fällen über § 138 Abs.1 BGB gewährt, in denen der benachteiligende Vertragsinhalt aufgrund der Ausnutzung einer deutlich überlegenen Verhandlungsposition zustande kam. Eine auf § 242 BGB gestützte Inhaltskontrolle oder Ausübungskontrolle zur besseren Durchsetzung angemessener Verträge kommt demgegenüber nicht in Betracht. Weiterer Schutz wird durch die familienrechtlichen Besonderheiten des § 1587o Abs.2 S.3 BGB und des § 1408 Abs.2 S.2 BGB zu erreichen gesucht. Die Anordnung eines gerichtlichen Genehmigungsvorbehalts bietet zwar Schutz vor unangemessener Vertragsgestaltung; eine Ausdehnung über den Anwendungsbereich des § 1587o Abs. 2 S.3 BGB hinaus kommt gleichwohl aufgrund des damit verbundenen erheblichen Eingriffs in die Vertragsfreiheit nicht in Betracht. Die Sperrfristregelung bietet hingegen von vornherein schon keinerlei Schutz. Schließlich könnte die Formbedürftigkeit auch von Unterhaltsvereinbarungen zur Steigerung adäquater Vertragsgestaltungen beitragen.

Im englischen Recht wird hingegen um den Preis der Rechtssicherheit versucht, der Gerechtigkeit im Einzelfall zum Sieg zu verhelfen. Betrachtet ein Richter die von den Eheleuten gefundene Einigung unter bestimmten Gesichtspunkten als unangemessen, wird diese nicht mehr aufrechterhalten.

7. Teil: Die besondere Problematik der vorsorgenden Verträge

In den vorangegangenen drei Abschnitten wurde die im Scheidungsfolgenrecht bestehende Vertragsfreiheit im Hinblick auf die durch eine Scheidungsfolgenvereinbarung möglicherweise beeinträchtigten Interessen bestimmt. Dabei hat sich gezeigt, dass gerade bei der Beurteilung vorsorgender Verträge bestimmte Schwierigkeiten auftreten. Aus diesem Grund ist eine eingehendere Beschäftigung mit diesem Vertragstyp erforderlich.

A. Das Erfordernis einer nachträglichen Korrektur

I. Die Besonderheit bei vorsorgenden Verträgen

Vorsorgende Vereinbarungen werden nicht anlässlich einer konkreten Scheidung, sondern bereits zu einem früheren Zeitpunkt getroffen. Wenn die Partner sich schon vor der Eheschließung oder während intakter Ehe über die Regelung der Folgen einer eventuellen Scheidung einigen, ist der Vertrag als Vorsorge für den späteren Scheidungsfall zu verstehen. Hinter dem Abschluss eines vorsorgenden Vertrags steht oftmals der Wunsch, schon im Vorfelde Rechtssicherheit im Hinblick auf die mit einer zukünftigen Scheidung verbundenen Folgen zu erlangen. Außerdem können spätere Streitigkeiten vermieden werden, wenn schon frühzeitig (noch) in beiderseitigem Einverständnis die nachehelichen Ansprüche und Verpflichtungen verbindlich geregelt werden.
Die Besonderheit eines solchen Vertrags liegt nun darin, dass seine Rechtswirkungen erst bei der Scheidung eintreten, die wiederum häufig erst viele Jahre nach Vertragsschluss durchgeführt wird. Erst bei Scheidung werden der Verzicht auf den nachehelichen Unterhalt und der Ausschluss von Versorgungs- und Zugewinnausgleich relevant. Bis zu diesem Zeitpunkt bleibt die vertragliche Regelung der Scheidungsfolgen ohne Konsequenz und beeinflusst die Rechtsbeziehungen der Eheleute während des Bestandes ihrer Ehe[798] nicht.

1. Leichtfertig abgeschlossene Verträge

Diese bei vorsorgenden Verträgen bestehende Besonderheit hat zur Folge, dass die Scheidung von den Eheleuten bei den Vertragsverhandlungen lediglich als abstrakte Möglichkeit wahrgenommen wird. Sie rechnen nicht ernsthaft mit einem Scheitern der Ehe und lassen sich aus diesem Grund auf nachteilige Abre-

[798] Auswirkungen zeigt allerdings die Vereinbarung der Gütertrennung auch schon während der Ehe insoweit, als die Beschränkungen des gesetzlichen Güterstandes (§§ 1356, 1369 BGB) entfallen.

den ein, ohne an zukünftige mögliche Bedürfnislagen zu denken. Erst angesichts der dann bevorstehenden Scheidung werden den Eheleuten häufig die Auswirkungen des abgeschlossenen Vertrages bewusst, und zumindest der Ehegatte, für den sich die Abrede nachteilig auswirkt, ist meist daran interessiert, die früher gefundene Einigung aufheben oder zu seinen Gunsten ändern zu lassen.
Ist der Vertrag jedoch weder im Sinne des § 138 Abs.1 BGB nichtig noch über § 119, § 123 BGB anfechtbar, kann diesem Wunsch schwerlich nachgekommen werden. Werden einem Ehegatten erst bei Scheidung die Konsequenzen seines vorschnell, aber wirksam abgeschlossenen Vertrags deutlich, ist dies als mit der Vertragsfreiheit verbundenes Risiko zu tolerieren. Bewegt sich der Vertrag unterhalb der Schwelle von Sittenwidrigkeit und Anfechtungsberechtigung, kann eine Aufhebung der Vereinbarung nicht schon darauf gestützt werden, eine Partei sei sich über die Auswirkungen des Vertrags nicht im Klaren gewesen. Dies gebietet schon die Rechtssicherheit.

2. Veränderung der Lebensverhältnisse

Eine weitere Schwierigkeit liegt in der mangelnden Vorhersehbarkeit der später bei Scheidung konkret bestehenden Situation. Es ist bei Entwurf der vorsorgenden Scheidungsfolgenvereinbarung (auch für einen Notar oder Rechtsanwalt) schwer einzuschätzen, wie sich die Lebensumstände der Eheleute im Laufe der Ehe entwickeln und insbesondere welche Bedürfnislagen im Scheidungsfall eintreten werden. Selbst wenn beide Ehegatten an einer angemessenen Lösung der Scheidungsfolgen interessiert sind, ist es schlicht unmöglich, alle Eventualitäten zu regeln. Eine bei Vertragsschluss angemessene Vereinbarung kann sich daher aufgrund veränderter Lebensverhältnisse bei Scheidung leicht als unbillig herausstellen.
Dies zeigt schon das folgende Beispiel eines vorsorgenden Vertrags, durch den die Partner einer jungen Doppelverdienerehe angesichts ihres Einkommens auf die gesetzlich vorgesehenen Scheidungsfolgen verzichteten. Später wurde jedoch ein Ehegatte krankheitsbedingt erwerbsunfähig und musste seine Erwerbstätigkeit unerwartet aufgeben. Bei Scheidung hatten dann die Parteien schon seit einigen Jahren eine Einverdienerehe geführt, so dass sich die ursprünglich angemessene Vertragsgestaltung nunmehr als nicht interessengerecht darstellt. Nicht selten kommt es auch dazu, dass in einer jungen Doppelverdienerehe selbstbewusst das gesetzliche Scheidungsfolgenrecht ausgeschlossen wird, obwohl ein späterer Kinderwunsch durchaus möglich ist. Bei Geburt eines Kindes gibt dann häufig eben doch ein Partner seine Erwerbstätigkeit auf und widmet sich im Einverständnis mit dem anderen zumindest für einige Zeit der Familienarbeit.[799] Durch den Fortfall seines Einkommens ist er nun doch entge-

---

[799] Vergleiche zur Langlebigkeit der Hausfrauenehe auch *Dauner-Lieb* AcP 201 (2001), 295 (316).

gen dem ursprünglichen Plan auf die gesetzlichen Scheidungsfolgen angewiesen.

II. Die Unzulänglichkeit der Inhaltskontrolle

Diesen mit einer vorsorgenden Vereinbarung verbundenen Schwierigkeiten kann mit einer Inhaltskontrolle nur unzureichend begegnet werden. Sowohl bei der Frage nach der Sittenwidrigkeit eines Vertrages im Rahmen des § 138 Abs.1 BGB als auch alternativ bei einer auf § 242 BGB gestützten richterlichen Inhaltskontrolle ist stets allein der Zeitpunkt des Vertragsschlusses maßgeblich. Selbst wenn erst bei Scheidung über die Sittenwidrigkeit einer Vereinbarung gestritten wird, kann nicht die bei Scheidung bestehende Situation zugrunde gelegt werden. Es ist allein entscheidend, ob bei Vertragsschluss die später bei Scheidung eingetretene Beeinträchtigung von Dritten[800] oder einer Vertragspartei[801] bereits feststand, und ob zu diesem Zeitpunkt auch die jeweiligen subjektiven Voraussetzungen vorlagen. Spätere Entwicklungen können hingegen nicht berücksichtigt werden. Hier sind daher andere rechtliche Instrumente gefragt.

B. Die Lösung der Problematik

Eine nachträgliche Korrektur des Vertrages kann in verschiedener Weise durchgeführt werden.

I. Die Ausübung eines Rücktrittsvorbehalts

Es besteht die Möglichkeit, in die vorsorgende Scheidungsfolgenvereinbarung einen Rücktrittsvorbehalt aufzunehmen und damit einen vertraglichen Rücktrittsgrund zu schaffen.[802] Denkbar ist beispielsweise eine vertragliche Gestaltung, in der ein Rücktritt vom vereinbarten Ausschluss des Versorgungsausgleichs für den Fall vorgesehen ist, dass aus der Doppelverdienerehe aufgrund von Kindesbetreuung eine Einverdienerehe wird. Dieser Weg setzt allerdings neben ausführlicher rechtlicher Beratung auch voraus, dass die Eheleute eine vorausschauende Regelung treffen wollen. Dafür ist wiederum Voraussetzung, dass den Ehegatten bei Vertragsschluss bereits eine mögliche spätere Änderung ihrer Verhältnisse bewusst war und sie die Voraussetzungen eines späteren Rücktritts bereits konkret bezeichnen können. Dies wird äußerst selten der Fall sein.[803]

---

[800] Siehe hierzu bereits im 4. Teil B.II.3.b) und B.I.2.d)aa)(1) sowie im 5.Teil B.I.2.
[801] Siehe hierzu im 6. Teil B.II.2.a)cc).
[802] Siehe dazu bereits oben im 2.Teil A.II.2.
[803] Gleiches gilt auch für die Vertragsgestaltung unter auflösender Bedingung; vergleiche hierzu *Langenfeld* Handbuch Rn 947.

II. Der Aufhebungsvertrag

Wurde kein Rücktrittsvorbehalt vereinbart, kann die Scheidungsfolgenvereinbarung durch einen Aufhebungsvertrag als actus contrarius wieder aufgehoben oder durch Vertragsänderungen ergänzt werden.[804] Es ist Ausdruck der Vertragsfreiheit, dass sich die Parteien einvernehmlich von ihrer Abrede wieder lösen oder diese abändern können. In der Herstellung dieses Einvernehmens liegt jedoch gerade die mit einem Aufhebungsvertrag verbundene Schwierigkeit. Erst bei Scheidung treten die Auswirkungen der getroffenen Vereinbarung klar zu Tage und ein eventuell bestehendes Bedürfnis nach Aufhebung oder Abänderung des Vertrages wird deutlich. Meistens steht sich das Paar bei Scheidung aber zerstritten gegenüber. Der durch den Vertrag Begünstigte wird sich deshalb in der Scheidungssituation nur selten dazu bereit erklären, den Vertrag zum Vorteil des anderen aufzuheben oder abzuändern.

III. Der Wegfall oder die Störung der Geschäftsgrundlage

Läuft die Entwicklung der Ehe anders als bei Vertragsschluss angenommen, wird auf das aus § 242 BGB abgeleitete Institut des Wegfalls der Geschäftsgrundlage als Instrument der Vertragsanpassung zurückgegriffen.[805] Nach der Schuldrechtsmodernisierung ist dieser Bereich als Störung der Geschäftsgrundlage in § 313 BGB n.F. geregelt. Dabei ist der Anwendungsbereich dieses Instituts bei Scheidungsfolgenvereinbarungen aus verschiedenen Gründen gering.

1. Der Beweis der Geschäftsgrundlage

a) Die Haltung der Rechtsprechung

Die Rechtsprechung verlangt zunächst, dass bei Vertragsschluss konkret vorhandene Vorstellungen und Erwartungen beider Vertragspartner fehlgegangen sind, die nicht zum eigentlichen Vertragsinhalt erhoben wurden, auf denen aber der Geschäftswille der Parteien aufbaute.[806] Diese dem Vertrag zugrunde liegenden Vorstellungen muss derjenige beweisen, der sich auf den Wegfall dieser Geschäftsgrundlage beruft.
Die Rechtsprechung zeigt sich hier sehr zurückhaltend und wendet den Wegfall der Geschäftsgrundlage nur in solchen Fällen an, in denen die Überlegungen, auf die sich die Vertragsgestaltung stützt, ausdrücklich dokumentiert sind. In einem vom OLG München entschiedenen Fall[807] hatten die Eheleute ihrer

---

[804] Siehe dazu bereits oben im 2.Teil A.II.2.
[805] Siehe oben im 2.Teil A.II.3.
[806] BGH FamRZ 1996, 1536 (1537); BGH FamRZ 1985, 788 (791).
[807] OLG München FamRZ 1995, 95 (96).

vorsorgenden Scheidungsfolgenvereinbarung den Satz „Wir haben beide einen erlernten Beruf und werden uns in unserer Ehe unsere Alterssicherung getrennt aufbauen." vorangestellt. In der Folgezeit wurde jedoch in der Ehe eine Tochter geboren, und die Mutter gab aus diesem Grund ihre Erwerbstätigkeit auf. Mit der Geburt des Kindes sah das Gericht die Geschäftsgrundlage als weggefallen und den Ausschluss des Versorgungsausgleichs von diesem Zeitpunkt an als unwirksam an.
In einem durch den Bundesgerichtshof entschiedenen Fall fehlte es an einer derart ausdrücklichen Dokumentation. Auch hier wurde vor der Ehe der Versorgungsausgleich ausgeschlossen, wobei die spätere Ehefrau zu diesem Zeitpunkt bereits schwanger war. Während der Ehe wurden dann zwei Kinder geboren, deren Behinderung auch nach Auffassung des Bundesgerichtshofs die Ausübung einer Erwerbstätigkeit durch die Ehefrau verhinderte. Das Gericht verneinte hier eine Vertragsanpassung aufgrund des Wegfalls der Geschäftsgrundlage, da keine Anhaltspunkte dafür vorgelegen hätten, dass der Geschäftswille der Parteien bei Vertragsschluss auf dem Nichteintritt dieser offenbar schicksalhaften und unvorhersehbaren Entwicklung aufbaute.[808]

b) Stellungnahme

Zunächst ist voranzustellen, dass eine Anpassung des Vertrages über § 242 BGB beziehungsweise § 313 BGB n.F. nur dann in Betracht kommt, wenn die Parteien die späteren Entwicklungen nicht vorhergesehen haben.[809] Haben die Eheleute hingegen eine spätere Veränderung ihrer Verhältnisse schon bei Vertragsschluss für möglich gehalten und sich trotzdem für die ursprüngliche Vertragsgestaltung entschieden, können sie sich angesichts der tatsächlich eintretenden Veränderung nicht auf einen Wegfall beziehungsweise eine Störung der Geschäftsgrundlage berufen.
Aus diesem Grunde kann in dem vom Bundesgerichtshof entschiedenen Fall eine Vertragskorrektur nicht allein darauf gestützt werden, dass nach der (vorhersehbaren) Geburt des Kindes und der damit verbundenen Aufgabe der Berufstätigkeit der Ausschluss des Versorgungsausgleichs nicht mehr interessengerecht ist. Wird aber dieses Kind behindert geboren, kommt entgegen der Auffassung des Bundesgerichtshofs sehr wohl eine Anpassung des Vertrages in Betracht. Nach den Ausführungen des Gerichts hätte der Einwand des Wegfalls der Geschäftsgrundlage offenbar nur dann Erfolg gehabt, wenn die Eheleute ausdrücklich die Erwartung in den Vertrag aufgenommen hätten, ihre Kinder würden gesund zur Welt kommen. Das Gericht hat damit zu strenge Maßstäbe an die Feststellung der Geschäftsgrundlage angelegt. Es ist so selbstverständlich, dass die Parteien von der Geburt eines gesunden Kindes ausgehen, dass wohl

---

808 BGH FamRZ 1996, 1536 (1537).
809 Dies ergibt sich nunmehr direkt aus der Formulierung des § 313 BGB n.F.

niemand auf die Idee käme, Entsprechendes in den Vertrag aufzunehmen. Die ursprüngliche Lebensplanung wird sich deshalb auch an den Bedürfnissen eines gesunden Kindes orientieren, wobei die Ausübung einer Erwerbstätigkeit und damit der Erwerb eigener Versorgungsanwartschaften sehr viel leichter bei einem gesunden Kind als bei einem behinderten Kind möglich ist, das sein ganzes Leben auf intensive Betreuung angewiesen sein wird. Dass durch die Geburt eines behinderten Kindes der bisherige Lebensplan umgestürzt wird, hat der Bundesgerichtshof verkannt.
Auch außerhalb dieses Einzelfalls kann der Wegfall beziehungsweise die Störung der Geschäftsgrundlage nicht von der ausdrücklichen Dokumentation der dem Vertrag zugrunde liegenden Überlegungen abhängig gemacht werden. Es ist zwar verständlich, dass die Rechtsprechung einer zu leichtfertigen Abänderung der getroffenen Vereinbarung entgegentreten will. So kann die Bindungswirkung des Vertrags nicht allein auf den Vortrag hin aufgehoben werden, die Ehe habe sich anders als gedacht entwickelt. Es ist zweifelsohne erforderlich, dass glaubhaft Anhaltspunkte für eine konkret mit dem Abschluss verbundene und später fehlgeschlagene Vorstellung vorgetragen werden. Dennoch ist es verfehlt, durch zu strenge Anforderungen das Institut des Wegfalls der Geschäftsgrundlage für den Bereich der Scheidungsfolgenvereinbarungen praktisch auszuhebeln.
Die strenge Handhabung im Bereich der Scheidungsfolgenvereinbarungen steht zudem im Widerspruch zu der Rechtsprechung im Hinblick auf den Wegfall der Geschäftsgrundlage bei ehebedingten Zuwendungen im Güterstand der Gütertrennung. Eine ehebedingte Zuwendung soll dann vorliegen, wenn ein Ehegatte dem anderen einen Vermögenswert um der Ehe willen und als Beitrag zur Verwirklichung und Ausgestaltung, Erhaltung oder Sicherung der ehelichen Lebensgemeinschaft zukommen lässt, wobei er die Vorstellung oder die Erwartung hegt, dass die eheliche Lebensgemeinschaft Bestand haben und er innerhalb dieser Gemeinschaft am Vermögenswert und dessen Früchten weiter teilhaben werde.[810] Durch die Ehescheidung und den damit verbundenen Fortfall der ehelichen Lebensgemeinschaft sieht der BGH die Geschäftsgrundlage für derartige Zuwendungen als weggefallen an.[811] Unbenannte Zuwendungen können daher bei Scheitern der Ehe nach den Regeln über den Wegfall der Geschäftsgrundlage zu Ausgleichsansprüchen führen, wenn die Beibehaltung der Vermögensverhältnisse, die durch die Zuwendung herbeigeführt wurden, dem benachtei-

[810] Ständige Rechtsprechung, vergleiche nur BGH FamRZ 1999, 2962 (2965); BGH FamRZ 1989, 599 (600). Eine ehebedingte Zuwendung ist insbesondere in dem Fall angenommen worden, daß ein Ehegatte dem anderen im Zusammenhang mit der Schaffung des Familienheims Miteigentum an einem Grundstück verschafft hat, obwohl dieser keinen direkten finanziellen Beitrag zu dem Erwerb geleistet hat.
[811] BGH FamRZ 1987, 43 (45).

ligten Ehegatten nicht zuzumuten sind.[812] Gerade im Fall der Gütertrennung, wo es zu keiner Vermögensauseinandersetzung bei Scheidung kommt, soll die Anwendung der Grundsätze über den Wegfall der Geschäftsgrundlage zu einer angemessenen Beteiligung beider Ehegatten an dem gemeinsam erarbeiteten Vermögen entsprechend dem Charakter der ehelichen Lebensgemeinschaft als einer Schicksals- und Risikogemeinschaft verhelfen.[813] Durch die Vereinbarung der Gütertrennung hatten sich die Ehegatten aber gerade ausdrücklich gegen die Durchführung eines Vermögensausgleichs entschieden. Die Rechtsprechung des BGH, die zur Korrektur ansonsten unbilliger Ergebnisse dennoch einen Vermögensausgleich zulässt, stellt damit einen nicht geringen Eingriff in die Privatautonomie der Ehegatten dar. Umso mehr erstaunt die deutliche Zurückhaltung im Bereich der Scheidungsfolgenvereinbarungen.

2. Der Unterhaltsverzicht

Im Falle des Verzichts auf nachehelichen Unterhalt scheidet nach herrschender Meinung die Anwendung des Wegfalls der Geschäftsgrundlage von vornherein aus.[814] Der Verzicht führt danach als Erlass im Sinne des § 397 BGB zu einem Verlust des Unterhaltsstammrechts und schließt so eine spätere Geltendmachung von Unterhaltsansprüchen selbst dann aus, wenn die bei Vertragsschluss vorausgesetzte Geschäftsgrundlage entfällt. Dies unterscheidet den Unterhaltsverzicht von einem vertraglichen Ausschluss des Versorgungsausgleichs nach § 1408 Abs.2 BGB und von der Vereinbarung der Gütertrennung gemäß § 1408 Abs.1 BGB. Der praktisch bedeutsamste Unterhaltstatbestand des § 1570 BGB ist hiervon allerdings nicht betroffen, da er nach der hier vertretenen Ansicht[815] aus Gründen des Kindeswohls ohnehin unverzichtbar ist. Relevant bleibt diese Einschränkung aber beispielsweise für den Fall, dass nach der vorsorgenden Vereinbarung eines Unterhaltsverzichts ein Ehegatte wider Erwarten erwerbsunfähig wird und bei Scheidung auf Unterhalt nach § 1572 BGB angewiesen wäre.
Einzig *Hess* ist der herrschenden Meinung entgegengetreten, indem er annimmt, bei dem Unterhaltsverzicht handele es sich nicht um eine Verfügung, sondern um eine schuldrechtliche Abrede.[816] Er geht davon aus, dass der Verzicht keine Verfügung über künftige Ansprüche darstellt, sondern die Eheleute vielmehr das unterhaltsrechtliche Dauerverhältnis schuldrechtlich ausgestalten. Mit dieser Herangehensweise ist der Weg für einen Wegfall der Geschäftsgrundlage frei. Dem

[812] BGH FamRZ 1989, 147 (149); BGH FamRZ 1982, 910 (911); BGH FamRZ 1987, 43 (45).
[813] BGH NJW 1999, 2962 (2965); BGH FamRZ 1989, 599 (600).
[814] BGH FamRZ 1985, 787 (787); OLG Düsseldorf FamRZ 1984, 171 (173); OLG Hamm FamRZ 1993, 973 (973); MünchKomm- *Maurer* § 1585c Rn 22, 35; Staudinger-*Baumann* § 1585c Rn 205; Soergel-*Häberle* § 1585c Rn 12.
[815] Siehe oben im 4.Teil B.II.3.d).
[816] *Hess* FamRZ 1996, 981 (983f).

lässt sich jedoch entgegenhalten, dass ein *Verzicht* keine Gestaltung, sondern eine endgültige Aufhebung der Rechtsbeziehungen darstellt. Damit liegt die Heranziehung des § 397 BGB und die Qualifikation als Verfügung näher als die Einordnung als schuldrechtliche Abrede.

IV. Die Einrede der unzulässigen Rechtsausübung

Einem wirksamen Scheidungsfolgenvertrag kann noch entgegengehalten werden, seine Geltendmachung lasse sich mit dem Grundsatz von Treu und Glauben nicht vereinbaren und sei daher als rechtsmissbräuchlich anzusehen.[817] Mit diesem Einwand wird buchstäblich ein letzter „Rettungsanker" ausgeworfen, um die Durchsetzung einer Vereinbarung zu verhindern. Relevanz erlangt die Einrede der unzulässigen Rechtsausübung insbesondere bei Unterhaltsverzichten, für die ja ein Wegfall der Geschäftsgrundlage nicht in Betracht kommt.

1. Der Verzicht auf den Unterhalt nach § 1570 BGB

Hauptanwendungsbereich ist der Verzicht auf den Kindesbetreuungsunterhalt aus § 1570 BGB. Im Gegensatz zu der hier vertretenen Ansicht geht die herrschende Meinung davon aus, dass auch auf den das Kindeswohl sichernden Anspruch aus § 1570 BGB verzichtet werden kann.[818] Eine Geltendmachung des Verzichts durch den eigentlich Unterhaltspflichtigen soll allerdings nach § 242 BGB dann ausgeschlossen sein, wenn dieser dadurch zur Beeinträchtigung des Wohls und der Interessen gemeinsamer Kinder führen würde, dass der unterhaltsbedürftige Ehegatte durch eigene Erwerbstätigkeit gezwungen wäre, die ihm obliegende Pflege und Erziehung der Kinder einzuschränken. Es wurde bereits ausführlich dargelegt, weshalb eine teleologische Reduktion des § 1585c BGB in dem Sinne, dass der Anspruch aus § 1570 BGB unverzichtbar ist, die vorzugswürdige Lösung ist.[819]

2. Die Anwendung in Einzelfällen

Es hat sich bislang nur der Verzicht auf den aus § 1570 BGB folgenden Unterhalt als eigene Fallgruppe herausgebildet; ansonsten ist lediglich in Einzelfällen der Verstoß gegen Treu und Glauben bejaht worden. So ist beispielsweise die Geltendmachung eines Unterhaltsverzichts rechtsmissbräuchlich, wenn der Unterhaltsgläubiger aufgrund des Wegfalls der von den Parteien vorgesehenen Einkommensquelle aus Gründen, die nicht in seine Risikosphäre fallen und die er nicht verschuldet hat, seinen Lebensbedarf nicht entsprechend den gemeinsa-

---

[817] BGH FamRZ 1987, 2739 (2739).
[818] Siehe dazu oben im 4.Teil B.II.1.b).
[819] Siehe dazu bereits oben im 4.Teil B.II.3.d).

men Vorstellungen decken kann.[820] Ferner muss ein Verzicht auf nachehelichen Unterhalt dann zurücktreten, wenn die Ehefrau eine Erwerbstätigkeit deshalb nicht mehr aufnehmen kann, weil sie durch die mit der jahrelangen Betreuung der behinderten Tochter verbundenen körperlichen und psychischen Belastungen erwerbsunfähig geworden ist.[821]

3. Ausübungskontrolle bei der Einverdienerehe – der Vorschlag von Dauner-Lieb

Dauner-Lieb will mit der von ihr vorgeschlagenen Ausübungskontrolle[822] insbesondere der Problematik vorsorgender Verträge entgegenwirken. Es wurde bereits verschiedentlich dargelegt, dass ein Verzicht auf das gesetzliche Scheidungsfolgenrecht in einer Einverdienerehe mit traditioneller Rollenverteilung nicht gerecht ist. *Dauner-Lieb* schlägt deshalb eine auf § 242 BGB gestützte Ausübungskontrolle vor, die sie als „Schutz vor einer Überforderung der Selbstverantwortung" versteht.[823] Ein solcher Schutz sei bei Entscheidungen erforderlich, deren konkrete Auswirkungen sich erst in einer fernen Zukunft zeigten. Eine Paritätsstörung lasse sich mit herkömmlichen Kriterien für die Vertragsabschlusssituation nur schwer begründen; bei vorsorgenden Verträgen entwickele sich die Ungleichgewichtslage vielmehr als Konsequenz der gemeinsam praktizierten Lebensform der Einverdienerehe erst im Laufe der Zeit.[824]
Konsequenz des von *Dauner-Lieb* entwickelten Ansatzes ist die Kontrolle jedes trotz der Führung einer Einverdienerehe vereinbarten Ausschlusses des gesetzlichen Scheidungsfolgenrechts. Obwohl von ihr zutreffend der „Zeitbombencharakter" eines vorsorgenden Verzichts erkannt wird, kann dem nicht mit einer auf § 242 BGB gestützten Ausübungskontrolle begegnet werden.[825] Diese Vorschrift ist auf eine Korrektur im Einzelfall ausgelegt; es kann nicht allgemein mit dem Grundsatz von Treu und Glauben die im Gesetz eindeutig zum Ausdruck kommende, aber als unbillig empfundene gesetzgeberische Wertung korrigiert werden.

---

[820] OLG München FamRZ 1985, 1264 (1265): Hier hatten die Ehegatten anlässlich ihrer Trennung eine Vermögensauseinandersetzung vorgenommen. Der von der Ehefrau übernommene Betrieb sollte genug für den Lebensunterhalt der Ehefrau abwerfen, musste jedoch schon ein Jahr nach der Scheidung liquidiert werden. Zurückhaltend *Frey* S. 88; *Herb* NJW 1987, 1525 (1528f).
[821] OLG Hamburg FamRZ 1997, 563 (564).
[822] Siehe hierzu bereits oben im 6.Teil IV.1.
[823] *Dauner-Lieb* AcP 201 (2001), 295 (329).
[824] *Dauner-Lieb* AcP 201 (2001), 295 (323). Sie spricht deshalb von einem „Zeitbombencharakter".
[825] Siehe dazu bereits die Stellungnahme im 6.Teil B.IV.2.

V. Der Ansatz im englischen Recht – Fehlende Bindungswirkung vorsorgender Verträge

Auch im englischen Recht ist die Problematik vorsorgender Verträge bekannt. Es entspricht englischer Rechtstradition, dass vorsorgenden Scheidungsfolgenvereinbarungen die Bindungswirkung abgesprochen wird. In der früheren Rechtsprechung galten Vereinbarungen über die Folgen einer erst zukünftigen Trennung als sittenwidrig, da durch sie das „Band der Ehe“ geschwächt und das Scheitern der Ehe begünstigt werde.[826] Diese Position wurde von der jüngeren Rechtsprechung insofern relativiert, als nunmehr vorehelich getroffene Scheidungsfolgenvereinbarungen zu den Faktoren gezählt werden, die das Gericht im Rahmen der section 25 MCA 1973 bei seiner Entscheidung über die finanziellen Folgen der Scheidung zu beachten hat.[827] Es ist jedoch auch weiterhin so, dass Vereinbarungen dieser Art nicht vollstreckt werden können.[828]

Die englische Regierung hat in den neunziger Jahren Reformbestrebungen in diesem Bereich erkennen lassen.[829] Danach sollen auch vorsorgende Verträge künftig rechtlich bindend sein. Die Bindungswirkung soll nach Vorstellung der Regierung zum Schutz der Interessen der ökonomisch schwächeren Partei und der Interessen der Kinder in bestimmten Fällen nicht eingreifen (sog. „safeguards“): (1) Es sind Kinder aus der Ehe zum Zeitpunkt der Scheidung vorhanden, gleichgültig ob sie bei Vertragsschluß schon geboren oder gezeugt waren. (2) Die Vereinbarung entspricht nicht dem allgemeinen Vertragsrecht.[830] (3) Eine oder beide Parteien haben vor der Unterzeichnung des Vertrages keine unabhängige rechtliche Beratung erhalten. (4) Die Vollstreckung der getroffenen Abrede bedeutet nach Auffassung des Gerichts eine erhebliche Ungerechtigkeit für einen oder beide Ehegatten oder ein Kind aus der Ehe („significant injustice“). (5) Es wurde von einem oder von beiden Ehegatten die vollständige Offenlegung der jeweiligen Vermögensverhältnisse vor Vertragsschluss versäumt. (6) Die Vereinbarung wurde weniger als 21 Tage vor der Heirat geschlossen.

---

826 *Wilson* v *Wilson* [1848] 9 ER 870; *Lurie* v *Lurie* [1938] 3 All ER 156.

827 *Sabbagh* v *Sabbagh* [1985] FLR 29; *S* v *S* [1997] 2 FLR 100; *N* v *N* [1997] 1 FLR 900; *N* v *N* [1999] 2 FLR 745. Vergleiche hierzu auch *Leadercramer* [2000] Fam Law 359 (361).

828 *N* v *N* [1999] 2 FLR 745, Wall J (752).

829 „Supporting Families“ in [1998] Fam Law 721, 781.

830 Auch für Scheidungsfolgenvereinbarungen gelten die allgemeinen Anforderungen des englischen Vertragsrechts. So sind für den Vertragsschluss übereinstimmende Willenserklärungen sowie Rechtsbindungswille erforderlich. Daneben muss der Vertrag eine Gegenleistung des Begünstigten („consideration“) enthalten oder als „deed under seal“ abgeschlossen werden. Vergleiche hierzu nur *Salter/Bruce* S.12; *Cretney/Masson* S. 96.

Demgegenüber wird vor voreiligen Reformen gewarnt.[831] Es wird die Problematik der sich während der Ehe verändernden Lebensverhältnisse der Partner betont[832] und auf die Gefahr hingewiesen, dass es aufgrund der besonderen emotionalen Beziehung zwischen den (zukünftigen) Eheleuten zu unvernünftigen und wirtschaftlich nachteiligen Abreden kommt[833]. Entgegen der Ansicht der Regierung sei zudem von dem Vorstoß eine Verbesserung der Situation im Scheidungsverfahren nicht zu erwarten: die Anerkennung von Jahre vor der Trennung abgeschlossenen Vereinbarungen biete gerade neues Konfliktpotential.[834] Teilweise wird jedoch die von der Regierung angestrebte Verstärkung der Selbstbestimmung der Eheleute bei der Gestaltung der Scheidungsfolgen begrüßt.[835] Angesichts der massiven Kritik ist jedoch äußerst zweifelhaft, ob die Regierung tatsächlich an ihrem Reformprojekt festhalten wird.

Gegenwärtig ist der Umgang mit vorsorgenden Vereinbarungen einfach: Sie beeinflussen lediglich als Faktor im Sinne der section 25 MCA 1973 die Entscheidung des Gerichts über die Scheidungsfolgen. Dadurch kann das Gericht den Vertrag aufrechterhalten, wenn dies nach seiner Auffassung noch immer am besten den Interessen beider Eheleute sowie der Kinder entspricht. Haben sich hingegen mittlerweile die Lebensumstände der Partner in einer Weise geändert, dass die vor Jahren getroffene Abrede nicht mehr der bei Scheidung bestehenden Interessenlage gerecht wird, dann steht es im Ermessen des Gerichts, eine abweichende Scheidungsfolgenregelung anzuordnen. Damit ist natürlich ein großes Maß an Rechtsunsicherheit verbunden, da bis zur einzelfallorientierten Entscheidung des Gerichts keine Aussage über den Bestand der Vereinbarung getroffen werden kann.

---

831 Judges of the Family Division [1999] Fam Law 159 (162); *Hodson* für die SFLA [1999] Fam Law 265; *Eekelaar* [1998] Fam Law 469 (471); *Hooker* [2001] Fam Law 56 (58).

832 Für die SFLA *Hodson* in [1999] Fam Law 265 (265f); *Eekelaar* [1998] Fam Law 469 (471).

833 Judges of the Family Division [1999] Fam Law 159 (162). Vergleiche ferner für die SFLA *Hodson* in [1999] Fam Law 265 (266). Er äußert Bedenken hinsichtlich des Verhandlungsgleichgewichts zwischen den Ehegatten.

834 *Eekelaar* [1998] Fam Law 469 (471). Siehe ferner *Milligan* [1999] Fam Law 483 (484): Nach seiner Erfahrung könne man die Mandanten einer Scheidungssache grob in zwei Kategorien einteilen. Da seien zum einen diejenigen, die eine freundschaftliche Lösung anstrebten. Für sie könne ein voreheliche Vertrag zwar hilfreich sein, eine Lösung der finanziellen Fragen könne jedoch auch in relativ kurzer Zeit anläßlich der konkreten Scheidungssituation gefunden werden. Zum anderen gebe es die Gruppe der verbitterten, ungerecht behandelten und rachsüchtigen Ehegatten, die in jedem Fall die Scheidungsfolgen vor Gericht verhandelt haben möchten. Dann führe die Existenz eines vorehelichen Vertrages über die Scheidungsfolgen nur zu einer Bereicherung des gerichtlichen Konfliktstoffs.

835 *Barton* [1998] Fam Law 423 (423f); Judges of the Family Division [1999] Fam Law 159 (162). Vergleiche ferner *Leadercramer* [2000] Fam Law 359 (360).

VI. Ergebnis

Die besondere Problematik des vorsorgenden Scheidungsfolgenvertrags wird im deutschen Recht nur sehr zurückhaltend berücksichtigt. Es steht den Parteien frei, in vertraglicher Form auf die Tatsache zu reagieren, dass sich ihre Ehe anders als vorausgesetzt entwickelt hat. Sie können dazu einen für diesen konkreten Fall von vornherein vorgesehenen Rücktrittsvorbehalt ausüben oder sich im Rahmen der Scheidungsauseinandersetzung auf einen Aufhebungsvertrag einigen. Daneben kann in Einzelfällen eine Korrektur aufgrund des Wegfalls der Geschäftsgrundlage oder über den Einwand der unzulässigen Rechtsausübung vorgenommen werden. Eine allgemeine, bei der Scheidung vorzunehmende Ausübungskontrolle kann jedoch über § 242 BGB nicht durchgeführt werden.

Ganz anders sieht es dagegen im englischen Recht aus: Dort wird vorsorgenden Verträgen bislang lediglich eine Einflussmöglichkeit auf die Entscheidung des Gerichts gewährt. Das Gericht wird deshalb unter Zugrundelegung der bei Scheidung bestehenden Umstände nach seinem Ermessen über die Regelung der Scheidungsfolgen entscheiden.

8. Teil: Zusammenfassung der Ergebnisse

Bei der Diskussion über den Umfang der Vertragsfreiheit im Scheidungsfolgenrecht streitet stets die Zurückhaltung bei der staatlichen Reglementierung (und damit auch die Akzeptanz „ungerechter“ Vertragsgestaltungen) gegen die Forderung nach einer stärkeren staatlichen Kontrolle zum Schutze bestimmter Interessen. Dieser Konflikt von Freiheit und Schutz zeigt sich zum einen in den Unterschieden der beiden untersuchten Rechtsordnungen. Für das englische Recht ist eine stark ausgeprägte Überprüfung der Scheidungsfolgenvereinbarung durch die Gerichte charakteristisch, wohingegen im deutschen Recht vorwiegend ein Konzept verfolgt wird, das es den Parteien weitgehend ermöglichen soll, ohne staatliche Intervention die Scheidungsfolgen einer eigenständigen Regelung zuzuführen. Aber auch die im deutschen Recht teilweise stark umstrittenen Einzelfragen spiegeln den angesprochenen Konflikt wider. Um hier eine angemessene Lösung zu entwickeln, ist eine Orientierung an den durch eine vertragliche Gestaltung der Scheidungsfolgen betroffenen Interessen sinnvoll. Infolge einer Scheidungsfolgenvereinbarung kann es sowohl zu einer Beeinträchtigung gemeinsamer Kinder als auch zu einer Belastung der Allgemeinheit kommen. Im Verhältnis der Vertragsparteien ist schließlich der Schutz vor einer Übervorteilung durch den Vertragspartner zu problematisieren. Die Bestimmung der Vertragsfreiheit richtet sich dann nach Art und Gewicht des jeweils beeinträchtigten Interesses, wobei diese Untersuchung für das deutsche Recht zu den folgenden Ergebnissen geführt hat.

A. Die Beeinträchtigung gemeinsamer Kinder

Die gemeinsamen Kinder der Eheleute sind im Rahmen einer Scheidung die schwächsten Beteiligten. Ihr Schutz muss daher auch bei der Beurteilung von Scheidungsfolgenvereinbarungen ein maßgeblicher Gesichtspunkt sein. Es ist ein schutzwürdiges Interesse an persönlicher elterlicher Betreuung anzuerkennen, die auf die besonderen Belastungen der Nachscheidungszeit Rücksicht nehmen und damit zu einer von der Scheidung möglichst gering belastete Entwicklung des Kindes beitragen kann. Die Bedürfnisse des Kindes in materieller und emotionaler Hinsicht müssen vor allem finanziell abgesichert sein. Aus diesem Grund kann nach § 1614 Abs.1 BGB auf den Kindesunterhalt nicht verzichtet werden. Eine zwischen den Eheleuten vereinbarte Freistellung vom Kindesunterhalt wurde hingegen bislang für zulässig gehalten, da sie den Unterhaltsanspruch des Kindes in *rechtlicher* Hinsicht unberührt lässt und deshalb nicht unter das Verbot des § 1614 Abs.1 BGB fällt. Dem ist allerdings das Bundesverfassungsgericht in seiner Entscheidung vom 6.2.2001 zu Recht entgegengetreten, indem es entscheidend auf die *tatsächlichen* Auswirkungen eines solchen Vertrages abstellt. Die Lebensumstände des Kindes verändern sich immer dann nachteilig, wenn die finanziellen Möglichkeiten des freistellenden Ehegatten nicht ausreichen, um die aufgrund der Freistellung fehlenden Zahlungen auszugleichen, ohne eine den Kindesinteressen zuwiderlaufende Erwerbstätigkeit aufnehmen zu müssen. In einem solchen Fall ist dem Schutz der Kindesinteressen gegenüber der freien Vertragsgestaltung der Vorrang einzuräumen, und es kann dem sich auf die Freistellung berufenden Ehegatten der auf § 242 BGB gestützte Einwand der unzulässigen Rechtsausübung entgegengehalten werden. Umstritten ist ferner die Beurteilung eines Verzichts auf den Kindesbetreuungsunterhalt nach § 1570 BGB. Verzichtet ein Ehegatte auf den in § 1570 BGB zur Sicherung einer persönlichen elterlichen Betreuung vorgesehenen Unterhalt, kommt es zu der vom Gesetzgeber gerade unerwünschten eingeschränkten Kindesbetreuung, wenn der betreuende Elternteil durch den Verzicht gezwungen ist, zur Sicherstellung seines eigenen Unterhalts eine Erwerbstätigkeit aufzunehmen. Die herrschende Meinung geht davon aus, dass ein Verzicht auf den Betreuungsunterhalt grundsätzlich zulässig und wirksam ist; seine Durchsetzung im Einzelfall bei Beeinträchtigung des Kindeswohls aber an dem Grundsatz von Treu und Glauben scheitern kann. Vorzugswürdig ist jedoch eine teleologische Reduktion des § 1585c BGB dahingehend, dass der Kindesbetreuungsunterhalt generell unverzichtbar ist. Dies trägt der Tatsache Rechnung, dass zum einen durch einen Verzicht immer (und nicht nur ausnahmsweise) das Kindeswohl beeinträchtigt wird und zum anderen die weite Formulierung des § 1585c BGB dem insoweit vorrangigen Zweck des § 1570 BGB zuwiderläuft. Zur Klarstellung wäre dennoch ein Tätigwerden des Gesetzgebers wünschenswert. Schließlich ist solchen Vereinbarungen nach § 138 Abs.1 BGB die Gültigkeit abzusprechen, die auf einer Kommerzialisierung der Elternrechte beruhen.

B. Die Belastung der Allgemeinheit

Die privatautonome Gestaltung der Scheidungsfolgen zeigt nicht nur im Familienkreis Auswirkungen, sondern kann auch zu einer Beeinträchtigung der Interessen außenstehender Dritter führen. Dies zeigt sich deutlich bei einem vertraglichen Ausschluss des gesetzlichen Scheidungsfolgenrechts, wenn der verzichtende Ehegatte objektiv zur Sicherung seines Lebensunterhalts auf die im Gesetz vorgesehene Unterstützung durch den anderen Ehegatten angewiesen ist. Es tritt dann die Sozialhilfe ein, so dass die Verzichtsvereinbarung bei gleichzeitig bestehender Bedürftigkeit eines Ehegatten die Überwälzung der Unterhaltslast auf die Allgemeinheit zur Folge hat. Es besteht hier ein Konflikt zwischen der Vertragsfreiheit und dem Interesse unbeteiligter Dritter, nicht an Stelle des an sich pflichtigen Ehegatten in Anspruch genommen zu werden. Dieser Konflikt zeigt sich auch deutlich in dem weiten Zugeständnis der Freiheit zur vertraglichen Gestaltung der Scheidungsfolgen (§ 1408, § 1585c BGB) einerseits und dem Grundsatz der Subsidiarität der Sozialhilfe in § 2 Abs.1 BGB andererseits. Es ist eine Entscheidung zu treffen zwischen der Privatisierung der anfallenden Lasten auf der Grundlage einer nachehelichen Solidarität und der Kollektivierung der finanziellen Belastung. Diese Wertungsentscheidung steht auch bei der Anwendung des § 138 Abs.1 BGB im Raum. Ausschlaggebend ist letztlich die Konzeption des Scheidungsfolgenrechts, durch die der Gesetzgeber den Eheleuten ausdrücklich erlaubt, sich mit Hilfe eines (Verzichts-) Vertrags gegen die gesetzlichen Scheidungsfolgen und damit auch gegen die im Gesetz vorgesehene nacheheliche Solidarität zu entscheiden. Eine Scheidungsfolgenvereinbarung verstößt daher entgegen der herrschenden Meinung nur dann gegen die guten Sitten, wenn sie zu einer zwangsläufigen Belastung des Sozialhilfeträgers führt und die Eheleute in diesem Sinne kollusiv zusammengewirkt haben. Es besteht für die Eheleute keine Pflicht, jede für sie erkennbare Beeinträchtigung der öffentlichen Hand zu vermeiden. Allerdings scheidet entgegen der Auffassung des Bundesgerichtshofs eine Sittenwidrigkeit nicht bereits deshalb aus, weil die Verzichtsvereinbarung *vor* Eheschließung getroffen wurde. Dennoch besteht bei vorsorgenden Verträgen allgemein die Schwierigkeit, dass bei Vertragsschluss die Zwangsläufigkeit des Eintritts der Sozialhilfe nur selten feststehen wird, so dass diese Verträge in der Regel die Voraussetzungen des § 138 Abs.1 BGB nicht erfüllen werden. Eine weitergehende Beschränkung der Vertragsfreiheit über eine auf § 242 BGB gestützte Inhalts- oder Ausübungskontrolle ist dagegen abzulehnen. Die in § 1587o Abs.2 S.3 BGB vorgesehene gerichtliche Genehmigung ist aufgrund ihrer Sonderstellung innerhalb des Bürgerlichen Gesetzbuchs als „Exot" zu verstehen. Aus diesem Grund ist die Ausdehnung dieser Vorschrift über ihren gegenwärtigen Anwendungsbereich hinaus abzulehnen.

C. Der Schutz im Verhältnis der Vertragsparteien

Häufig fühlt sich ein Ehegatte durch die getroffene Scheidungsfolgenvereinbarung übervorteilt, so dass über den im Verhältnis der Vertragsparteien zu gewährenden Schutz nachgedacht werden muss. Dieser Bereich ist Gegenstand einer aktuell in Praxis und Wissenschaft sehr engagiert geführten Diskussion. Meist entscheiden sich die Eheleute für eine vertragliche Beschränkung der nachehelichen Verpflichtungen. Dies führt vor allem dann zu einer objektiven Benachteiligung, wenn in einer Einverdienerehe auf das gerade für diesen Ehetyp vorgesehene Scheidungsfolgenrecht verzichtet wird. Zudem sind die Vertragsverhandlungen in nicht geringem Umfange durch die unzweifelhaft bestehende emotionale Beziehung zwischen den Vertragsparteien gekennzeichnet, die durchaus Auswirkungen auf die vertragliche Durchsetzung eigener Interessen haben kann. Der Schutz vor einer Beeinträchtigung durch den anderen Vertragspartner wird vor allem über § 138 Abs.1 BGB gewährleistet. Dabei führt nicht schon allein der im Hinblick auf die Ehegestaltung unangemessene Vertragsinhalt zu einem Sittenverstoß. Ein Vertrag ist nur dann sittenwidrig, wenn er zusätzlich aufgrund der Fremdbestimmung eines Vertragsteils zustande gekommen ist, so dass er nicht mehr als Ausdruck des selbstbestimmten Willens beider Parteien gewertet werden kann. Hierzu ist neben dem benachteiligenden Vertragsinhalt zunächst festzustellen, ob sich der Benachteiligte in einer unterlegenen Verhandlungsposition befunden hat. Die Annahme einer strukturellen Unterlegenheit der Ehefrau ist abzulehnen. Die besonders heikle Situation der nichtehelich schwangeren Frau kann hingegen durchaus zu einer Zwangslage führen; insofern ist dem Bundesverfassungsgericht in seiner Beurteilung zuzustimmen. Auch in anders gelagerten Fällen kann im Einzelfall eine erhebliche Störung des Verhandlungsgleichgewichts in dem Sinne festgestellt werden, dass sich der überlegene Partner bei Vertragsschluss in einer „Diktatposition" befand. Zur Begründung eines Sittenverstoßes muss allerdings zwingend hinzukommen, dass eine solcherart unterlegene Verhandlungsposition durch den Begünstigten ausgenutzt wurde. Nur dann wurde der Vertrag in vorwerfbarer Weise als Mittel der Fremdbestimmung eingesetzt. Bei einer auf nichtehelicher Mutterschaft beruhenden Zwangslage kann das vorwerfbare Verhalten des Kindsvaters nicht allein daraus gefolgert werden, dass er zu einer Eheschließung nur unter Ausschluss des gesetzlichen Scheidungsfolgenrechts bereit war, denn es steht ihm unbestritten frei, gänzlich von einer Heirat abzusehen und dadurch der Frau ebenfalls den Zugriff auf die gesetzlichen Scheidungsfolgen zu verweigern. Dies spricht allerdings nicht dagegen, im Einzelfall aus einem sonstigen Verhalten des Mannes auf das Ausnutzen der bestehenden Zwangslage zu schließen. Auch außerhalb dieser Fallgruppe kommt es zur Begründung eines vorwerfbaren Verhaltens entscheidend auf die Umstände des Einzelfalls an. Eine widerlegbare Vermutung dieses subjektiven Kriteriums besteht auch bei der vertraglichen Vereinbarung eines Globalverzichts nicht. Es ist vorgeschlagen worden, dem in einer Einverdienerehe nicht interessengerechten vertraglichen Verzicht auf die gesetzlichen Scheidungsfolgen über eine auf § 242 BGB gestützte Inhalts- oder Ausübungskontrolle zu begegnen. Dem ist jedoch schon deshalb entgegenzutreten, weil bei der Scheidungsfolgenvereinbarung weder die anerkannten Voraussetzungen für eine Inhaltskontrolle erfüllt sind, noch über den Grundsatz von Treu und Glauben das im Scheidungsfolgenrecht zum Ausdruck kommende Bekenntnis des Gesetzgebers zur umfassenden Vertragsfreiheit korrigiert werden kann. Die Eheleute können sich vertraglich gegen die im Gesetz vorgesehene nacheheliche Solidarität entscheiden. Auch wenn der Verzicht auf die gesetzlichen Scheidungsfolgen nicht interessengerecht ist, ist eine Korrektur nur in den beschriebenen Einzelfällen über § 138 Abs.1 BGB und § 242 BGB vorzunehmen. Allerdings ist zur Vermeidung unüberlegter Vertragsschlüsse de lege ferenda die Einführung der Formbedürftigkeit von Unterhaltsabreden zu fordern.

D. Die Problematik der vorsorgenden Verträge

Es kommt recht häufig vor, dass sich die Partner schon vor der Eheschließung oder während intakter Ehe als Vorsorge für den späteren Scheidungsfall über die nachehelichen Verpflichtungen einigen. Dieser vorsorgende Vertrag zeigt seine Rechtswirkung erst bei der Scheidung und damit oft viele Jahre nach Vertragsschluss. Dies ist vor allem insofern problematisch, als bei Abschluss des Vertrages die später bei Scheidung tatsächlich bestehende Situation und die mit ihr verbundenen Bedürfnislagen kaum vorhersehbar sind. Aus diesem Grund kann auch die am Zeitpunkt des Vertragsschlusses orientierte Sittenwidrigkeitskontrolle bei vorsorgenden Verträgen zu Lücken führen. Haben die Eheleute keinen Rücktrittsvorbehalt vereinbart und können sie sich auch auf einen Aufhebungsvertrag nicht einigen, kann einer Veränderung der Lebensverhältnisse im Einzelfall über den Wegfall oder die Störung der Geschäftsgrundlage begegnet werden. Die Rechtsprechung ist bei der Anwendung dieses Instituts allerdings noch zu zurückhaltend. Zum anderen kann in Einzelfällen der Geltendmachung eines vorsorgenden Vertrages der Grundsatz von Treu und Glauben entgegenstehen, wenn sich die Durchsetzung des alten Vertrags angesichts der bis zur Scheidung eingetretenen Entwicklung als rechtsmissbräuchlich darstellt. Obwohl zu Recht auf die problematischen Auswirkungen eines vorsorgenden Verzichts in einer Einverdienerehe hingewiesen wird, vermag dies eine generelle Ausübungskontrolle nicht zu rechtfertigen.

Literaturverzeichnis

Adomeit, Klaus, Die gestörte Vertragsparität - ein Trugbild, NJW 1994, 2467-2469.

Barton, Chris, Pre-marital Contracts and Equal Shares on Divorce, [1998] Fam Law 423-424.

Bartsch, Herbert, Genehmigungspflicht der Unterhaltsvereinbarung?, ZRP 1979, 96-97.

Bergschneider, Ludwig, Verträge in Familiensachen - Eheverträge, Trennungs- und Scheidungsvereinbarungen, Bielefeld 1998.

ders., Zur Inhaltskontrolle bei Eheverträgen - Das Urteil des BVerfG vom 6. 2. 2001 und seine Konsequenzen für die Praxis, FamRZ 2001, 1337-1340.

Black, Jill M./ Bridge, Jane/ Bond, Tina, A Practical Approach to Family Law, Sixth edition London 2000.

Bork, Reinhard, Allgemeiner Teil des Bürgerlichen Gesetzbuchs, Tübingen 2001.

Borth, Helmut, Versorgungsausgleich in anwaltlicher und familiengerichtlicher Praxis, 3. Auflage Neuwied 1998.

Bosch, Friedrich Wilhelm, Anmerkung zu LG Ellwangen (Urteil v. 21.12.1954 – 3 S 159/54), FamRZ 1955, 110.

ders., Unterhaltsverzichtsvereinbarungen - Kritische Anmerkungen insbesondere zu § 1585 c BGB und zur Anwendung dieser Norm in Rechtsprechung und Schrifttum, in Festschrift für Walter J. Habscheid, Bielefeld 1989, S. 23-45. (Zitiert: Bosch FS Habscheid).

Büttner, Helmut, Grenzen ehevertraglicher Gestaltungsmöglichkeiten, FamRZ 1998, 1-8.

Burrows, David (gen. ed.), Butterworths Family Law Guide, London 1997.

Burton, Frances, Family Law & Practice, London 1997.

Buschendorf, Axel, Grenzen der Vertragsfreiheit im Ehevermögensrecht: unter besonderer Berücksichtigung des Ehegüterrechts, Frankfurt/Main 1985.

Coester-Waltjen, Dagmar, Die Inhaltskontrolle von Verträgen außerhalb des AGBG, AcP 190 (1990), 1-33.

dies., Liebe - Freiheit - gute Sitten. Grenzen autonomer Gestaltung der Ehe und ihrer Folgen in der Rechtsprechung des Bundesgerichtshofs, in 50 Jahre Bundesgerichtshof: Festgabe aus der Wissenschaft, München 2000, S. 985-1008. (Zitiert: Coester-Waltjen Festgabe 50 Jahre BGH).

Cretney, S. M./ Mason, J. M., Principles of Family Law, Sixth Edition London 1997.

Dauner-Lieb, Barbara, Reichweite und Grenzen der Privatautonomie - Zugleich Anmerkungen und Fragen zum Urteil des BVerfG vom 6. 2. 2001, AcP 201 (2001), 295-332.

Dethloff, Nina, Anmerkung zu BGH (Urteil v. 18.9.1996 – XII ZB 206/94), JZ 1997, 414-415.
Dieckmann, Albrecht, Die Unterhaltsansprüche geschiedener und getrenntlebender Ehegatten nach dem 1. EheRG vom 14. Juni 1976, FamRZ 1977, 161-172.
ders., Rückkehr zum Verschuldensprinzip im nachehelichen Unterhaltsrecht?, FamRZ 1984, 946-954.
Diederichsen, Uwe, Geschiedenenunterhalt - Überforderung nachehelicher Solidarität?, NJW 1993, 2265-2275.
Duckworth, Peter, Martrimonial Property and Finance, Fifth edition London 1994.
Eekelaar, John, Should Section 25 be Reformed?, [1998] Fam Law 469-473.
Eichendorfer, Eberhard, Ausschluß des Versorgungsausgleichs durch Ehevertrag, DNotZ 1994, 213-230.
Erman, Walter (Hrsg.), Bürgerliches Gesetzbuch, Band II, 10. Auflage Münster 2000. (Zitiert: Erman-Bearbeiter).
Fastrich, Lorenz, Richterliche Inhaltskontrolle im Privatrecht, München 1992.
Flume, Werner, Rechtsgeschäft und Privatautonomie, in Festschrift zum hundertjährigen Bestehen des Deutschen Juristentages, Karlruhe 1960, S. 135-238. (Zitiert: Flume FS zum 100jährigen Bestehen des Dt. Juristentages).
Frey, Oliver, Der Verzicht auf nachehelichen Unterhalt, Bielefeld 1988.
Gerber, Wolfgang, Beitrag im Rahmen einer Podiumsdiskussion anlässlich des 25. deutschen Notartags, Sonderheft DNotZ 1998, 288-306.
ders., Vertragsfreiheit und richterliche Inhaltskontrolle bei Eheverträgen, in Festschrift aus Anlaß des fünzigjährigen Bestehens von Bundesgerichtshof, Bundesanwaltschaft und Rechtsanwaltschaft beim Bundesgerichtshof, Köln 2000, S. 49-66. (Zitiert: Gerber FS 50 Jahre BGH).
Gernhuber, Joachim, Eherecht und Ehetypen: Vortrag gehalten vor der Berliner Juristischen Gesellschaft am 11. Februar 1981, Berlin 1981.
Göppinger, Horst, Anmerkung zu BGH (Urteil v. 15.10.1986 – IVb ZR 79/85), JR 1987, 114-115.
Göppinger, Horst/ Wax, Peter, Unterhaltsrecht, 7. Auflage Bielefeld 1999.
Göppinger, Horst/ Börger, Ulrike, Vereinbarungen anlässlich der Ehescheidung, 7. Auflage München 1998. (Zitiert: Göppinger/Börger-Bearbeiter).
Green, David, Splitting up: a legal and financial guide to seperation and divorce, Third Edition London 1995.
Grziwotz, Herbert, Das Ende der Vertragsfreiheit in Ehevermögens- und Scheidungsfolgenrecht?, FamRZ 1997, 585-589.
Habscheid, Walther J., Die Rechtsprechung zu den Folgen der Eheauflösung, FamRZ 1963, 77-82.
Hampel, Herbert, Unterhaltsverzicht unter Ehegatten bei bestehender oder später eintretender Hilfsbedürftigkeit der Frau, FamRZ 1960, 421-428.

Harcus, James, Pre-nuptial agreements, [1997] Fam Law 669-672.
Hayes, Mary/ Williams, Catherine, Family Law: principles, policy and practice, Second Edition London 1999.
Herb, Wolfgang, Der Verzicht auf nachehelichen Unterhalt - insbesondere zu Lasten der Sozialhilfeträger, Dissertation Tübingen 1988.
ders., Unzulässige Rechtsausübung durch Berufung auf einen nachehelichen Unterhaltsverzicht, NJW 1987, 1525-1529
Hess, Burkhard, Nachehelicher Unterhalt zwischen Vertragsfreiheit und sozialrechtlichem Allgemeinwohl, FamRZ 1996, 981-988.
Hodson, David, Government Proposed Reforms of Ancillary Relief, [1999] Fam Law 265-266.
Hönn, Günther, Zur Problematik der Privatautonomie, Jura 1984, 57-74.
Holzhausen, Heinz, Die Neuregelung des Unterhalts Geschiedener, JZ 1977, 73-78.
Hooker, Brad, Prenuptial Contracts and Safeguards, [2001] Fam Law 56-58.
v. Hornhardt, Rudolf, Anmerkung zu OLG Köln (Urteil v. 5.2.1981 – 14 UF 77/80), DNotZ 1981, 447- 451.
Johannsen, Kurt H./ Henrich, Dieter, Eherecht: Scheidung, Trennung, Folgen, 2. Auflage München 1992, 3. Auflage München 1998. (Zitiert: Johannsen/ Henrich-Bearbeiter).
Kalthoener, Elmar/ Büttner, Helmut/ Niepmann, Birgit, Die Rechtsprechung zur Höhe des Unterhalts, 7. Auflage München 2000.
Kanzleiter, Rainer, Anmerkungen zu OLG Stuttgart (Urteil v. 23.11.1982 – 18 UF 150/82), DNotZ 1983, 697-699.
Kardas, Jeannette/ Langenmayr, Arnold, Familien in Trennung und Scheidung: ausgewählte psychologische Aspekte des Erlebens und Verhaltens von Scheidungskindern, Stuttgart 1996.
Knöpfel, Gottfried, Gerechtigkeit und nachehelicher Unterhalt - eine ungelöste Frage, AcP 191 (1991), 107-137.
Koch, Elisabeth, Anmerkung zu BGH (Urteil v. 9.7.1992 – XII ZR 57/91), JR 1993, 197-198.
Koch, Mathias, Sittenwidrigkeit von Unterhaltsverzichten und die Rückgriffsmöglichkeiten Inanspruchgenommener Dritter, Dissertation Münster 1986.
Kramer, Ernst A., Die „Krise“ des liberalen Vertragsdenkens: eine Standortbestimmung, München 1974.
Langenfeld, Gerrit, Handbuch der Eheverträge und Scheidungsvereinbarungen, 4. Auflage München 2000. (Zitiert: Langenfeld Handbuch).
ders., Von der Inhaltskontrolle zur Ausübungskontrolle - Zum Verhältnis des Vertragsjuristen zum Richter, in Festschrift für Helmut Schippel, München 1996, S. 251-266. (Zitiert: Langenfeld FS Schippel).
ders., Zur gerichtlichen Kontrolle von Eheverträgen, DNotZ 2001, 272-280.

Larenz, Karl, Methodenlehre der Rechtswissenschaft, 6. Auflage Berlin 1991. (Zitiert: Larenz Methodenlehre)

Larenz, Karl/ Wolf, Manfred, Allgemeiner Teil des Bürgerlichen Rechts, 8.Auflage München 1997. (Zitiert: Larenz/Wolf BGB AT).

Leadercramer, David, Prenuptial Agreements - An Idea whose Time has come?, [2000] FamLaw 359-361.

Lehmkuhl, Gerd, Scheidung, Trennung, Kindeswohl - Eine Einführung, in Scheidung - Trennung - Kindeswohl: diagnostische, therapeutische und juristische Aspekte, Lemkuhl, Gerd/ Lemkuhl, Ulrike (Hrsg.), Weinheim 1997, S. 1-12. (Zitiert: Lehmkuhl Scheidung - Trennung - Kindeswohl).

Lowe, Nigel/ Douglas, Gillian, Bromley`s Family Law, Nineth Edition London 1998.

Lowe, N. V., The English Approach to the Division of Assets upon Family Breakdown, in Eheliche Gemeinschaft, Partnerschaft und Vermögen im europäischen Vergleich, Henrich, Dieter/ Schwab, Dieter (Hrsg.), Bielefeld 1999, S. 47-71.

Limbach, Jutta, Forum: Das Rechtsverständnis in der Vertragslehre, JuS 1985, 10-15.

dies., Über den Stil der Rechtspolitik - oder die Mär von dem einträglichen Geschäft mit der Scheidung, ZRP 1984, 199-201.

Lüdtke, Egon, Unterhaltsverzicht der geschiedenen Ehefrau und öffentliche Fürsorge, NJW 1955, 211-212.

Mattheus, Daniela, Schuldrechtsmodernisierung 2001/2002 - Die Neuordnung des allgemeinen Leistungsstörungsrechts, JuS 2002, 209-219.

Maunz, Theodor/ Dürig Günter, Kommentar zum Grundgesetz, Band I Art. 1-11, Stand Juli 2001. (Zitiert: Maunz/Dürig-Bearbeiter).

Meder, Stephan, Der Unterhaltsverzicht im Spannungsfeld von Privatautonomie und öffentlichem Interesse, FuR 1993, 12-22.

Miller, J. G., Family Property and Financial Provision, Third Edition Croydon 1993.

Milligan, Paul, Pre-nuptials Beware, [1999] FamLaw 483-484.

Müller-Alten, Lutz, Ehescheidung und Scheidungsverträge: Eine empirische Untersuchung über die einverständliche Scheidung und über die Scheidungsfolgenvereinbarungen, Frankfurt/Main 1984.

Münchener Kommentar zum Bürgerlichen Gesetzbuch, Band 1, 4. Auflage München 2001, Band 4, 4. Auflage München 2001, Band 7, 4. Auflage München 2000, Band 8, 4. Auflage München 2002. (Zitiert: Münch-Komm-Bearbeiter).

Neville Turner, John/ Davis-Ferid, Hildegard, Englisches Familienrecht, Frankfurt/Main 1983.

Palandt, Otto (Begr.), Bürgerliches Gesetzbuch, 61. Auflage München 2002. (Zitiert: Palandt-Bearbeiter).

ders., Gesetz zur Modernisierung des Schuldrechts, Ergänzungsband, 1. Auflage München 2002. (Zitiert: Palandt-Bearbeiter Ergänzungsband).

Petersen, Inga, Der Verzicht auf den Scheidungsunterhalt - unter besonderer Berücksichtigung des Betreuungsunterhalts gem. § 1570 BGB, Dissertation Münster 1998.

Raiser, Ludwig, Vertragsfunktion und Vertragsfreiheit, in Hundert Jahre Deutsches Rechtsleben, Festschrift zum hundertjährigen Bestehen des Deutschen Juristentages, Band I, Karlsruhe 1960, S. 101-134. (Zitiert: Raiser FS zum 100jährigen Bestehen des Dt. Juristentages).

Rauscher, Thomas, Ein Bärendienst für die Freiheit der Eheschließung - Gedanken zum Urteil des BVerfG vom 6. 2. 2001, FuR 2001, 155-157.

Reichling, Bianca, Scheidungsvereinbarungen über nachehelichen Unterhalt - vorbehaltlich des Unterhaltsverzichts, Aachen 1996.

Richter, G., Anmerkungen zu BGH (Urteil v. 24.4.1985 – IVb ZR 17/84), JR 1986, 18- 19.

Röthel, Anne, Richterliche Inhaltskontrolle von Eheverträgen, NJW 2001, 1334-1335.

Salter, David/ Bruce, Simon, Matrimonial Consent Orders and Agreements, Third Edition London 1996.

Schippel, Helmut, Die Gestaltung des Ehevertrags als Beispiel vorsorgender Rechtspflege, Jura 1999, 57-62.

Schubert, Peter, Wirksamkeit von Unterhaltsverzichts- und Freistellungsvereinbarungen - zugleich Anmerkung zum Urteil des BVerfG vom 6. 2. 2001, FamRZ 2001, 733-739.

Schwab, Dieter, Anmerkung zu BVerfG (Urteil v. 6.2.2001 – 1 BvR 12/92), FamRZ 2001, 349-350.

ders., Familiäre Solidarität, FamRZ 1997, 521-528.

ders., Handbuch des Scheidungsrechts, 4. Auflage München 2000. (Zitiert: Schwab-Bearbeiter).

Schwenzer, Ingeborg, Vertragsfreiheit im Ehevermögens- und Scheidungsfolgenrecht, AcP 196 (1996), 88-113.

Soergel, Hans Theodor, Bürgerliches Gesetzbuch, §§ 104-240, 13. Auflage Stuttgart 1999, §§ 1297-1588, 12. Auflage Stuttgart 1989, §§ 1589-1921, 12. Auflage Stuttgart 1987. (Zitiert: Soergel-Bearbeiter).

Stach, Simone, Eheverträge - Gesetz und Rechtstatsachen, Dissertation Berlin 1988.

v. Staudinger, Julius, Kommentar zum Bürgerlichen Gesetzbuch, §§ 134-163, 13. Auflage Berlin 1996, §§ 1363-1563, Neubearbeitung Berlin 2000, §§ 1569-1586b, 12. Auflage Berlin 1999, §§ 1601-1615o, Neubearbeitung Berlin 2000. (Zitiert: Staudinger-Bearbeiter).

Strunk, Peter, Scheiden tut weh- Begutachtung der Beziehungsproblematik des Kindes in Scheidung - Trennung - Kindeswohl: diagnostische, therapeutische und juristische Aspekte, Lemkuhl, Gerd/ Lemkuhl, Ulrike (Hrsg.),

Weinheim 1997, S. 135-155. (Zitiert: Strunk Scheidung-Trennung-Kindeswohl).
Thomas, Heinz/ Putzo, Hans, Zivilprozessordnung, 24. Auflage München 2002. (Zitiert: Thomas/Putzo-Bearbeiter).
Tipke, K., Der Unterhaltsverzicht des geschiedenen Ehegatten und die öffentliche Fürsorge, FamRZ 1954, 188-190.
van Els, Hans, Nacheheliche Solidarität, FamRZ 1992, 625-629.
v. Heintschel-Heinegg, Bernd/ Gerhardt, Peter, Materielles Scheidungsrecht, 5. Auflage Neuwied 1998.
Vortmann, Jürgen, Zur Wirksamkeit des Unterhaltsverzichts von Ehegatten, JA 1986, 401-406.
Wallerstein, Judy S./ Lewis, Julia, Langzeitwirkungen der elterlichen Ehescheidung auf Kinder - Eine Längsschnittuntersuchung über 25 Jahre, FamRZ 2001, 65-72.
Walter, Gerhard, Schuldprinzip kraft Ehevertrags?, NJW 1981, 1409-1414.
Wever, Reinhardt, Vermögensauseinandersetzung der Ehegatten außerhalb des Güterrechts, 2. Auflage Bielefeld 2000.
Weyland, Ines, Maintenance Agreements and Consent Orders - A Legal Maze, [1985] Fam Law 110-117.
Wiethaup, ohne Vornamen, Sittenwidrigkeit von Unterhaltsverzichten, MDR 1954, 9-10.
Wöhlermann, Katharina, Aspects of English Law of Contract: Implementation of Spousal Arrangements in Divorce Proceedings, London 1998.
Wolf, Manfred, Rechtsgeschäftliche Entscheidungsfreiheit und vertraglicher Interessenausgleich, Tübingen 1970.
Wolf, Ute, Zum internationalen Ehegüter- und Ehegattenerbrecht in England, Münster 1999. (Zitiert: Wolf Internationales Ehegüter- und Ehegattenerbrecht).
Zöllner, Wolfgang, Regelungsspielräume im Schuldvertragsrecht. Bemerkungen zur Grundrechtsanwendung im Privatrecht und zu den sogenannten Ungleichgewichtslagen, AcP 196 (1996), 1-36.
Zöllner, Wolfgang, Vermögensrechtliche Folgevereinbarungen für den Scheidungsfall, in Festschrift für Hermann Lange Stuttgart 1992, S. 973- 991. (Zitiert: Zöllner FS Lange).
Zweigert, Konrad/ Kötz, Hein, Einführung in die Rechtsvergleichung, 3. Auflage Tübingen 1996.

INTERNATIONALRECHTLICHE STUDIEN
Beiträge zum Internationalen Privatrecht,
zum Einheitsrecht und zur Rechtsvergleichung

Herausgegeben von Ulrich Magnus

Band 1 Birgit Reimers-Zocher: Beweislastfragen im Haager und Wiener Kaufrecht. 1995.

Band 2 Lenja Vespermann: Schadensersatz bei Beeinträchtigung rechts- oder sittenwidriger Interessen im deutschen und französischen Recht. 1996.

Band 3 Peter Cypra: Die Rechtsbehelfe im Verfahren der Vollstreckbarerklärung nach dem EuGVÜ unter besonderer Berücksichtigung der Ausgestaltung in Deutschland und Frankreich. 1996.

Band 4 Brigitta Lurger: Regulierung und Deregulierung im europäischen Privatrecht. 1997.

Band 5 Uta Gutknecht: Das Nacherfüllungsrecht des Verkäufers bei Kauf- und Werklieferungsverträgen. Rechtsvergleichende Untersuchung zum CISG, zum US-amerikanischen Uniform Commercial Code, zum deutschen Recht und zu dem Vorschlag der Kommission zur Überarbeitung des deutschen Schuldrechts. 1996.

Band 6 Stefan Abel: Die Qualifikation der Schenkung. Zur Methode der Qualifikation im Internationalen Schuldvertragsrecht. 1997.

Band 7 Daniel Kötz: Verkäuferpflichten und Rechtsbehelfe des Käufers im neuen norwegischen Kaufrecht vom 13. Mai 1988 Nr. 27 im Vergleich zum UN-Kaufrecht vom 11. April 1980 (CISG). 1997.

Band 8 Olaf Beier: Grundsätze eines europäischen transportmittelübergreifenden Schadensrechts für den Gütertransport. Eine rechtsvergleichende Untersuchung unter besonderer Berücksichtigung der CMR, der ER/CIM 1990, des WA/HP und der HVR. 1999.

Band 9 Ulrich Krüger: Modifizierte Erfolgshaftung im UN-Kaufrecht. Die Haftungsbefreiung bei Lieferung vertragswidriger Ware gemäß Art. 79 CISG. 1999.

Band 10 Wolf-Henning Hammer: Das Zurückhaltungsrecht gemäß Art. 71 CISG im Vergleich zu den Kaufgesetzen der nordischen Staaten unter Einbeziehung transportrechtlicher Aspekte. Eine rechtsvergleichende Studie. 1999.

Band 11 Ulrich Quay: Der Consulting-Vertrag im Internationalen Privatrecht. 2000.

Band 12 Axel Halfmeier: Die Veröffentlichung privater Tatsachen als unerlaubte Handlung. Eine rechtsvergleichende Untersuchung. 2000.

Band 13 Stephanie Scholz: Lohngleichheit durch Verfahren. Eine Studie zur Förderung der Lohngleichheit durch verfahrensrechtliche Ansätze. 2000.

Band 14 Tarık Cebecioğlu: Stellung des Ausländers im Zivilprozeß. Eine rechtsvergleichende Untersuchung des türkischen und deutschen Rechts. 2000.

Band 15 Gunnar Straube: Sozialrechtliche Eingriffsnormen im Internationalen Privatrecht. 2001.

Band 16 Daniela de Lukowicz: Divergenzen in der Rechtsprechung zum CISG. Auf dem Weg zu einer einheitlichen Auslegung und Anwendung? 2001.

Band 17 Mohamed Hassan Fadlalla Ali: Das islamische Ehe- und Kindschaftsrecht im Sudan. Mit Hinweisen zu den Lehren der Islamischen Rechtsschule, der anwendbaren Familienrechtsvorschriften für Nichtmuslime im Sudan und im deutschen Familienrecht. 2001.

Band 19 Florian Schulz: Der Ersatzlieferungs- und Nachbesserungsanspruch des Käufers im internen deutschen Recht, im UCC und im CISG. Eine rechtsvergleichende Untersuchung unter Berücksichtigung der Schuldrechtskommission, der EG-Richtlinie 1999/44/EG und des Diskussionsentwurfs eines Schuldrechtsmodernisierungsgesetzes. 2002.

Band 20 Ingo Janert: Die Aufrechnung im internationalen Vertragsrecht. 2002.

Band 21 Armin Jentsch: Die Erhaltungspflichten des Verkäufers und des Käufers im UN-Kaufrecht im Vergleich zum US-amerikanischen Uniform Commercial Code und zum deutschen Recht. 2002.

Band 22 Martin Taschner: Arbeitsvertragsstatut und zwingende Bestimmungen nach dem Europäischen Schuldvertragsübereinkommen. Einheitliche Auslegung. 2003.

Band 23 Klaus Bitterich: Die Neuregelung des Internationalen Verbrauchervertragsrechts in Art. 29a EGBGB. 2003.

Band 24 Sascha J. Morgenroth: Umsetzung der Verbrauchsgüterkaufrichtlinie in Spanien und Deutschland. Umsetzung der Richtlinie 1999/44/EG des Europäischen Parlaments und des Rates vom 25. Mai 1999 zu bestimmten Aspekten des Verbrauchsgüterkaufs und der Garantien für Verbrauchsgüter in Spanien und Deutschland. 2003.

Band 25 Markus Renfert: Über die Europäisierung der ordre public Klausel. 2003.

Band 26 Henning Mordhorst: Die Behandlung vertraglicher Mobiliarsicherheiten im US-amerikanischen und deutschen Insolvenzrecht. 2003.

Band 27 Hans Markus Wulf: UN-Kaufrecht und eCommerce. Problembereiche bei der Anwendung des Wiener Übereinkommens auf Internet-Verträge. 2003.

Band 28 Julia Kaiser: Freiheit oder Schutz? Die Scheidungsfolgenvereinbarung im deutschen und im englischen Recht. 2003.

FSC
www.fsc.org
MIX
Papier | Fördert gute Waldnutzung
FSC® C083411

Kolibri 360 GmbH
Ferdinand-Jühlke-Straße 7
99095 Erfurt, Deutschland
produktsicherheit@kolibri360.de

Druck:
CPI Druckdienstleistungen GmbH
im Auftrag der
Kolibri 360 GmbH
Ferdinand-Jühlke-Str. 7
99095 Erfurt